海與

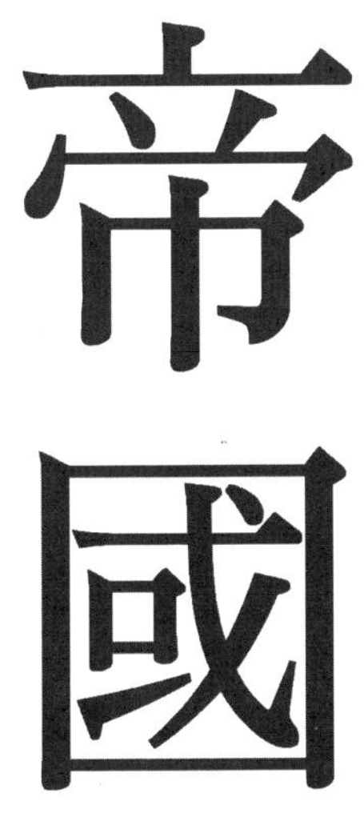

明清時代

海と帝国　明清時代

上田信—著
葉韋利—譯

第三章 海陸相剋——十四世紀II

第六章　社會秩序的變化——十六世紀 II……224

第十章　全球中的中國——十九世紀……415

閱讀明清帝國的新視角：海洋、白銀、物與環境

東華大學歷史系副教授　**蔣竹山**

過去幾年，若要我推薦一本給一般讀者看的明清史著作，我一定會說卜正民的《維梅爾的帽子》[1]，但現在，隨著臺灣商務印書館出版了上田信的《海與帝國：明清時代》，我終於有了新的推薦名單。

要理解《海與帝國》的特色，我們首先要認識日本講談社「中國的歷史」這套叢書的製作動機。這套書出版於二〇〇四年至二〇〇五年，是為了慶祝講談社創立一百週年而製作，至今已相隔十二年。

其實，類似的叢書，講談社此前已經出版過數次，在一九七七年刊行的「新書東洋史」系列中，臺灣曾經翻譯其中與中國史有關的四冊，合而為一冊《中國通史》，由稻鄉出版社於一九九〇年出版，常被臺灣歷史系所當作中國通史指定教材，使用率相當高。這其實反映了臺灣的中國史閱讀，與最新的研究成果之間有不小的落差。另外一方面，從一九七七年到二〇〇四年，講談社的這兩套中國史，亦有不少變化的軌跡可循，例如，早期是將中國史作為東洋史的一部分而編入「新書東洋史」之中，直到二〇〇四年這套「中國的歷史」，中國史才獨立出來，自成一個系列。

本書作者上田信是日本明清史學界青壯派學者的其中一位代表人物，對於臺灣讀者來說，他的名字可能不如明清社會史或文化史的岸本美緒、大木康、松浦章等人來得眼熟，就連日本早期的海域史著作，也不見上田信的名字。[2]但《海與帝國》出版之後，終於讓大家見識到這位史家的地域史與海域史結合研究的功力。

《海與帝國》的史觀與書寫特色

從「交易」的類型來分析歷史，是這是本書的視角。作者認為，只有人類可以從完全不同的地區帶入物資消費，這種跨越穩定的生態環境進行交換物資的行為，在本書中稱之為「交易」。在不同文化背景下，有不一樣的交易類型，有掠奪、互酬、納貢、集中再分配、以及市場。這本書探討的這五百年間的歷史，就是一種歐亞地區納貢、集中再分配機制的興起與瓦解的過程，這之間穿插著掠奪的橫行，此外，歐亞地區萌發的市場制度，中國亦有參與。

其次，他提出了「合散離集」的史觀。

本書和其他冊不同，作者提出了他對中華文明的發展模式的看法。上田信首次提出這看法是在一九九九年的《森林和綠色的中國史》[3]書中，借用日本成語「離合集散」，予以拆解重組，用這名稱來解讀中國史特色，這幾個字代表中國歷史的幾個階段循環。首先是交易機制穩定的階段「合」，接著開始動搖，整個體系出現明顯裂痕就是「散」，當產生許多新的可能，各個體系領導反目成仇、展開抗爭，就來到「離」，到最後一個方案整合其他剩下體系就稱為「集」。作者認為在元以前，中國可分三個週期，每個週期都有「合散離集」，可在東亞的框架下討論，但到了第三週期循環還沒結束前，蒙古帝國建立起橫跨歐亞大陸的交易新機制，納入中國為其中一部份，此後，要理解中國史，就要在新的框架下來理解，因此作者創造了一個新的空間——「東歐亞」，要以此來釐清元明清的歷史。

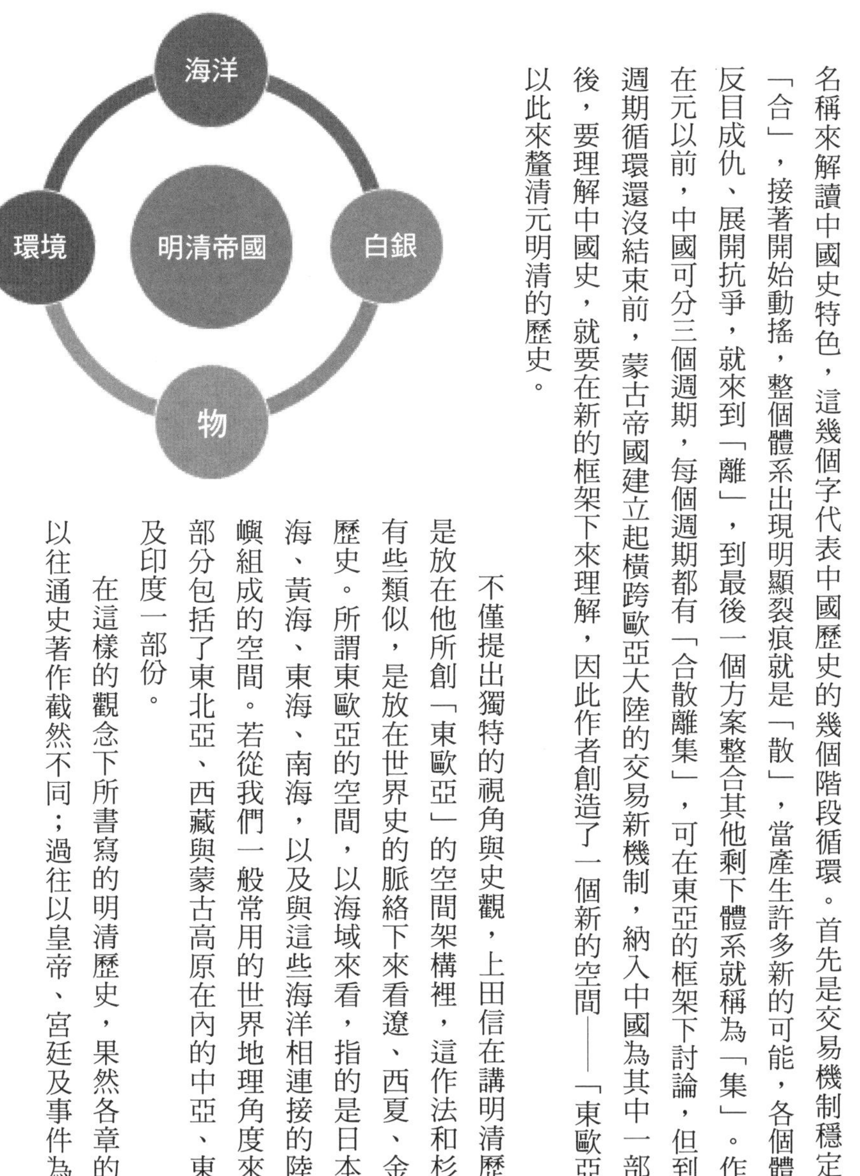

不僅提出獨特的視角與史觀，上田信在講明清歷史時，是放在他所創「東歐亞」的空間架構裡，這作法和杉山正明有些類似，是放在世界史的脈絡下來看遼、西夏、金、元的歷史。所謂東歐亞的空間，以海域來看，指的是日本海、渤海、黃海、東海、南海，以及與這些海洋相連接的陸地或島嶼組成的空間。若從我們一般常用的世界地理角度來看，這部分包括了東北亞、西藏與蒙古高原在內的中亞、東南亞以及印度一部份。

在這樣的觀念下所書寫的明清歷史，果然各章的重點和以往通史著作截然不同；過往以皇帝、宮廷及事件為主的政治史架構不見了，取而代之的是以「交易體系」為內容的世紀變化（見目錄）。除了「交易體系」的核心觀點外，本書另外有四個特色環繞著明清帝國：海洋、白銀、物與環境，這在其他明清通史著作中是較為少見的。

海洋的視角

在前言中，上田信以一段「花蓮媽祖在昆明」的趣味經驗，將讀者的視野帶到海洋的課題，這章的標題叫「大海環抱的兩個帝國」。上田信在一個近年來田野調查的重地——雲南昆明機場，遇到臺灣媽祖進香團，為何這群觀光客會帶著媽祖來麗江旅行？媽祖是誰？為何臺灣東部會有這樣的媽祖廟？而麗江為何會成為知名景點？要將這些故事聯繫起來，作者告訴我們，得從歷史上來解開謎題。

要談這樣故事，以往都從明末的政治史談起，但書中卻從元朝為開端。作者引用杉山正明的說法，元朝就是透過「集中、再分配」的交易機制，將勢力拓展到歐亞全區的帝國，這個時期發展出來的機制是白銀的大循環。但到了蒙古帝國瓦解時，歐亞大陸東部失去核心體系，轉到與次體系並存的狀況。到了明代時，雖然承繼的不是唐宋的模式，但也無意願及能力取代元朝創立，此時十四至十五世紀的中國退到一個次體系的位置。

這種檢視方法，我們不僅在過往通史著作未曾聽過，也沒在《維梅爾的帽子》裡看到。上田信擅長將明清帝國內部的變化放在蒙古帝國建立起來的白銀交易體系脈絡來檢視。因此，十六世紀貴金屬的精鍊技術提昇後，來自日本與美洲大陸的白銀大量流入中國市場，一度退到次體系位置的現象開始重生，此後，商業時代開始出現，建構出一幅新的核心體系。

簡單來說，作者一再強調，明朝是十三世紀在歐亞地區產生的白銀體系瓦解之後，於東歐亞產生的帝國。環繞著這樣的體系轉換，《海與帝國》每章都提到了海洋。看這本書，你不能從以往教科書灌輸給你的內陸帝國腦袋去看明清；從海洋來看帝國，我們會看到另外一種景象。不僅如此，我們還能看到日本學者才有的獨特解讀觀點。例如在〈第五章　商業的時代〉中，上田信提到以往兩岸的中國史學者較少提到的「寧波之亂」，從這條故事，上田信帶出「日本銀」的問題，並做出一個關鍵的結論：「就在寧波之亂後續處理的同時，日本出現了即將席捲整個東歐亞地區的變化。」

在〈第六章　社會秩序的變化〉中，提到十六世紀後半出現有別於朝貢機制的交易方式——「互市體系」。隨著海禁到互市的開展，原本被舟山群島雙嶼港搶走光彩的福建漳州月港，再度躍上歷史舞台，這現象一直持續到十七世紀。

同樣的故事，我們在《維梅爾的帽子》也看得到。卜正民在〈秤量白銀〉這章提到，一夜之間，海盜成為商人，違禁品變成出口貨，地下交易變成了將馬尼拉等東南亞港口和泉州、漳州連成一氣的商業網絡。大批貨物從月港出口，白銀從月港流入，把中國和世界連成一塊。此後，我們看到的是大家所熟悉的跨越大平洋的西班牙勢力與美洲白銀的故事。

白銀與銅錢的雙重架構

從〈第一章　事件的時空〉開始，上田信就點出，從歐亞大陸東部這個框架下來看，白銀流通體系在蒙古帝國時期是核心體系，其周邊使用銅錢的經濟圈則形成次體系。白銀與銅錢在空間上的雙重架構，成為自一三五一年以來，長達五百年的交易體系。

上田信還補充了過往講解中國史教科書都沒提到的問題：這些白銀到底去了哪裡？他的回答是，由於十八世紀繁榮的麻六甲港口變得沒落，曼谷、西貢等新的交易中心崛起，根據推測，從中國流出的白銀多半是進入了新加坡。英國商人用這些白銀購買東南亞各地的物產，或是招攬來自中國的勞工。

對於這種世界史的動向與明清的關係，白銀的故事相當重要。我們或許可以模仿《國家為什麼失敗》[4]的作者批評《槍炮、病菌與鋼鐵》[5]作者戴蒙（Jared Diamond）所說的「笨蛋！問題在制度！」（頁十四），說出「笨蛋，關鍵在白銀」這句話。的確，此後的明清歷史與白銀有密切關聯。雖然上田信談了這麼多的白銀故事，但直到十九世紀這部分，他才描繪出這幅全球史的圖像。他認為從十九世紀中葉之後，中國裔民眾的活動開始跨出東歐亞的框架，開始往美洲大陸、澳洲、非洲等地拓展，他將從那時到現在稱之為「全球舞台」。

事實上，已經有許多學者從全球視角解析十七世紀以來的貿易流通。若要說起這種觀念轉變的源頭，一定要提到彭慕蘭（Kenneth Pomeranz）那本於二〇〇〇年得到美國歷史學會費正清獎的重要著作《大分流》[6]，這本書跳脫以往的歐洲中心論，不再以西方的擴張為分析的視角。他主張一八〇〇年之前，中國與歐洲基本上在經濟發展的方向是大致相同的，此後，才有了分流。最主要的關鍵，不在於以往的技術的創新論點上，而是一種偶然性的因素，也就是所謂地理上的好運帶來的能源革命，以及海外人力資源的特權。這種論點，著實影響卜正民寫《縱樂的困惑》[7]、《維梅爾的帽子》，甚至近來的《塞爾登先生的中國地圖》[8]。

主導這場歷史變遷的，就是在明朝中葉以後成為民間主要流通貨幣的白銀。沒有白銀，十六世紀後期及十七世紀初期，就不可能出現中國商品的全球出口現象。有關這點，我們不妨找出包樂史的名著《看得見的城市：全球史視野下的廣州、長崎與巴達維亞》[9]，不僅引領我們看到這些白銀流通帶領的影響，更將三座城市的歷史與當時的跨國公司荷蘭東印度公司聯繫在一起。

中國與歐洲的需求，創造出白銀的大量流通，從而促使日本和南美成為兩大供應來源。十七世紀的全球經濟，基本上是圍繞著這個供需結構而形成。到了明中後期，白銀已經是通行全國，位居貨幣流通的主導地位。當明代的白銀儲存量與銀礦開採量不足、難以應付民間日益擴大的白銀需求時，海外的資源自然成為探尋的焦點。此時，舊的對外貿易模式（朝貢貿易）已不能滿足國內需要，私人海外貿易蓬勃發展，直接刺激了日本銀礦的開採。在此同時，葡萄牙人於一五四〇年代到達日本，他們發現中日間的絲銀貿易可以獲得巨大利潤，遂開始積極扮演中介的角色，並將貿易範圍擴大歐洲。

西班牙人到亞洲後，也發現了這項商機。一五七〇年代起，西班牙大量開採他們在南美洲波多西（Potosi）的銀礦，再經由墨西哥的阿加普科（Acapulco）轉運至他們在菲律賓馬尼拉的基地，以購買中國出口到此地的商品。其中，絲綢與瓷器是輸出至歐洲的主要商品。有些白銀是經由葡萄牙人之手，經由澳門流入中國。

因而，白銀的故事將我們對於明清歷史的認識，擴大到全球史的脈絡下來觀看，唯有如此，才能看到海洋與明清帝國的關係。

物的流通

用「物」來寫歷史，是《海與帝國》的另外一大特色。上田信這樣的物質文化的書寫特色，也反映在明清史的研究新趨勢上。近來的明清史有些新的研究課題，像是：「物質與消費」、「身體、醫療與社會」、「城市、空間與日常生活」、「感官與飲食文化」、「文化相遇」、「閱讀與出版」、「旅遊與書寫」、「雅俗與士庶文化」、「視覺與圖像」、及「記憶與歷史」，這些課題除了以往的文化史取向外，許多研究是採取物質文化的視野。

《海與帝國》中有好幾個小節就是直接以物當作標題，像是：「蘇木環繞的海洋世界」、「以鹽建立的帝國」、「毛皮與帝國」及「鴉片與軍艦」。這些一個個看起來頗不起眼的物品，在上田信獨特的敘事筆法下，既微觀又宏觀。

其中我最喜歡的部分就是蘇木與毛皮，這或許也與我本身是研究清代的東北人蔘有關，對於這些談貿易打造的世界史特別敏感。上田信提到自永樂到宣德的十五世紀前半的海洋世界交易狀況時，他舉的就是琉球國尚氏中山王的例子。透過《歷代寶案》的史料，我們會看到一四一九年時，受命出訪的使者搭乘三艘外洋船，攜帶禮物，抵達暹羅國（阿瑜陀耶）後呈上禮物。根據出訪回國後的報告，對方的官府稱禮物太少，要官員購買瓷器，而且還搬出禁制條例，表示不許在當地任意購買蘇木。在往後的幾年，每年都會有琉球船派到阿瑜陀耶進貢。這批《歷代寶案》中收錄六年後的阿瑜陀耶給琉球國王回禮的書信，從中就可以看到贈禮清單中有三千斤的蘇木。

過往少有史家這樣寫這段歷史，尤其將焦點集中在蘇木上。上田信卻提醒我們，在解讀這些史料的同時，也能看出十五世紀前半期的海上世界。除了要瞭解最初製作這些文件的琉球王國外，也要特別留意在東南及南海上的蘇木交易。

蘇木在中國很受歡迎，當時除了琉球、阿瑜陀耶外，滿剌加及日本都會帶蘇木到中國。一來航行過程不佔空間，處理容易，二來量少也可交易，重點是很值錢，因此成為東海與南海航行者常攜帶的交易商品。

「毛皮與海的帝國」這一段也相當精采。上田信從晚明的《萬曆野獲編》談起，提到晚明每年在宮廷需要分發給大臣的貂皮有一萬張，狐狸毛皮約六萬張。這些皮是從哪來的？又怎麼取得的？從這則筆記資料，他將複雜的中國東北的毛皮貿易網抽絲剝繭地展示給讀者。當時皇帝賜給大臣的毛皮中，最珍貴的就是黑貂皮，而將這項商品帶入中國和朝鮮的就是女真人。作者還提到，十六世紀，透過海洋有大量白銀流入中國都市，造就了一批富人階級，對於黑貂皮的需要也越來越高。這種需求與其說是禦寒，倒不如說是成為北京有錢階級的身份地位象徵。上田信說這些故事當然不是只是談時尚、消費文化而已，他要談的反而是點出這樣的皮毛貿易需求對於建州女真勢力崛起的影響。因為掌握這些交易的政治集團，就是活動區域離中國最近的女真。

不只是中國，這種毛皮與帝國的故事還延伸到俄國政府。滿州人在統治中國後，毛皮需求大增，俄國政府為與中國交易，從一六七〇年後，持續派使節團到北京交涉，從西伯利亞運到北京的黑貂皮一年高達一萬多張。事實上，當時的這種毛皮貿易已經是全球史的故事中的一環了。俄羅斯帝國此時轉向中國銷售毛皮，背後反映的是北美洲也開始出產毛皮，使得俄國市場萎縮，不得不轉往其他國家。

有關這部份，《維梅爾的帽子》有較清楚的交代。早從十七世紀開始，美國人、法國人與原住民彼此就為了皮毛一事，交戰不休。卜正民的這本全球史名著就有許多篇幅提到海狸皮的重要性。然而，不只東北的毛皮與帝國的發展息息相關，其實人蔘也是。這部份上田信就完全沒有著墨，僅在第一章提到當從商業時代到產業時代時，產業化的方式之一，就是以國產化的方式製作寶物，或寶物的替代品，人蔘就是一例。他舉的例子是德川吉宗時代的日本，獎勵種植竹節人蔘來取代過去的朝鮮人蔘。

當時整個東亞的人蔘都有相當頻繁的流通，不僅是人蔘藥材，還包括有與人蔘知識有關的各種專書。我在《人參帝國》（浙江大學出版社，二〇一五年）一書中提到，十八世紀中葉以來的東亞，出版過許多人蔘專書，當時的朝鮮、日本及中國，約有四十幾部這方面的書籍，可見這些東亞國家的醫藥知識與博物學的交流相當密切。唯有透過這些書籍的出版文化與醫學知識互動的研究，才可以讓我們了解當時東亞間的藥物知識與博物學交流的實際面貌。明清時期，東亞的中日朝鮮地區，經由人蔘消費的流通，彼此無論在消費知識與醫療知識上，都有頻繁的交流。

當然產業化的不只是人蔘、生絲，另外還有以出口商品的方式進行，像是日本出口到中國的海產，以及英國走私到中國的鴉片。有興趣的朋友可以看看第八章「產業時代」所提到，裝在草袋中的海產「俵物」的出現。當時在中國盛世的榮景下，對於乾燥海產出現了強烈需求，在一七一五年的「正德新制」下，鮑魚乾、海參、魚翅大量流入中國，成為宴會料理不可或缺的食材。

環境與地理

上田信過往在中國做了相當多的田野調查，研究地域社會與環境史，因此本書在寫作上除了上述三個特點外，還特別強調環境與地理的因素。

在提到明朝初期有許多因政策而起的移民傳說，除了山西洪洞大槐樹移民傳說外，貴州、雲南也有。上田信舉了明初朱元璋攻打雲南的地緣關係的例子，說明這件事是打造完整帝國的一大工程，以往很少有人以環境的角度來看雲南的重要性。雲南在歐亞大陸上有著非常重要且特別的位置，雲南南部與東南亞之間構成文化圈，西部則是自古就藉由「西南絲路」這條交易要道與南亞連結，與西藏高原之間則有著名的茶馬古道交易路線。此外，雲南是好幾個文化圈交集的地區，有人以「東歐亞的臍帶」來比喻。上田信在談明朝在此建立的政權統治體系時，還提到由於雲南有高山、溪谷，構成了複雜的地形，是由多個民族分居共存，因此在統治時並不容易。

上田信不僅在論述國家權力的擴展或海外移民，處處都提到了環境的特色與限制所帶來的各種影響與人文景觀形塑，本書還繪製了許多詳細的地圖，讓讀者更容易有地理概念與空間感。這或許與上田信的訓練與田野調查特色有關，雖然這特色其他冊也有，但並未如本書繪製的地圖這麼多且如此精細。例如圓仁的旅遊路線圖、倭寇猖獗的地區圖、鹽城周邊地圖、南海貿易據點、東南亞的日本人街、利瑪竇的旅程、江戶時代對中國交易的四條路線、美洲大陸原產作物傳播世界圖、十八世紀互市體系下的中國沿海都市、江西商人交易分布圖……等等，讓人印象深刻。

《海與帝國》的延伸閱讀

《海與帝國》出版後十年，儘管這種透過海洋看明清中國的研究已經越來越多，本書還是這些專著中最深入淺出，既有觀點又有故事的好書。本書的其中一個優點就是書末列有參考文獻，若讀者要進一步參考當代研究，可以參考哪些延伸閱讀的書單。

然而，畢竟已出版超過十年，讀者若還意猶未盡的話，倒是有幾本進階的書可參考。日本近來的這方面研究已經形成「東亞海域史」研究群，其中最顯著的研究成果，就是東京大學小島毅教授主持的日本文部科學省大型計畫：「東亞的海域交流與日本傳統文化的形成」，一般俗稱為「寧波

計畫」。在這個計畫下成立了東亞海域史研究會，成員以歷史學、文學與哲學為主，二〇〇七年舉辦了第一次研討會，計畫期間出版好幾套叢書，展現出研究成果，像是「東アジア海域」叢書及「東アジア海域に漕ぎだす」叢書。

據東大教授羽田正的說法，這些叢書的書寫有幾項特點，一是海域概念的引進與開闢新的世界史方向，二是時間序列史的相對化與歷史的模式化，三是團隊合作的研究，所有的議題及書寫都是共同討論出來的，而非以往的會議論文式地各寫各的。簡單來說，就是較以往更為強調，全球史的取向是近來的新趨勢。

在這些研究中，若想要很快地掌握東亞海域史方面的研究趨勢，首先我的建議還是從研究入門著手。桃木至朗編的《亞洲海洋史研究入門》（《海域アジア史研究入門》，岩波書店，二〇〇八年）是其中首選。這本書的作者不限於中國史或日中交流史領域，其中我最喜歡的是中島樂章，他最早的研究課題是明清徽州商人，之後參與「東アジア海域叢書」的計畫，撰有《寧波と博多》。這之間又曾與藤田明良、鹿毛敏夫、岡美穗子、山崎岳合作參與了「東アジア海域交流與日本傳統文化的形成」。之後中島樂章在二〇一三年又編有《南蛮・紅毛・唐人——一六・一七世紀の東アジア海域》，結合了日本史與東洋史學者共同探討亞洲海洋史，這在過往較為少見。《海與帝國》中所提到的幾個重要觀點，本書都有進一步的深入探討，相當值得一看。

此外羽田正編的《從海洋看歷史》（廣場，二〇一七年）也是一本重要的入門書。這書算是「東アジア海域に漕ぎだす」叢書的首卷，將這套書的東亞海域歷史發展特色做基礎的介紹。監修的小島毅對這套書的描寫是：「本系列叢書是以這一千年的時間跨度，觀察到東亞區域內即使幾乎沒有正式的外交關係，但是經過多采多姿和豐富多元的交流活動，並且對於催生日本本國的『傳統文化』具有關鍵性的角色。」

前後呼應的「花蓮媽祖」

儘管《從海洋看歷史》選出了三個「百年間」，具體描繪各自的時代特徵與多樣性，和以往的歷史敘述相當不一樣，算是此書最具特色的一點，不過就整體而言，《海與帝國》以中國為主體，從海洋的角度看整個明清帝國，對一般讀者而言，更能看出這跟以往教科書所學的中國史有何不同。因此，儘管已經距今十多年，《海與帝國》還是目前坊間最完整也最好的一本明清通史讀本。在如今出版市場上全球史當道且不斷強調全球視野的主流趨勢下，這書的出版更加凸顯了從海洋看歷史的重要性。

為了行文方便，這篇導讀將《海與帝國》的四種書寫特色：海洋、白銀、物及環境分別論述，但這不代表作者在寫作時是分開思考問題，相反的，本書處處可見這四種特色的影子。直到結論〈媽祖與明清歷史〉時，作者再度展現敘事的功力，將這四部分整合在一起，又回到了前言中所提到、在昆明機場遇到花蓮媽祖進香團的故事以及他的疑問，並用以下這段話總結本書：「如果花蓮的神像中確實附著著媽祖的靈魂，在跟著鄭和橫跨歐亞海域，於南海及印度洋看過無數港灣的她，對於眼前麗江的風景又有什麼感想呢？聽完隨行信眾的說明後，當我再次凝視著端坐在機場長椅上的媽祖容顏時，明清五百年的歷史瞬間化為一道閃光竄過腦海——那正是媽祖遍歷歐亞大陸及海洋的旅程。」

看到這裡，我們終於明白一開始作者所鋪的哏，的確，媽祖的故事就是明清帝國與海洋的五百年故事。當讀完這整本《海與帝國》，相信你的世界觀一定會有改變！

註釋

1 Timothy Brook，*Vermeer's Hat: The Seventeenth Century and the Dawn of the Global World*，Bloomsbury Press; Reprint edition，2009。中文版由遠流文化出版。

2 像是二〇〇八年桃木至朗編的《亞洲海洋史研究入門》是東亞海域史研究的重要入門書。其中共收錄有二十五位重要海洋史研究學者的文章。主題從海上帝國的中國、蒙古帝國與海洋亞洲、明朝的國際體系與海域世界、倭寇論，一直到東南亞的港市國家的形成、海陸的互市貿易與國家及海產物交易等主題。然而，這些海域史課題中卻不太容易看到上田信的名字，可見他以往並非這方面的專攻。

3 上田信，《森と緑の中国史》，岩波書店。

4 Daron Acemoglu, James Robinson, *Why Nations Fail: The Origins of Power, Prosperity, and Poverty*，2013，Crown Business。中文版由衛城出版，二〇一三年。

5 Jared Diamond，*Guns, Germs, and Steel: The Fates of Human Societies*，W. W. Norton & Company。中文版由時報出版，二〇一五年，20週年典藏紀念版。

6 *The Great Divergence: China, Europe, and the Making of the Modern World Economy*，Princeton University Press，2001。中文版由巨流圖書有限公司出版，二〇〇四年。

7 *The Confusions of Pleasure: Commerce and Culture in Ming China*，1999，University of California Press。中文版由聯經出版事業股份有限公司出版，二〇〇四年。

8 *Mr. Selden's Map of China: The Spice Trade, a Lost Chart and the South China Sea*，Profile Books Ltd，2015。中文版由聯經出版事業股份有限公司出版，二〇一五年。

9 *Visible Cities: Canton, Nagasaki, and Batavia and the Coming of the Americans*，Harvard University Press，2008。中文版由蔚藍文化出版，二〇一五年。

前言　被大海環抱的兩個帝國

海上女神「媽祖」

二〇〇三年三月，我完成在雲南的調查，回程在昆明（雲南省）的機場遇到一團旅客。其中，端坐在候機室椅子上的，正是媽祖，她是眾多中國人信奉的海上女神，神像的肩上披著一塊寫著「湄洲媽祖庇佑平安」的布條。我從護送媽祖一行二十四人的團體中，找出看似帶領的負責人，和他聊了一下。

這尊神像來自臺灣東部港都花蓮，媽祖告訴信眾想要回鄉，於是先到了福建湄洲的這個小島，接著又因應媽祖的期望，一遊著名的雲南觀光區麗江，之後要經過澳門回到臺灣。

臺灣的海上女神走訪雲南觀光區，一聽到這些事，我的腦中浮現一段長達五百年的中國歷史。

媽祖是誰？為什麼那座廟宇會在臺灣東部海岸？以及麗江何以成為知名觀光區？要把這幾點結合起來，就得先來聊聊歷史。

海上女神「媽祖」　護送「媽祖」的神像，一路從臺灣東岸港都花蓮隨行的信眾團。筆者攝於二〇〇三年。

媽祖走訪的湄洲，位於中國東南部的福建省莆田縣外海，是

湄洲媽祖廟的官方網站　位於福建省莆田縣外海的小島湄洲，是媽祖的誕生地。為了祭祀媽祖而蓋的第一間媽祖祖廟就在此地，據說只要是中國人，都至少會想來參拜一次的聖廟。

座南北縱向的狹長小島。浮在湛藍東海上的這座島，對散居在世界各地的中國後裔來說，是一輩子要走訪一次的地點之一，因為這座島就是媽祖誕生的地方。[1]

據說海上女神出生於宋代的建隆元年（九六〇），是這座島上一戶林姓人家的女兒。由於她能夠預測未來，因此拯救過多次海難。在她死後，夜裡會有發光的木材漂浮在海上。當人們感到不可思議時，媽祖托夢要眾人建廟奉祀。民眾便依據指示興建了第一座奉祀媽祖的廟宇，稱為「媽祖祖廟」，也是臺灣花蓮媽祖表示想回鄉參拜的地點。

原本媽祖只是為福建當地討海人所信奉，僅是個地方信仰。媽祖之所以會登上海上女神的地位，則是因為歷代的帝國。

宣和五年（一一二三），宋朝派遣使節到了朝鮮的高麗。載著使節的船隊，在農曆五月從東海的港都定海地區揚帆出發，在隔年的八月回到定海。據說當這支船隊遇到海難時，發生了靈異現象，是媽祖救了眾人。為什麼是媽祖呢？原因是船隊裡的工作人員，多半是信奉媽祖的福建船員。在船隊平安返航時，朝廷便對媽祖賜予「順濟」的廟匾。這是官方第一次認可媽祖。

宋朝受到外族金朝的威迫，打算往海上另謀生路。為了祈求海上平安，宋朝對於媽祖給予前所未有的優遇，還不斷封賜代表榮譽的頭銜，「靈惠・昭應・崇福・善利夫人」，並在紹興四年（一一三四）被封為「靈惠妃」。從「夫人」一舉升格為「妃」，這也代表媽祖從地方神明變成全國等級的海上女神。

接下來，元朝利用海路，將江南的物資運送到首都大都，掌握元朝命運的同樣也是大海。因此，元朝也認定媽祖是特別的神明，並於至元十八年（一二八一）授予「護國明著天妃」的稱號（在《元史》世祖本紀中記載的是在至元十五年賜號，但應該是誤植）。獲得天妃地位的媽祖，成了掌管與天界不相上下的大海、同時也是守護帝國的神明。從宋代到元代，中國沿海各地紛紛建蓋祀奉媽祖的廟宇。

媽祖信仰並不限於中國境內，在本書記述到的明代，已經能在東南亞、琉球、日本等地看到媽祖的信徒。尤其當鄭和的艦隊航向遙遠的印度洋沿岸時，眾人都相信媽祖會隨時以各種方式保佑著這支艦隊，媽祖信仰也隨著艦隊拓廣到各地。清代在將臺灣納入版圖的過程中，由於媽祖庇佑清朝艦隊有功，在康熙二十三年（一六八四）再從「天妃」升級成為「天后」（這次加封在很久之後才昭告），媽祖從原先天帝配偶神之一的地位，一躍而上成為與皇后匹敵的第一等女神。

遠渡重洋的中國人，為祈求航海平安而信仰媽祖，在全球各地蓋起大大小小的媽祖廟。日本、馬來西亞、泰國、印尼等亞洲各國自然不在話下，就連美國舊金山等地也有媽祖廟。據說世界各地的媽祖廟總數有四至五千處之多。每年一到農曆三月二十三日的媽祖誕辰，以及九月九日的升天日，來自全球的眾多信眾就會聚集到湄洲，燒香祈求平安。

要了解海洋與帝國之間的關係，最忠實的方式就是了解媽祖的歷史。而想要揭開海上女神的歷史，就得超越過去中國通史的框架。

海洋的歷史

目前的歷史學大致可分成兩股潮流，其中之一就是布勞岱爾（Fernand Braudel）[2]以地中海研究為起點的「海洋歷史」。他的研究讓我們了解，除了過去以陸地興起的王朝與國家歷史為軸心論述的歷史學之外，還有另一個不同的觀點。不再將海洋視為人類生活的阻礙，而是人類活躍的舞台。「海洋歷史」最早為東南亞歷史所接受，日本史也因研究東海與日本海的海域而有所進展。

另一項潮流則是華勒斯坦（Immanuel Wallerstein）[3]提出的「世界體系理論」[4]。華勒斯坦受到布勞岱爾的影響，同時想要超越在二十世紀中期之前成為主流的唯物史觀以及近代化論。

這世界上，有在政治和經濟上分別立於優勢及劣勢的國家。這樣的差異在二十世紀的歷史學上，分成先進國家與落後國家兩個架構來解釋。例如，遭到殖民的地區，在歷史上看來，其國家的發展程度會比殖民母國來得緩慢。就像亞洲、非洲地區，遠遠不及西歐、北美等國家。

後來扭轉這套史觀的，主要是一群非洲及拉丁美洲的馬克思主義歷史學家。他們表示，看似近代化較緩慢的地區，並非因為沒能開發而沒有發展，而是在以西歐為主的資本主義建立的過程中，這些地區被低度開發。換句話說，只是將原本社會該有的型態，因應資本主義的形式加以變化。

時間軸線上定位的區域差異，就是在同一個時期彼此關係上的定位。華勒斯坦設法將這個時間軸轉換成空間軸的觀點，以此重新架構世界史，得到的成果就是所謂的世界體系理論。

本書依循布勞岱爾及華勒斯坦所代表的兩大潮流，在撰文時試圖重新檢視過去稱為「中國史」

足利義滿像與黑船來航圖　本書中探討的五百年對照日本歷史，大約是從足利義滿統治到美國培理率領艦隊來航之前的這段期間。

的敘述方式。而本書之所以以「大海」為標題，就是為了要納入「海洋歷史」的研究成果。此外，將敘述的範圍設定在十四世紀到十九世紀，理由也是這段時間幾乎跟「世界體系理論」所討論的時期相同。

關注帝國與海洋的關係，把焦點放在透過大海與中國連結的日本、東南亞，以及歐洲等地的同一時代，應該也能同步刻畫出歐亞地區的歷史。而以五百年的長時間為對象，也能明確探討中國是否只是個受歐美為主之世界體系影響而改變的世界帝國。

帝國的歷史

將本書所探討的五百年期間，對照日本的歷史，恰好是從足利義滿的時代到美國的培理（Matthew C. Perry）率領艦隊到日本之前的那段時期。而對照歐洲的歷史，是從法國跟英格蘭之間掀起百年戰爭、到法國拿破崙出現的時期。本書嘗試敘述這段從中世紀跨越到近世紀，再到近代這段遽變的時代。書中探討的這五百年，以朝代區分的話，就是明、清時期。

明朝由出身化緣僧人的朱元璋於一三六八年建立。在中國歷代王朝的創始人之中，朱元璋可說是從社會最底層成功爬到巔峰的人。明朝在一六六四年時，遭大批農民加入的反叛軍所滅，從建立到滅亡，超過了兩百年。

清朝是由居住在東北亞的民族所建立的王朝，始祖努爾哈赤在一六一六年從明朝獨立出來，定國號為「金」（為與十二到十三世紀的金朝區別，稱「後金」）；一六三六年，其子皇太極重新將國號改為「大清」，並於一六四四年取代明朝，將首都遷至北京。自努爾哈赤到末代皇帝溥儀，一共十二代，在一九一一年因為辛亥革命而滅，前後維持近三百年的歷史。

在日文中，明朝的「明」習慣唸作「ミン」（min）而不是「めい」（mei），清朝的「清」是「シン」（shin）而非「せい」（sei）。在確立現代漢文讀音的江戶時代，知識分子並非從書籍上學會這些朝代的讀音，而是直接從來自中國的人們口中了解、進而學會這兩個朝代的資訊。

不過，為什麼會取「明」、「清」這兩個字呢？其實從秦朝依序列舉出統一中國的歷代王朝，探討每個朝代的名稱由來，會發現元、明、清三個朝代特別不同。

也就是說，一統中國並建立帝制的秦，是以受周朝冊封的國名來做為朝代的名稱。漢朝由劉邦建立，用的是受楚王項羽冊封的國名。由此類推，在宋朝之前每一個朝代的始祖，都以前朝冊封的爵位來當作國號。也就是說，朝代的名稱並非自稱，而是他稱，這在中國已經成了傳統。

使用前一個朝代賜予的名稱，源於一種從前朝繼承的統治正當性，這也可以視為古代在政治上建立起的一項慣例。另一個值得關注的，是朝代名稱都來自周朝時決定的國家或地區的名稱；也可以說，在宋代之前的歷任王朝，都不會超出在周朝時所認知的「中華」範圍。

相對地，蒙古帝國盟主忽必烈，並不受這項中國傳統的束縛，自稱「大元」——既然元朝並非漢族、而是蒙古族的政權，這或許也是理所當然的，問題是接下來的明朝。朱元璋從元末的混亂中嶄露頭角，有一段時期以白蓮教教主所賜的「吳」為國號，如果依照中國的傳統，或許就會變成「吳朝」。但最後朱元璋採用的國號卻是自稱的「大明」，接下來的「大清」也是自稱。

這兩個朝代選擇「明」、「清」為國號的理由，是歷史上的謎團。這兩個名稱並非地名或民族等既有名詞，而是包含了抽象的概念，這一點跟忽必烈使用的「元」為國號相同。從朝代的名稱看來，明、清時代並不在自秦至宋的中國框架中，換句話說，明朝與清朝是在蒙古帝國開拓的新基礎上建立的王朝。

如果刻意用聳動的說法，可說明朝跟清朝都不算中華帝國；就算在以中華帝國為中心而成立的東亞框架之下，依舊無法明確掌握明、清這兩個朝代。

恣意的明朝

雖然在非傳統中華帝國這一點上，是明朝跟清朝的共同點，但呈現出來的特色卻大異其趣。

明朝的第一個首都在南京，位於郊區東方二十三公里處，也就是當時被稱為「陽山碑材」的採石場，能實際體會明朝的帝國型態。第三任皇帝朱棣（成祖．永樂帝）為了稱頌父親朱元璋（太祖．洪武帝）的功績，在永樂三年（一四〇五）命人採石在其父的墳前立碑。但石碑終究沒完成，就被棄置於山林裡。

陽山碑材　這些石材原本要用來打造稱頌朱元璋的石碑，因為過於巨大，根本沒有完成就直接留在南京郊外一處明朝時期的採石場中。（筆者攝於一九八四年）

從山裡採出的這塊石材，包括基座與主體、頭部，共分為三個部分。基座的高度十七公尺，寬度二十九・五公尺，厚度十二公尺，重量為一六二五〇噸。至於主體，雖然是橫躺，但高度也有五十一公尺，寬度十四・二公尺，厚度為四・五公尺，重量是八七九九噸。頭部高十公尺，寬二十二公尺，厚十・三公尺，重六一一八噸。很可能因為太過巨大，才運不出去。

如果這塊石碑完成，高度將有七十八公尺，等於一棟二十層樓高的建築。我在留學南京大學期間，曾有機會參加學校舉辦的史蹟參觀活動，走訪現場。我爬上石材時，覺得一陣頭暈——這不僅是因為太過巨大的關係。

這麼巨大的石材，當初真的打算運出去嗎？究竟有多少人被強徵去開採石碑的材料呢？生於那個時代的人，是否經常遭到無法以現代合理性解釋的朝廷命令所擺布？明朝的國力隨著時間過去，逐漸衰弱，不再強盛。然而，直到最後，還是籠罩著以我們現代人常識無法得知的陰影。

依照馬克思提倡的發展階段論，試圖劃分長達幾千年的中國歷史而引發的討論中，有一名研究者堅持明朝之前屬於古代。其他多數學者都認為在唐、宋之間是時代的分界，而爭論點在於中世紀是在宋代時結束，或是從宋代才開始，但唯獨這位研究者主張明朝之前都是古代，雖然備受矚目卻無法令人接受。

然而，明朝時進行了大運河修建、鄭和遠征南海、修築萬里長城，以及北京郊區的明朝十三陵，這些功績的確都偏向古代，其巨大的規模已超越近代的框架。如果要從中國歷史中尋找類似的感覺，首先令人聯想到的是秦朝打造的萬里長城，以及隋朝挖通的大運河等。當跳脫從古代經過中世紀、近世紀，再到現代的、直線時間軸線的認知時，就能形成中國鮮少出現的這類古代譜系。

明朝許多遺產及功績，都是因為皇帝的一己之意而生。在皇帝與高官之間，或許有個推動國家工程的理由，但絕大多數的民眾根本無從得知，自己將會在何時、何地，用什麼樣的方式被派去參與這些工程。也就是說，要一邊預測自己的明天，一邊規劃生活，是件很困難的事。

自制的清朝

清朝在這一點上恰巧與明朝呈現對比。在清朝統治權穩定的十八世紀，幾乎不會令人感到朝廷的專斷。宦官在宮廷外的活動也受到嚴格控制。其背景之一在於，由少數的滿州族統治多數漢人的情況下，皇帝也得自制，盡可能地避免做出引發民眾不快的決定。此外，或許還有另一個解釋，那就是要以幾千名官員來統治一個數億人口的國家，就必須維持極有效率的行政體系。

而最大的契機，應該就是原則上廢除了從古代延續的賦役。換句話說，對國家提供勞動力的這項義務，到了清代則是納入土地稅裡。由於土地可以明確計量，針對土地課徵的稅額也得以計算。這麼一來，民眾可以推估明日的行程，同時也能為了明日的自己好好規劃今天。

西歐的封建制度也幾乎是在同一個時期，市民能基於契約限制王權，限制國家任意妄為。西方跟中國在歷經不同的階段後，都出現了相同的狀況。清朝的皇帝克制一己的獨斷專制，扮演起充滿溫情的統治者角色。換句話說，成功使用權威的糖衣，包裹著行使暴力的權力。

由於上位者的一己之意無法以法制掌控，使得民眾承受了許多來自低階官員的不正當要求，而賄賂與中間的剝削慢慢地出現了一定的行情。這麼一來民眾可以預期遭到剝削的程度，在從事經濟或社會活動時一開始就納入考量。在清朝最強盛的時期，從社會上層的地主、富豪，到下層的貧農及勞工，所有民眾都活得很豁達，整個社會充滿著近代化的活力朝氣。

為什麼能從古代的明朝跳躍到現代的清朝呢？如果從中國內部的發展來看明朝到清朝的變化，會感到混亂不清。然而，如果是當作東歐亞大局的一部分，從中國面對海洋的這個角度來看，或許就能描繪出這強而有力的五百年，這也是本書的觀點。

本書跟以往的中國史非常不同，為了說明整個框架，接下來的第一章會花費很大的篇幅來闡述，而第一次接觸到明清史的讀者，或許會不了解為什麼要這樣討論，甚至會留下艱澀難懂的印象。有這種想法的讀者，只要記得下一章的重點是「從『交易』的觀點來談歷史」，直接從第二章開始閱讀，最後再回頭看第一章也可以。讀完本書，相信也能釐清「為何海洋女神會出現在內陸的雲南省昆明」的這段歷史。

註釋

1 以下內容主要參考李獻璋，《媽祖信仰的研究》，泰山文物社，一九七九年。

2 【編註】二十世紀最具代表的法國歷史學者（一九〇二～八五）。主要著作有《地中海史》、《十五至十八世紀的物質文明．經濟和資本主義》（廣場出版，二〇一二年）、《文明史綱：人類文明的傳承與交流》（廣場出版，二〇一六年）等。

3 【編註】美國社會學家、歷史學家、經濟學家和政治學家（一九三〇～），「世界體系理論」的主要代表人物和當代社會科學多學科綜合研究的倡導者，當今最具創見的科學家之一。著有《近代世界體系》（桂冠，一九九八年）等書。

4 【編註】World System Theory，是美國歷史學家華勒斯等人創建的一套後馬克思主義國際關係理論及社會理論，試圖解釋資本主義全球起源、運作與其後果。詳見http://terms.naer.edu.tw/detail/1453884/

第一章　事件的時空

大海與交易

在人類形形色色的營生方式中，再也沒有比渡海這個行為更人性化。以陸上生物的型態出現在地球上的我們，因為有強烈的意志與豐富的智慧，才能跨越大海。而這股意志跟智慧，也可說是人類這個生物物種的特色。

大海與人類

人類為什麼會想要渡海呢？在人類的黎明期，有不少人到海的另一頭尋找新天地。這份記憶讓不少人產生了信仰，認為在海的彼岸有一片理想的天地，受到宗教上的熱情刺激而出海。而讓更多人勇於航海的動機，就是交易。在探討大海與帝國的歷史之前，我們先好好闡述交易這項行為的基本概念。

因應地球上各式各樣的生態環境，多樣文化以及各種物產於是孕育而生。人們為了彼此互補在各自生活的地區無法取得的物資，自古就盛行跨越廣大的空間來交換物資。

人類之外的野生動物，只能在棲息的環境尋找食物養活自己。動物的排泄物以及屍體，則在這個生態環境中當作其他動物的食物，或是被微生物分解。物質就在這個生態系中循環。動物也無法脫離這個穩定的環境，只有人類，可以從完全不同的地區帶入物資消費。這種跨越穩定的生態環境進行交換物資的行為，在本書中就稱為「交易」。

而在當今的這種大規模交易活動出現之前，人類基本上就活在自己生活的生態環境中。因應形形色色的生態環境，產生各具特色的文化。如果是自己居住的土地裡沒有的，或是相對於需求來說屬於稀有的，這些物資就會被視為文化中的寶物。手中握有寶物的人，自然能獲得其他人羨慕的眼光，有時甚至還能贏得尊敬，寶物同時也是權威的象徵。經濟學上將這些寶物稱為「富」或「財」，但具體上什麼能成為富與財，由該地的文化掌握關鍵性的影響。

來自於該土地生態環境外的寶物，通常有兩個來源。一是透過具有特殊技能的人，從地裡挖出來的珠寶、金、銀等稀有礦物。另一種則像是香木、辛香料、絲綢布料、陶瓷器等，只在特定的產地出產，之後再運送到各地的特產。能當作寶物的物資，必須符合稀少性、在特定的產地，以及在特殊的技術下出產等，幾項條件。

這些飄洋過海的物資，就靠著具備航海技術的人，帶到遙遠的地方。就這個角度來說，這些物資也算充分具有寶物的資格。因此，自古以來世界各地總有不少傳說，許多商人就憑著一次的航海經驗創造了巨大的財富。

希羅多德（Herodotus） 希臘歷史學家（西元前四八四～前四二五）。

交易的類型

事實上，要在不同文化背景下交換這些寶物並不容易。例如，想用熱帶島嶼上生產的香木交換溫帶農耕地區出產的絲綢，實際狀況會是如何呢？我們的想法大概是先提出一棵香木的價格，然後交換等價的絲綢就可以了。然而，香木與絲綢是性質完全不同的物產，在本書要探討的時代，的確已經建立一套方法，來估算不同物質的統一價格。但是在這個方式出現之前的時代，又該怎麼辦呢？

最單純的方法就是付諸武力，攻擊對方、搶奪想要的物品。海盜攻擊、偷襲沿海地區，搶走物資或人員，這其實也能視為是一種交易的類型。古代游牧民族到農耕地區掠取物資，擄走身懷生產技術的人，這種狀況屢見不鮮。這也是一種跨越既定生態環境的物資移動，根據本書的定義，這也屬於交易的範圍。

此外，也有一個稱為「互酬」的交易方法。在不同生態環境孕育出的文化中，人們以彼此所能接受的量來折衷交換，沉默交易（Silent Trade）可說是最具代表性的習慣。古代的歷史學家希羅多德[1]編纂的《歷史》[2]一書中，描述了利比亞人進行沉默交易的情境，中國古代的「鬼市」，也有相同的習慣。

換句話說，就是在不同生態環境交集的特定空間裡，屬於某個文化圈的人放置了想交換的物資後離去，屬於另一種文化圈的人出現，評估留下的這些物資，也放置適量的交換物品後離去。

然而，無論是掠奪或互酬，這兩種方法都很難穩定取得大量物資，因為能夠搶奪的地方，未必有想要的物資，而互酬交換的物資量則受限於最小需求。換句話說，如果對於對方提供的物產沒有興趣，交易就無法成立。

比掠奪或互酬更進一步的方式，就是納貢。以軍事上的武力或社會權威為背景，讓對手臣服，定期送來指定的物產。將納貢制度化後，就是稱為「集中－再分配」的方法。也就是運用政治上的權力，從支配的範圍裡徵收物資，調度集中後，再藉由當權者的裁量分配到需要的地方。

納貢與集中－再分配，這兩個方法的基礎都是政治權力讓交易制度化，交易必須很敏銳地反應出政治上的權力關係變化。

相對地，交易是一種必須依賴多數參與者的行為，這個體系就稱為市場。在市場上會有不特定的多方當事人，基於競爭原理來交流多項物品。而這項競爭要能運作，其條件就是交易過程中要公開一些必要資訊。

這些資訊中也包含了跟未來相關的事項。為了交易而出海的船隻，可能因為颱風的關係沉沒。但如果針對這些意外有海上保險的制度，就能將災害的程度當作風險來預測。這麼一來，交易活動就不是賭博，而是能在預測風險之下進行。

本書探討的這五百年之間，在歐亞地區納貢及集中－再分配的機制興起後瓦解，掠奪這個方式也曾橫行。而在這五百年之間，歐亞地區萌發的市場制度，中國也有參與。

時代區分

	東亞舞台			歐亞舞台
	第一週期	第二週期	第三週期	
合	周	後漢	唐後期	元／明／清
散	春秋	三國／晉	五代	↑
離	戰國	南北朝	北宋／南宋	↑
集	秦／前漢	隋／唐前期	元 →	↑
時間	B.C11～A.D.1	A.D.1～8 中期	A.D.8～13	A.D.13～19 中期

合散離聚的模式圖　筆者構思的中國王朝興衰模式。

中華文明的拓展過程

自古回溯中國各個朝代的歷史，就能發現這也是交易機制變遷的過程。如果不能從大範圍地區收集各式各樣的物資，分配給當權者支配下的各個地區，就無法讓王朝維持下去。而王朝，就是建立在納貢及集中－再分配這個機制上的支配體制。這個交易機制在東亞的空間框架中不斷自行拓展，發展的模式可以歸納如下。

王朝藉由納貢等等的方式，獲得支配領域之外的各項物資，而在直接支配的領域中，則由徵稅等方式來收集物資，透過軍隊、官僚等體系再分配。當這些支配領域之外的勢力，受到王朝的影響，出現試圖更深入參與交易機制的動向，開始對王朝頻頻動作。與新文化之間的交流，會破壞王朝交易機制的穩定性，進而出現動搖。當動搖超過某個標準，整個王朝的統治體系遂告瓦解，在混亂之中又產生另一個能涵蓋與大範圍地區交易的機制，憑藉著這個新的交易機制，誕生新的王朝。

由於這個過程維持得很長，生活在同一個時代的人很難判斷事態會往哪個方向發展。新的交易機制的構想在出現後會隨著流血衝突而消失，在多種可能性之下反覆不斷抗爭，而在反覆的失敗中逐漸建立起一個新的機制。從這麼多苦難中產生的嶄新交易機制，歷經一段歲月又會在與周圍文化交流下再次出現動搖。

將中國歷史視為這樣的循環，可以將循環分成類似上表的幾個階段。一個交易機制保持穩定的階段是「合」，接著開始動搖，整個體系出現明顯的裂痕就是「散」，當產生了多個新的可能性，各個體系的領導彼此反目，展開抗爭的階段就來到「離」，到最後僅存的一個方案整合其他剩下的體系就稱為「集」。雖然這只是借用日本的成語「離合集散」重新組合，卻也是筆者在拙著《森と緑の中国史》（岩波書店，一九九九年）中首次提出的想法，之後以這個架構來重讀中國史，的確能闡明很多現象。

在有中原之稱的黃河中游流域建立的周朝全盛期稱為「合」，當這個王朝在受到希望參與交易的游牧民族所帶來的外來壓力後，出現了動搖，進入了春秋時代「散」這個階段。到了戰國時代，西有秦國，北方是趙國，加上南方興起的楚國，各自吸收鄰近地區的文化，同時摸索出一套新的交易機制，這個階段稱為「離」。最後，秦始皇成功建立了新體制，壓倒其他勢力，實現「集」這個階段。從周朝到秦之間歷經大約一千年的變遷，構成合散離集的第一回循環。

周朝的交易機制，是由周王在各地封建諸侯，諸侯對周朝納貢，是和緩的制度。支撐這套機制的，是出自於「禮」的文化默契。相對地，在秦代建立、前漢武帝時代進一步鞏固的交易機制，則是以劃分為郡縣的各直轄地區的徵稅以及鹽等專賣事業，這類資源集中─再分配的制度成為帝國的支柱。

第二回的循環是從後漢開始，經過三國時代、魏晉南北朝到隋，再次建立新的交易機制。時間從西元一世紀到八世紀中葉，在這大約八百年之間，建立起直接配給耕地給領地內的人民，以租庸調法來進行徵稅的稅制。對於領地外的各國，若承認其支配權者，在禮節上會進行稱為「冊封」的手續，進而接受來自周邊諸國的朝貢，積極展開交易。

第三回的循環劃分從唐朝的安祿山之亂後出現動搖的時期開始，歷經藩鎮割據、五代十國「散」的階段，又包含「離」的時期，也就是北有遼、金，南為宋・南宋，各自建立起新的交易機制來彼此抗衡。宋朝及南宋積極跨海，將交易的範圍拓展得更廣。另一方面，金朝則加深了與歐亞中部地區的交易關係。

然而，第三回循環還沒結束，中國的情勢就出現驟變。蒙古帝國建立起遍布歐亞大陸全區的交易機制，將中國納入其中的一部分。自此之後，要了解中國史，在東亞這個空間的框架內來探討並不完整。本書中經常提到「東歐亞」這個不常看到的用詞，就是為了嘗試從更寬廣的空間來看中國的歷史。

東歐亞代表的空間

「東歐亞」這個用詞是在撰寫本書時因需要而創造的詞彙，就範圍上來說，包括了日本海、渤海、黃海、東海、南海等五個海，以及與這些海洋連接的

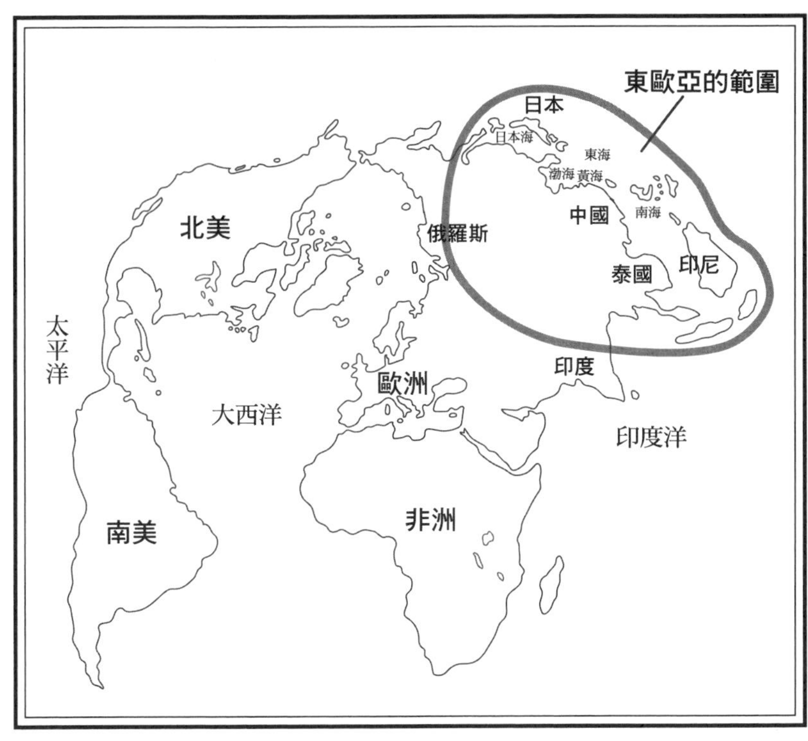

東歐亞地圖　本書中東歐亞所指的範圍。

陸地或島嶼所構成的空間。

以世界地理的用詞來說明的話，則是包含西伯利亞東部在內的東北亞、包含西藏高原和蒙古高原在內的中亞、包含日本和南北韓在內的東亞，以及東南亞和一部分印度，這幾個地區，這就是筆者所謂的「東歐亞」，這塊區域就是本書的舞台。

五個海特性各異，想要渡海，最需要留心的就是風浪的高度。浪高一超過四公尺，就會嚴重影響船隻航行。觀察一九九〇年代中國沿海浪高的平均值，浪高超過四公尺的天數，渤海為二十六天，黃海九十五天，東海一二三天，臺灣海峽有九十天，南海則是一六九天（目前中國並不面對日本海，日本海則沒有能夠比較的數據），從各自的天數也能看出海浪洶湧的程度各有不同。

山東半島與遼東半島從南北隔著渤海海峽與外海區隔，相對於渤海像湖一樣平靜，黃海則經常掀起風浪。然而，一旦風勢趨緩，黃海也會恢復成平靜無波的大海。此外，在本書探討的時代，中國的大河黃河流經山東半島南部，注入黃海。一八五五年之後，黃河流域改變，才像現在這樣注入渤海灣。

黃海與東海雖然是連接的海域，卻有相反的面貌。從中國山東經由黃海航行到韓國仁川時，即使已經出海一段距離，這片海面仍像是混入牛奶的咖啡般混濁，而且平靜無波、宛如湖面。也可能是遇到氣候穩定的季節，但這跟過去從日本前往中國時看到的東海海面，呈現完全不同的樣貌。東海海域的海流湍急，不時掀起波濤。

此外，由於中國的大河：黃河和長江，從中國內陸挾帶大量泥沙流入了黃海，使得在中國這一側由於海底平淺，少見良港；相對地，朝鮮半島一側則是島嶼較多的海岸線綿延，有很多小港口。另一方面，面臨東海的中國沿海地區，有著複雜的海岸線，也有多處歷史上的知名港口，像是寧波（宋代的明州）、泉州、潮州、廣州等。

在氣候與海流方面，也看得出這兩個海域呈現相反樣貌。黃海夾在中國大陸與朝鮮半島之間，風向雖然隨季節變化，卻很穩定。另一方面，東海由於連接太平洋，當太平洋上空產生颱風等大型低氣壓時，就會成了通過的路徑；此外，越過大陸北部的盛行西風，經常會與從印度洋吹往中國大陸低窪地區的季節風相碰撞，形成不規則的強風。

朝鮮半島南部海面上的群島、日本列島的九州與琉球群島，加上臺灣，這些島嶼連成美麗的弧線，圍繞著東海，往外就是遼闊的太平洋，而在臺灣海峽南側的就是南海。這片海域西接中南半島，東側則與菲律賓群島與婆羅洲相連。在這片海域上船隻若朝西南行進，穿越馬來半島與蘇門答臘、爪哇島之間的兩道海峽，就能進入印度洋。

南海是颱風發生的海域，也有不少險要的區域。尤其現在西沙群島與南沙群島，水面下海底山脈周圍的珊瑚礁相當茂密，導致過去行駛在這片海域上的船隻多有觸礁意外。根據海洋考古學家調查，發現這個區域有相當多沉船，沉船周圍較淺的海底，散落著數不清的陶瓷器，由此推測多半都是滿載著中國物產的交易船隻。

大海與船舶

在蒸汽船問世之前，航海全憑藉風力。東歐亞海域惠於季節風，可說得天獨厚。然而，光是熟知季節風也無法渡海，必須具備打造船隻以及航行的技術，船隻則在因應每個海域的特性下而發達。

觀察一千五百公尺高空中的平均風向，冬季一月時來自歐亞中部的盛行西風，吹向日本海、黃海、東海。這股風會為日本帶來大量的雪。在黃海海面成了西北風，有時會變得很強勁。至於在南海南側反倒是東風占了優勢，從菲律賓吹往越南的風變強。兩道方向不同的風在臺灣海峽周圍接觸，形成複雜的漩渦。

到了春季四月，日本海、黃海、東海海面上吹的是穩定的西風，南海則以西南風占優勢，這股

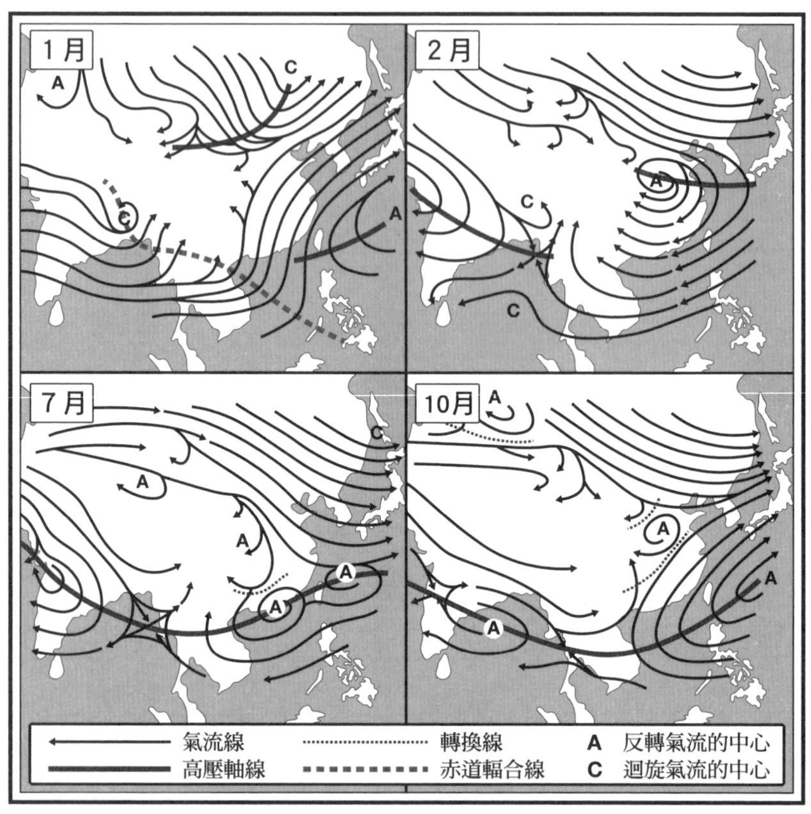

東歐亞的季節風風向　在渤海、黃海、東海、南海上，風向與風力會因為季節而產生很大變化。（引自《中國自然地理圖集》中國地圖出版社）

趨勢到夏季會變得更強，到了七月，南海全海域會吹西南風，東海則吹南風，黃海與日本海吹起西風。從華中地區吹向朝鮮半島及日本，是絕佳的風向。拓展媽祖信仰的船隊，當初由宋朝前往高麗時，正是利用這陣季節風，在農曆五月（陽曆的六月到七月）從中國的港口出航。

秋季十月，盛行西風轉強，風開始吹往東歐亞大陸。日本海依舊吹西風，但渤海、黃海則吹起北風，東海、南海的東風轉強。當使節從高麗返回中國時，就是利用這樣的風向變化。

觀察風向變化，可清楚了解到日本海上整年的風都是來自東歐亞大陸地區，並且往日本吹去。從過去的歷史看來，相較於四個海域，橫跨日本海的航線並不發達，這就是原因之一。因為只有在夏季的東南風變強時，才能從日本航向到中國大陸。

相對地，黃海、東海、南海，風向會因季節而相反。如果能趕上這番變化出海，可從東歐亞的沿海往各個方向航行。基本上，春天從中國南部出港的船隻，可以順風抵達華北。而到了秋天則剛好相反，可以看到從華北往華中、華南航行的船舶。至於中國大陸與日本列島之間，在春夏兩季時，船隻航向日本，到了秋天則從日本往華中、華南地區航行。

從中國前往東南亞的麻六甲海峽時，趁秋天抵達華南地區的港口，然後等到冬天，當來自北方的季風轉強時，再一舉南下。春季到夏季之間，航行的方向則是從東南亞至中國。

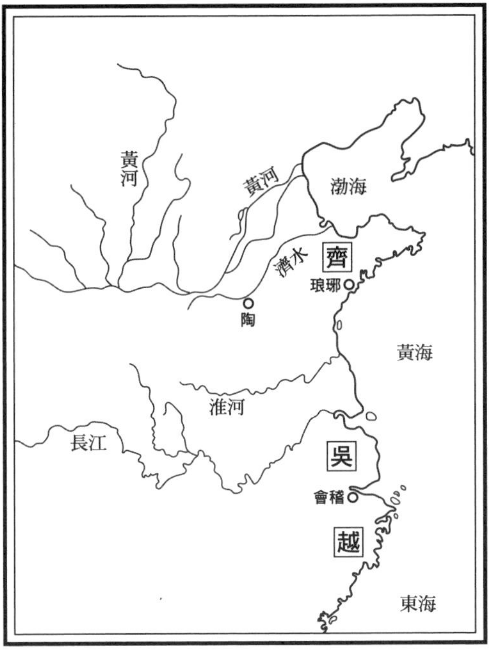

春秋時代的海上交易

海上交易的歷史

東歐亞海域自古就作為交易之用，其中又以黃海的海上交易歷史可一路回溯至古代。

這裡，我來講一段發生於西元前五世紀

慈覺大師圓仁　七九四年～八六四年，是平安時代前期的天台宗僧侶。西元八三八年入唐，在唐停留十年。

的小故事，主角是范蠡。在春秋戰國當時，華中地區有盤據長江三角洲的吳國，與以浙江省東部為據點並擁有天然良港的越國，兩相對峙。吳國與越國都想把華中、華南的物資運送到當時稱為中原的華北，以利繁榮。相對於吳國走內陸河川進行交易，越國則藉由海上運輸。至於交易主導權在哪一國手上，其實就是吳越相爭的本質，在歷史上也留下了臥薪嘗膽、吳越同舟的故事。

范蠡身為越王句踐的參謀，同時主導海上交易。他成功幫助越國消滅吳國後，留下「狡兔死，走狗烹」這句名言，由海路前往山東半島。改名換姓為「鴟夷子皮」，並積極開拓海域，累積了數十萬財富——接著又到了貿易的中心「陶」（山東省定陶縣）做生意，再次建立起巨大財富。這些都是收錄在司馬遷《史記》中的故事。從陸路來看，或許覺得他是從華中一路遠逃往華北，但若以相隔一道黃海海域來看，他原先所在的會稽（今浙江省紹興）與山東半島其實相距不遠。

司馬遷以「范蠡三遷，皆有榮名」來總括范蠡的一生。但范蠡與鴟夷子皮究竟是不是同一個人，至今仍有疑問。但沿著他的足跡，串連起浙江與山東這條線，能看出包含當時海上航路這條宏偉的交易路線。而越國之所以能成為戰國諸雄中的強大勢力，自然少不了經由黃海進行交易的背景因素。

東海呈現與黃海不同的樣貌。從海流來看，黃海的海流會因季節性有一定的循環，相對地，東海則有黑潮以及衍生的大小海流，常讓船隻失去方向、被推往遙遠的外海。許多船隻因此受損、沉沒，沒機會再回到陸地。回溯西元九世紀中葉，圓仁大師搭乘遣唐使船渡東海的足跡，就能在歷史上清楚看出黃海與東海兩者的差異。

從西元七世紀前期到後半，遣隋使、遣唐使的行船路線是從九州往朝鮮半島，沿著半島北上來到黃海中央，再到山東半島。然而，到了八世紀，一統朝鮮半島的新羅與日本之間的關係並不友好，使節只得更換路線，從九州的五島列島出發，經由東海、朝西直接往中國的江南流域。更換路線的結果，導致遇難或漂流的使節船比例提高許多。為了能確實載送使節，船隻數量從七世紀每隊兩艘的標準，到八世紀時改成以每隊四艘。以當時的造船技術與航海水準，要跨越東海簡直是場豪賭。圓仁搭乘的船隊在第一次也失敗了，四艘中有三艘毀損。第二次的航行，也在途中遭到暴風雨後漂流了一陣，好不容易才抵達中國沿岸。

圓仁回程走的路線是從山東半島的登州橫渡黃海，再由朝鮮半島西岸南下到日本，他搭乘的船隻則是往返於朝鮮半島與中國之間這條交易航線的新羅船。相較於良港少的中國黃海沿岸，朝鮮半島面對黃海的地區有較多的港口，因此，橫渡黃海的交易，以該地的船隻占有優勢。

在《入唐求法巡禮行記》[3]一書中都記載著新羅人負責海上交易，並且擔任口譯或船長等職務一展長才。從中國赤山港出航的圓仁，回程中並未遭遇海難，平安返抵日本。

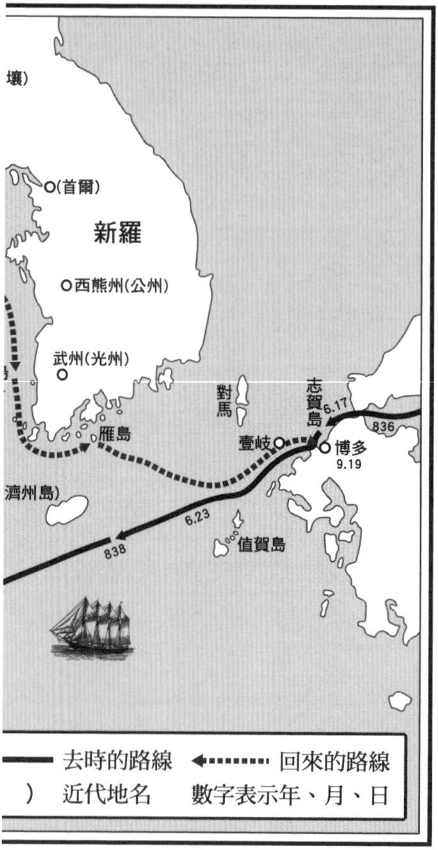

中式帆船[4]的問世

關於唐代在東亞打造的船隻，目前幾乎沒有留下任何史料上的線索以供重現。不過，看看遣唐使吃的苦頭，就能推測當時船隻的結構不太穩固，尚不足以對抗外海的洶湧波濤。船隻出航要選擇適當的季節，當圍繞中國大陸與朝鮮半島的黃海海浪穩定，此時相對安全，也利於航行。然而，與太平洋相連的東海因為強勁的季風，雖然在順風下會加快船行速度，但要是風勢太強，船隻在推波助瀾下，會被洶湧的海潮推走，很難回到陸地。結構脆弱的船隻要在東海上行駛，得冒很大的風險。

中國人沒有堅固的船隻能安全航行東海及南海，對遠洋航海並不積極。當時主要在海上航行的，是波斯商人所搭乘、稱為「dhow」的單桅帆船。這種不用釘子，以接合木材所打造的縫合船，由於具備柔結構[5]，對外海的波浪具有超強的抵抗力。單桅帆船可以越過印度洋及南海，來到中國。

然而，唐末出現的黃巢之亂，在西元八七九年攻破波斯商人在東歐亞的據點廣州，殺害很多外國人，人數有十二萬人、甚至是二十萬人之說。結果導致單桅帆船將據點從東亞遷移至東南亞。而在這之後所

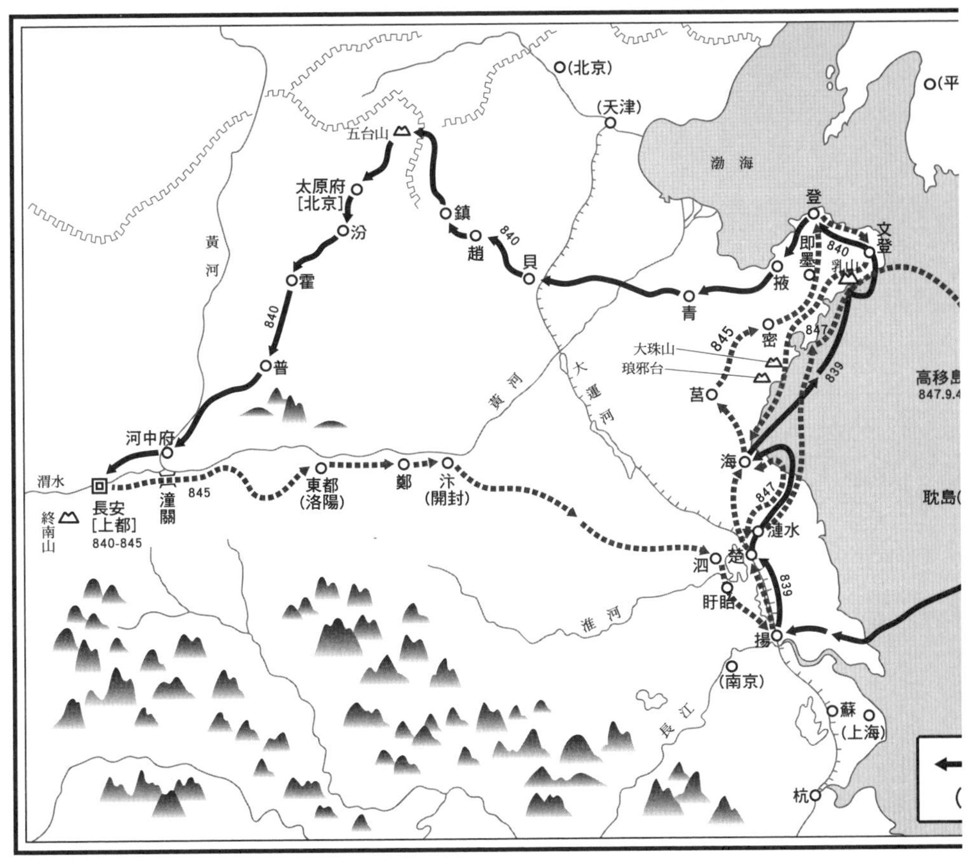

圓仁的旅程路線圖

出現、彌補這段空白的，就是具有龍骨、船體以隔艙分開的中式帆船。到了宋代，中式帆船急速發展，成了東歐亞海上的主角。

在元代來訪中國的馬可波羅，曾這樣描述中式帆船：

> 大型船的話，是將十三片堅固的木板確實地接合在一起，形成十三格水槽，也就是在船體內部分出十三間隔艙。因此，萬一出現船隻撞上岩礁，或遭到飢餓的海豚撞擊，導致船

福建泉州後渚港出土的宋代海船模型

體出現破損的意外……也就是在船腹出現意想不到的裂痕時，從裂痕流入的海水會直接進到平常保持淨空的隔艙裡。

這時，船夫可以立刻檢查出裂痕的位置，將該艙房中的物品全數移到隔壁，清空海水流入的艙房。由於每個艙房的隔艙壁相當堅固且保持密封，海水只會滲進一間艙房，絕不會殃及他處。採取完緊急措施之後，再大致填補裂痕，然後把貨物移回原來的地方。[6]

英國知名的生物化學家李約瑟（Joseph Needham），在他的著作《中國的科學與文明》[7]一書中，則提到「我們應該要了解，中國的帆船不同於世界其他傳統船隻的基本特徵，就是水密隔艙的架構」，至於西洋的造船技術，則是到了十八世紀才納入中國這項既實用又安全的設計。

在海上交易蓬勃之後，中式帆船在元朝開始分化、發展成適合東歐亞各個海域的型態。最具有代表性的，就是航行黃海用的「沙船」、適合東海的「福船」，以及在南海可見到的「廣船」三種類型。

沙船保有中式帆船具備龍骨及隔艙的本質，為了適應平淺海岸延伸的黃海，船體呈扁平設計。

這麼一來，即使上了淺灘，船隻也不會往橫向倒。為確保載貨的空間，船首跟船尾都打造成方形。因為這個形狀，也被稱為「方艙」。由於甲板接近海面，將甲板打造成類似木桶狀的曲線，這樣即使浪打上來也能立刻排水。

福船因為主要在福建建造，因而得名。為了在較深的東海上穩定航行，吃水較深，船頭設計成尖銳形，利於破浪，船尾則是方形且高度較高，可聳立在海面上。由於船尾多半繪有色彩鮮豔的圖案，另有「花屁股」的別名。在狹窄的航道上閃避岩礁前進時，福船就能發揮其功能。

廣船是在廣東打造的船隻，其特色是整體呈細長型，從龍骨往兩側開展的肋骨非常堅固，與隔艙壁一體成形。南海的海浪比東海洶湧，為了不讓突如其來的側浪打壞船體，才採用這樣的結構。廣船適合在遠洋連續航行多日。

東歐亞的大地

東歐亞地區有非常多樣化的生態環境，而這般多樣化也是由海洋帶來的。季節風從印度洋攜帶大量水氣，繞過喜馬拉雅山脈，並在與東海、丘陵、平原交會的華南與華中地區降下大量雨水。另一方面，吹過歐亞中部乾燥大地的盛行西風，則是從西北吹向華北平原。季風與盛行西風，在秦嶺與淮河連起來的「秦嶺淮河線」分界線相遇，將整塊大陸區分為兩部分：潮溼的華中、華南地區，以及乾燥的華北地區。秦嶺淮河線以南，農業多為水田耕作，北側主要是種植小米與小麥的旱田。

宋代之後，隨著江南開發，華中地區的農業生產提升，使得整個帝國必須將政權基礎建立在此地。當農產豐庶之後，就有餘裕發展手工業。原先起源於華北的養蠶業及絲綢，自此進入杭州、湖州的長江三角洲以及太湖湖畔的水田地區後，不再是農家的副業。在水田周圍的田埂上種植桑樹，用桑葉養蠶，生產大量生絲再送往大都市，以先進的技術，織出精緻的絲綢，成為廣受全球喜愛的珍寶。

歐亞中部地區的生態環境，在畫出南北剖面圖之下比較容易理解。喜馬拉雅山脈阻斷了來自印度洋的水分供給，於是植物需要的水分多半是來自北極海。從北方一路看下來，北極圈的凍原南方，有一大片混有落葉闊葉樹的針葉林。這片森林裡棲息的野生動物，擁有柔軟且保暖性高的毛皮。其中黑貂的毛皮稀少，在游牧民族間由王公貴族獨占，在歐洲被視為瑰寶，還有「會跑的鑽石」之稱。

森林地區以南是高原，在大片草原上的產業是飼養綿羊、山羊的畜牧業。這裡也飼育出耐力強的馬種，可作為支持軍事武力的物資，受到農耕地區當權者的歡迎。草原之南聳立著天山山脈，越過山脈南下，水分愈來愈少，進入一片沙漠。天山山脈或西藏高原上的積雪，每到夏天融化後流下山，成了地下水，然後在山腳各處從地表湧出。人們就使用這些湧泉來耕作，打造都市。這些綠洲都市連結歐亞大陸東西方，成了一條交通要道。

比較歐亞大陸的東西兩側，西部的歐洲生態環境要比大陸東側的亞洲來得單純，物種也沒那麼多。這樣的差異來自於冰河時期整個歐洲大陸幾乎都被冰河覆蓋，多數動植物就此絕種。而亞洲因為接續到南方，動物能夠暫時走避。需要桑樹的絲綢、雲南高原等地的茶，這些為歷史增添色彩的世界商品主要生產於亞洲，而從東往西運的原因，則能從生態環境多樣性的差異上看出答案。

往歐亞舞台躍進

位於秦嶺淮河線以南的華中地區，降雨量多，形成溫暖潮溼的生態環境，物產豐富多樣。長江流域水田稻作發達，有中國穀倉之稱。江南在灌溉水渠的土堤上種植桑樹，發展養蠶業，生產高品質的生絲，山間地區則種植茶樹。秦嶺淮河以北的華北地區則對於生絲、織品以及茶葉有需求，絲綢等布料在歐亞中部也很有市場。

然而，華中幾乎不需要華北的物產。華北引進了華中的物產，卻沒有東西可輸出，交易出現失衡。若商業活動採取自由放任（laissez-faire），則交易就會陷入停頓。因為華北地區無法獲得來自於華中的物產購買力，而華中也不可能擁有華北這個市場，經濟成長有限。華北也會因為沒有物產流入，經濟水準始終停滯在低點。可以想像，中國的經濟成長可能性恐怕幾乎都沒有發揮，在西元十世紀呈現了停滯狀態。

南北分立體系

對於華中的物資，華北該怎麼做才會產生消費力呢？有個解決方式，就是讓秦嶺淮河線分隔兩側，維持兩個不同的政權。遼．金兩朝與宋．南宋的分立狀態，大約維持了長達兩百七十年，其背景可推測是因為生態環境的分界線，讓一南一北的兩個帝國穩定並存。

西元一〇〇四年，遼國與宋朝之間締結的「澶淵之盟」，表面上宋為兄，遼為弟，實際上內容卻是擁有華中的宋朝每年要贈與占領華北的遼朝二十萬匹絹布和十萬兩白銀。就政治上來看，這是宋朝受盡屈辱的條款。然而，從經濟上的觀點，遼朝每年使用從宋朝得來的銀兩購買華中地區的物產，間接促進了宋朝經濟上的基礎，也就是華中地區的發展。

緊接在遼朝之後的金，也不打算破壞這樣的分立體制。即使在一一二六～二七年發生了歷史上著名的靖康之變，這場金宋之間的抗爭，獲勝的金軍也不再緊追敗逃到華中地區的宋軍，而是選擇班師回朝。以秦嶺淮河線為界的分立形式，因為南宋的建立變得更明顯。兩個政權彼此針鋒相對之中，摸索出新的交易模式。在中華文化自行擴大的過程中，進入了最後一回「離」的階段。

對於看慣了目前中國地圖的我們，經常會誤以為中國原本的面貌是由單一政權統一歐亞大陸東側。然而，在軍事上占有優勢的華北政權，與在經濟上發展的華中政權，兩者在政治上取得平衡，並存統治的型態，其實是一個很穩定的體系。若非如此穩定，這個體系絕對無法維持這麼久，從澶淵之盟到臨安（今杭州）被元朝接收，期間長達兩百七十二年。

南北分立的特色，就是包含了納貢這個交易機制。換句話說，擁有豐富生產力的政權，對需要物資的政權納貢，藉此讓交易順利進行。

分立體系結束

打破南北分立體系的，是歐亞內陸地區出現了蒙古帝國這個具備世界觀的全新政權。奠定蒙古帝國基礎的體系，是結合游牧民族社會組織及軍事組織，打造出新的國家型態，鐵木真就靠這套新的組織稱霸蒙古高原。

蒙古高原以南的乾燥沙漠地區，綠洲就像首飾一樣零星散布。北方的高原與南方喜馬拉雅山脈，每到夏天會有大量融雪後的水流入沙漠，在沙漠邊緣形成泉水湧出。此外，也可以在地下挖掘渠道讓水流通。利用這些水源發展農業，形成都市，都市之間串連起來就成了交易路徑。

蒙古帝國擴張，將沙漠中的綠洲都市都納入統治下，原先串連綠洲在歐亞大陸東西側進行交易的維吾爾人，也一同協助蒙古帝國。蒙古帝國在經濟、資訊面上，靈活運用了商人具備的商業活動網路及知識。相對地，商人也因為蒙古帝國成為歐亞中部的統一政權，能夠在這個區域內更安全進行交易，願意接受蒙古的統治。

當蒙古帝國將中國納入攻擊範圍內時，很明顯地已經超越了南北分立的體系。蒙古帝國第四任皇帝蒙哥，任命忽必烈攻打雲南時，就已打破了秦嶺淮河線隔開的南北分立體系，產生將歐亞全區包括在內的新體系構想。而攻打雲南，是消滅南宋的一著棋。後來因為蒙哥猝死，這個構想就交由忽必烈來實現。

忽必烈將元朝從蒙古帝國中分立出來，以這樣的型態架構出的新體系，恐怕是出乎蒙哥的預期。忽必烈在攻滅南宋，將中國納入統治的過程中，與原先以華南為據點，進行海上交易的穆斯林商人有了交集。此外，又接收了南宋原先的船艦及造船地點。生於高原的蒙古帝國，在此刻踏上大海的領域。

元朝是以維吾爾商人及穆斯林商人交易的白銀價值為標準，支撐當時的經濟體系。這個帝國從主要的商業活動乃至於徵收稅金，並不仰賴土地稅。商業稅所徵收來的白銀，集中在中央政府的手裡，贈送給為元朝到歐亞各地開疆闢土的蒙古帝國的領主與貴族。元朝必須致贈這些物資，以獲得各界認同為蒙古帝國之盟主。

分配到帝國各地的白銀，大多投資到穆斯林或維吾爾商人經營的公司，或是購買絲綢、陶瓷器等中國物產。因為購買了中國、尤其是秦嶺淮河線以南地區的物產，於是白銀會再回到中國。而這些白銀在元朝，再以商業稅的型態，集中到中央手中。

元朝就是一個利用「集中—再分配」的交易機制，將勢力拓展到歐亞全區的帝國。這個時期發展出的交易機制，杉山正明[8]認為是白銀的大循環。

蒙古帝國的成立，代表踏上了中華帝國合散離集的階段，自行擴張的過程也邁向終結。因為中國不再以自身來結束這個體系，而是成為在歐亞全區的交易體系的一項要素。從周朝到南宋的這段時期稱為「東亞舞台」，而從元朝到十九世紀中葉、也就是本書探討的時期，則稱為「歐亞舞台」[9]。

白銀與銅錢

這裡所稱的歐亞，不單僅限於蒙古帝國所統治的範圍。放眼蒙古帝國之外，在歐亞世界仰賴白銀循環機制的地區外側，也出現了其他不同的體系。

北宋在王安石主政時，鑄造了大量的銅錢。到了元朝，商業交易使用的不是白銀就是紙幣，在元朝後期也開始鑄造銅錢之前，對於與紙幣在用途上競合的銅錢使用採取消極政策。中國國內見不到銅錢流通，失去用途的銅錢便大量流到海外。

在日本，銅錢被視為是跨海而來的商品。例如，在十四世紀初期從中國寧波（慶元，宋代的明州）出發前往日本途中，在朝鮮半島西南海域沉沒的「新安沉船」，從船上打撈起的不僅有磁器，還有銅錢，為數不少，總重達二十八噸，共有八百萬枚，數量非常龐大。

此外，從一三二七年起多次走訪東南亞各地的汪大淵，在其著作的《島夷志略》中提到，中國商人購入染色用的蘇木、當作香料的白檀香，以及胡椒，並以瓷器、錦布來交易，這種場合用的就是銅錢。在十六世紀之前，人們廣用銅錢，以及在各地所鑄造以鉛混銅、類似銅錢的貨幣。這個制度的起源可回溯到元朝時期。此外，據說在越南北部建立的陳朝，直到十四世紀都使用銅錢。

十四世紀，蒙古帝國周邊使用銅錢的文化很興盛，卻沒有因為這樣建立起以銅錢為主軸的國際經濟體系，銅錢在各個地區所扮演的角色都不同。

從歐亞大陸東部這個大框架俯瞰，白銀流通體系在元朝政策支撐下仍是核心體系，其周邊使用銅錢的經濟圈則形成一個次體系。白銀與銅錢在空間上的雙重架構，成為自一三五一年起、長達五百年的交易體系。

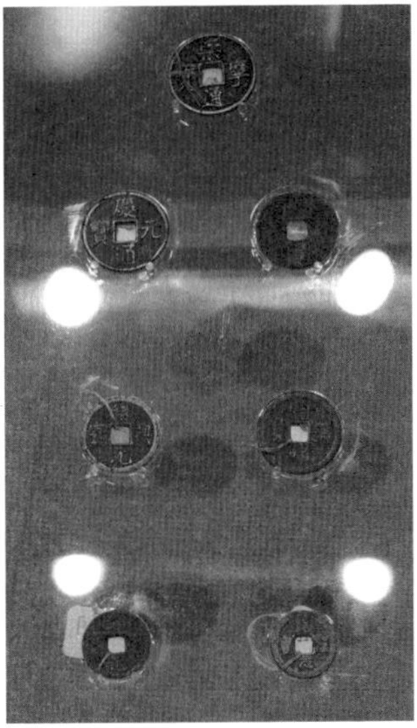

宋元時期的銅錢　攝於二〇一四年山東博物館舉辦之「海上絲綢之路特展」。

波動的歐亞舞台

蒙古帝國成立之後，也同時建立了包括全歐亞地區在內的交易體系。甚至後來將元朝驅逐回蒙古高原後建立的明朝，以及十七世紀統治中國的清朝，都在這大範圍的交易體系中。

先跳到本書探討的內容，來綜觀之後的發展。在歐亞舞台上，交易活絡及停頓的時期，可以觀察到大約是為期一百年的波動。

十三世紀時在蒙古帝國的基礎下，雖然交易興盛，但到了十四世紀中葉，蒙古帝國瓦解之際，交易也停滯。歐亞大陸東部失去核心體系，轉移到次體系並存的狀況。失去核心機制之後，有些交易反倒退回了納貢及搶奪這類原始狀態。

然而，明朝並無意願，也沒有能力取代元朝創設核心體系。十四世紀到十五世紀這段期間，中國已經倒退到只有一個次體系的位置。元朝時代那些曾在大海上活躍的人，摸索著該怎麼推動彼此的交易。

十六世紀，貴金屬的精錬技術革新後，來自日本以及美洲大陸的白銀大量供應中國所需，過去蒙古帝國所建立、以銀來交易的體系就此重生，明朝陷入的狀況甚至以「銀中毒」來比喻。以白銀為主軸的交易益發活絡，東南亞進入了有「商業時代」之稱的階段。新的核心體系準備就此形成，而握有美洲大陸白銀的歐洲勢力，也被捲入。

然而，這樣的榮景也在十七世紀因日本白銀的供應來源枯竭，使得白銀的絕對量無法支撐持續擴大的交易後，經濟上再度變調。此外，白銀會將區域社會的財富吸到區域之外，區域社會疲弊之下，中國境內頻頻出現動亂。整個歐亞同時有多個地方陷入不景氣，歐洲、亞洲不斷更換政權。歐洲霸權從西班牙、葡萄牙轉移到荷蘭，然後是英國；中國則是明朝瓦解，政權轉到從東北亞興起的清朝手上。

從商業時代到產業時代

到了十八世紀，以白銀為主軸發展的體制中，醞釀著不再受銀絕對量制約，進一步擴大交易的架構。這個新體系的重點就是產業化。如果十六世紀將遠距交易的繁榮稱為「商業時代」的話，那麼十八世紀的繁榮應該稱為「產業時代」。產業化有兩種方式，其中之一，並非將寶物從遠距進口，而是試圖以國產化的方式製作寶物，或寶物的替代品。

舉一個代表性的例子，就是在德川吉宗時代的日本，生絲從原先的中國進口轉為努力國產化；另外還有獎勵種植「竹節人參」來取代過去以漢藥藥材進口的朝鮮人參。至於在歐洲，最著名的例子就是十八世紀初期，薩克森王國的國王因為喜愛中國白瓷，煉金術師波特格爾（Johann Friedrich Böttger）受命研發，才有了麥森（Meissen）瓷器的問世。

另一種產業化的方式，就是以遠距交易調整商品的生產體制，一改過去以白銀進口寶物，換成出口商品。十八世紀之後展現的商品特色，是生產走在需求之前，需求是之後才創造出來。具有代表性的商品，就是從日本出口到中國的海產，以及英國走私到中國的鴉片。

到了十八世紀，中國仍持續從世界各國吸收大量的白銀。與十六世紀時不同的是，在這時候已經建立起白銀與銅錢分開使用的架構。地方上的經濟主要賴以銅錢，在中國全境流通的白銀引起地方經濟混亂的現象愈來愈少。這個新體系的基礎，也讓中國發展產業化。隨著中國東北地區的黃

廣東式的帆船　首次橫跨大西洋的中式木造帆船「耆英」。

豆，以及福建的砂糖等新商品出現，山區的製鐵工業也有蓬勃發展的趨勢。

全球舞台

在屬於歐亞舞台的五百年之間，以中國為祖國的人，紛紛移入歐亞各地。明朝的鄭和遠征，帶回大量東南亞及印度洋沿岸地區的資訊，讓中國人對東歐亞的認識有了很大的改變。明朝與清朝基本上禁止中國人渡航到海外，但基於新的世界觀，渡海的人們掀起比過去更大一波浪潮。

其實在元朝之前，也有中國人跨海到其他地方定居，但當時的規模並不大，不足以改變移居當地的社會。而在十六到十八世紀，中國移居到海外的人潮，不僅規模大，還很有組織性。導致中國裔的居民成為當地社會不可或缺的要素，也對之後的東歐亞歷史帶來影響。

十九世紀中葉之後，中國裔民眾的活動領域跨出東歐亞的框架，開始往美洲大陸、澳洲、非洲等地拓展，這也導致了一八四〇年爆發的鴉片戰爭。在本書中，我將從那時到現在統稱為「全球舞台」。全球，是對應「globe」一字的翻譯。由於以球體表面這樣的語感相當貼切，因此稱做「全球舞台」。

一艘在香港打造，名為「耆英」的木造帆船，在一八四六年十二月從香港出發，駛往印度洋。

這艘傳統的廣東式木造帆船，船體長四十九公尺，裝載量八百噸。這艘船在隔年，也就是一八四七年的三月抵達非洲最南端的好望角，經過聖赫勒那島（Saint Helena）跨越大西洋，抵達紐約港。耆英是第一艘橫跨大西洋的中國籍船隻，在中國海洋史上留名，這項壯舉也可以當作中國進入全球舞台的指標。

然而，耆英這個名字也連結了在這全球舞台上中國人痛苦的記憶。這艘帆船的名字，其實是來自一位清朝官員。鴉片戰爭中戰敗的清朝，簽訂了南京條約等一連串的不平等條約。而當時負責交涉的欽差大臣，就是耆英。他決定採取的軟弱外交，經常成為批評的對象。

因為南京條約被迫開港的中國，在十八世紀後半之後，有許多中國人遠渡重洋；這段歷史真是充滿苦難；因為這些人多半都是苦力，被視為交易商品。

馬來半島的錫礦礦坑，美洲大陸的鐵路建設，爪哇、夏威夷或古巴的大規模甘蔗園……這些都是移民者工作的地方。他們在舊金山、紐約、渥太華等地定居下來，形成稱為「中國城」的社區，以各行各業或開餐廳維生的中國人也陸續在這個時期出現。

然而，如果換個角度來看，表面上歐美人在政治舞台上光鮮亮麗的活動，而另一方面，中國移民卻一步一腳印建立起全球規模的經濟、社會網路。中國移民在各自土地上所信奉、祈求庇護的神明，就是滿臉和藹、笑容慈愛的媽祖。源自福建小島的媽祖信仰，經過東亞舞台、歐亞舞台，全球舞台等階段，散播到世界各地。

西元一三五一年，劉福通在華北穎州發起對元朝的武裝攻擊，占領了地方政府的所在地。因為這場以「紅巾」為信號的起義，吸引各地紛紛響應，導致統治中國的蒙古人王朝體系失能。在這錯綜複雜的過程中，嶄露頭角的朱元璋便建立了明朝。

東歐亞階段的五百年

之後過了五百年，西元一八五一年，洪秀全在華南金田村對清朝展開武裝起義，自稱太平天國。太平天國的軍隊轉戰各地的同時，一路朝華中地區前進。清朝的統治體系在鎮壓太平天國的過程中，不得不改變。本書要探討的時代，就是這兩場武裝起義區隔出的期間。

在這五百年之間，生活在東歐亞這個時空中的人們，交織出什麼樣的歷史呢？筆者在本章的最後，說明陳述這段的原則：

有多少人，就有多少世界。所有生活的世界都不一樣。皇帝生活的世界，與一名航海船夫的世界，具備同等價值。因此，在本書中也盡量以姓名來標記皇帝。例如，朱元璋，不以「太祖」這個死後的廟號，或是「洪武帝」這個來自統治時期年號的通稱來稱呼，而一律寫作朱元璋。

世界有許許多多個，用英文來說明的話，並不是「the world」，而是「worlds」。每個人以自己生活的世界（a world）為中心，在這個世界累積各種行為與他人產生互動。所謂的歷史，絕非「the world」的歷史，而是要表達出由無數人的「worlds」彼此共鳴、互相抗衡的情境。

註釋

1 【編註】西元前五世紀（約前四八四～四二五年）的古希臘作家，他最大的成就是將旅行中的所聞所見，以及波斯阿契美尼德帝國的歷史紀錄下來，寫成《歷史》一書，這本書成為西方文學史上第一部完整流傳下來的散文作品。

2 【編註】希臘原文書名為Ἱστορίαι，歐美譯為「*Histories*」或「*The History*」。「歷史之父」希羅多德以荷馬所用的伊奧尼亞方言，鉅細靡遺地記述了公元前六至五世紀，波斯帝國和希臘諸城邦間的戰爭。

3 【編註】圓仁自西元八三八年入唐後，停留十年，《入唐求法巡禮行記》便是記錄這段時間見聞的著作。本書與玄奘的《大唐西域記》和馬可波羅的《馬可波羅遊記》並稱東亞三大旅行紀實，有極高的史料參考價值。

4 Junk，又稱「戎克船」。

5 【編註】原指在建築物中用於吸收震力的柔軟結構，防止建築物被破壞。

6 出自《馬可波羅遊記》。

7 【編註】*SCIENCE AND CIVILIZATION IN CHINA*。共有七卷，分別為〈第一卷　導論〉、〈第二卷　科學思想史〉、〈第三卷　數學、天學和地學〉、〈第四卷　物理學及相關技術〉、〈第五卷　化學及相關技術〉、〈第六卷　生物學及相關技術〉、〈第七卷　社會背景〉。上海人民出版社於二〇一四年曾出版《中華科學文明》（上）（下）兩冊，為簡編本。

8 本系列第八冊《疾馳的草原征服者：遼、西夏、金、元》的作者。

9 見第四十頁，合散離集示意圖。

第二章　明朝的成立——十四世紀I

元朝的弱點

支撐元朝的運輸路

要說明明朝誕生的過程，就必須先釐清前朝元朝瓦解的原因。西元一二七一年宣布元朝成立的忽必烈，將首都定於現在的北京，當時稱為「大都」，因為這個地點符合作為歐亞中央與東亞連結交易的要衝。另一方面，以中國的富饒為基礎的元朝，將財政根基設於長江三角洲以南，也就是稱為「江南」的地區。以將中國分成乾燥與潮溼兩區的秦嶺淮河線為界，將政治中心與經濟中心隔開，這就是導致元朝瓦解的根本原因。

元朝為了克服這個弱點，成立後就不斷努力。起初摸索出的方法，是利用隋代打造的大運河將江南的物資運送到大都。然而，要運用這項過去的遺產，得面對一大難題。

在隋朝開鑿，宋代也曾使用過的大運河，當初是為了把江南的物資運送到設在黃河流域的首都。但元朝的首都圈離黃河流域還有一段距離，跟唐、宋時的首都圈相較之下，是位於比較偏東北的地區。

流過揚州的古運河　隋煬帝開鑿的大運河。目前北從北京市，南到杭州市，全長一七九四公里，稱為京杭運河。

元朝修復了隋煬帝打造的永濟渠，輸送物資；這條路徑還必須要連結從黃河到衛河之間、長達一百公里的陸路，而且，還是從連接江南到大都的直線路徑又往西繞了一大圈。

因此，元朝嘗試開發新的路徑。第一條是開鑿從徐州北上到山東省安山的運河，連結了當時往南流的黃河及大清河（今黃河河道），然後出渤海後抵達首都。第二條則是在山東半島的地峽開鑿運河，連接黃海與渤海。然而，第一條路線的大清河河口泥沙淤積，妨礙運輸，無法發揮功能；第二條路線則因為無法確保足以讓運輸船通過的水位，幾乎沒用過。

元朝滅了南宋之後，亟需擴充到江南的運輸路線，於是構想往東重建大運河。也就是說，從山東省安山不走大清河往東，而是朝向西北在臨清連接御河，直接航向首都圈。至元二十六年（一二八九），連結安山到臨清的會通河終於完工，江南到北京的距離相較於繞道洛陽的路徑，縮短了將近九百公里。

將大運河往東重建的路線，需要解決兩個技術上的難題。首先要面對的，就是該如何處理與黃河之間的交會點。

我們印象中的黃河，是流入目前的渤海，但其實黃河的河道經常改變。宋朝的首都開封遭到金軍蹂躪後，南遷的宋朝王室因為怕遭到追擊，而在一一二八年破壞黃河堤防。從此到清末一八五五年之間，黃河的河道持續往南移動。

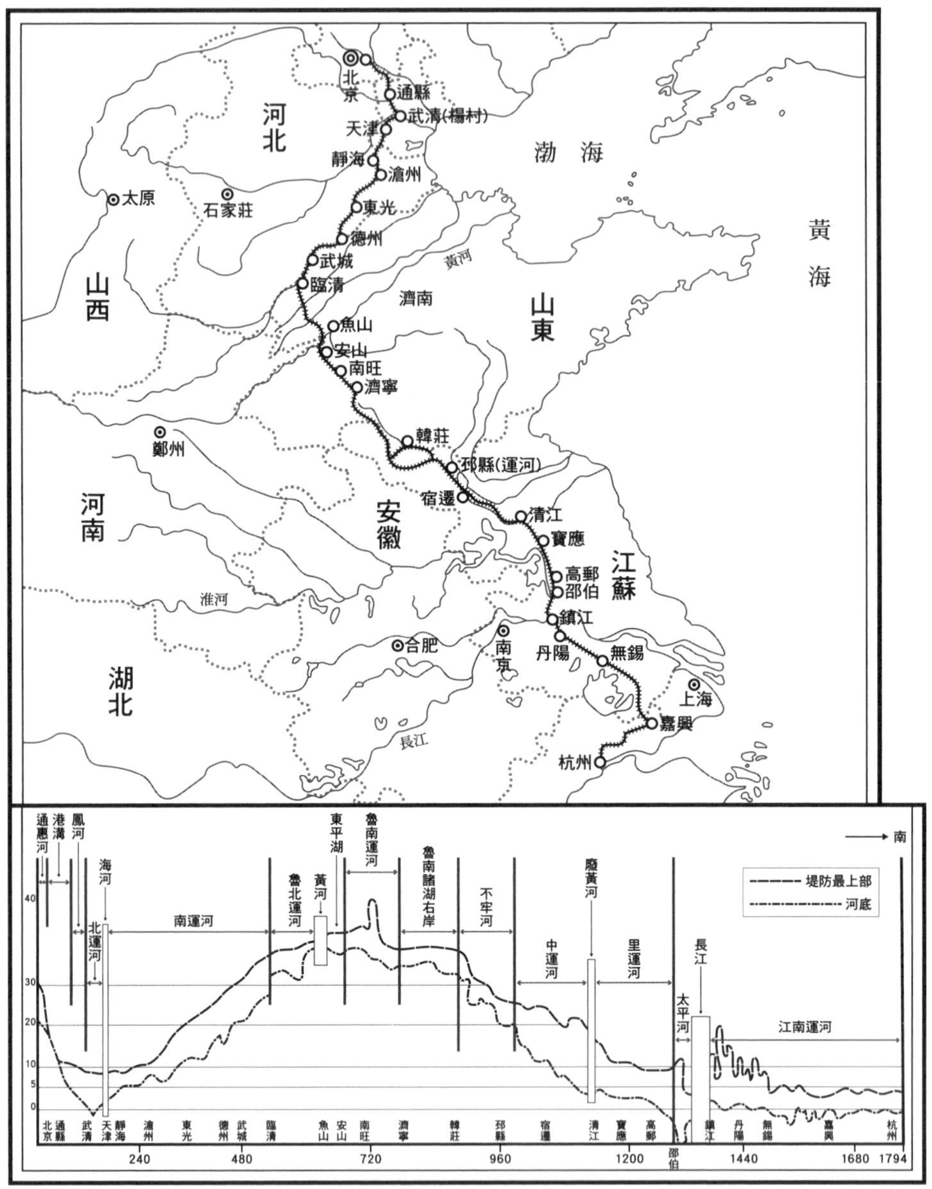

現在的大運河路線及剖面圖　引自《中國自然地理圖集》（中國地圖出版社）。

本書探討的時期，黃河在開封附近往南流，流經山東半島地峽的丘陵地區南側與淮河會合，然後直接注入黃海。

要維持大運河暢通，就必須讓黃河挾帶的大量泥沙排到大海，避免堵塞大運河。為此採取的是提高黃河水壓的策略，卻得經常犧牲黃河流域的耕地。換句話說，利用大運河的這條路徑，得讓淮河流域的農民做出莫大犧牲。

大運河東移時，試著畫出其間的高低差，就能立刻看出第二道難題。當大運河越過與淮河的交會處，往山東半島的地峽方面流去時，海拔高度變高了。要如何在山東海拔最高的地點穩定供水，就成了大問題。由於元朝無法真正解決這個問題，因為大運河東移這條路線未能徹底發揮功效。

山東最高點的問題，就交給下一個朝代（明朝）解決。了解大運河無法充分發揮功能之後，元朝只能依賴海上路徑。

元朝的海運

武將伯顏在元朝開闢海上路徑中扮演了重要角色，他出身名門，自父祖時代就效力蒙古帝國，至元十一年（一二七四）受忽必烈任命為征宋總帥。伯顏將大本營設在長江支流漢水的據點襄陽，組織一支以水軍為主的陣營。從這裡順長江往東，徹底重擊宋朝水軍，最後終於滅了南宋。此外，他將戰利品運往大都之際，也使用了水路。伯顏可說是元朝高官之中，最精通水運的人。

伯顏將原先在東海活動的海盜朱清、張瑄等運送物資的船隊納入編制，從至元十九年（一二八

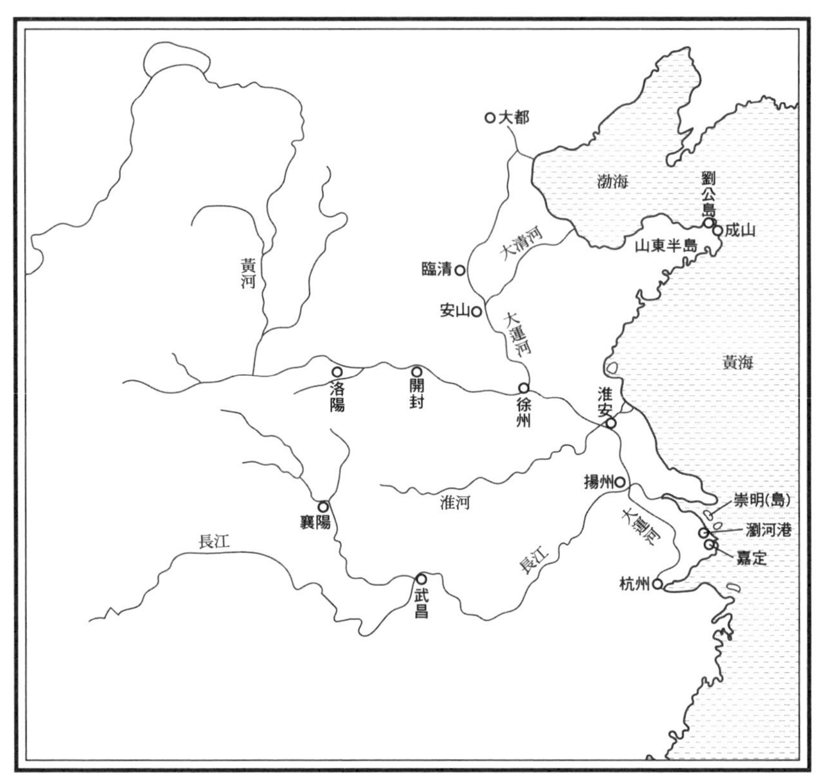

元代的海運港

二）開始將江南的穀物由海路運送到首都。最初的路線是從位於長江下游的瀏河港（亦有資料稱劉家港）出港，沿著黃海繞過山東半島，進入渤海。

但這條航線的淺灘多，觸礁的船隻不在少數。於是，後來又開了另一條路線，出了長江河口之後，直接出海經過位於山東半島前端的成山，再從在半島渤海灣這一側的劉公島進港。

元朝海運的中繼港劉公島，到了清末編列入北洋艦隊。現在成了觀光區，島上還有個紀念甲午戰爭（日本稱日清戰爭）中黃海海戰的博物館。從元朝到近代，這裡都是連結黃海與渤海的海上要塞。

建立海運有功的朱清，出身於長江河口附近的崇明島。原本出身家奴，因為受不了虐待，索性殺了主人走避海上，當了海盜之後嶄露頭角。後來接受宋朝的懷柔政策歸降，宋朝被滅後效忠元朝。負責將江南的穀物運送到大都，更進一步建設運輸路徑，立下功績。利用疏浚後的江南河川，外國商人開始來訪位於隸屬瀏河港行政中心的太倉。朱清藉由與外國交易獲得的利益也不少；至於張瑄，則是出生於江南的嘉定，以出海走私鹽而發跡。

朱清與張瑄因為獨占海運牟取不當利益，在大德六年（一三〇二）被定罪。隔年朱清以頭撞石自盡，張瑄則死在獄中。為了支付海運費用給相關人士，朝廷將印製稱為「寶鈔」的紙鈔印刷版交給兩人，據說他們後來還私下非法印製紙鈔。

始於一二八二年的海運，在一三〇二年由元朝直接管理，運送穀物的數量也遽增，在天曆二年（一三二九）達到巔峰，一年的載運量約有二十四萬七千噸。

元朝在至元十八年（一二八一）檢討海運路線時，忽必烈為求海運安全，特別將媽祖封為「護國明著天妃」（前面提過，在《元史》世祖本紀中記錄為至元十五年冊封，推測應為誤植）。在裝載江南穀物的運糧船出發及抵達時，一定會舉辦祭祀媽祖的儀式。為海上女神冠上「護國」二字，足以證明海上航路已成了帝國的大動脈。換言之，當元朝無法繼續維持海運時，就注定了這個朝代要從中國歷史上退出，這段過程將會是本章的主題。

元朝在斷了以大運河進行漕運的念頭後，在一二八九年改以海運一貫化。然而，大運河並沒有就這樣被放棄。體積大的穀物主要以海運來運輸，但其他物資，尤其在黃河沿岸地區生產的鹽之類，仍以大運河為主要的運輸途徑。

支撐國家根基的運輸事業，牽涉龐大的利益。支持海運的一群與支持以大運河輸送的一群互不相讓，在政權內形成黨派。要是裝載穀物的船隻因為颱風而沉沒，大運河派就開始提出海運的危險性。而在黃河氾濫傷及大運河時，海運派會主張大運河的狀況不穩。由於政策主軸並未確定，從結果看來推動了許多不必要的業務，每次都造成作為勞動力的人民負擔。

黃河改建工程

至正四年（一三四四）五月，黃河因為連續降雨暴溢，造成白茅堤、金堤決堤，導致大規模氾濫。黃河的一部分在過了開封一帶往北直進，直接在山東半島北側注入渤海。被分裂成南北兩部分的黃河所包圍的地區，遭到泥沙覆蓋，整個華北平原大範圍遭殃，山東、河南各地開始出現飢荒。之後，黃河又在至正八年（一三四八）、九年（一三四九）一再氾濫，每次都留下慘重的損害。元朝朝廷內部對於該如何因應反覆無常的黃河也掀起一場場論戰，卻始終得不到結論。

擔任漕運使負責大運河運輸的人名為賈魯，他站在維持大運河的立場，提倡必須大規模整治黃河。至正四年的洪災之後，賈魯接受特別任命視察河道，考察地形，檢視受害地區，更確定整治工程的可能性與必要性。此外，身為漕運使的他，在掌握漕運實際狀況後，歸納整理出二十項改革方案呈報朝廷。

至正九年洪災之後，他提出了「塞北疏南」的治水方針。具體計畫是築堤止住黃河在山東半島北側溢流的河水，將所有河水集中往南，讓南流的黃河改善排水，過去導致大運河功能不振的淤沙可以一舉排放到海裡。

面對這項從根本改善的整治計畫，朝廷內卻有一股根深蒂固的強大反對勢力。主管整治工程的工部尚書成遵，被推為反對派的代表，在視察黃河流域時提出他的看法，「山東連年歉收，已讓百姓無法安居樂業。萬一為了治水工程還得在此地徵收二十萬，將會埋下比黃河水災更嚴重的禍根。」對於黃河整治工程，他提出這樣的反對意見。

當時元朝朝廷的實權都掌握在右丞相脫脫手中，脫脫採納賈魯的建議，貶了成遵讓賈魯補上工部尚書之缺，更提拔賈魯負責黃河整治的工程。整個工程從河南與河北徵用了十五萬人的勞力，更從軍隊借調兩萬人，工程耗費的時間從至正十一年（一三五一）的農曆四月到十一月，終於完成。這次的黃河整治大工程算是成功，然而也因為這項工程，導致元朝落入走向自我滅亡的因果關係漩渦中。

為了奠定國家基礎而推動的黃河整治工程，必須傾全國之力來進行。負責工程的賈魯起初制訂的計畫，是要在連年歉收、瀕臨危機的河南、山東地區大興土木，這麼一來，就可以發放糧食給作為勞力的當地百姓當做每日薪餉，同時也能解決日漸嚴重的難民化問題，這其實也包含在最初的構想之內。

然而，這項計畫在經過脫脫強硬裁決推動下，引來朝廷內、尤其是來自工部內部的反彈。因此，最後很可能是在無法獲得充分的財政支持下，勉強推動工程。由於執政上位者的不同調，造成無法給予貢獻勞力的百姓足夠配給，在第一線產生的各種矛盾，都令在工程現場賣力工作的百姓們感到困惑。

紅巾之亂

學者宋濂幫助明朝第一任皇帝朱元璋打造出王朝的制度，又受命編修元朝歷史，著有正史《元史》。基於當時的見解，加上身為學者的良知，宋濂對於從黃河整治工程引發的元朝瓦解，有下列的看法：

> 先是歲庚寅（一三五〇年），河南北童謠云：「石人一只眼，挑動黃河天下反。」及魯治河，果于黃陵岡得石人一眼，而汝、潁之妖寇乘時而起。議者往往以謂天下之亂，皆由賈魯治河之役，勞民動眾之所致。殊不知元之所以亡者，實基于上下因循，狃于宴安之習，紀綱廢弛，風俗偷薄，其致亂之階，非一朝一夕之故，所由來久矣。[1]

這番見解實為真知灼見。

宋濂所說的「妖寇」，是將元朝帶上自我毀滅之路，也就是在河南擴張勢力的宗教團體白蓮教。白蓮教是在南宋時出現的宗教組織，信仰的主軸是在末日之際彌勒佛將會現世，藉由破壞現實的社會體制，迎接一個基於佛法打造的理想世界。到了元代，又受到波斯摩尼教的影響，發展出信奉破壞後將重新建立新秩序的明王，改造世界的意願比過去變得更強烈。以「彌勒佛下生，明王出世」這個信仰為主軸的白蓮教，信徒的範圍從河南到安徽，這個區域剛好是為了維持大運河而遭到犧牲的地區。

白蓮教組織的特色，是背著官府在各地設置祕密場所，並以此為中心，吸納周邊的信徒。分散在各地的組織慢慢展開合作。採取這種網路型的組織架構，就算在某地的信徒組織遭到舉發，其他的組織也能繼續運作。因此，即使元朝政府深入探究，最終仍無法將其全數殲滅，持續不斷出現各地信徒分散式的起義。

在環境尚未成熟下就強行推動的黃河整治工程，被叛亂的組織視為是個好機會。西元一三五一年五月二十八日，劉福通和韓山童在安徽潁州對元朝政府展開武裝起義，組織成員以頭綁紅巾作為標記，占領各個行政區所在地。紅色，是遭到蒙古帝國所滅的宋朝王室代表色，從陰陽五行的概念來看，一般多將宋視為帶有火德的朝代。

反叛勢力提倡復興宋朝，很明確地將目標設定在推翻元朝。這場叛亂的結果遭到鎮壓，白蓮教也失去教主。但藉由網路形式擴散出去的那股反叛氣勢，導致中國各地紛紛有人響應，展開了史書上所稱的「紅巾之亂」。

劉福通在至正十五年（一三五五）立了白蓮教教主韓山童的遺孤韓林兒為皇帝，號小明王，並以宋為國號。以延續被元朝消滅的「宋」來強調正統性，加上迎白蓮教教主之子為帝，藉此確保對白蓮教的反叛勢力在宗教性上的權威。劉福通政權以開封為都，將勢力擴大到華北一帶。

元朝為何會瓦解？

閱讀探討明朝的歷史書籍，能舉出非常多元朝滅亡的理由。有人說是元順帝妥懽帖睦爾對政治失去興趣，在宮廷內迷信藏傳佛教。也有人說因為財政困難，在沒有等量的白銀因應下仍大量印製稱為交鈔的紙幣，導致經濟混亂。或者是因為官吏嚴重壓榨百姓，不然就是與地主勾結等對農民需索無度。從十四世紀中葉起，洪水、地震、颱風等天災頻傳，再加上元朝最興盛時曾變得溫暖的歐亞大陸東部，在這段時間又變冷；有人認為這造成飢荒增加，讓時局變得更不穩定。

然而，統治階級內部的矛盾與紙幣加印，這些在十三世紀左右就已出現；至於嚴苛壓榨百姓、飢荒，在中國更是屢見不鮮，但為什麼在一三五一年掀起的紅巾之亂，會造成元朝瓦解呢？光是列出這些狀況還無法找到真正的原因。

先讓我們鎖定問題：為何一三五一年發生的劉福通紅巾之亂，會毀掉元朝呢？如果不認為是因為「時機成熟」這個理由的話，答案可能就在發生叛亂的地點。

劉等一行人起義的潁州，位於淮河中游流域。反叛勢力並未直接順著往淮河下游，而是擴張到整個地區。在這段期間，當時臨黃河且作為大運河要衝的徐州，有一群土豪起義。到了隔年，也就是至正十二年，安徽省的定遠也有人發動反叛。就這樣，在一年多之間，大運河就受到各地反叛的

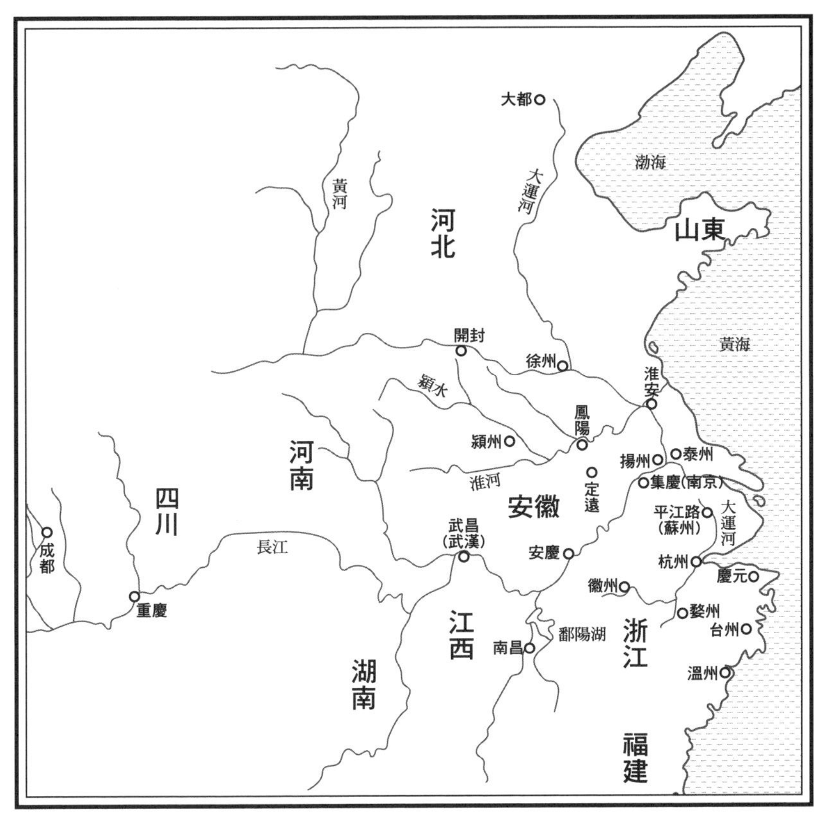

元末「紅巾之亂」的相關地圖

威脅。另一方面，元朝也會為了軍事目的利用大運河，徵調運送物資的船隻。在這種狀況下，降低了大運河原先具備的物資運輸功能。

元朝在運輸來自江南的物資時，得全面依賴海運，一位名為方國珍的海運商人抓住元朝政府這項弱點，將據點設在浙江台州。他在一三四八年遭到元朝官兵誣陷為海盜，後來乾脆真的出海攻擊前往大都的朝廷運輸船。元朝對於這些海盜只採取懷柔政策，因此授與方國珍官位，讓他負責海運事宜。方國珍眼見元朝已無鎮壓自己的能力，大大表示不滿，並背叛元朝。朝廷不得不接受他的要求，更進一步以升官來安撫他。

至正十三年（一三五三），又有鹽商張士誠在江蘇秦州起義。這個地方無論是大運河或海運路線，都是江南三角洲的出入口。失去這個地方，對元朝來說，不僅江南的物資，就連黃海沿岸製鹽場的成品，都將失去運送的路線。

元朝對張士誠也打算祭出懷柔手段，卻沒有效果。隔年，也就是至正十四年正月，張士誠甚至自稱誠王，以大周為國號，自立為王。更進一步在兩年後（一三五六年）勢力範圍跨過長江，進入江南，定都於蘇州。

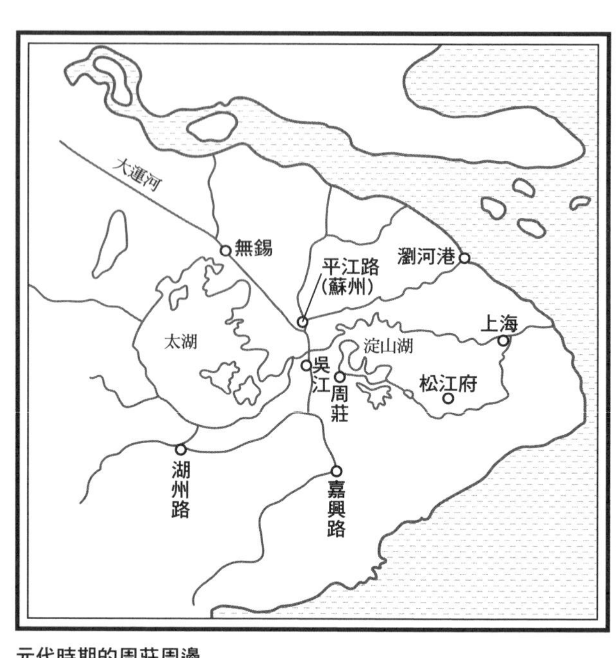

元代時期的周莊周邊

張士誠、方國珍與元朝，彼此之間保持一種互相依賴的微妙關係。至正十九年（一三五九），淮河流域完全脫離了元朝的控制，在大運河的功能停擺，海運不如預期之下，大都陷入飢荒危機。這時，元朝賜予張士誠只有皇上能使用的龍袍，加以籠絡，作為提供江南穀物的交換條件。至於方國珍，則準備以海路輸送的船隻，將糧食送到大都。

對張、方兩股勢力來說，致使元朝瓦解並非他們的政治目標。因為對這兩股擁有江南財富及掌握海運通路的勢力來說，元朝是最大的客戶。而且還是輕易就能看清底細的客戶。

被紅巾軍截斷大運河，又遭到張、方兩股勢力掌握海路的元朝政府，從統治的範圍來看，幾乎又回到進攻南宋之前的狀況。元朝能掌握的地區，就只剩下連接蒙古高原的大都一帶的華北平原，以及忽必烈早期攻占的雲南。

此外，這時元朝的統治階級，已經失去了約一世紀前蒙古人具備的那股游牧民族氣概，再也沒有意志與實力，能從秦嶺淮河線以南的地區收取納貢，甚至連重新起建立南北分立的體系，也再無可能。

江南的富豪傳說

在江南，至今仍流傳著元朝末年一名富豪締造鉅資的故事。當時蘇州近郊有一名叫沈萬三的農民，有一天，他獲得一只破陶盆。在這只盆子裡倒進米，不一會兒米竟然變多了；他又試著把妻子的金耳環放進盆子，沒想到冒出整盆金子。而且無論拿了多少出來，金子還是滿滿一盆，堆了一車、一船還是沒完沒了。就這樣，沈萬三沒多久就成了江南數一數二的大富翁——這個傳說就是大眾耳熟能詳的「聚寶盆」。

沈萬三是真實人物，傳說他活到明朝初期，被建立明朝的朱元璋所覬覦，沈萬三的家產遭到沒收，還被流放到雲南。然而，從遺留下來的墓誌分析得知，他在元朝末年就已死去。推測這應該是他親族之間發生的事，假借以沈萬三之名來構成傳說。

沈萬三的父親從湖州移居到蘇州近郊的蔡村，將一片荒蕪的土地化為豐收水田，營造財富。推測他應該是在經營農家的同時，並雇用許多農民，讓佃農耕作，以身為地主一步步鞏固自己的地位。另外，還靠放高利貸增值其資產。不過，光是這樣腳踏實地的經營，仍無法說明他的財富為何急速產生，甚至能讓他在傳說中留名。

到了沈萬三與他弟弟沈萬四這一代，都居住在位於蘇州東南有無數河港的水鄉之國周莊。觀察當地的地理環境，可藉由發達的水路直接連結江南運河水路，向北接到蘇州以及與其外港瀏河港相連的瀏河。這裡不但是作為集散江南物資最理想的地點，也因為錯綜複雜的水路具備容易防守的條件。

沈萬三兄弟憑藉著父親那一代掙得的地主地位所獲得的穀物，透過運輸物資，從這些商業活動中獲得龐大財富。在張士誠以蘇州為據點樹立勢力時，沈萬三已經過世，張士誠便夥同沈的兩個兒子沈茂、沈旺偷偷運送米糧至大都。由此可推測，很可能是利用海路將江南物資運輸到華北的生意，造就了沈氏一族的繁榮。

此外，也有人認為沈萬三是靠「通番」致富，「番」指的是伊斯蘭商人之類的外國商人。如果這項傳聞反映了事實，沈家從事的可能是從東南亞進口香木、波斯玻璃器物等奢侈品，銷售給江南的富商，獲取財富，然後再將江南出產的絲綢出口到外國。

從沈氏一族累積資產的過程，可看出當時江南的地主階級很希望能將穀物等物資運輸到華北地區。張士誠也因為介入這類商業活動，獲得富人階級的支持，得以維持政治勢力。從這個政治勢力的基礎看來，也能推測出張士誠希望南北分立，而不是推翻元朝。反過來說，要是站在統一中國的立場，那麼江南的地主階級才是最危險的社會層級。

江北的行腳僧人

在江南居民的眼中，看起來最貧困的地區就是長江以北的內陸，稱為「江淮」的區域，有時候也會統稱「江北」。到了現代，這個地區等於是提供了到上海工作的勞動人口，在上海人眼裡，就是社會低下階層的民眾，經常遭受差別待遇。近代之前，也有人背著稱作「花鼓」的小鼓，挨家挨戶行腳賣藝。總之，江北地區總是擺脫不了乞丐故鄉的形象。

元朝時期命運最坎坷的也是這個地區。因為南宋與金交戰而荒廢，戰亂之中失去耕作者的這塊土地，被納入官方所有，並課以重稅，而且還頻頻遭受黃河洪水之類的天災。

至正四年（一三四四），這一年黃河氾濫，江北一帶也遇上飢荒。一名出身貧農、在家排行老四的男子，在飢荒中失去了父母，過著半遊民的生活。這一年的西曆十月底，就在冬季將至之際，男子進入寺廟成為小沙彌，他就是後來建立明朝的朱元璋，這一年他十七歲。不過，雖然名為僧侶，實際上卻是打著「托缽」的名義四處乞討。

他托缽的地區是淮河流域，剛好就是白蓮教傳教的範圍。劉福通起義反叛元朝的隔年，也就是一三五二年的春天，朱元璋自然而然的加入紅巾軍，他召集鄉里青年形成自己的團體，在戰亂中嶄露頭角。朱元璋召集的這些人之中，也包含了為保衛鄉里而行動的在地地主，以及後來助他開創明朝的重要人物。

簡單整理朱元璋從行腳僧人一躍而升成為皇帝的過程，可以發現在元末出現的群雄，就像不停打著淘汰賽，勝者獲得與握有正統統治權的元朝進行決戰的權力。這場淘汰賽還分成內陸與沿海兩組，內陸有白蓮教一派的各股勢力互相較勁，沿海則有張士誠、方國珍等人，彼此為了海運路線而見縫插針。

直到至正二十三年（一三六三）年左右，情勢出現轉機。華北的劉福通政權遭受張士誠一方的攻擊，在劉福通戰死後（這一點也有其他說法），他擁立為帝的韓林兒投靠了朱元璋政權。因此，朱元璋政權得以確保在宗教上的權威。在內陸區能夠與朱元璋抗衡的，就是在長江中游擴張勢力的陳友諒。

元末群雄間的抗爭，有許多是模仿《三國演義》中的策略與戰術。為朱元璋獻策的軍師劉基，看穿了張士誠並無統一天下的野心，於是建議先打敗在西側的陳友諒。於是，陳朱二人就在至正二十三年八月於鄱陽湖決戰。

陳友諒組織水軍，據說擁有六十萬大軍，攻下江西南昌。朱元璋則動用二十萬人軍隊，將陳軍誘入鄱陽湖後封鎖出口。面對停滿湖面的陳軍大艦，朱等待著風向轉至東北，再送進裝載火藥的小船。當敢死隊乘著風點燃火藥，動彈不得的陳軍艦隊則陸續起火燃燒，整支大軍頓時全滅。陳友諒本人則在敗走途中，遭朱元璋事先埋伏的士兵所殺。

滅了陳友諒之後，朱元璋一舉躍升為內陸區域的最大勢力。一三六七年，他繼續滅掉沿海地區的張士誠，取得了逐出元朝、統一中國之戰的參賽權。朱元璋作為據點之地，位於當時中國的中心，這就是他率領的勢力之所以能在內陸區勝出的其中一項原因，有空間得以轉戰華北或江南。一三五六年，他拿下集慶（南京）作為據點，在戰略上頓時變得十分有利。

南京的確位在中國的重要中央地帶，沿著長江往東而下可至江南，溯著上游往西經過武漢能夠進入四川盆地和湖南。往南走可從徽州盆地來到浙江（錢塘江）上游，還能看到杭州、江西及福建。周圍有群山環繞，在防禦上也是具有優勢的地形。這裡跟武漢、重慶，並列中國三大鍋底，用來比喻夏季的酷暑（因為溼度高，夜晚的風幾乎靜止不動）。撇開這一點不提，就地理上來看這無疑是最理想的地點。用先前的比喻，因為這樣的優勢，朱元璋已經成為這場內陸區淘汰賽的種子選手。

私塾的教師群

朱元璋贏過其他群雄的一點，就是他看清了無法以宗教結社的理念來統一中國，所以他努力建立起為帝國而建設的明確觀念。一三五六年，朱元璋在拿下南京後，將此地改名為應天，並以「吳」為國號，開始摸索國家的型態，並任用了十多名儒家學者，規劃政權的運作。

進軍徽州、浙東

隔年的一三五七年，朱元璋參與了一場對自己政權形成轉捩點的戰役。他積極前往宋代時產生新興儒教的徽州，以及走訪許多儒教學者居住的浙東地區。當時在元朝統治下的這些地區，從軍事的角度來看，都在朱元璋設定的據點，也就是南京的後方，只要能掌握這整個區域，等於是將勢力範圍拓展到浙江、江西、福建等地。然而，對朱元璋而言，這個地區所具備的意義不僅僅是戰略上的要衝。

至正十八年（一三五八）攻占浙東地區的中心婺州時，朱元璋親自率領軍隊上前線。途中在徽州招來儒家學者提出疑問，「漢高帝（劉邦）、光武（劉秀）、唐太宗（李世民）、宋太祖（趙匡胤）、元世祖（忽必烈）一平天下，其道何由？」儒者答：「此數君者，皆以不嗜殺人，故能定天下於一。今公英明神武，驅除禍亂，未嘗妄殺。然以今日觀之，民雖得歸而未遂生息。」朱元璋聽了，大表同意，「正是如此。」[2]

然而，在討論下一個主題之前，我們先整理一下中國東南部地區的特色與歷史。這麼一來，就能釐清為何朱元璋在攻打這裡時會親自出馬。

中國東南部的盆地世界

安徽南部到浙江東部，都是海拔兩千公尺以下的山地與丘陵，以及穿梭在群山之間的河川，形成大大小小的盆地。西元四世紀左右，游牧民族掌握華北地區時，漢族之中有些人渡過長江，移居到這片山區的盆地。

當時覆蓋丘陵的森林面積相當大，貫穿盆地的河流河道也未固定，盆地中心是一整片溼地，並不容易開發。漢人選擇有溪流從山地往盆地方向流去的地區定居，引溪水打造水田。在山地與平地交界的地點生活，不但能保有新鮮水源，萬一農作物收成不好時還能到山上採山菜、樹果充飢。人們在此結婚生子，人口也逐漸增加。

農作物豐收為地主帶來財富，有了穩定的收入。當地主們不必汲汲營營討生活時，就有餘力孕育文化。到了宋代，以黃山山麓一帶的徽州盆地為中心，發展出一套新的儒學學派。十一世紀，程頤等人開創了宋學，這個學派到了十二世紀由南宋的朱熹集大成，形成所謂的朱子學。

新儒學是討論宇宙形成的哲學，但同時也是相當優秀的實踐性社會學及政治思想。在宋代，肩負起政治責任的階層，都是通過科舉考試的知識分子，成為官員的人才並非靠世襲而來。新儒學必須解決的問題，就是如何提供具備儒家素養的人才，而他們提出的方法，就是將古代周朝實行過的宗法制度，以適合這個時代的形式再次復活。

所謂的宗法，就是追溯到同一位父方祖先的一群人，建立一個有秩序的組織。肩負起祭祖儀式的，就是負責團結起整個宗族的人。在一群同宗族的人們彼此幫助下，為子弟建立起良好的受教環境，培育出通過科舉考試的後代，為國舉材。藉由與整個宗族生活之中培養出的秩序感，在成為官員之後反映在國家政治上。生活與政治產生共鳴，建立一個儒教的社會與政治體系，這就是思想家的構想。

然而，這個理想化的體系終究未能實現。程頤等人感嘆「宗子之法不立，則朝廷無世臣」。根據宗法率領宗族的就是宗子，世世代代穩定出任官僚的則是世臣。沒有建立起健全的宗法，就無法擁有穩定的官僚來源。而後，時代就這樣進入了元朝。

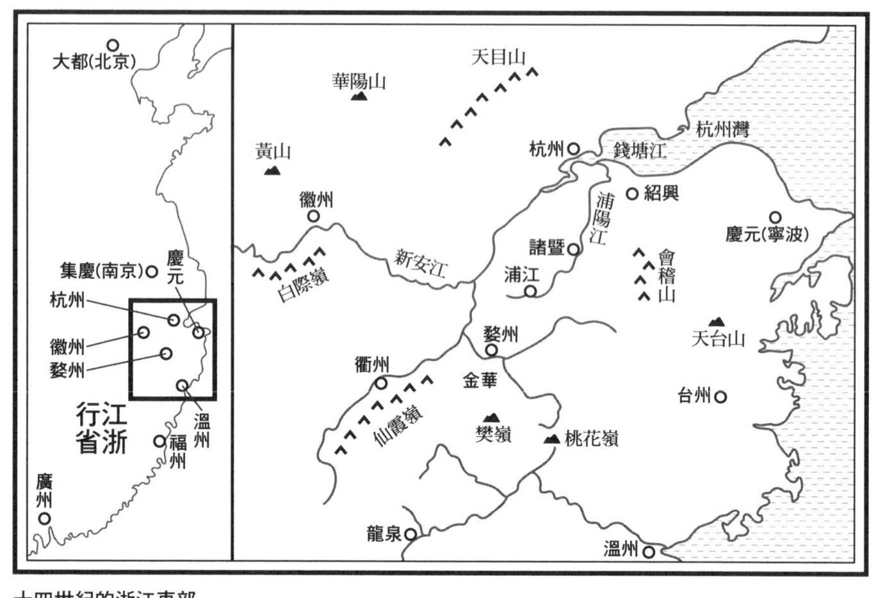

十四世紀的浙江東部

義塾教師的人脈網

在蒙古貴族掌握權力核心的元朝，科舉遭到廢除。這項考核儒家教育為主的測驗，也是聘用國家高級官員的制度，如今再也無法發揮功能。其實，元朝也曾實施過一段時期的科舉考試，但對於出身於南宋統治地區的人來說，卻是一道困難的窄門。學習新儒學的知識分子，在當官之路受阻後，便尋求新的發展途徑。收留這些人的，就是將勢力從山間沿著溪流延伸到盆地的一族。

十四世紀在浙江東部盆地區域，有一群資產家提供資金，為了讓宗族及鄉里子弟接受教育，成立了稱為「義塾」的教育機構。義塾主要在於培養從事儒學教育的人才，也招聘知識分子成為義塾的教師。在宋代產生的新儒學傳統，就以這種義塾網絡的形式支撐。我們以日後成為朱元璋智囊的宋濂，來說明知識分子跟義塾之間的關係。

宋濂於一三一〇年出生在金華盆地的潛溪村。

由於家境貧寒，求學並不容易，但是宋濂的祖父為了幾個孫兒，請了身為知識分子的友人來家中教授。具有優秀記憶力與觀察力的宋濂，被視為可造之材加以栽培，在二十三歲時進入了諸暨盆地方氏一族開設的白門義塾。一三三五年，勢力擴張到浦江盆地的鄭氏義塾東明精舍，聘請宋濂為教師。

招募宋濂的鄭氏，是名門望族，在整個浙江東部盆地無人不知，無人不曉。他們在十一世紀末從金華盆地移居到浦江盆地，坐擁背山臨河的地區，進行開墾。到了南宋初期，鄭家禁止子孫分割家產、移居獨立，必須要在統一宗族的大家長帶領下，食衣住等各方面都共同生活。由於宗族大小都基於儒教秩序，生活自律，他們的很多作為在當地鄉里成為模範，逐漸獲得好名聲。

鄭文融成為一族之長的時期，宗族人數高達兩百人，就住在有五十個房間的大宅子裡，一起生活。宋濂很仔細觀察了大宅中的景象，在《元史》孝友傳中也提到：

> 大和（鄭文融）繼主家事，益嚴而有恩，家庭中凜如公府，子弟稍有過，頒白者猶鞭之。

若以《元史》主要編纂者為宋濂來看，這樣的描述應該就是他親眼所見的情境。宋濂在義塾接受教育，在義塾擔任教師，他的思想與經營私塾的地方宗族生活互相有共鳴，也很正常。

中國東南部的盆地地區，類似的義塾人脈網培養出很多知識分子，彼此共享資訊，知道誰最優秀。朱元璋就是以此獲得建設國家需要的新人才，並借助這股力量支撐建國理念。至正二十年（一三六〇），朱元璋從義塾人脈網中延攬了評價甚高的四位儒學家，進入政權中樞。這四人就是宋濂、劉基、章溢、葉琛，人稱「浙東四先生」。

義塾的實際狀況

宋學以恢復宗法為目標之際，有兩項見解。一是各個世代的長男世世代代繼承執行祭祀始祖的權利，始祖身為眾人景仰的祖宗，統整全家族，稱為「大宗」。根據大宗的想法，長子一支在整個家族中占有最優越的地位。然而，由於中國的家產是由所有子女均分繼承，因此大宗的原理並無法在經濟上獲得印證。

另一種想法是將共同祖先的五代之內視為同一宗族，共同進行祭祀。但從第六代起就分枝出去，成為另一個團體。這就叫「小宗」。小宗的觀念背後，是承認長子一支無法永久持續整合其他分支，由擁有過往故人共同記憶的一群人，來祭祀這些故人。在小宗的範圍內，能以彼此的長相及親族上的關係連結。

在宋學上引起爭論的大宗和小宗之區分，關係到政治上統治原理的基礎問題。因為究竟要採取大宗或小宗原理，將決定正統上政治領導究竟是誰。將統治權集中在一個人身上，而且這個人的統治要讓其他成員接受，在這樣的政治場域上，大宗與小宗的區別必須要非常清楚。

然而，對於一群在元代浙東的義塾，在當地有力的宗族團體支持下維生的教師來說，宗法在政治上的意味似乎已經沒什麼重要性了。至於義塾具體的狀況，可以觀察浙東四先生之一的章溢所經營的「龍淵義塾」。

這所義塾座落在河邊，這條河稱為劍溪，流往浙江南部山區龍泉一帶的盆地。由於距離鄉鎮較遠，當地的孩子無法就學。因此，章溢的祖先成立了書院，想以此當作教育場所，無奈經濟上無法負荷，沒幾年就關閉了。章溢見狀十分擔憂，向族人呼籲，「沒有田地就無法經營義塾」，為了籌措營運費用捐獻耕地。章溢妻子的娘家陳氏看到他的行為大受感動，也捐出土地，讓義塾在一三五三年得以重建。

義塾建築物中央祀奉了孔子等儒教聖人，每年分別在春、秋舉行兩次的祭祀典禮。學生住在左右四個房間，後院裡設有講堂，每個月初一、十五，聽到鼓聲後，所有師生齊聚朗誦五倫的內容（君臣有義、父子有親、夫婦有別、長幼有序、朋友有信）。教師招募的條件是學識豐富、行為端正；至於學生之中進步特別顯著的，每個月還會發贈糧食當作獎勵。

由於這間義塾是由多個宗族來維持，不限族人，只要是當地居民子弟都可入學。但義塾的基本理念就是宗法，龍源義塾重建時訂下了十五條規則。具體內容現已不明，但歸納起來不外乎「宗族的成員雖然分數不同家庭，各自獨立，實質上卻如同手足不可分割」。

該如何為國家提供有用的儒教人才？宋學背負的這項政治思想課題，一直潛藏在義塾之內。在元朝的統治下，通過科舉通往高官之路幾乎完全遭到封閉。在脫脫擔任宰相的一段期間，科舉制度曾經復活，但這條途徑在一三五一年開始的反叛及混亂之中，功能幾乎停擺，義塾也不再是為了考上科舉的補習班。

以作為義塾後盾的宗族團體為核心，該如何讓區域的社會秩序具體成形？這是義塾教師肩負的課題。對於宗法的理解，除了該由誰來統率族人之外，教師們關注的焦點也逐漸傾向該怎麼樣加深族人之間的感情。以建立新王朝為目標的朱元璋，非常需要浙東義塾教師所孕育出這套作為社會思想的儒學。而朱元璋從浙東四先生身上學到儒學的基本課題，就是「禮」。

禮儀之邦

至正二十三年（一三六三）的夏季到秋天，朱元璋與從長江中游進攻的陳友諒大軍苦戰後獲勝，經過與元末群雄反覆的決戰中，終於站上內陸地區的勢力頂點。

成立新王朝

隔年的至正二十四年（一三六四）正月，朱元璋自立為吳王，整頓中書省等行政機關。表面上仍奉具備白蓮教宗教權威的韓林兒為宋朝皇帝，以「龍鳳」為年號，下令時也使用「皇帝聖旨，吳王令旨」，尊崇韓林兒。然而，實質上卻在內外都主張自行成立的政權。這時，朱元璋已經朝向成立新王朝踏出第一步。

正月三日，朱元璋召集了在內陸地區共同作戰的武官，做了以下訓示，「諸君應為了人民而推舉我」，接著並在慰勞眾人後繼續聲稱，「然而，在開始建國前必須端正綱紀，元朝的混亂正來自並無建立綱紀」，語氣嚴肅。

禮法國之紀綱，禮法正則人志定，上下安。建國之初，此為先務。吾昔起兵濠梁，見當時之將皆無禮法，恣情任私，縱為暴亂，不知馭下之道，是以卒至於亡。今吾所任將帥，即與定名分，明號令，故諸將皆聽命。爾等為吾輔相，當守此道，無謹於始而忽於終也。[3]

準備著手建國的朱元璋，宣示的施政方針就是明確建立禮與法。他最先讓新國家中的統治階級，也就是過去戰友了解這樣的精神。接著，在將這些精神具體化的過程中，負責回答朱元璋諮詢的，就是以浙東四先生為首的一群儒學知識分子。這些知識分子將希望寄託在這位新的掌權者身上，希望掌權者與人民都能基於禮教堅守各自的立場，保持上下位的關係，實現能夠圓滿人生的理想社會。

儒學家向朱元璋提出的，是以禮教統治。所謂的禮，簡單歸納起來就是尊卑、長幼有序。尊卑，是從共同的祖先開始算起，接近祖先的輩份即為「尊」，距離較遠的就是「卑」。長幼則是在同一輩裡，年紀大的就是「長」，年紀小的就是「幼」。以輩份的前後與年紀大小這兩種排序為基礎，來訂出每個人的上下關係，這就是「禮」。學習儒學的知識分子，都希望依據這套宗法的順序來組織整個社會與國家。

大明的成立

至正二十四年（一三六四），對於自稱吳王的朱元璋而言，要面對的課題就是與張士誠勢力的對決。

當時，張士誠掌握長江下游三角洲的糧倉地區，負責元朝的海運。每年到了陽曆六月，風朝北吹，他就在船上載滿穀物，運往華北；他直接提供物產，勢力強過主要負責運輸的方國珍。成為沿海一帶霸主的張士誠，逐漸擴大領土，勢力範圍以長江下游三角洲為主，向北拓展到山東南部，南及浙江北部，就連朱元璋的故鄉也在他的勢力範圍內，他還同時尋找能進一步進攻浙東的機會。至正二十三年（一三六三），張士誠終於宣示自立政權，號稱吳王，甚至建立一套行政機關。

另一方面，朱元璋也在同一時期鞏固政權。至正二十六年（一三六六）年冬天，名義上受到朱元璋擁戴的韓林兒，在朱元璋迎接他到應天（現在的南京）途中，船在面長江的瓜步渡口時竟然翻覆，韓林兒沉入江中身亡，這幾乎可斷定是朱元璋下令的暗殺行動。

朱元璋搶奪了張士誠在長江以北的領土，接著再包圍蘇州，至正二十七年（一三六七）九月，經過僵持許久的戰鬥後，總算攻破張士誠的吳政權。

同年十月，終於要面對元朝的朱元璋，對元朝統治下的華北人民發出檄文[4]。內容是由浙東四先生之中公認學識最豐富的宋濂擬定，文章內容集結了朱元璋政權的理念，其中有這樣的敘述：

> 元以北夷入主中國，四海以內，罔不臣服，此豈人力，實乃天授。彼時君明臣良，足以綱維天下，然達人志士，尚有冠履倒置之嘆。自是以後，元之臣子，不遵祖訓，廢壞綱

常。……其於父子君臣夫婦長幼之倫，瀆亂甚矣。夫人君者斯民之宗主，朝廷者天下之根本，禮儀者御世之大防，其所為如彼，豈可為訓於天下後世哉！[5]

從這段檄文可以了解，中國的統治者必須遵守禮法秩序，才能獲得統治的正當性。元朝也因為最初遵守這樣的秩序，而被視為是天授的正統王朝，後來卻因為失序，成了將他們驅逐出中國的最大原因。

另外，在檄文的後半部也提到：

> 蓋我中國之民，天必命我中國之人以安之，夷狄何得而治哉！予恐中土久污膻腥，生民擾擾，故率群雄奮力廓清，志在逐胡虜，除暴亂，使民皆得其所，雪中國之恥，爾民等其體之。

值得留意的是，文中不斷重複「中國」二字。對明朝來說，「中國」代表什麼意義？這一點容後再仔細探究。

這篇檄文發布之後展開的北伐，進行得很順利。對於已經失去來自江南物資的元朝統治者來說，似乎也不再留戀繼續統治中國。畢竟，在祖先的土地——蒙古高原上還有另一片天地。一三六八年，西曆九月，元朝皇帝捨棄首都大都，四天後，朱元璋大軍順利接收。

在北伐進行中，至正二十八年（一三六八）正月四日，西曆一月二十三日，朱元璋成為皇帝，國號「大明」，宣布以「洪武」為年號的同時，也指定了長男朱標為皇太子。成立王朝時的告祭文中，提到這樣的內容：。

> 惟我中國人民之君，自宋運告終，帝命真人於沙漠，入中國為天下主，其君臣父子及孫百有餘年，今運亦終；其天下土地人民，豪傑紛爭。……今地幅員二萬餘里。[6]

至於為何以「大明」為國號，朱元璋並未說明原因。後代歷史學者對此有幾種推論，一是來自摩尼教明王的「明」，或者是因為五行中代表南方的「朱明」而來。但最後仍無結論。然而，首先必須確認的是，過去由漢族建立的王朝，全都是以回溯到周朝時的地名來做為國號，但以復興中華為號召的朱元璋，卻沒有延續這項傳統。

元朝最初建立起統一王朝，訂立國號時使用的就不是地名，而是理念。「大元」這個國號據說來自《易經》中的「大哉乾元」。「乾元」指的就是天。明朝不用宋、吳當作國號，而選擇了抽象的字眼，這樣的想法是繼承了元朝，在訂立國號之際，不再依循中國傳統而仿效元朝，從這一點看來，明朝並非復古的王朝，而是從蒙古帝國打造的世界中產生的新王朝。

陸上的帝國

新王朝想要建立的國家，是什麼樣的型態呢？從最初期階段的政策看來，可以感受到，要讓受到元朝壓制以及飽受元末戰亂所苦的人民，能接受明朝接下來的統治，並確信將會有一個以禮法秩序為基礎的理想社會。

洪武五年（一三七二），朱元璋對全國人民頒布〈正禮儀風俗詔〉，其中一項如下：

> 鄉黨序齒，從古所尚，今後民間士農工商人等，凡平居相見，及歲時宴會揖拜之禮，若者先施坐次之列，長者居上。如佃戶見佃主，不論齒序，並行以少事長之禮。若在親屬，不拘主佃，止行親屬禮。

這份詔文推估是出自宋濂的手筆。由此可看出，浙東義塾欲將實踐的禮教，趁此時推廣到全中國的企圖心。

禮法中的秩序，先從親屬關係中的上下為優先，再來是地主與小佃戶之間的關係定位。至於不在親屬、或是地主等各個框架之中的人，就純粹以年齡作為實踐禮法的基準。

出身行腳僧人的朱元璋，在登上皇帝大位後仍不斷思念故鄉江淮地區。建國的基本架構，首先要面對的課題就是讓這個地區不再遭受飢荒。然而，這個架構的目的並不單純只是皇帝要讓故鄉錦上添花。

自宋代到元代，長江下游三角洲已經形成東歐亞地區的經濟中心，除了供應華北地區穀物之

朱元璋在鳳陽（安徽省）留下的遺產　目前只留下城牆遺跡可看出當時的中都。（作者攝於一九八四年）

外，也是生絲、綢緞織品等國際性商品的產地。另一方面，鄰近渤海的地區，在這一百年左右因為元朝設都的關係，已經具備了首都地區的各項功能。江淮地區在這兩處經濟與政治中心之間，又位於內陸，若是沒有任何政策，勢必遭到淘汰。反過來說，如果能建立起不讓江淮地區陷於飢荒的國家制度，就能克服從唐末到南宋這兩百多年來華北政治與華中經濟，也就是南北分立的體系。

洪武二年（一三六九），除了應天為南京，開封為北京之外，朱元璋再於江淮地區的鳳陽建設中都，訂為第三首都，下令修築城牆。接著又於隔年洪武三年（一三七〇），為了復原戰亂中荒廢的土地，將四千多戶的人口強制從長江下游三角洲遷居到鳳陽。

從結果來看，這項以政策性來重振江淮地區的嘗試最後以失敗作收。洪武八年（一三七五），中都建造工程停擺，鳳陽又變回貧窮的地區。筆者在一九八四年冬天走訪中都時，看到產自江西、過去用來裝飾城牆的灰色磚塊，全被農民拆走，用在自家的牆壁上。無論在經濟上、政治上，這塊土地都沒辦法被建設為首都。

與江淮地區振興政策並行的另一項政策，就是將過去因為臨海而變得繁榮的長江下游三角洲從海上切割。讓過去因為海洋致富的富人階級遠離沿海地區，要他們移居到南京、鳳陽，以及後來的雲南等內陸地區，這項政策反覆推動了好幾次。另一方面，加強三角洲地區地主與佃戶之間的關係，嘗試重整王室財政基礎。

洪武四年（一三七一），從在地的地主階級中挑選出具有較多田地者，任命為糧長，要求徵收穀物作為稅金，運送到南京。這項政策的背後，有著朱元璋樂觀的期待，就是讓地主與佃戶之間以禮法為基礎的秩序獲得認同，進而產生佃戶尊敬地主，地主體恤佃戶的關係。

然而，事與願違，實際狀況卻是糧長利用權威，壓榨地區內的自耕農及小地主。其後，糧長運送的地點不再是首都，而是指定的倉庫，許多糧長還會受到管理倉庫的官員所提出的各種刁難。甚至有人說過「縱使家財萬貫，擔任一年糧長之後，一樣淪落到得討飯」，由此可知負擔之重。

長江下游三角洲地區富人階級的命運，可從先前介紹的沈萬三傳說中一窺究竟。朱元璋在打造南京的首都時，就要求沈萬三資助三分之一的費用。據說朱發現即使如此沈萬三的資產仍未見底，原來是因為他握有持續生出財寶的聚寶盆，於是派兵到沈家搜索，搶走聚寶盆、埋在城門地基之下，還將沈萬三充軍雲南，但從墓誌銘等的史料考證，在洪武初年提供朱元璋資金的應該不是沈萬三本人，而是他的兩個兒子。然而，因為海洋而致富的富人階級，在明朝制度下不是成為強制移居的對象，就是成了支持王朝財政的地主，被迫走上嚴苛的分歧之路，這是不爭的史實。

註釋

1 《元史》，卷六十六。

2 出自《明太祖寶訓》，卷三，守法、求言。

3 出自《明太祖寶訓》，卷一，經國。

4 【編註】軍中文書的通稱，用以聲討敵人、宣示罪狀、徵召等。為了宣示己方師出有名，因此內容通常都會寫得慷慨激昂，特別強調己方的忠孝仁義和對方的罪惡滔天，以爭取認同。

5 出自《奉天北伐討元檄文》。

6 郎瑛，《七修類稿》，卷十一，國事類。

第三章　海陸相剋——十四世紀 II

成為分水嶺的十四世紀

東海上，在浙江出海口的舟山群島之中，有一座島。島上有一座險峻高峰，將該島切成兩區，西南面叫蘭山，東南面叫秀山。居民分成兩區居住，島上的居民都是航海者。元朝時，江南物產走海運到臨渤海的首都區時，這座島就被定位為是海運據點之一。而提供海運所必須的船隻，就是秀山居民的任務。

明朝建立初期，這座島曾發起一場叛亂。因為是從小島發起的小亂事，在歷史上幾乎沒有留名，但若深入探討背景，會發現這件事引起歐亞全區的交易機制產生巨大變化。元朝曾試圖以銀為主軸，建構出歐亞的交易機制。然而，當時存在歐亞地區的白銀數量，無法支應陸續擴大的交易量。因此，這套交易機制不靠銀的庫存、而以增加流動來維持。維吾爾與穆斯林商人組織商社，藉由讓物資流動更順暢，以加快白銀的循環速度。此外，元朝還發行了與白銀連動的紙幣「交鈔」，試圖以此彌補不足的銀。

明朝的宏觀設計

然而，當銀的循環因為政治上的原因出現停滯，交易機制本身逐漸瓦解，銀的絕對數量不足的問題，動搖元朝的基幹。而大量發行的紙鈔無法以足夠的銀來支應，導致經濟陷入混亂。

在東歐亞全區流通的白銀是銀條或銀塊，並不像歐洲，由統治者發行錢幣。銀不受到帝國的控制，有時候會像洪流一般在社會上流竄，破壞區域經濟。而一旦流通出現停滯，就成為庫存，無法活用，不再出現於市面。銀對十四世紀的東歐亞社會來說，是一種非常棘手的貨幣。

朱元璋想要打造的帝國，就是以貨幣經濟機制不順為前提而設計。首先，交易時不再使用白銀，而以實物交易為目標；也不向人民徵收稅金，改以直接徵收生產作物及勞動力。在這樣的前提下，必須從人身上掌控人民的狀況。再者，因為擔心貨幣經濟從統治區域外侵略帝國，對外交易不再委託給民間人士，採行由朝廷直接管理的方法。

結果在明朝初期，尤其是朱元璋統治的洪武年間，整個中國比起蒙古帝國開拓的歐亞地區而言，相對上門戶封閉，以控制人民的機制為制度。因此這個時代給人「老古板」的感覺，留下舊時代的印象。

然而，在明朝企圖控制交易時，也有一股起而對抗的力量，其中一股勢力就是「蘭秀山之亂」。

蘭秀山之亂

根據藤田明良深入鑽研叛亂的歷史背景，在此回顧一下事件的始末。使用的史料是在朝鮮編纂的公文書集中出現的供述書，是由林寶一與一位名叫高伯一的高麗人所說。[1]

洪武元年（一三六八）正月，朱元璋在南京宣布大明建國，在皇帝登基慶賀氣氛未消之際，舟山本島的里長就借用「莽張百戶」（意思是擔任「百戶」的張姓莽漢）的運輸船，企圖將官鹽運到首都南京，並雇用林寶一擔任船夫。莽張百戶直接找上林寶一，要他參與起義，「蘭山的葉演三、長塗島的王元帥，秀山的陳元帥等人的船隻都已出海，你也和我的快船一起討伐明州吧。」

至於起義的目的，史料上並未記載。然而，考量當時的狀況，可以做出下列推論。由於明朝逐漸加強對海上的控管，對討海人而言愈來愈不容易生活。他們懷念起方國珍等人在海上活躍的時代，進而打算自明朝獨立，建立另一個海上政權。

林寶一決定加入張等一行人後，被陳元帥接見。陳元帥的陣營就集結在連結明州（現在的寧波）港口與海上的要衝招寶山。三月，林寶一加入船隊，伏擊由陳魁四率領的明朝軍艦，於四月進行海戰，最後敗逃。

戰敗之後，林寶一先是潛逃，他在六月八日（西曆六月中旬）逃亡到東海的另一頭，也就是朝鮮的濟州島，他在此收購了大批海帶芽，跨海到了朝鮮半島，最後定居在面黃海的一個叫「古阜」的港口小鎮。在那裡又遇到過去首領陳魁四的同宗，陳魁五與陳魁八等人。

兩年後，明朝得知叛亂的負責人已潛逃到高麗，遂要求高麗進行搜索並移送。先是陳魁五遭到逮捕，林寶一與陳魁八一同逃亡，投靠高伯一。陳為了請對方提供藏身之處及封口，贈與高伯一蘇木（於第四章詳述）、明礬與八條衣帶。林寶一見狀後，心想若與陳魁八一同行動，勢必得繼續逃亡，將身陷險境；另一方面，又覬覦陳所攜帶的高價物品及金銀，便趁他熟睡時用石頭重擊其胸口並殺害，搶奪陳的金銀後逃走。

從林寶一的顛沛流離，可窺探出當時海上是什麼樣的狀況。首先必須掌握的重點，就是中國沿海的舟山群島與朝鮮半島西南端之間，也就是東海上有許多人頻繁往來。

十四世紀的海域世界

每到夏季，東海上的風向穩定從西吹向東。林寶一等待風向穩定，乘船出到外海，平安抵達濟州島。他在高麗遇到的陳魁五等人，應該也一樣是渡海而來的。在古阜以涉及叛亂遭到逮捕的，共計一百人。從這些人數看來，可推測兩年之間林與陳並非個別行動，而是古阜已成了出身舟山群島這一群人的據點。

第二個要留意的重點，是陳魁八攜帶的物品中包含了「蘇木」這類原產於東南亞的產品。可以推測出，在這群以舟山群島作為據點、從事海上活動的人，也成為東南亞交易網之一環。另一方面，也別忽略了林寶一從濟州島渡海到朝鮮半島時收購海帶芽這點，正是在途經的各地取得當地物產，跨海之後出售以獲得利潤。海上子民，最擅長的就是這類小買賣。林寶一早就有了這身本領，收集各路資訊，知道在哪裡弄到哪些貨物，到哪裡能賣得高價。

第三，則是反叛軍的首領稱為陳元帥、王元帥這一點。藤田良明推測，這可能是方國珍對這些人的稱呼。洪武四年十二月，明朝針對過去方國珍所屬的溫州・台州・慶元（現在的寧波）軍隊，以及蘭山與秀山的居民做過調查，人數超越十一萬人。這些人隸屬於衛軍（基於「衛所制」而成立的軍隊，稍後會詳述），禁止沿海居民任意出海。

這些內容記載在《太祖實錄》中，之後又提到，「方國珍與張士誠的餘黨藏匿於多處島嶼，與〈倭〉結盟而成〈寇〉。」由此可知，至少明朝認為參與蘭秀山之亂的海上子民，都與方國珍有密切的關係。此外，明朝也很害怕這些民眾脫離中央的掌控，與所謂的倭寇結盟。

黃海與海洋子民

在蘭秀山之亂挫敗後逃到高麗的林寶一及陳魁五等人，歷史上並無記錄他們與日本的海上勢力結合。然而，從明朝的角度來看，這樣的可能性似乎非常高。想探討箇中原因，必須先全盤了解當時黃海的狀況，再綜觀倭寇的實際情形。

自唐代到南宋時期，根據推測，航行於黃海的船隻多半都在朝鮮半島打造，由朝鮮半島的船夫駕駛。這是因為黃海西側、也就是中國沿海地區，幾乎堆滿了來自黃河及淮河的泥沙，多為淺灘，很難找到優良的港口。能夠停泊行駛到外海船隻的，只有山東半島一帶，而在中國黃海沿岸地區也很難栽培出駕駛船隻的人才。

相對地，朝鮮半島西海岸的島嶼多，住了許多討海為生的人。在這樣的自然環境下，黃海的航海者多數來自朝鮮半島，也不足為奇。

然而，當蒙古統治高麗，決定往日本群島進攻時，出現了重大轉機。一二七四年，元朝第一次入侵日本時，徵召高麗的船隻，打造大量的軍艦。因此，當入侵日本失敗後，朝鮮半島的船隻顯著減少。由於適合建造船隻的木材已被大量砍伐殆盡，使得朝鮮的海運業不易重振。

取代高麗船出現在黃海海面上的，應是過去以中國浙江為據點，也就是航行東海時所使用的中式帆船。自台州或明州出發的船隻，繞到舟山群島停留，組成船隊，再到長江出海口附近的瀏河港裝載長江下游三角洲的穀物，北上黃河，在山東半島繞一大圈後進入渤海。從事這類海運的人，多半是出身舟山群島，居住在東海沿岸地區的人。

黃海上出現中式帆船之後，中國的航海人也學會了如何在朝鮮半島沿岸航行。當初參與蘭秀山之亂的中國人，等待風向改變渡過黃海，有了這樣的背景，在不到一百年之內，他們已經具備了跨越黃海的能力。

從十三世紀後半到十四世紀前半，黃海被視為元朝的大動脈，受到管制。然而，十四世紀中葉元朝財政出現鬆動，海運從業人員無法獲得充分的報酬，於是討海人之中，開始有人轉行當海盜了。一三四八年，原先從事海運的方國珍自元朝獨立。這成了黃海從陸上管制出現動搖的重要因素。接下來，迎接新局面的黃海上，又有一股新勢力進入，就是歷史上被載為「倭」的一群人。

沿著黃海東部的海岸線，從朝鮮半島南部穀倉地區的慶尚道、全羅道，有著能將穀物、布匹運往高麗首都的漕運。一三五〇年左右，朝鮮半島頻頻遇襲，高麗的漕運船遭搶劫，還有人上陸擄走居民，這些都是倭寇所為。一三五八年，中國的史料上也首次出現倭寇的記載。

史料上第一次出現「倭人成寇」的案件，是在十三世紀前半。根據《高麗史》所記，一二二三年農曆五月，朝鮮半島東南部，位於對馬對岸的金州，遭倭人搶劫。之後，到一二六五年為止的四十多年，計有十一起倭寇犯案。犯案的規模小，頂多是兩艘船、幾十名船員，或是沿海地區傳出有米糧、布匹、居民生活用具遭到搶劫，損失的程度僅及於此。此外，各個倭寇之間看不出有組織性的關連，遭到高麗軍的攻擊後也立刻退敗。另一方面，高麗對於倭寇問題也很迅速的應對，一二二七年便派遣使者到日本，要求日方制止倭寇。面對來使，當時掌握大宰府實權的少貳資賴，在高麗使者面前斬首了九十名海盜，並對於日本盜賊攻擊高麗一事道歉，此外，還請求對方重啟友好交易。

十四世紀的倭寇

始於一三五〇年的倭寇，到了十四世紀時，已經變得和十三世紀時完全不同。首先是規模不一樣。根據《高麗史》記載，一三五〇年因為高麗方面反擊而身首異處的倭寇超過三百名。尤其在一三八〇年出現的倭寇，實際上占了五百艘船。此外，在與高麗正規軍反覆纏鬥下，更是溯河而上攻進內陸。從記錄上也可看到，倭寇已經擁有馬匹、步兵，上陸後保持機動移動並展開攻擊。次數也較以往頻繁了許多。自一三五〇年到一三九二年高麗滅亡，這段期間據說有三百起倭寇犯案，光是一三七七年一年就有二十九起。

十四世紀的倭寇，活動範圍不再限於朝鮮半島南部。一三五一年集結了一百三十艘的船隊，出現在臨黃海的仁川附近。活動範圍幾乎遍布朝鮮半島西岸的黃海沿岸全區，有時甚至還能到半島東岸的日本海沿岸。隨著時間演進，倭寇也到了中國。一三五八年，倭寇頻頻侵犯朝鮮半島。三月、

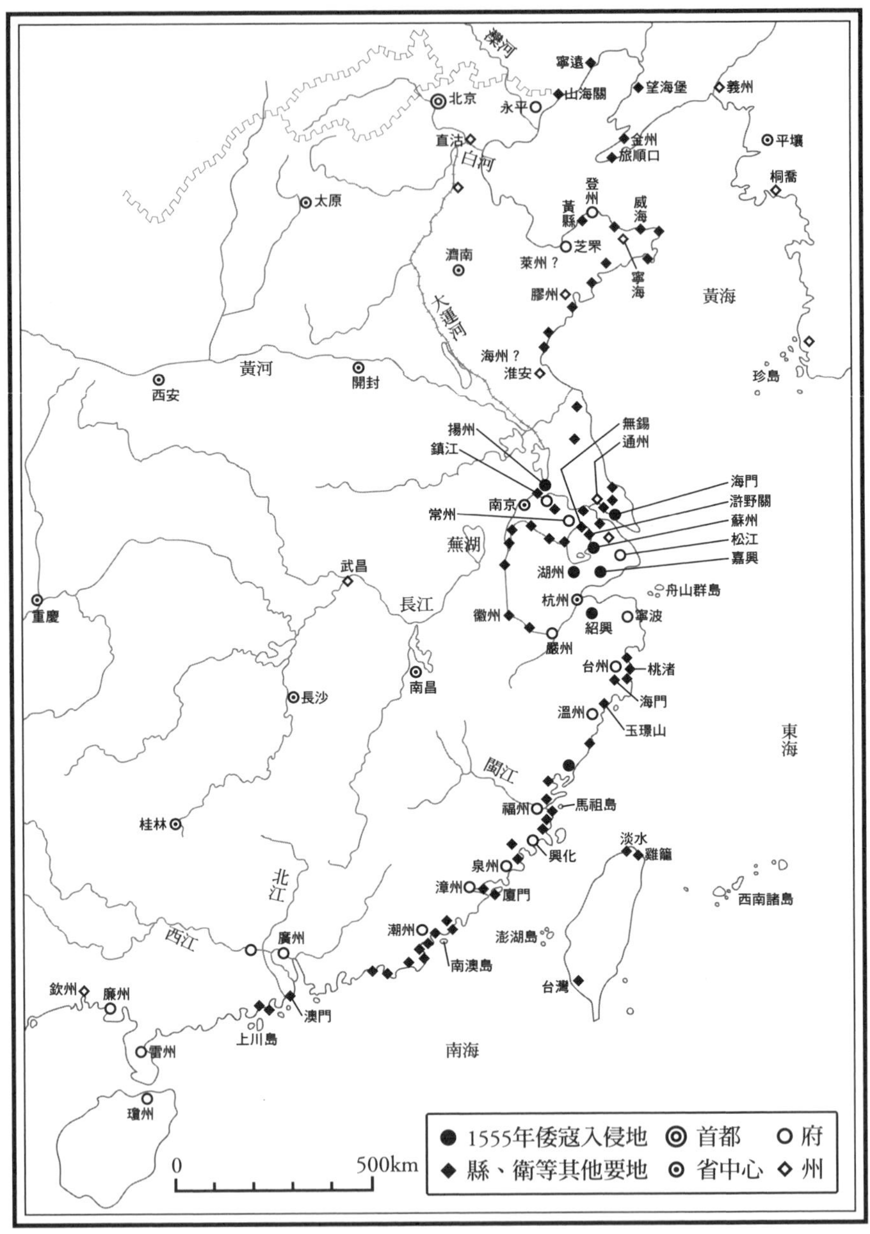

灤河
寧遠
山海關
望海堡
義州
北京
永平
金州
旅順口
平壤
直沽
白河
桐喬
太原
登州
黃縣
威海
芝罘
濟南
萊州？
寧海
膠州
黃海
大運河
海州？
淮安
珍島
黃河
西安
開封
無錫
通州
揚州
鎮江
海門
滸野關
蘇州
南京
常州
松江
嘉興
蕪湖
湖州
武昌
舟山群島
重慶
長江
杭州
徽州
紹興
寧波
嚴州
台州
桃渚
南昌
長沙
海門
溫州
玉環山
東海
閩江
馬祖島
福州
桂林
興化
淡水
雞籠
泉州
北江
漳州
廈門
西南諸島
潮州
澎湖島
西江
廣州
南澳島
台灣
欽州
廉州
澳門
上川島
雷州
南海
瓊州
0
500km
1555年倭寇入侵地
首都
府
縣、衛等其他要地
省中心
州

倭寇猖獗的地區

七月，朝鮮半島的南海岸都出現了倭寇的船隊，並往西海岸前進進攻仁川。根據《元史》記載，至正十八年（一三五八）倭寇在山東現蹤，到至正二十三年（一三六三）之間，沿海地區幾乎每年都會遇襲。

朝鮮仁川與中國山東半島，兩地隔著黃海相望，自古就開啟了中國與朝鮮之間的航道。倭寇沿著這條路線跨過黃海，先出現在山東半島的海岸。在明朝成立之後，山東半島也成為了倭寇攻擊的目標。

到了洪武三年（一三七〇），倭寇從山東半島南下，攻擊浙江的明州、台州、溫州，最後來到福建。這時，福建衛出動軍隊，逮捕倭寇三百餘人，船隻十三艘。朝鮮半島則有武將李成桂集結武士勢力，攻破倭寇一舉揚名，之後與中國明朝結盟，建立新政權朝鮮國。這個政權推動了一項政策，就是倭寇若能投降，即認可其交易行為，遂使倭寇一時趨於平靜。然而，不認可倭寇交易的中國，則持續受到騷擾。從十四世紀到嘉靖三十一年（一五五二）之間的倭寇，在歷史研究人士的口中稱為「前期倭寇」。

海禁政策的背景

在倭寇從山東半島遍及到東海沿岸地區時，明朝祭出了海禁政策（洪武四年，一三七一）。將方國珍的餘黨，與蘭秀山那群沒有田地的民眾、也就是過去從事海運的人，全部收編入軍中，並下令「禁止沿海民眾私自出海」。這項海禁政策並不是暫時的，而是在明朝實施了大半時期的政策。其目的並不光是為了取締方國珍餘黨及參與蘭秀山之亂者，或是防止從朝鮮半島來到中國的倭寇所採取的一時因應政策。那麼，海禁政策究竟有著什麼樣的歷史背景呢？

從十三到十四世紀，倭寇的活動範圍從對馬海峽拓展到黃海，大約二十年間又擴大到東海。這群倭寇的主要組成分子，推測是在西日本被稱為惡黨的當地武裝組織。根據李領的研究，倭寇在一三五〇年之後的活動，跟日本惡黨的行為模式有些共同點[2]。倭寇在行搶後並不會立刻撤退，還會割稻充當兵糧，搶奪牛隻馬匹，並且攻擊高麗的官府、放火。這跟在日本攻擊村莊的惡黨行為模式非常類似。當時日本正值南北朝動亂期，日本的惡黨為了調度兵糧，攻擊高麗的漕船，搶奪農作物、牛馬，以及作為勞動力的人，的確有其動機存在。

然而，若假設倭寇的主要組成分子是日本惡黨，那麼一三五〇年之後的倭寇，會這樣毫不猶豫地攻擊非日本人活動範圍的朝鮮半島黃海沿岸，以及中國沿岸地區嗎？有一項推論，就是十四世紀的倭寇組織中加入了帶路人，也就是以黃海為活動範圍的中國討海人。

一三二三年，出現了單獨行動的倭寇。首次跨越朝鮮半島的南海岸，在位於西南部的群山島攻擊高麗的漕運船。這是倭寇在黃海沿岸出現的首次案例，之後也沒有繼續。由於朝鮮半島的西海岸島嶼較多，海岸線複雜，沒有人帶路的話，外人很難入侵。因此，由日本人組成的倭寇組織僅在單次犯案後結束。一三四〇年代，元朝對海上的控管出現動搖，在這樣的變化中，推測有中國討海人出力協助倭寇。

從內陸興起後統一中國的明朝，確實限縮了人民在海上活動的區域。本章最初提到的林寶一，就是在受雇運送官鹽到南京時，受邀加入了叛亂。很可能林先前在元朝時做的就是跨越黃河的海運。對於原先渡海維生的人來說，改朝換代到了明朝之後，發現無法再從事與王朝大動脈相關的工作，只能做些像是打雜的運送工，自然會想加入叛亂。事實上，蘭秀山之亂的領導階層，對未來並沒有什麼明確的構想。只是押寶在過去海運興盛時當作據點的海港都市，希望能賭一把、重振海上世界。

當這場叛亂失敗時，這群人必須尋找中國以外的土地當作新據點。因此，隔著黃海的高麗曾一時成了他們的據點。然而，高麗屈服於明朝的威望，決定對中國納貢時，他們就失去了據點。因為高麗政府答應了明朝的要求，開始取締中國的討海人。

於是，這時出現的就是在日本擁有據點的倭寇。中國的這群討海人協助倭寇，指引他們如何航向中國沿海區域。就這樣，以日本的「惡黨」為主體，搭配中國討海人協助的前期倭寇組織因此誕生。這樣的假說並沒有充分獲得史料佐證，但這樣的推論卻能說明了前期倭寇的特質，以及明朝政策的背景。

明朝的朝貢政策

海禁跟鎖國並不同，由國家來壟斷與其他國家的交流，這樣的政策叫做海禁。明朝成立初期，曾呼籲國界相鄰的高麗及安南（現在的越南北部）朝貢。洪武二年（一三六九）正月，日本、占城（又稱占婆，現在的越南南部）、爪哇（爪哇島東部）等地，隔年（一三七〇）八月到現今泰國境內的暹羅斛（Ayuthaya，現在泰國的一部分）、真臘（現在的柬埔寨）、東南亞島嶼中的三佛齊（麻六甲海峽地區）、渤泥（現在的汶萊）等地，全都派了遣使節，要求這些地方進貢。此外，更在洪武五年正月，派遣使節到琉球。除了日本之外，各個國家都順應明朝的呼籲，陸續派遣朝貢使節到中國，締結朝貢關係。至於日本，因為過程相對曲折，留待之後詳述。

作為統一中華的王朝，將禮教秩序推廣到全世界——這個構想支撐著明朝的朝貢政策。針對各地因為仰慕中華美德而朝貢的各地掌權者，明朝賜予王侯君長等爵位，這也可說是一種創造出身分地位的機制。

為了避免讀者的誤解，在此補充說明：朝貢機制對於統治中華的政權而言，並非是其他政權臣服的行為。這是一種以中國皇帝為基礎而共享的秩序，能圓滿進行各種外交交涉的制度，也是前近代亞洲營造出的國際制度。參與朝貢機制的各個政權，彼此之間也會產生地位上的資歷高低。在貿易交涉、羅難者運送等實務上的交涉，也希望都能以禮教為原則來執行。

朝貢在另一方面來說，也有經濟上的意義，禁止民間交易，必須在國家管制的基礎下進行貿易。各國的朝貢使節有義務到指定的港口進貢，為了在每個港口接待使節、管理交易，於是設置了「市舶司」的機構。洪武二年，看似主要針對黃海設置的黃渡市舶司，地點位於鄰近長江出海口的大倉，後來關閉。隔年、也就是洪武三年，為因應來自日本、琉球和東南亞各國的使節船隻，分別在寧波、琉球和廣東等地設置了市舶司，做好接受朝貢的準備。

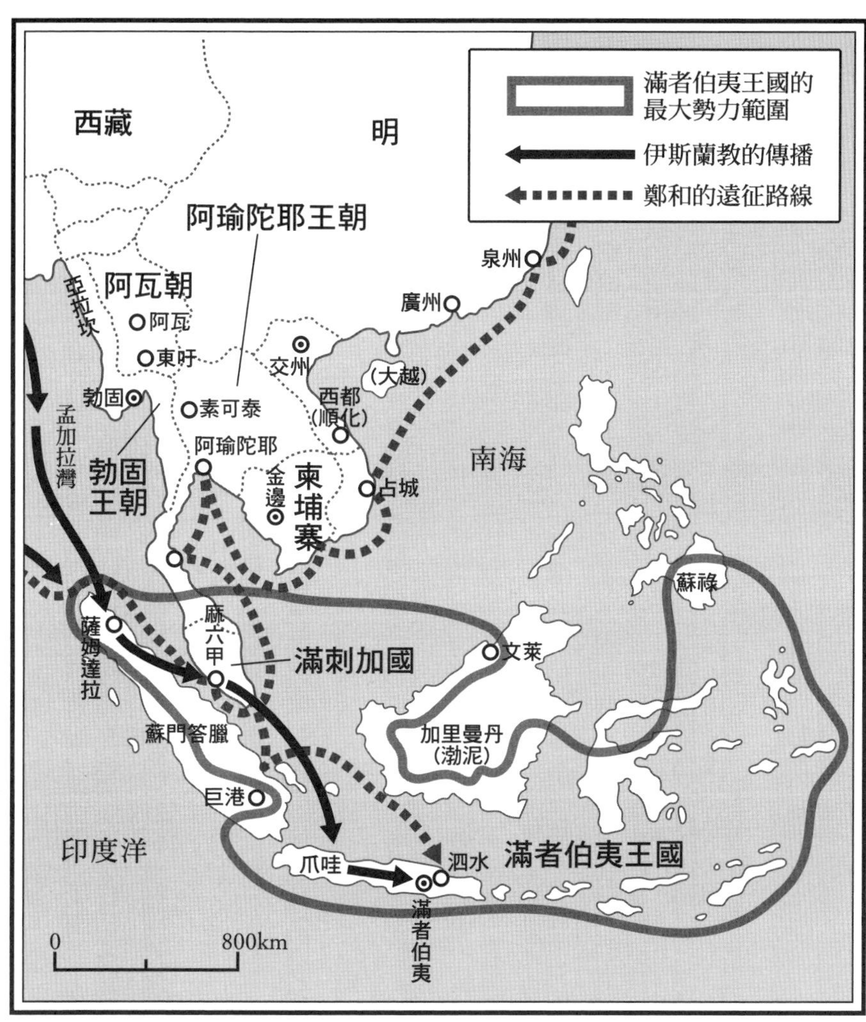
滿者伯夷王國的
最大勢力範圍
伊斯蘭教的傳播
鄭和的遠征路線
西藏
明
阿瑜陀耶王朝
阿瓦朝
亞拉坎
阿瓦
東吁
勃固
勃固王朝
孟加拉灣
素可泰
阿瑜陀耶
交州
(大越)
西都
(順化)
金邊
柬埔寨
占城
泉州
廣州
南海
蘇祿
薩姆達拉
麻六甲
滿剌加國
文萊
蘇門答臘
加里曼丹
(渤泥)
巨港
印度洋
爪哇
泗水
滿者伯夷
滿者伯夷王國
0
800km

十五世紀的東南亞

對於與中國接境的安南或高麗而言，這個在中國產生的統一政權無疑是一股政治上的壓力，很難拒絕對方朝貢的要求。然而，其他國家又是為什麼會順應朝貢這件事呢？好不容易才將元朝驅逐回到蒙古高原的明朝，其實無力派遣海軍到各國強制進貢，況且也沒有這樣的意願。然而，東南亞各國及琉球，之所以會立刻接受朝貢並派遣使節到中國，其實各有各的狀況。

朝貢一方的狀況

在第一章中曾概略提過，從元朝到明朝，在中國政權輪替的十四世紀中葉，不僅是中國，也是整個東歐亞體系轉變的分水嶺。在支撐元朝基幹的白銀交易體系周邊，又出現了接受從中國流出的銅錢而產生的個別經濟圈，成為次體系。元朝末年，核心體系一瓦解，銅錢便停止流入。加上明朝的海禁政策，也具有防止銅錢流出的效果，成功地因應這股驟變的政權，展現出整合各個經濟圈的實力。

因應的方式每個地區都不同，在越南北部的紅河下游三角洲，從原先依賴交易的東南亞型政權，轉型為以官僚制、常備軍和儒學支撐的中國式國家，藉由這股勢力取得了整合的主導權。在這個背後，銅錢的使用促進了地區性的物資交換，產生一些需要地方性市場的小農，在支應這些勞動力之下，三角洲的開發突飛猛進。當時在越南是以銅錢標示的價格來進行土地買賣。也因此衍生出有效的土地管理，以及取得土地使用權的制度。

成功轉型為新政權的陳朝，對成為交易國而變得繁榮的越南南部據點——占城不斷施壓。處於存亡危機的占城，則企圖藉著對明朝進貢來牽制陳朝。洪武六年（一三七三）八月，占城在進貢時擊敗海盜，緝拿了二十艘船隻並向朱元璋報告，讓受到海禁之苦的皇帝大為欣喜，成功扮演了模範的朝貢國。也因此，明朝對於來朝貢的陳朝使節，三番兩次耳提面命不得再對占城施壓。

其他新型態的交易國家也在十四世紀中葉登場。以現在泰國為中心的地區，據說在一三五一年出現了阿瑜陀耶王國的體制。位於湄南河（Chao Phraya River）沖積平原上的阿瑜陀耶，順流而下經過泰國灣就到達南海，可從海路直接連通中國。此外，另一條路線則是從面對泰國灣的奎布里（Kui Buri）港走陸路穿過馬來半島，從孟加拉灣出海抵達印度洋。阿瑜陀耶位於連結南海與孟加拉灣的要衝，非常繁榮。加上有不少從中國渡海而來的人在此定居，進行交易。

在沖積平原上發展農業之後，地方政權就將仰賴農業維生的人口組織起軍隊。擁有武力的地方政權聯合起來，在掌握交通要衝之下建立王朝，這就是阿瑜陀耶的模式。

在中國史料上以「暹羅」之名出現的阿瑜陀耶王國，曾經有一段時間會在一年內朝貢多次。由此可以研判，當王國內部的權力平衡出現鬆動，或是新的領導階層為了提高權威，對明朝朝貢似乎成了最有效的手法。

明朝作為一個新興王朝，威望自然不是立刻傳遍南海各地。尤其島嶼多的東南亞，以爪哇島東部為中心，逐漸擴大勢力範圍的滿者伯夷王國，就試圖排除明朝介入。一三七〇年，明朝派遣使節到汶萊，促使其朝貢。然而，擔心滿者伯夷出面干涉的汶萊國王，卻始終不肯正面承諾。

此外，《明史》三佛齊傳中也記載，被派遣到蘇門答臘巨港的明朝使者，也因為滿者伯夷的施壓而遭到殺害。滿者伯夷擔憂自己勢力範圍內的政權，會因為對中國朝貢而紛紛尋求獨立。

明朝的朝貢體制，在東歐亞並非建構起一個統一的體系，只是經過十四世紀這個分水嶺，在既有的體系中各自摸索的諸多政權之一。

帝國的變化

從馬可波羅的記載可看出，杭州是過去南宋的首都臨安，發展繁榮，在蒙古帝國之內也成了交易中心。明朝成立後六年，在杭州城門外一個叫相安里的地方，有位名叫徐一夔、浙江出身的知識分子，同時也是杭州府學的教授，暫居於此。

織工的生活

他家附近有一間紡織坊，紡織機的聲音每晚規律作響，直到深夜，每晚到了三更（正確時刻因季節而異，大約在晚間十點），操作紡織機的主人就會起個頭，其他紡織工人跟著唱歌，就這樣宣告一天的工作到一段落。對此，徐一夔覺得挺有趣的。

不確定是洪武幾年的事情，某天早上，徐一夔親自走訪紡織坊。老舊的房舍裡，朝南北各有一排四、五台織機，每台織機上有兩個人。一個人縱向將經紗拉上拉下織出圖樣，另一人則穿過橫向的緯線，兩人一組搭配得很好，十分忙碌，但每個人都露出疲態。徐對於從外頭聽見歡樂的歌聲和實際見到的狀況差異甚大，感到訝異，於是攔住一名姚姓織工詢問原因。

「我每天的酬勞是兩百文錢，織坊主人提供衣物跟飲食，因此工作的酬勞足以養活父母、妻兒。無論是什麼樣的織品，只要這麼賣力工作，就能獲得大量訂購。這麼一來，織坊主人能將手上的織品銷售出去，織工也不必受到工資遲發或不發之苦。想到這裡，大夥兒就算不發一語也很有默契，同聲一氣忘卻工作的辛苦。」

這名織工據說以前跟另一名男子搭檔，對方手藝精妙，收入也很好。這名男子對於自己的才華很有信心，一直想跟隨官員，找尋往上爬的機會。他花了將近五年的時間，在一群高官的家奴（隸屬於主人的幫傭）之間奔走，卻沒有任何機會，最後還因觸怒了某位大官被趕出門。這時，他已忘了原本織布的技術，沒有人願意雇用他，最後死於街頭。

身為學者的徐一夔從織工的這番話中學到了教訓，就是「知足」的重要性，他還寫成了文章。這篇記述織工言談的文章，被研究明朝經濟史的藤井宏發現，也就是明清史研究學者之間著名的「織工對」。

從表達專業工藝人士心聲的十四世紀史料中，能看出什麼呢？首先，領先歐洲的中國已經有製造業的作業場所，專業人士受雇勞動。這表示在中國已經有資本主義萌芽，其先進程度也廣受好評。從生產面上也有其他解讀。如果從流通面來看這份史料，又有什麼發現呢？

紡織坊裡雇用了超過十名的織工，在坊主的指揮下工作到深夜，大量生產各類織品。這樣的經營模式之所以能成立，那是因為好的織品能夠銷售出去，也就是有一個勞資能彼此配合的大環境。另一方面，也可推測出有人可明確辨別出織品的品質。接下來的推論純屬想像，那名辭去織工工作最後卻下場淒涼的男子，是不是想利用自己辨識織品的能力來籠絡官員呢？既然他曾經是從早到晚不斷工作的專業技工，要賭上發達的夢想，應該也是會找個跟織品相關的工作才對。考量到明朝初年時期，朝廷壓抑江南富人的政策，高級織品最大的客戶，無疑就是明朝的高官，這名織工一定看上了這一點。

其實，力爭上游的技工所跟隨的明朝高官，也曾面對過艱困的人生抉擇。

「空印案」與行政改革

順利挺過元末戰亂的一群功臣，在明朝成立後位居高官，進入權力中樞。因功獲得許多田地、成為大地主後，卻濫用各種特權，搜刮民脂民膏。這些人很可能就是杭州生產的高級絲綢最大的客戶。而被派遣至地方的官員們，也經常壓榨當地百姓。

然而，朱元璋就親身經歷過，在了解江淮貧困地區的苦日子後，心懷不平的民眾團結起來，足以發揮顛覆朝廷的力量。因此，眼見他手下的功臣、高官欺凌百姓，身為一國之主的他對此感到危機，也不足為奇。

例如，洪武四年夏天，明朝免除了對浙江與江西的秋季賦稅。當時朱元璋的詔書上這樣寫著。

> 朕本農夫，深知民間疾苦。……念爾江西之民，未歸附時，土豪割據地方，狼驅蠶食資財一空。歸附之後，供給繁重已經九年。惟爾兩浙（地處盆地的浙東及三角洲地區的浙西）之民，歸附之後，民力未蘇，兼以貪官污吏害民肥己四載，於茲朕甚憫焉。其洪武四年（一三七一）合納秋糧及沒官田租，盡行蠲免於戲食惟民之天，民乃邦之本，一視同仁皆吾赤子，然恩之所及時有後先。

至少在當時看來，這確實是朱元璋的真心話。

洪武四年當時，朱元璋似乎仍認為只要制度完善，就能防止政紀敗壞。秋天時，他在江南設置了前面提到過的糧長，這是一個不再由官員徵稅，而改以民間負責的制度。

此外，到了冬天更宣布嚴禁官員收賄，違者得面臨嚴懲。為了防止地方官與當地有力人士往來密切、行為不端，採取了「南北更調制」。這項制度規定了由北方出身的官員出任南方地方官，而出身南方者擔任北方地方官。這項政策的目的是不讓官員在出身地任職，這項「迴避制」制度化之後，一直延續到清朝。

然而，實際執行的狀況，隨著時間過去，愈來愈背離王朝的理念。到了洪武九年左右，朱元璋的內心逐漸感到絕望。這段時期，他為了實現他所描繪的帝國形象，發動強權，在政權內部展開肅清行動。首先，就是對地方官進行稱為「空印案」的肅清行動。

當時地方財政的收支報告，為了避免不完備而導致公務延誤，都會事先準備好印有地方官印的空白表格，這種情況很普遍。朱元璋便宣稱，這些空白報告會成為政紀敗壞的溫床，針對地方官進行嚴懲。

這波幾乎可視為地方官大換血的肅清行動，也連帶影響了行政改革。明朝的地方行政機構承襲了元朝的制度，以現代的說法就是直屬於相當於國務院的中書省，兼掌地方軍政及民政。洪武九年（一三七六）六月，各省設置掌管行政的承宣布政使司，以及負責監察、審判的提刑按查使司，外加主管軍事的都指揮使司。這是為了防止地方權力集中在一名長官手中，藉此彼此監視。這把改革的大刀，就在洪武十三年（一三八〇）朝中央機構揮下。

在傳統的中國王朝之中，皇帝與宰相會分工運作。皇帝主要掌管朝廷裡的禮儀，並實踐帝國的理念；宰相位於群官之上，實際負責各項業務。明朝成立時的宰相，就是中書省的右丞相，而洪武六年（一三七三）之後，位居此職的就是胡惟庸。

胡惟庸之獄

洪武十三年正月二日，胡惟庸突然以謀反的罪名遭到逮捕，並且在四天後就被處刑。在這之後中書省立刻遭到廢除，而之前隸屬中書省的六部全數納入直屬皇帝管轄。高官之首，也就是各部的尚書，權力從此變得分散，這六部的體制也延續到了清朝。至於六部，就是負責人事的吏部、負責經濟、社會行政的戶部，掌管禮儀並管轄朝貢相關業務的禮部，執掌軍事的兵部，負責法務的刑部，以及主導建設行政的工部。

鎖定打擊主掌國務高層的這波肅清行動，累及屬下、親族及家眷，遭到處刑的人數高達一萬五千人，而受到懲罰的更有數倍之多，就連制訂明朝建國理念的宋濂也是其中之一。宋濂的孫兒因為疑與胡惟庸串謀而遭到處刑，至於他本人則從退隱後居住的鄉里被帶走，最後死於發配四川的途中。胡惟庸被冠上多起罪狀，但推測其中有很多都誇大不實，目的是為了將他塑造成一名奸臣。然而，舉發胡惟庸一事只是個開端，考量到這起疑案對於東歐亞地區帶來的影響，的確無法忽略。

洪武十二年，來自越南南部占城的朝貢使者抵達中國，但中書省卻未向皇帝報告此事。在這起案件追究責任的過程中，加深了胡惟庸的嫌疑，成為大舉肅清的原因。

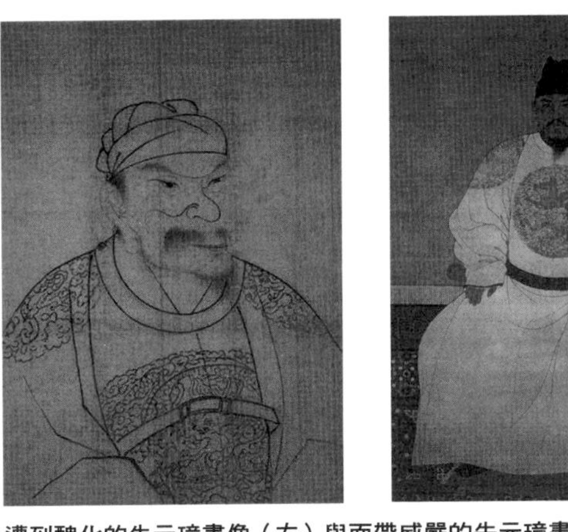

遭到醜化的朱元璋畫像（左）與面帶威嚴的朱元璋畫像（右）

至於為什麼沒有報告呢？推測很可能是皇帝與中書省之間對於朝貢制度的見解相左。就朱元璋的想法，希望朝貢只是個基於禮教，向世界推廣秩序的方法。然而，根據《皇明祖訓》的註記顯示，「占城之下的各國前來朝貢之時，屢屢有商人同行，多進行不當交易」。對於這種把朝貢當作交易手段的狀況，朱元璋深表不滿。

因此，朱元璋在洪武九年（一三六七）命令中書省，要求諸國進貢的頻率不得超過規定，不要經常遣送使節到中國。占城、安南、暹羅等國必須遵守三年一次的頻率，且使節團的人數也要符合最小限度，在三到五人之內，朝貢人數不得過多，以免失去了原本實踐禮儀的目的。然而，從實際狀況來看，占城與安南等地根本是年年至中國朝貢。皇帝的意旨，中書省是否確實傳達給朝貢國了呢？

尤其是占城，對於實際負責朝貢業務的中書省而言，的確是個棘手的朝貢國。自古就是交易國家的占城，在十四世紀後受到逐漸興起的安南（當時是位於越南北部的陳朝）所壓迫，企圖運用對中國朝貢來牽制安南。聽到占城使節報告安南發動不當的侵略，朱元璋便信以為真，警告安南自制，以免動搖禮教秩序。然而，中書省的官員自認為已廣泛收集各國實際狀況，並做出妥善的應對，看在這些人眼裡，只會覺得皇帝的處理不善。

另一方面，與爪哇（爪哇島東部的政權，當時是滿者伯夷王國）、三佛齊（麻六甲海峽地區的政權）之間的關係也有同樣的狀況。就在胡惟庸之獄發生後沒多久，派遣到三佛齊的明朝使者就被爪哇誘騙殺害，還因為相關資訊不足，使得皇帝無法對爪哇問罪，可說是外交上的一大失策。

明朝呼籲各國朝貢，原以為只要將禮教秩序推廣到各地，就能保持各國與本國之間穩定的關係，這種單純的想法至此已經無法再維持東歐亞地區的秩序。此外，明朝除了越南、爪哇之外，另一個在相處上同樣棘手、或是更加苦惱的國家，就是日本。

與日本的關係

胡惟庸的罪狀之一，就是謀反時曾策劃獲得日本協助。受到胡的指示來到明州（現在的寧波）衛指揮的林賢，遭貶遠渡日本，與日本權勢之士往來。日本國王在派遣進貢使節時，趁機讓四百多名兵卒上船，還在巨大蠟燭內密藏了火藥、刀劍，準備參與胡惟庸的叛亂。然而，這一行人從日本出發，抵達中國時，胡惟庸的陰謀已經敗露，他們立刻遭到逮捕。

事跡敗露，林賢等人在洪武十九年（一三八六）遭到處決，實際上這已經是大肆肅清的六年之後，這起走私案實在很難跟胡惟庸的陰謀連結在一起。日本方面也沒有這方面的史料。推測起來，很可能林賢一案與胡惟庸之獄毫無相關，只是單一走私案，而到後來才捏造為胡惟庸的罪狀。然而，又為什麼要將胡惟庸跟日本連結在一起呢？在探討箇中緣由之前，我們先來梳理日本與明朝的關係。

經過十四世紀的分水嶺，室町時代的日本在達成經濟圈統一之後，成了一個新興國家。十三世紀時，從中國流入了大量的銅錢到日本，從九州到東北，銅錢的使用狀況急速普及。土地買賣合約上也以銅錢為計價的標準，很多地方也以繳納銅錢來代替歲貢米糧。由於流入大量銅錢，以銅錢來標示的米價、地價也相對降低。跟隨著這股經濟上的改變，地方成立了很多的定期市集，提升了農業生產力，在地勢力開始興起。過去以莊園為基礎的社會體系出現動搖，一群被稱為惡黨的新興武裝團體也登上歷史舞台。

從鎌倉時代末年到南北朝的這場動亂，跟銅錢大量流入引發的社會、經濟體系變動也有關係。然而，明朝成立之後實施海禁政策，流進日本的銅錢驟減。到了十四世紀後半，社會變動也開始朝平息的方向邁進。其中新生的整合勢力，就是以足利義滿為主的政權。

處於這樣秩序的變動期，剛成立不久的明朝還派遣使節來督促日本朝貢，並要求取締倭寇，但交涉卻不順利。洪武元年（一三六八）派遣的使節似乎遭到海盜攻擊，未能完成任務。隔年，第二次派遣的使節前往傳統上負責與中國外交事務的大宰府，遭遇統治九州的南朝懷良親王，使節團七人中有五人遭到斬首。

洪武三年（一三七〇）前往日本的使節，總算成功勸說懷良親王進貢。然而，在中國史料上的記載卻是「良懷」。這個階段，由使節所帶來的明朝致日本國王的國書中，是以中書省「咨」（公家機關對外發出的文書）的形式寫成。在出現多名犧牲者之下逐漸進展的對日交涉，都是由中書省負責。在交涉過程中，中書省內部也累積很多跟日本相關的資訊。

諷刺的是，洪武五年（一三七二）明朝的使節為了回應朝貢一事而抵達日本時，懷良親王因足利義滿勢力所迫，從大宰府被趕到筑後。當時的日本已逐漸從動亂邁向穩定，權力也都集中在足利義滿身上。明朝使節前往京都與幕府交涉，經過一番努力，終於讓足利義滿遞出對明朝答禮的書信。然而，洪武七年六月，朱元璋卻堅持自己當初是與日本國王「良懷」交涉，只認定他才是正統的交涉對象，完全忽視足利義滿。

朱元璋明明非常清楚，「良懷」、也就是懷良親王，只是九州的地方政權，卻也堅持要維持這段虛構的朝貢關係。此外，從開始交涉後經過了七年，朱元璋如果有心，一定會發現親王並非「良懷」、而是懷良，但他仍在正式公文上使用「良懷」二字，由此可看出朱元璋對朝貢觀念之僵化。在對日的態度上，採取實際路線的中書省，與執著於理念的朱元璋，兩者之間形成一道鴻溝。據推測，這樣的對立就是造成胡惟庸之獄的重要原因。

將朝貢關係留下的片段記錄連結起來，可推得以下的假設：胡惟庸等人很可能為了讓朝貢制度能符合現況，以致漸漸不再向皇帝報告其他各國的情勢。由國家主導的朝貢制度，對負責執行的高官而言，是一項深具吸引力的業務。接待來自各國的朝貢使節，是明朝一項很大的負擔。另一方面，中國官員收購使節帶來的物產，朝貢國使節則購買中國的絲綢、陶瓷器，這也是使節們遠渡而來的重要目的，在這之中就產生了龐大的利益；分配給進貢使節絲綢等物品的工作，也是由中國方面的官員負責，也就是說，朝貢的負擔由國庫支應，但朝貢產生的利益，卻進了高官的荷包。在明朝初期的杭州，每天到深夜都還聽得到織機運作的聲響，然而，背後卻存在著朝貢制度的矛盾。

對外交易激化了中國國內的矛盾，這樣的認知隨著時間愈來愈明顯。洪武七年三月，朱元璋下令占城、安南及爪哇等地不必再頻繁派遣使節，接著又廢除市舶司。到了後期，明朝與海外的關係逐漸疏遠。

帝國與移民傳說

奪走眾多人命的胡惟庸之獄，究竟是為了什麼而發動的肅清呢？一般認為，目的是為了建立皇帝的獨裁體制，以此排除開國功臣可能威脅到朱元璋之子的帝位繼承，同時也廢除中書省，讓其他官僚機構能直接隸屬於皇帝。但，為什麼需要獨裁制度？

戶制與里甲制

其實，從肅清後機關改革告一段落，看看明朝接下來推動的政策，就能得到答案的線索。胡惟庸之獄的隔年，也就是洪武十四年（一三八一），明朝著手兩項大工程，一是實施里甲制，另一件事則是攻打雲南。

明朝是在白銀為基礎的經濟體系瓦解之後，才於十四世紀成立的政權。這個政權要立即面對的課題，就是在不倚賴白銀等貨幣之下建立起財政。因應這個課題，衍生出以「戶」為單位，掌握人民動態，以「戶」為標準來直接徵召勞動力，或是徵收穀物等現有作物。其實，這個方法的原型早在元朝就已出現，但進入明朝之後才重新修訂成為支撐整個帝國的制度。這個方式在本書中就稱為

「戶制」。

「戶」分為四種，一般的農民是「民戶」、士兵則是「軍戶」、生產器物上繳給國家的是「匠戶」，負責生產由政府專賣的鹽，則是「灶戶」，對國家的義務為世襲制。民戶是由稱為里甲制的方式編制，概略如下：

對國家盡義務支付糧稅，或是提供勞動力服役的人，就以稱為「戶」的單位來管理。由一百一十戶組為「里」，每十戶為一「甲」。每一甲之中，都有位居指導地位的「里長戶」，每個里長戶管轄十個甲首戶。對政府不盡義務的戶，就稱為「帶管戶」、「畸零戶」等，附加於一百一十個戶之外。除了分發到衛所（軍事性的部隊，容後詳述）的現役士兵，民戶以外三種類別的人，也分編入里甲。

里是用於稅糧徵收與徵用勞動力時的單位，同時也有維持治安及水利管理的功能。每年會有一個甲來值勤，由里長戶來指揮該甲首戶，負責徵稅與徵用的業務。十年就算值勤一個循環。在這段期間人數等狀況會有變動，里甲制的管理編冊稱為賦役黃冊，每十年修訂一次，藉此掌握戶的名稱，以及各戶管理的耕地面積等種種變化。

里甲制的規定，是以十為單位構成的機械式組織原理。里甲制的實際狀況究竟是怎麼一回事呢？具體上真的很難想像，但根據近年來的研究，讓我們了解到，當時的「戶」未必是以生活為單位的家庭。

在元末時期的徽州盆地，前面也介紹過，是以同族團體為村落的基本單位。有勢力的宗族團體在地區內負責祭祀事宜，形成一個稱為「社」的組織。到了明朝，這個原先的祭祀組織因應里甲制重新編制，有力的宗族團體輪流負起對國家的義務，連賦役黃冊也重新修訂。戶的名義為固定的，在實際上登記名義的人過世之後，尤其子孫統合負責祭祀與里甲相關事宜。例如，在廣東珠江三角洲，實際土地所有人歸屬於戶，被稱為「丁」，由此可知，戶被當作同一宗族的團體或是宗族內分枝的次團體。

里甲的功能

收編進里甲制的人要負擔哪些事情呢？明朝時期，人民的負擔主要來自「徭役」及「稅糧」。所謂的徭役，是提供勞動力，對「丁」課徵。勞力的提供分成「里甲正役」與「雜役」兩種。里甲正役，是以里甲制為基礎的勞動內容，包括徵收及繳納稅糧、維持里內治安以及整治治水灌溉等生產基礎工程，另外，修訂賦役黃冊也包含在內。至於後者的雜役，則負責到國家各個進行中的工地工作，以及地方官府需要支援的各項雜務。

稅糧，是針對田地課稅。這項負擔可溯及到唐代施行的兩稅法。稅糧分成「夏稅」及「秋糧」。夏稅用布匹的形式繳納，秋糧則上繳實際的穀物。秋糧由各里的里長徵收，從該里甲的收成狀況繳納規定分量的穀物，運送到指定的地點，之後就納入倉庫。由於各自運送的地點已經決定，比方說，要繳納給朝廷的部分必須直接送到南京才行。支撐國家財政的稅糧，無須經過地方官而直接繳納進國庫。里甲制也可說是將過去地方官負責的任務轉到當地居民身上的制度。

為使里甲制充分發揮功能，監督官吏，里甲制在全國實施後不久，就在各里設置稱為「耆宿」

的職務。「耆」有年邁、年長者的意思，多半是由村子裡累積豐富經驗、見多識廣的人來擔任。耆宿的任務，是接受地方官諮詢，該如何治理地區，或是在里內調解紛爭，維持秩序。此外，也可以評定官吏的能力與好壞，向朝廷報告。

洪武二十一年（一三八八），適任耆宿的人少，又在鄉里間貪圖利益，反而使得民眾受害，耆宿制度也因此廢止。然而，之後在史料中依舊經常看到被稱為「老人」、「耆老」的人。

洪武二十二年（一三八九），中央下令，從各里挑選一名長者，從正月到三月之間赴朝廷參觀政治運作，抵達南京的這群老年人，報告在鄉里當地的生活。有些具備才華的人會受到拔擢，成為地方官；缺乏實務能力的人，則受邀參加宴會。這套「來朝親政」的制度持續了三年多，推動了空印案、胡惟庸之獄等一連串肅清官僚行動的朱元璋，企圖以里甲制的基礎，訂定出皇帝直接與人民面對面的體系。

來自山西的移民

二十世紀中葉，在河南省汲縣發現一處已廢棄的廟宇，裡頭有一塊碑文。內容如下。

> 衛輝府汲縣
>
> 山西澤州建興鄉大陽都為遷民事，系汲縣建西、城南社、雙蘭屯居住。里長郭全，下人戶一百一十戶，

甲首朱五、□大、陳秀、郭大、王九、趙一、侯張□、呂九、呂十一、□祥

……（以下略，甲共有十列×十一戶）

維大明洪武二十四年仲秋 月 日，碑記， 石匠王恭

從這塊碑文可看出，有一群人從山西省移居到河南省。元末的戰亂以華北的平原地區為主要戰場。因此導致人口遽減、村落荒廢、生產停滯。於是，明朝推動了一項政策，將相對受到較少戰亂影響的山西省居民，強制遷移進華北平原。這項政策從十四世紀後半開始，一直推行到十五世紀前半的永樂年間。

看看石碑上刻的名字，姓氏除了郭、朱，還有陳、王、趙等，有多個不同姓氏，看不出眾人是同一個宗族的關係，推測這群人是山西省某個特定行政區域的居民，在收到地方政府的命令後集合，由名叫郭全的男子擔任領導人，基於里甲制組成一個團體，一百一十戶各自攜家帶眷，恐怕只能帶著最基本的財產，走向一個從來沒見過的指定移居地。從碑文上的各個人名可知道，里甲不只適用於既有的村落，也成了移居政策的組織基礎。

這些移居者的子孫，至今仍流傳著一個傳說，稱為「洪洞大槐樹移民傳說」。一九三七年秋天，就在日本與中國全面開戰不久後，一名日本調查人員見證了這個傳說。他為了躲避戰禍，逃到一個收容農民的機構，在裡頭幫忙分配糧食。

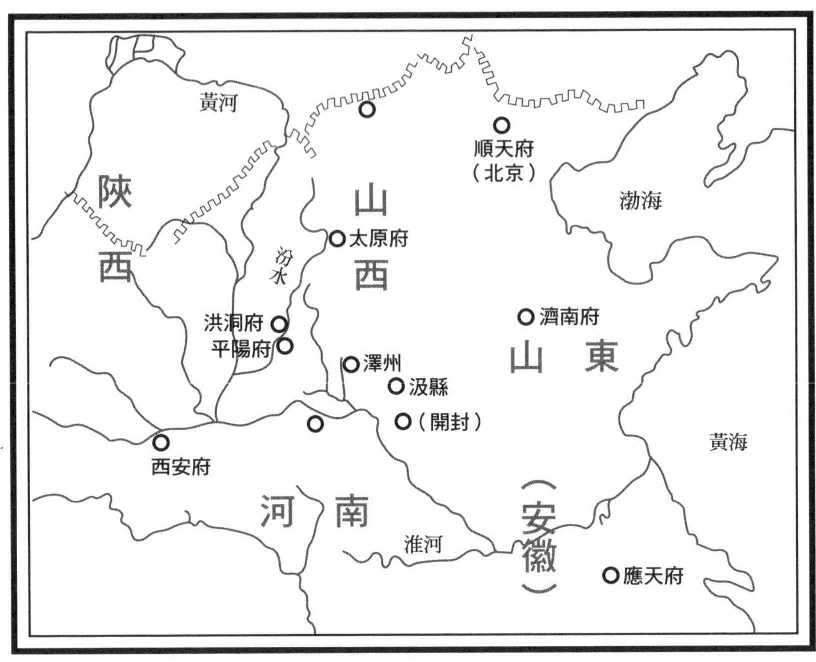

來自山西的移民

我請來領取小米配給的農民排成一列，詢問他們的姓名和住址。用中文詢問住址時，官方用語是「原籍」或「籍貫」，但聽起來會很嚴肅，有種太一本正經的感覺，我刻意避開，改用一般對話中常用到的「老家」，詢問「你老家是哪兒？」

幾乎所有農民都告訴我自己居住的縣分村名，但其中有一個人，先說了他現在的住處，接著又說他的祖先來自山西省洪洞縣的大槐樹。

一聽他這麼說，排在後面的一群農民也紛紛異口同聲，「我也是從大槐樹來的！」我永遠忘不了，那群農民當時臉上落寞的微笑。[3]

自移居後歷經五百年，仍深深烙印在眾人記憶中的大槐樹，究竟是什麼？

洪洞的大槐樹

在深入研究衍生出移居傳說的歷史事件時，發現了洪武二十一年（一三八八）戶部郎中劉九皋上呈給皇帝的奏文。

> 古者狹鄉之民遷於寬鄉，蓋欲地不失利，民有恆業，今河北諸處，自兵後，田多荒蕪，居民鮮少，山東，西之民自入國朝（指明朝），生齒日繁，宜令分丁徙居寬閒之地，開種田畝，如此則國賦增而民生遂矣。

其實從山西省洪洞移居，似乎從洪武初年就斷斷續續進行，但朱元璋在接受這個建議之後，才擴大移居的規模，採取有組織性的作法。山西省位於汾河流域，作為交通要衝的洪洞縣，設置了負責移居政策實務的機構。地點就在唐代建立的廣濟寺院內，這裡聳立著一株巨大的槐木。山西省農民中沒有足夠耕地的人，就聚集到這棵槐樹下，編制入以里甲制為基礎的團體中，每戶發放二十錠鈔（紙幣）去籌措農具，再整批送到河北。抵達之後，如果開墾荒地，就能免除三年的賦役。

這樣開始的移居政策，後來一直持續到永樂十五年（一四一七）。之後會提到，朱元璋的四子朱棣，在歷經「靖難之役」這場政變後登基為皇帝，定年號為永樂。而這場靖難之役的主戰場，就是華北平原，後來又將民眾遷移到因為這場戰亂變得再次荒廢的地區。根據《明實錄》的記載，自洪武年間到永樂年間，共計十八次從山西省強制遷出居民，但多半都是在洪洞組成移居團。

從大槐樹出發的人，後來定居的地區遍及華北平原的河北、河南、山東、安徽各省。此外，永樂年間為了抵禦蒙古高原的游牧民族，也從洪洞組織了農民，以屯田兵的形式分派到山西省大同一帶。

分散到廣大的中國各地定居，彼此間沒有任何交集的人群，竟然異口同聲表示「祖先是來自洪洞的大槐樹！」另外也傳說，從洪洞移居各地的人，只要脫下鞋子看看小指指甲的形狀，就能辨識出來。直到現在，都有人在火車上或旅館裡結識，聊到祖先時提起來自洪洞，就會說「讓我看看你的小腳趾」，相傳洪洞的移民在小腳趾的指甲上有一道縱線，乍看之下指甲好像左右裂成兩半。雖是初次見面，一旦發現對方跟自己一樣在指甲上有一道縱線，就會當場熱絡起來，「我們都是槐樹的子孫，經過幾十代終於重逢了！」

因為明朝初期政策而出現的移民傳說，不只這個洪洞大槐樹移民傳說。在貴州、雲南，也流傳著其他的移民傳說。接下來就來看看雲南的。

攻打雲南的地緣關係

人民多半被分類在民戶，但第二多的戶籍就是軍戶。明朝的軍制是以「衛所制」這個制度為基礎來編制。據說衛所制是以唐代的府兵制為範例。

明朝時，全國大半地區都指定為軍戶，並由國家配與耕地，以便自給自足。

平時兵士致力於農耕，有時則需要盡衛所官之責參加訓練。戶籍一般在編派之後就是世襲，服軍役者可換來免除稅役。軍戶中正丁一百一十二人為百戶所，十個百戶所就是千戶所，五個千戶所則成一衛。單純計算的話，一衛就有五千六百人。

明初時全國設有三百二十九衛，分屬於設在中央的中軍、前軍、後軍、左軍、右軍等五個總督府，這樣的架構可避免軍方指揮權集中在一名總督手上。此外，鄰近的衛所分屬於不同的總督府，也能達到互相牽制的效果，防止某一地區的軍隊擅自行動。

建立起完善的戶制後，就能展開大規模的軍事行動。胡惟庸之獄的隔年，朱元璋展開的另一項大工程，就是攻打雲南。洪武十四年（一三八一）九月，朱元璋動用大軍攻打雲南。當時的雲南由帶有蒙古皇族血統的巴扎拉瓦爾密，自稱「梁王」的統治者握有大權，與退到蒙古高原的北元相呼應。朱元璋建立明朝約一年後，就派遣使者要求對方歸順，但巴扎拉瓦爾密殺害使者，還多次拒絕投降。

回顧歷史，蒙古帝國為了滅南宋，首先拿下雲南。這片西南地區屬於中國的背部，從軍事上或地緣上的角度看來都是攻打中國的要塞。要維持統治中國，就必須將雲南納入勢力範圍內。

攻打雲南，對朱元璋來說可算是打造完整帝國的一大工程。然而，在以往的中國歷史上，攻打雲南的邊境軍事行動，似乎並未受到重視。但是在歐亞大陸的歷史進程中，這是一次轉機，對明朝而言也是一場傾全帝國之力的軍事行動。

雲南在歐亞大陸上占了非常重要且特別的位置，雲南南部與東南亞之間構成了文化圈，西部則

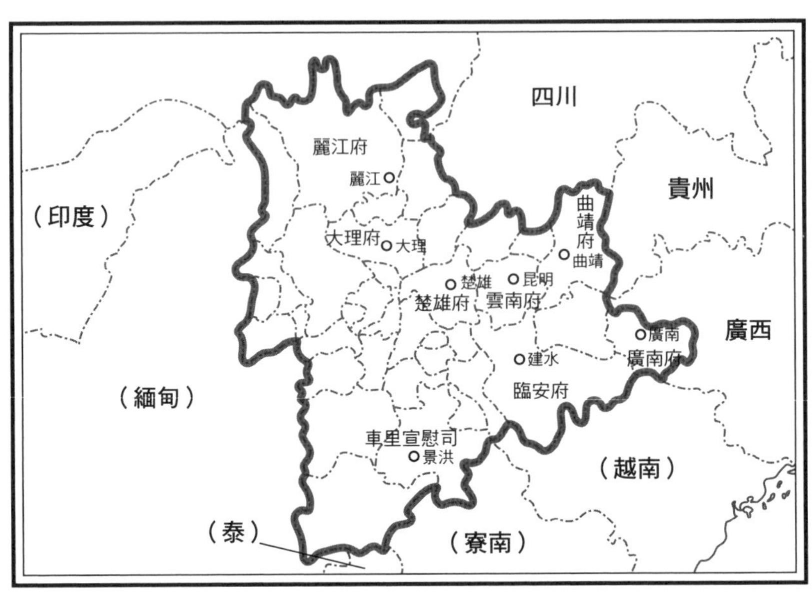

明代的雲南地圖

是自古就藉由「西南絲路」這條交易要道與南亞連結；與西藏高原之間則有著名的茶馬古道交易路徑。此外，來自中國中央的影響，則從東部以波狀擴散分布。雲南是好幾個文化圈交集的地區，也有人用「東歐亞的臍帶」來比喻。以結論來說，明朝因為統治了這個地區，一舉從具備帝國的形式跨越到了可稱為「中華」的境界。

為了攻打雲南而動用的軍隊，據說騎兵、步兵合計達三十萬。同年十二月，明朝主力軍在白石江擊敗巴扎拉瓦爾密的十萬大軍，於隔年正月占領昆明。自此，明朝掌握了將雲南納入勢力範圍的契機。洪武十五年二月，設置雲南都指揮使司與雲南布政使司，負責雲南的軍事與行政事宜。

明朝在建立雲南的統治體系時並不輕鬆。雲南因為有高山、溪谷，構成複雜的地形，是由多個民族分居共存。無視各個民族傳統的政權，導致當地民眾反感，因此當明朝軍隊經過時，經常會出現當地民族從後方突襲反攻的情況。明朝軍隊表面上看似壓制了雲南，實際上卻飽受當地不斷叛亂所苦惱，但也不能因此撤退。於是，這場陷入泥淖的持久戰，一直維持到洪武十七年（一三八四）。

土司的統治

明朝平定雲南後，分成三個地區來統治。中央區，就跟中國內陸一樣，由中央派遣的地方官「流官」來治理。設置五十多個府，府之下管轄縣、州等行政區域。連接西藏高原的溪谷地區、中南半島的盆地地區，就是邊境區。

邊境區是將現存的當地領導者以「土司」的名義納入明朝統治機制中。土司受任命為宣慰司、宣撫司、安撫司、長官司等，在明朝容許的範圍內依循過去的傳統來治理。在邊境區與中央區之間，劃設了緩衝區，中央派遣的流官雖然握有推動行政時所需的印鑑，實際業務卻交由當地民族推出的土司來執行。

話說回來，土司制度就是從中國歷代王朝對周圍其他民族採取的羈縻政策。「羈」是綁住馬匹的牽繩，「縻」則是羈絆的意思，藉此讓其他民族在保有獨特性之下，仍與中華帝國維繫關係。這項政策可追溯到秦朝，唐代時非常盛行。

然而，明朝政策直接承襲的模式，更像來自元朝，而非唐朝。蒙古帝國在拓展的過程，經常會將征服來的土地直接交由當地的統治階層去管理。土司制度可說是將這種巧妙的統治方式再經過制度化而成。事實上，明朝有很多制度都是學習自元朝。

明代土司的開端，可追溯至明朝建國之前。至正二十三年（一三六三），朱元璋在內陸之爭中

麗江古城　已被列為世界遺產的麗江街景。對已熟悉中原棋盤式交叉的街道來說，這裡似乎能讓人體會到走入迷宮的樂趣。

大敗陳友諒，從陳的勢力範圍中拿下湖南，這裡居住著很多其他民族。隔年，朱元璋認可了其他民族領袖的治理權，任命土司。由明朝設置土司的地區包括湖南、四川、貴州、雲南、廣西、廣東以及西北的陝西。

在本書一開頭介紹過臺灣媽祖觀光前往的雲南麗江，也是由土司治理的城市。長江上游的金沙江，從西藏高原流過深深的溪谷南下，轉個大彎之後向北流，然後再次轉東流去。這邊有處高原，就像是彎成「h」形流域圍繞出來，其中一部分是遼闊的盆地。這塊盆地會令人想像到，英國小說家詹姆士・希爾頓（James Hilton）的著作《消失的地平線》[4]裡頭描繪的理想國——香格里拉。

這個地方位處金沙江的運河處，是軍事上的要衝，忽必烈的軍隊也曾從這裡經過。為了便於觀察西藏各族的勢力，誰能治理這塊地區，就成了重大的政治問題。就經濟上來看，這也是西藏高原與外界連結的交易通道的要塞。可以看到一整列駝獸的背上背著茶葉，經過這裡再分頭前往各個更深入的溪谷。

治理麗江的土司，是納西族的木氏。納西族源於羌族，推測是從東亞的西北地區經過西藏高原的邊緣移居到雲南。受到出於西藏高原的苯教（Bon）影響，開創了崇尚自然的東巴教，以擁有類似象形文字的獨特文字聞名。據說，木氏的祖先是在唐朝移居到麗江盆地。

忽必烈的軍隊在一二五三年進入雲南時，納西族的領袖很早就展現歸順之意，並幫助大軍渡過金沙江。元朝在雲南設置土司時，這名領袖就被推派為治理麗江的土司。遇到有強大外來勢力時，就表示歸附以確保實力，這樣的政治態度也傳給子孫後代。

明朝派遣的遠征軍在洪武十五年（一三八二）控制大理時，麗江的納西族立刻接受了明朝的統治。納西族人原本無姓氏，朱元璋對該位首領賜姓「木」，同時也給予其子孫治理麗江的身分。木氏自此到清朝雍正元年（一七二三），歷經三百四十一年，前後十八代的土司都以麗江為中心，治理的地區拓展到西藏族居住的雲南西北部。

麗江住民・納西族　穿著傳統服飾的納西族婦女。

木氏每年對明朝進貢白銀、馬匹，對於明朝在雲南的軍事行動，也都率先提供協助。木氏在明朝總計朝貢三十五次，除了馬匹之外，在國家有狀況時也會進貢產自雲南的銀。總人數達數百人的使節團，明初時期到南京，永樂年之後赴北京，收到朝廷賞賜的絲綢織品，在中國內陸進行交易，並與手工業技術人員返回麗江。跟著從內陸地區找來的技術人員學習，麗江的紡織、銅器加工、製紙等手工業都非常發達。木氏致力於引進漢族文化，讓納西族的音樂、文藝變得更加成熟。麗江成為木氏土司在政治上的據點，同時也發展成一個大都市。

在這樣的歷史背景下，麗江被登錄為世界遺產，吸引相當多的觀

泰山石敢當　就嵌在民宅牆上。（筆者拍攝於二〇〇三年）

光客。漢族的城市多半打造成棋盤式的街道，但麗江不一樣。由於位處盆地，城市各個地方都有湧泉，水路在巷道及房舍之間蜿蜒緩流，街道似乎也依循著自然的流動打造而成。夏日每到傍晚時分，納西族信奉的玉龍雪山山峰就會從雲縫間露臉。一踏進老房子的中庭，就看到居民忙著銅器加工或製紙的作業。在這個地方度過的時光非常充實，也難怪臺灣人會藉著媽祖之名造訪此地。

雲南的移民傳說

明朝進攻雲南的結果，造成許多漢族人在雲南定居。若問住在雲南的漢族，祖先是來自哪裡，多半得到的回答是「我的祖先是從南京柳樹灣的高石坎來的」。現在的南京並沒有叫做柳樹灣或高石坎的地名，但研究史籍，明初的確有地方叫這些地名。

柳樹灣在南京，就在皇帝居住的皇城之外，位於東南邊。朱元璋把最值得信賴的部隊安置於此，保護皇城的安全。距離這裡往南幾百公尺，就是高石坎。兩個地方原先連在一起，直到後來築了城牆才隔開。推測有一群人在攻打雲南時從軍，之後經過幾次重新編制，而派遣到雲南的軍隊，可能都是在柳樹灣跟高石坎集結後再編入軍隊。這些士兵中有不少人都被派到雲南屯田，他們的子孫就把當年部隊編制的地點南京，記成是自己的出身地了。

雲南西部有個地方叫騰衝，由於這裡是連結東亞及南亞的西南絲路的要衝，在明代接受朝廷的重點管理。騰衝市區近郊有個叫「和順」的村子，在明代就有來自南京移居的漢族，代代都居住在此，並沿著西南絲路將華僑送往緬甸等地，因此有「僑鄉」（華僑的故鄉）之稱。和順的居民以身為中華文明中心地南京的移民而自豪，即使周遭都是其他民族，也持續堅守著漢族文化。而漢族文化的影響力，也遍及其他民族。

騰衝汪家寨的佤族，據說原本也居住在和順。然而，根據他們在清代時期刻在石碑上的文字，祖先是在洪武年間從南京移居過來。佤族的房舍也採用漢族的型態，中央正廳有祭祀天地、祖先、土地公的神桌，就表面看來，跟漢族幾乎沒有區別。村落的丁字路口會安放一座據信能避邪、刻有「泰山石敢當」的石板。這個安放石敢當的習慣，目前在江南等漢族文化中心已不復見，可知從明朝漢族移居雲南後，代代相傳的傳統，至今仍存在。

根據奧山憲夫分析朱元璋進攻雲南動用兵力的研究，洪武十四年，從配置在南京及其周邊的親軍衛、京衛、直隸等各個衛派遣了二十四萬九千一百人。從參戰的衛所中計算出的確切人數，結果發現防禦南京的十二衛精銳部隊，其實有一半、也就是六個衛被派到雲南。由此可知，一開始投入的兵力可說是明朝的主力部隊。

隔年的洪武十五年，又動用了在福建、湖廣等地的各衛；直到洪武二十三年，約十年的時間，在這場陷入泥淖的戰役中，加入的衛所幾乎遍布全中國，可確認的人次就多達一百六十八萬七千七百九十八人。[5]

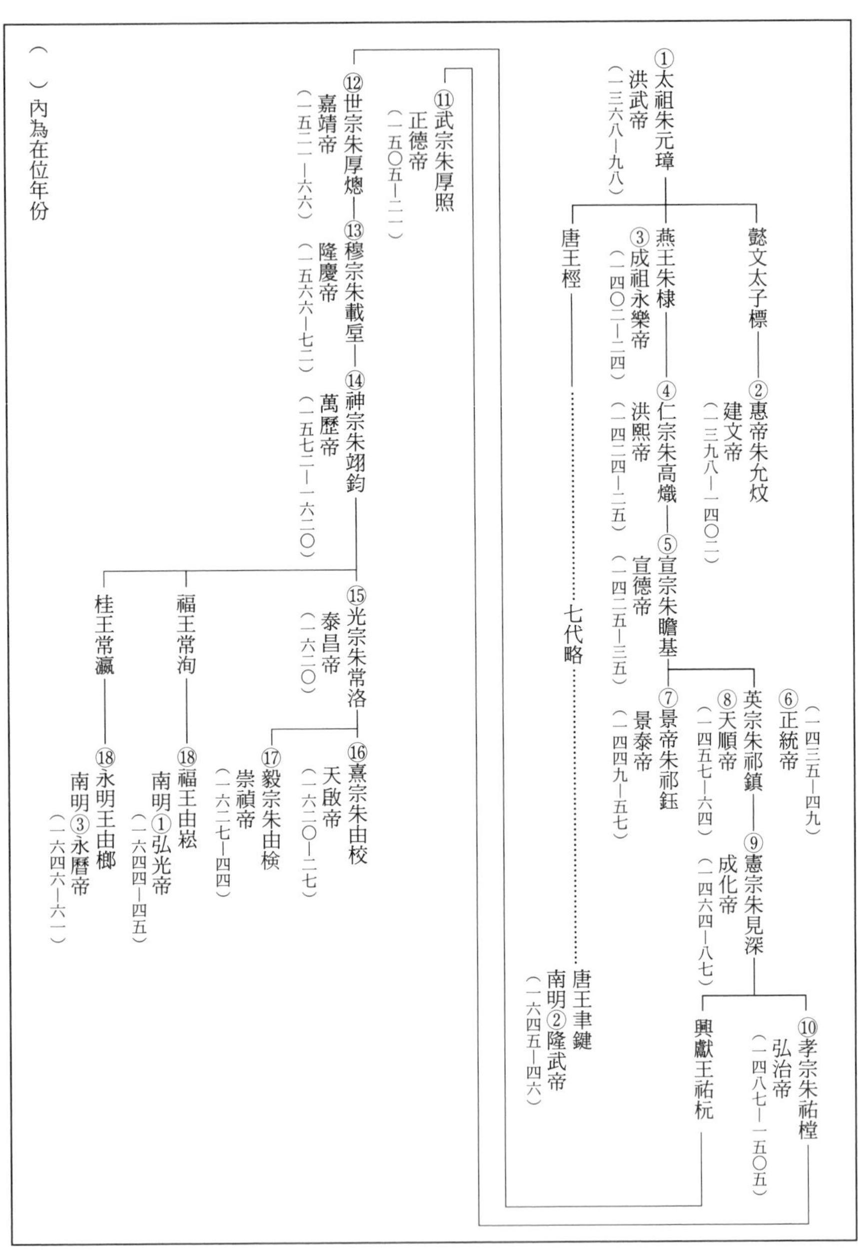
①太祖朱元璋
洪武帝
（一三六八—九八）
懿文太子標
②惠帝朱允炆
建文帝
（一三九八—一四〇二）
燕王朱棣
③成祖永樂帝
（一四〇二—二四）
④仁宗朱高熾
洪熙帝
（一四二四—二五）
⑤宣宗朱瞻基
宣德帝
（一四二五—三五）
英宗朱祁鎮
⑥正統帝
（一四三五—四九）
⑧天順帝
（一四五七—六四）
⑦景帝朱祁鈺
景泰帝
（一四四九—五七）
⑨憲宗朱見深
成化帝
（一四六四—八七）
⑩孝宗朱祐樘
弘治帝
（一四八七—一五〇五）
興獻王祐杬
唐王桱
七代略
唐王聿鍵
南明②隆武帝
（一六四五—四六）
⑪武宗朱厚照
正德帝
（一五〇五—二一）
⑫世宗朱厚熜
嘉靖帝
（一五二一—六六）
⑬穆宗朱載坖
隆慶帝
（一五六六—七二）
⑭神宗朱翊鈞
萬曆帝
（一五七二—一六二〇）
⑮光宗朱常洛
泰昌帝
（一六二〇）
⑯熹宗朱由校
天啟帝
（一六二〇—二七）
⑰毅宗朱由檢
崇禎帝
（一六二七—四四）
福王常洵
⑱福王由崧
南明①弘光帝
（一六四四—四五）
桂王常瀛
⑱永明王由榔
南明③永曆帝
（一六四六—六一）
（　）內為在位年份

明朝君主列表

歷史上稱洪武帝或明太祖的朱元璋，打造了至今仍傳承下來的國家形式。在華北的村莊，或是雲南少數民族的村子裡所聽到流傳下來的事跡，能深刻體會到，明代初期許多點點滴滴仍深深烙印在人們心中。

在江淮荒蕪大地流浪之中養成人格的朱元璋，夢想是背對海洋，在陸地紮根的帝國。這個夢想原先應該是以南京連結到北京的直線為軸，藉由西進移往內陸，變得更強大穩固。然而，這個計畫卻因為皇太子的意外身亡而中斷，帝國再次面對海洋。

1　藤田明良，「『蘭秀山の乱』と東アジアの海域世界：一四世紀の舟山群島と高麗・日本」，《歴史学研究》，六九八，一九九七年。

2　李領，《倭寇と日麗関係史》，東京大學出版會，一九九九年。

3　山本斌，《中国の民間伝承》，太平出版社，一九七五年。

4　【編註】*Lost Horizon*，新雨出版社，二〇一七年（新版）。原書出版於一九三三年，書中所描述位於西藏高山上的烏托邦——香格里拉，原本為虛構的城鎮，但因現實中位於雲南的中甸縣和書中描述的情景非常相似，後中甸縣改稱「香格里拉市」。

5　奧山憲夫，〈洪武朝の雲南平定戦（一）〉，《東方學會創立五十週年紀念東方學論集》一九九七年，〈洪武朝の雲南平定戦（二）〉，《史朋》二八，一九九六年〉。

第四章　海洋與陸地的交易者——十五世紀

從馬和到鄭和

雲南的少年

現在雲南省的省會昆明，在其西南方有一座名為滇池的大湖，湖畔有一座小丘，可眺望昆陽鎮風光明媚的街道；小丘上有一座墳墓，墓前有塊刻著墓誌銘的石碑。十五世紀前半，一名叫做馬和的宦官，指揮中國艦隊席捲南海及印度洋。而這座石碑就是他在出航之前為父親立的。碑文寫著：

公字哈只，姓馬氏，世為雲南昆陽州人。祖拜顏，妣馬氏。父哈只，母溫氏。……娶溫氏，有婦德。子男二人，長文銘，次和。……和自幼有材志，事今天子，賜姓鄭，為內官監太監。……公生於甲申年十二月初九日（一三四五年一月十二日），卒於洪武壬戌七月初三日（一三八二年八月十二日），享年三十九歲。……

永樂三年（一四〇五）端陽日，資善大夫禮部尚書兼左春坊大學士李至剛撰

鄭和父親之墓　座落在可眺望昆陽鎮小丘上的馬哈只之墓（筆者攝於二〇〇五年）。

不久之後，鄭和就成了眾所周知的人物，而這是少數提及他原名「馬和」的史跡之一。

從這段碑文可以解讀出許多線索，馬和在洪武四年（一三七一）出生於昆陽此地。他的父親與祖父，都是「哈只」。哈只，是伊斯蘭教中給予曾到聖地麥加朝聖之人的稱號。從這裡清楚得知馬和是生長在伊斯蘭家庭。

元朝統治下的昆明，稱為「鴨赤」（也寫作押赤、鴨池等）。唐代時曾於此設置行政府，稱為「姚州」，在發音變化之下才成了「鴨赤」。在馬和出生前剛好一百年時，馬可波羅從威尼斯出發，來到忽必烈統治下的雲南旅遊，也曾在鴨赤停留過。根據他的記載，「這是個很進步的大都市，也是鴨赤王國的首都。很多商人、工匠都住在這裡，居民形形色色，有伊斯蘭教徒跟偶像教徒[1]。」另外，也有景教派的基督徒，雖然人數不多。當時蒙古大軍及出身於中央歐亞地區的「色目人」，大舉移入雲南。之後也有許多人因為商業或行政關係出入雲南，使得昆明及周邊地區居住了許多伊斯蘭教徒。

雲南的伊斯蘭教徒並非生活在封閉的社會裡，只要累積了一定的資產，而且精神和體力能負荷的話，就會到麥加朝聖。馬和的父親很可能在幼時跟自己的父親（馬和的祖父）一同到過麥加，完成朝聖的心願。至於他們前往的路線，是走跨越中歐亞地區的陸路呢？還是渡過南海與印度洋的海路？並沒有留下線索。然而，可以確定的是，他們在馬和年幼時，還有跟家族親戚聚首的機會，暢談到麥加朝聖的所見所聞。

馬和的父親馬哈只，才三十幾歲就英年早逝。對照日期，是在明朝軍隊攻陷昆明後，軍隊在各地搜索蒙古皇族相關人士，大肆虐殺的時期。碑文上避開了父親明確的死因，推測是暗示因為捲入戰爭而喪命。很可能在這時，馬家十歲的次男馬和遭到明軍俘虜後去勢，被留在率領明軍的傅友德手下。直到三年後，呈給朱元璋的四男，也就是當時二十五歲的朱棣。朱棣是後來的永樂帝，因為是拓展帝國的皇帝，在他死後稱為太宗；另外又因為他打下帝國的基礎，在十六世紀追贈「成祖」的廟號。

進攻雲南與藍玉案

明朝的首位皇帝朱元璋，到了晚年將勢力轉往內陸的動作越來越明顯。從這個角度來看，南京距海實在太近。洪武二十四年（一三九一），他便指派長男，也是已被立為皇太子的朱標，到遷都候選地點之一的西安視察。

對朱元璋來說，很不幸的是，皇太子在視察後回到南京，竟然就因為疲勞而病倒，在洪武二十五年（一三九二）驟逝。帝國的繼承人變成朱標的長男，也就是朱元璋的孫子、朱棣的姪子朱允炆，被立為皇太孫。皇太子死後，馬和的命運也大大改變。

年邁的朱元璋為了讓當時僅僅十五歲的男孩能穩穩接下王位，在洪武二十六年（一三九三）展開肅清。歷史上記載為一大冤獄的「藍玉案」，據說犧牲者高達兩萬人。指稱帶頭謀反的首領，是攻打雲南有功的藍玉。正如胡惟庸之獄之後改革官僚機構，藍玉案後也伴隨著軍制的改革。

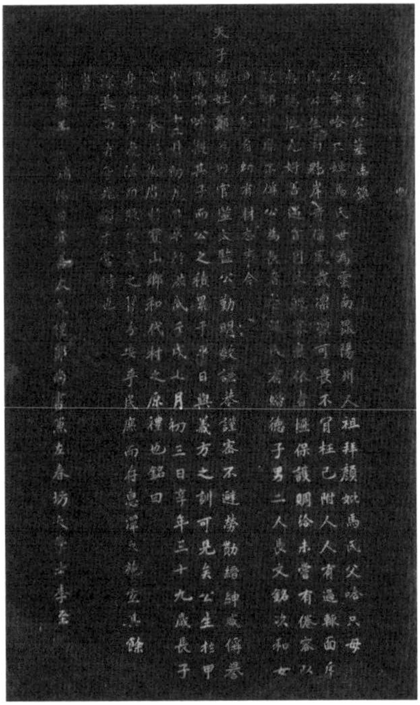

鄭和提到自己出身的碑文　鄭和的背景現今已在許多正式記錄中遭到抹去，這是少數殘留的痕跡。（筆者攝於二〇〇五年）

以研究明初歷史而知名的川越泰博，針對了收集藍玉案中連坐眾人供述的《逆臣錄》，以及衛所官登記簿的「衛選簿」，在交叉比對兩者進行分析之後，提出一項理論──藍玉案的目標，是曾參與攻打雲南這場艱困戰役的成員。[2]

攻打雲南的戰事陷入泥淖，一方面當地少數民族打出的游擊戰令人難以招架，加上罹患瘧疾等風土疾病而喪命的士兵不在少數。在艱困的戰役中，參戰的兵將之間產生出革命情感，當遠征軍解散、將士各自回到所屬的衛所後，眾人還是保持密切聯絡。這樣的私人交情，讓朱元璋認為有礙帝國安定。

川越推測，這起冤獄案就是為了清除人脈而設計。冤獄案除了連坐了眾多衛所官與衛所軍相關人員外，又將配置於首都的主力軍親衛軍與京衛大規模調動，就是最好的證明。

成了宦官的馬和

在《逆臣錄》中，可看到以「火者」來稱呼去勢的年輕人。例如，其中有十八歲到二十一歲的四名火者，侍奉跟從藍玉加入雲南遠征軍的指揮使曹震一家。此外，藍玉家中也有出身雲南大理的火者。

火者一詞，原本指的是印度伊斯蘭皇宮中接受去勢的侍者。從元代到明代，華南的廣州與泉州等地，進口了來自印度的去勢奴隸，「火者」這個詞也跟著進口奴隸一起傳入中國。「Khoja」的發音寫成中文就成了「火者」二字。《明實錄》（洪武五年五月戊辰）中記載，明初時期華南地區多數富豪家中都有遭「閹割」（去勢）的男孩當作侍者，就稱為「火者」。

火者與宦官並非同義詞。宦官是受朝廷或皇族冊封，在王府內侍奉的去勢男性，火者則是侍奉其他功臣的人。推算藍玉案當時，馬和應為二十三歲，跟曹震、藍玉眷屬中受冤獄案牽連犧牲的年輕人年紀相仿。想必這些人也是年少時在雲南被俘，遭到去勢之後留在各功臣家中侍奉。馬和原先是在傅友德身邊的火者，在冤獄案發動之際，被呈給於北京受封為燕王的朱棣，成為宦官。列名在《逆臣錄》中的年輕人與馬和的命運，可說是一線之隔。

馬和之所以得救，靠的是他具備武將的才華。他雖為宦官，卻非如刻板印象中兼具兩性特徵，而是身材高大，嗓音洪亮，據說他的聲音即使在戰場上也能響徹遠方；此外，他也兼具領導力與判斷力。

朱棣過去以元朝首都為據點，肩負起監控蒙古高原的任務。起用馬和為火者的傅友德，將這名年輕人當作最理想的貢品獻給皇帝的四子，期待身為宦官的他對主人絕對服從，而且能夠發揮他的軍事才華。馬和也不負期望，在擊退蒙古軍的戰役中，於燕王麾下盡力輔佐朱棣。

朱元璋肅清了一群創建明朝的功臣，冊封自己的幾個兒子為王，分派在帝國的重要地區，並立下《皇明祖訓》為遺訓，要求眾人效忠於第二代之後的皇帝。然而，在皇太子死後，被立為二代皇帝的皇太孫，在諸王叔父眼中只是威脅。尤其朱棣在軍事上、政治上都很有能力，也獲得其父朱元璋的認同。為了穩定政權，必須排除受封為燕王的朱棣。

二代皇帝與叔父間的戰爭

洪武三十一年（一三九八）閏五月，孤獨的獨裁者朱元璋，結束了七十一年的人生，接下來，第二代皇帝朱允炆的戰爭隨即展開。為了拔除朱棣的手足，在年號還維持洪武未改之時，就剷除了將王府設於開封的周王（朱元璋的五子），並在一過完年，也就是年號更新為建文的一三九九年，陸續拔除了山東青州的齊王、山西大同的代王、胡廣荊州的湘王，以及雲南岷王等王族的身分。

建文元年三月，新任皇帝朱允炆（建文帝）將燕王府的護衛兵編入王朝都督率領的邊境守備隊，接著更將身為護衛指揮官的指揮使陸續召回南京。起初為了對抗蒙古而分派給朱棣的軍隊，幾乎都在這個時期瓦解。朱棣為了不讓皇帝有拔掉自己王侯身分的藉口，不得不接受這些命令。在朱元璋死後一週年的建文元年四月，朱棣明知三個兒子很可能被當作人質，依舊將他們送回南京參加祭祀典禮。

已經過世的朱元璋，打造了一套將所有權力與軍事統帥權集中於皇帝一身的體制。朱允炆一登基為帝，即刻成為全國各地衛所的統帥，兵力數量跟叔父朱棣相較之下，占有壓倒性的優勢。這個狀況也令南京的皇帝掉以輕心，因此朱棣的幾個兒子都平安返回父親的身邊。在另一方面，剷除燕王的計畫也如火如荼地展開。

首先是護衛燕王的百戶遭到逮捕，在嚴刑拷打下招供出燕王府的內情，這些情報又匯集到南京，作為羅織罪狀的資料。處於劣勢的燕王府內部，竟然也開始出現向南京告密的人。朱棣原本試圖裝瘋，卻被內應向南京舉發他的偽裝，朝廷終於派了官員逮捕燕王府的相關人員。一有人被逮捕就視拷問的結果來定朱棣的罪。從南京派來的都指揮使包圍了燕王府，逼得朱棣走投無路。

靖難之役與永樂帝的誕生

建文元年（一三九九）七月四日，朱棣舉辦一場宴會，慶祝病後康復，還招待了前來包圍燕王府的指揮官。料定逮捕燕王已萬無一失的指揮官，竟放心受邀，卻在宴會上慘遭殺害。同一時間，朱棣的心腹趁對方失去領頭的指揮官，立刻壓制亂了陣腳的官軍，幾乎控制全城並整頓軍容。朱棣隨即表明這場政變不是要反叛皇帝，而是要除掉皇帝身邊的小人。根據這樣的主張，這場戰役是「靖君之難」，也就是所謂的「靖難之役」。

朱棣（永樂帝）像

朱棣的主張乃基於朱元璋對諸王所訂立的《皇明祖訓》中，第十三條的部分內容。「如朝無正臣，內有奸惡，則親王訓兵待命，天子密詔諸王，統領鎮兵討平之。既平之後，收兵於營，王朝天子而還。」雖然朱棣闡明自己的正當性，表示是為朝廷懲奸除惡，但他當然沒有皇帝下達的密詔。

朱棣與皇帝之間來來往往的戰爭，讓華北平原荒廢了三年，一直持續到建文四年（一四〇二）六月，攻陷南京為止。先前處於劣勢的朱棣，之所以最後能獲勝，最大的原因是朱元璋的肅清行動導致皇帝身邊缺乏有能力的將軍。朱棣登基為皇（永樂帝），廢除建文年號改稱洪武三十三年，隔年正月起定「永樂」為年號。

遭到南京的皇帝剷除身邊正規官員及軍隊後，朱棣決定發動政變，據說當時在他身邊僅僅約有八百人。在這段艱難的時期，跟在朱棣身邊支持他的就是

宦官與皇帝

宦官，其中最傑出的是不滿三十歲的馬和。據說馬和發揮了軍隊指揮官的才華，在南京最後一戰立下威名，朱棣為了表揚他的功勳，賜姓「鄭」。鄭和從此一躍為宦官之首，還被冠上「三保太監」的稱號。

宦官通常給人的印象，是說話嗓音尖銳，加上遭到扭曲的性慾轉而變成具有異常執著的愛慾與物慾。然而，這樣的形象普遍來自清末受限於宮廷內的宦官。明朝因為宦官橫行而衰敗，清朝有鑒於此，宦官多半來自自願者，因此有不少來自社會貧困階層的人，為了生存自行去勢，或是將自己的孩子去勢，導致宦官的素質低落。

另一方面，後世留下的史料幾乎都是出自受儒學薰陶的官僚之手。對官僚而言，私下與皇帝往來密切的宦官，經常是他們的宿敵。知識分子不會為宦官留下良好的記錄，有任何事蹟也會從歷史

上抹殺。在這樣的狀況下，一般人對中國宦官的印象愈來愈一面倒。

其實在明代，尤其是朱棣所重用的宦官之中，像鄭和這類的豪傑不在少數。在隋、唐廢除宮刑，也就是廢除以去勢當作刑罰後，宦官的來源就轉為自願者、死罪減刑者、其他民族的俘虜及外國的奴隸，還有朝貢國送來的去勢者。前面提過鄭和成為宦官的原委，是因為遭到俘虜。幾次對蒙古高原的遠征，推測也為朱棣的朝中帶來不少俘虜後去勢的蒙古族宦官。

明朝也會對過去在蒙古統治下的朝鮮半島高麗以及越南，要求進貢去勢者。其一，為了要管理從各國聚集來納入後宮的女性；再者也是因為想要多一點精通各國文化、語言的人才，這些都是宦官需求的可能性。永樂元年（一四〇三），明朝要求朝鮮剛成立的李朝送來六十名經過挑選的火者，李朝最後納貢呈上三十五人，據說朝鮮送來的去勢者都非常有才能。

從這些來源看來，朱棣身邊的宦官出身非常國際化。在這樣的環境下，也構成朱棣構思新的對外政策。鄭和想必也對朱棣說過自己的祖父及父親前往麥加朝聖之旅的往事。朱棣拉攏鄭和，善用宦官，展開積極的對外政策。有些評論認為這是企圖重振元朝忽必烈的世界帝國。然而，事實上這些政策的基礎只是皇帝與宦官私人的交情，可說是出於一己之私。

內廷與外朝

要了解朱棣的對外政策，必須先有個觀念，就是皇帝具備了內外兩面性。所謂的兩面性，就是私生活上與皇后嬪妃一起生活的面向；另一方面，於公，他同時是站在所有官員頂上的最高掌權人。中國王朝明確區分了這兩個面向。

紫禁城乾清宮　乾清門內側，就是皇帝日常生活的乾清宮。

從空間方面來看，皇帝居住的宮廷分成私生活場所的「內廷」，以及以公務身分接見官員，舉辦各項公開儀式的「外朝」，內廷與外朝合起來就是「朝廷」。

從建築來看宮廷結構，內廷和外朝有著明確的區隔。這裡暫且離題，朱棣在掌握政權之後，從南京遷都北京。當時建造的紫禁城是以乾清門為內廷與外朝的分界。在這扇門之外，官員處理政務，而跨入這扇門，就是皇帝與後宮佳麗、宦官生活的場所。

在財政上內廷與外朝也是分開的。並不是身為皇帝就能自由揮霍從全國各地收集來的物資財富，過著無憂無慮的生活。皇帝能動用的宮廷費用，與外朝管理的國庫是分開編列收支。

修繕宮殿、調度日用品，負擔皇室生活，以及支應負責皇室庶務的宦官，基本上這些費用都不能由國庫支出。內廷主要的收入來源，就來自皇室直轄的領地。在內廷超出原先的財政範圍時，皇帝為了動用國庫，還必須另外找理由，例如皇族婚禮，雖然是宮廷活動，也能算是公眾儀式。

為了財政，內廷跟外朝常會針鋒相對。內廷不斷找理由想將手伸進國庫。管理國庫的外朝官員，必須設法牽制這些動作。這些內廷想要尋求財源的作法，就官員的角度來看，原本以稅金納入國庫的資源財富就這樣被搶走，當然不予認可。然而，回顧朱棣之後的明朝歷史，屢屢見到內廷插手原本該由外朝管理的範圍。

朱棣還是燕王的時期，被南京的皇帝拔除了管轄的官僚機構。當他奪下皇帝的權力時，就靠身邊的親信當他的左右手。朱棣登基為帝後，這些親信剛好直接成為內廷的權力基礎。結果可以看出，永樂時期之後的政權具有內廷肥大化的特質。

明代在經濟行為發生的第一現場，都會派遣宦官，以確保財源。之後會提到，在朱元璋時期廢止的市舶司，後來又由朱棣下令恢復，而指派負責的官員就是宦官，這也跟確保內廷財源有關。

朱棣推動的對外政策，在定位上就是內廷活動的延伸。當皇帝讓宦官當作自己的左右手來保住財源同時，官員因為不敢正面批評皇帝，於是轉而攻擊宦官。中國史上宦官經常被冠上反派的大帽子，背景就來自內朝與外廷對立的結構。

然而，以世界的脈絡來看，像這樣內廷與外朝，也就是宮廷與國家明確劃分的政權其實很罕見。十五世紀到十六世紀在東南亞、琉球、日本，誕生了很多以交易為基礎的政權。這些政權的上位者靠私人養的一群嘩眾取寵分子進行交易，歌詠繁榮，或許也可以把明朝的永樂政權視為這些王權的其中之一。

鄭和搭乘的艦隊旗艦稱為寶船，以永樂三年（一四〇五）六月從南京出航的旗艦為首，同年冬天，在江南港口城市瀏河港的水面上集結大批艦隊，然後順著長江而下，駛向外海。接下來三十年，陸續共七次朝南海、印度洋的遠征，就從這時拉開序幕。率領總人次超過兩萬七千人的士兵、船員、船夫，管轄幾百艘船艦的總司令，就是出身雲南的穆斯林，鄭和。

鄭和率領的艦隊

然而，這項偉大的事業，在明朝的官方記錄中竟然幾乎沒留下任何痕跡。《明實錄》上只記載了永樂三年九月，皇帝下令都指揮使，「改造海船，備使西洋諸國」，連大艦隊何時出發都沒有明確記錄。在正式的記錄中，鄭和受皇帝之命進行的相關業務全都遭到湮滅，未曾提及。原因是管理官方文書的這群官員，對於內廷主導的業務都感到不以為然吧。

想釐清鄭和遠征的全貌，得從片段留下的史蹟拼湊，再以推測來補足其間的空隙。有一派的假說是，鄭和的艦隊比哥倫布更早就抵達美國大陸。[3]支持這個說法的許多見解都很有意思，但本書會留意不要超越史籍記載的範圍。

一九三〇年在福建省長樂縣南山寺（三峰塔寺），有一座石碑出土。該石碑高一百六十二公分，寬七十八公分，厚達十七公分的石碑上，刻有篆文「天妃靈應之記」。碑文共有三十一行，一千一百七十七字。此外，天妃指的就是守護航海人的女神，媽祖。根據碑文所示，這座石碑是宣德六年（一四三一）仲冬（農曆十一月）的吉日，鄭和祈求航海平安而打造，上面也記載了前六次航海的大致狀況。

推動遠征的朱棣死後，繼任的皇帝朱高熾（明仁宗，年號洪熙）中斷遠征計畫，經過十年，才終於又到了鄭和出海的時候。或許已經預料到這是最後一次出航，看看這篇有著長篇碑文的石碑，不禁令人聯想，當時六十一歲的鄭和擔心自己壯年時期的事蹟無法留在王朝的官方記錄中，遂全部刻在石碑上。同一年（宣德六年），鄭和也在艦隊集結的瀏河港天妃宮建立「通蕃事蹟」石碑，這與長樂的天妃碑被比喻為姊妹碑，碑文的內容也很接近。

鄭和寫下的「天妃靈應之記」，碑文開頭這麼寫著。

> 皇明混一海宇，超三代而軼漢唐，際天極地，罔不臣妾。其西域之西，迤北之北，固遠矣，而程途可計。若海外諸番，實為遐壤，皆捧琛執贄，重譯來朝。皇上嘉其忠誠，命和等統率官校、旗軍數萬人，乘巨舶百余艘，齎幣往齎之，所以宣德化而柔遠人也。自永樂三年奉使西洋，迨今七次，所曆番國，由占城國（越南南部）、爪哇國（爪哇東部）、三佛齊國（麻六甲海峽地區）、暹羅國（泰國），直逾南天竺（印度南部）、錫藍山國（斯里蘭卡）、古里國（科澤科德）、柯枝國（柯枝），抵于西域忽魯謨斯國（荷姆茲）、阿丹國（亞丁）、木骨都束國（摩加迪休），大小凡三十余國，涉滄溟十萬余里。

接下來的碑文內容敘述了航海旅程中的艱辛，感謝因為天妃顯靈而得救，因此在南山建造修築了天妃宮。

遠征的記錄

在踏上最後一次航海旅程前的宣德六年（一四三一）春天，艦隊在長江瀏河港集結後，行駛到位於福建省長樂的太平港。現在站在南山上，放眼望去也只是一排排的房舍，看不到大海，這是因為在明朝中葉之後，港口在砂石填埋下變成平坦的土地。當鄭和等人的船艦航行到此時，這裡是一處能讓大型船艦的港灣。海港南北兩側各有山地綿延，能抵禦強風，是天然的良港。這一年，鄭和的艦隊在太平港停泊了幾個月，等待季節風的風向由西南轉向東北。在這期間，他改建、修繕了天妃宮，獻上鐘、鼓等貢品。

碑文最後寫道，「是用著神之德于石，並記諸番往回之歲月，以貽永久焉」。接著就從永樂三年（一四〇五）開始，概略記下每一次遠征的過程。接下來，我們依照鄭和自己監修過的文章，來敘述遠征的內容。

永樂三年，鄭和率領艦隊前

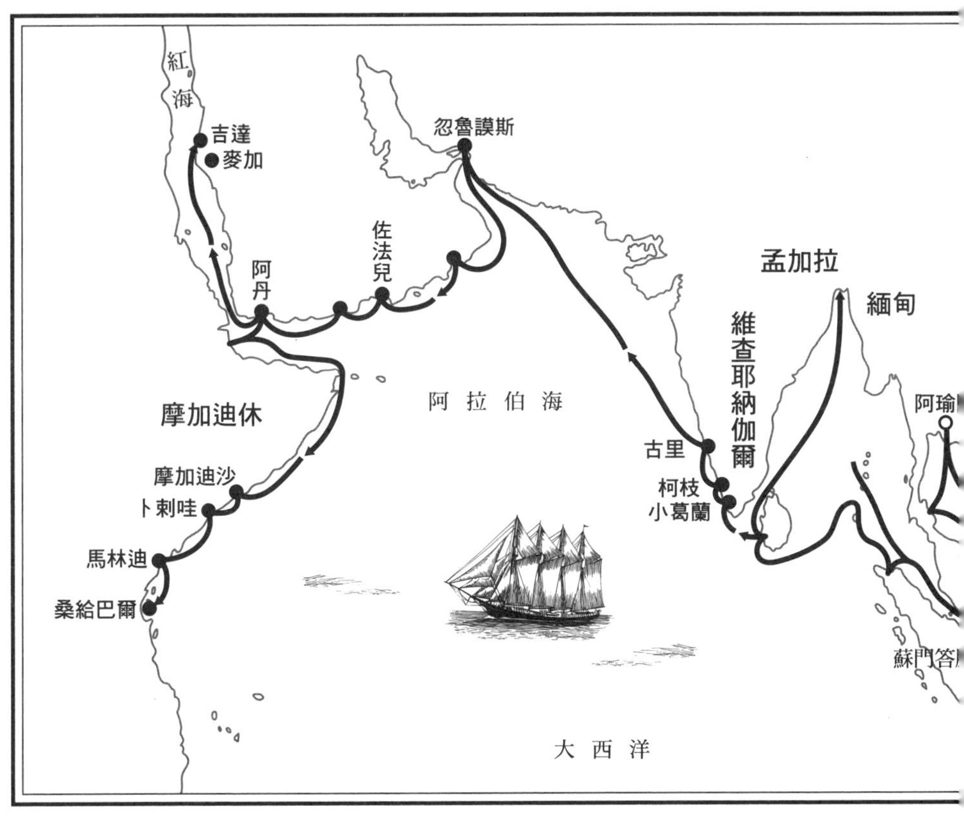

鄭和航海圖

往古里等國。當時，海盜陳祖義在巨港集結手下，搶奪外國商旅。明朝的艦隊雖然也遇襲，但幸虧有（媽祖派遣的）神兵支援，很快地殲滅了海盜，永樂五年（一四〇七）結束航程後回國。碑文中出現的陳祖義是出身廣東的海盜，專門搶劫航行於麻六甲海峽的船隻。十四世紀後期的巨港，正遭受新興國家滿者伯夷勢力的壓迫而衰弱，因此才讓出身中國的航海人有趁虛而入的機會。

第二次的航程自永樂五年到七年（一四〇九），走訪了爪哇、古里、阿瑜陀耶、柯枝等地，各國國王紛紛獻上各式寶

麒麟圖　鄭和帶回的珍禽異獸。明代沈度繪，記錄孟加拉進貢的長頸鹿。

物、珍禽異獸。第三次從永樂七年到九年（一四一一）。當時，在斯里蘭卡，信奉佛教的僧迦羅族（Sinhala）與印度教徒坦米爾（Tamil）族形成對立，地方領主便趁此時興起，企圖在兩者之間擴大伊斯蘭教的勢力。根據碑文所示，率領伊斯蘭勢力的亞烈苦奈兒拒絕對明朝朝貢，還殺害艦隊士兵。幸賴天妃顯靈，識破他的陰謀，並在她的加持下成功俘虜這位國王。永樂九年，斯里蘭卡決定朝貢，國王才蒙皇恩得以返國。

永樂十一年（一四一三）展開的第四次航行，目的地是位於波斯灣的忽魯謨斯。要航行到印度洋，前進伊斯蘭世界的中心，這樣的航程必須比先前準備得更周全，艦隊的編制與規模也比以往來得大。這趟航程中有個名叫馬歡的伊斯蘭青年同行，他將鄭和艦隊走訪的各地資料整匯成《瀛涯勝覽》這本書，是研究東南亞不可或缺的史籍。根據碑文，這次航行以軍事介入了蘇門答臘的內鬥，並逮捕王位的篡位者，船隊在永樂十三（一四一五）年返國。這一年，滿剌加國王親自領著妻子前來朝貢。

第五次的航程自永樂十五年（一四一七）開始，鄭和率領著主艦隊前往忽魯謨斯。這次航行成果豐碩，就像是回收前幾次航行的投資。永樂十七年（一四一九），伊斯蘭的使節也跟著鄭和艦隊回朝。當時忽魯謨斯進貢了獅子、金錢豹等異獸，阿拉伯半島的阿丹則進貢了當地稱為「祖剌法」

的麒麟（長頸鹿）。摩加迪休（現在的索馬利亞）則獻上「花福祿」（斑馬）及獅子；卜剌哇（現在索馬利亞巴拉韋一帶）進貢了據說能行千里的駱駝與鴕鳥，推測這些珍禽異獸都飼養在南京。此外，其實這不是第一次有外國納貢長頸鹿，永樂十二年（一四一四）致贈中國皇帝的長頸鹿，也以繪畫的方式記錄下來。

永樂十九年（一四二一）到永樂二十年（一四二二）的第六次遠征，再次走訪忽魯謨斯。接下來，來到了十年最後一趟海上之旅。艦隊所有成員到天妃宮祭拜後，於宣德六年十二月九日（西曆一四三二年一月十二日）陸續自太平港出發。一行人在宣德八年（一四三三）夏天返回。然而，在返航的艦隊上並未見到鄭和的身影，推測他是在航程中過世了。

遠征的目的

鄭和搭乘的艦隊旗艦，也就是寶船的船形，有人說是在江南南京打造的沙船，但同時另有一說是適合航行於南海的福建船。至於史書上記載的船體規模，長度為四十四．四丈（一百二十五．六公尺），寬為十八丈（五十．九公尺）。以長寬比為二．四六比一來看，跟在泉州挖掘出的宋代福建船的二．五五比較接近。假設寶船是福建船的話，估算最大排水量為一萬四千八百噸，載重量則將近七千噸。正中央立起三根主桅杆，產生推進力，前後各立有三根輔助的桅杆來穩定方向。船帆因應各種風向搭配組合，可確實掌握從東海到印度洋上的季節風。比鄭和晚了大約一世紀航行大西洋的哥倫布，他所搭乘的船艦聖瑪麗亞號，全長約二十五公尺，只有寶船的五分之一。

至於船舵的重量，估計約為十三噸重。四根爪的鐵質船錨重達十一頓，起錨時需要幾十名船員才拉得起來。由此推測，要駕駛這艘巨大的船艦，最少需要兩百名船員。

造船技術史家山形欣哉，就當時的技術上並沒有出現大幅改進的角度來看，認為鄭和的寶船不可能這麼大，他推測船隻全長約為四十三．四公尺。[4]鄭和搭乘的寶船實際上究竟是排水量一萬噸級的超級大船，或是船長五十公尺級的船舶，無從判斷。但可認定的是在十五世紀時，寶船是全球最大的船舶。

以寶船為旗艦的艦隊，規模最大當屬第四次出航時，由大大小小超過兩百艘船隻組成。各艘船隻分別都有清和、惠康、長寧等名稱，並加上編號。至於艦隊編制的相關史料，都沒有留下來。綜合往後艦隊的相關史料來推測，鄭和的艦隊中除了能發揮海戰以及運輸馬匹、士兵等多種功能的馬船（又稱快船）之外，還有負責運送糧食的糧船，裝載飲用水的水船等、專門針對特殊功能的船隻也在內。船隻航行在外海時，整隊艦隊的編排就像展翅在空中飛翔的燕子。

朱棣派遣遠征艦隊前往東南亞與印度洋，究竟理由何在？根據《明通鑑》[5]上記述，由於攻陷南京城時，姪子朱允炆（建文帝）生死未卜，朱棣為了搜尋他的下落才派遣艦隊。然而，如果只為了這個目的，仍無法解釋為何需要如此大規模的艦隊。

由於鄭和的旗艦稱為寶船，因此有人認為，遠征是因為貿易，朱棣的目的是要取得南洋的物產。的確，鄭和遠征的成果帶了包括長頸鹿等各種奇珍異寶回中國，這些來自遠方的物產，應該能為宮廷及身在其中的宦官帶來龐大的利益。

然而，就帝國整體的收支來看，遠征是完全出超。鄭和在出海之前就在巨大的船舶中裝滿了陶瓷器、絲織品等中國特產。並且將這些物產大方送給遠征國家的王公貴族。對方當作回禮所納貢的物產，價值根本不成比例。如果將貿易當作遠征的目的，前提必須是這項業務是由內廷主導，並將外朝排除在外。

就帝國整體的發展來看，遠征實質的成果就是藉著這個機會，讓南洋各個政權陸續派遣朝貢使節到明朝。於是我們也可以從這個角度來思考，朱棣下令遠征的目的，是將以明朝為頂點的朝貢機制一舉拓廣到海上世界。

鄭和手上握有蓋著皇帝玉璽的白紙，也就是說，他能在船上以皇帝的身分下令。鄭和帶領從中國出航的這支艦隊，就其規模與權限，堪稱是行走在海上的帝國。

當艦隊出現在海平面時，相信東南亞及印度洋沿岸的居民，絕對會深深體認到遙遠的東方有個叫大明的強盛帝國。況且，艦隊在見到各地出現紛爭時還會展現軍事力量，同時出面干涉，企圖建立起明朝眼中的國際秩序。在艦隊遠征的時代，多個政權都曾派遣使節到明朝，這無疑是震懾於艦隊展現出的壯觀姿態。

從海上世界看遠征

在海上以朱棣代理人身分行動的鄭和，不但懲治當海盜的華人，還從各地的勢力中依照明朝的價值觀挑選出他認為正統的政權，並且督促各國朝貢及派遣使節團將貢品運送至中國。因為鄭和出色的表現，使得朱棣能達到目的，讓東南亞海域也一併納入以明朝為頂點的納貢體制之中。

十四世紀後半的東歐亞，在僅僅半世紀之間，無論在陸上或海上新型態的政權備出，馬上能想到的就有：日本群島的室町政權、沖繩本島的尚氏政權、朝鮮半島的李朝、越南的陳朝、湄南河流域的阿瑜陀耶、馬來半島的滿剌加王國、爪哇島的滿者伯夷王國等。這些政權和過去性質不同之處，在於將國內整合成統一的經濟圈，並且參與對外交易，而明朝也是這類政權之一。

在蒙古帝國之下產生了以白銀為主軸的經濟體系，在這個體系瓦解之後，各個政權在彼此引起共鳴的同時，逐漸形塑出歷史。鄭和前往南海、印度洋是在十五世紀前半，這也是各地區跨越分水嶺，開始摸索出新交易體系的時期。

以十四世紀的分水嶺為界，東南亞海域的各國政權交替。在分水嶺之前興盛的占城等地政權，擔任西亞、印度與中國之間的交易仲介。相對地，在分水嶺之後的政權，除了具有中繼交易的港灣國家特質之外，與藉由河川連結的內陸地區之關係也更深入，再從內陸獲得由熱帶多雨林生產的香料等物產的同時，也倚賴內陸供給的米糧以因應港灣城市的人口生存。

隨著時代演進，爪哇島內部及湄南河流域因為治水灌溉技術進步，成為專門生產米糧提供港灣城市的地區。以水田耕作的小農經濟，與負責交易的港灣都市，兩相結合之後，成了新型態政權的共同點。

十四世紀後半建立的各個政權，其建國神話都寫成王統記流傳下來。但除了一個國家之外，其他都沒有提到鄭和的遠征，換句話說，可推測鄭和的遠征對於新政權的產生毫無影響。

前面提到的唯一例外，就是滿剌加王國。位於麻六甲海峽要衝的滿剌加，受到阿瑜陀耶的勢力壓迫。建國國王拜里米蘇拉（Parameswara）為了與阿瑜陀耶抗衡，遂企圖利用明朝的權威，在永樂三年（一四〇五）派遣使節朝貢，受封為滿剌加國王。永樂六年（一四〇八）鄭和前往，以龐大的軍事實力促進滿剌加擺脫阿瑜陀耶自立。

滿剌加王國的心機

鄭和之所以這麼積極干涉，背後的原因是在鄭和的遠征計畫中，必須保住這處中繼地點。第四回之後加入遠征行列的馬歡，在他的著作《瀛涯勝覽》中曾提到，中國遠征隊在滿剌加設下了類似城寨的四道門以及類似瞭望樓兼具報時功能的柵欄，此外也蓋了倉庫保管交易必須的物資。遠征隊要回國時，就在滿剌加等待風向由西轉南，到了五月中旬將船頭朝向中國返航。

可以推測，滿剌加提供遠征艦隊一個停靠的港口，而鄭和在維持艦隊據點的目的下支援滿剌加。滿剌加王國支應港灣城市人口的糧食，主要仰賴自阿瑜陀耶。沒有與小農經濟結合的滿剌加王國，跟其他在十四世紀成立的新興國家性質略有不同，說起來還是比較接近舊類型的港灣國家。想像一下，若是鄭和的遠征不是在此地設據點，滿剌加最後很可能會成為阿瑜陀耶的屬國。

滿剌加王國利用明朝之威，企圖擺脫阿瑜陀耶自立。在永樂時期，二十二年來共派遣朝貢使節十五次，朱棣也接受了滿剌加的主張，曾告誡阿瑜陀耶不得再對滿剌加施壓。然而，卻看不出滿剌加國王對於願意接受朝貢的明朝表示感謝之意。

在滿剌加流傳的王統記中，記載了在十五世紀中葉，滿剌加國王致贈中國皇帝洗腳水，皇帝在喝下後竟然治癒了慢性病，皇帝對滿剌加國王表達感謝。[6]中國皇帝或許認為對方是因為仰慕中華聞名才派遣使節前來，但派遣使節的一方卻秉持著不同的價值觀。

鄭和與馬和之間

對鄭和本身而言，遠征又代表什麼樣的意義呢？在福建省泉州，有一座跟鄭和有關的石碑。碑文如下：

> 欽差總兵太監鄭和，前往西洋忽魯謨斯等國公幹，永樂十五年五月十六日（西曆一四一七年五月三十一日）於此行香，望靈聖庇佑。鎮撫蒲和日記立。

從這個石碑可知，鄭和在第五次遠征之前曾到泉州的清真寺以及伊斯蘭聖人的墓前參拜。鄭和號稱三寶，也就是兼具佛、法、僧三德，推測他在朱棣的宮廷內棄伊斯蘭教而改信奉佛教。然而，在第四次之後的航行，前往忽魯謨斯，讓他開始意識到自己出身於伊斯蘭教家庭。在最後一次航程中，已然年邁的鄭和本人雖然沒有親自前往麥加，但從西亞的史料上能找得到以下記錄：一四三二年夏天，看似派遣隊的船艦於吉達入港，一行人前往麥加。

第一次遠征出發之前，鄭和曾在父親墓前的石碑很自豪地刻下自己的父親與祖父曾前往聖地朝聖，或許在泉州又讓他想起自己的本名叫做馬和。此外，中國的伊斯蘭教徒很多姓「馬」，據說是跟伊斯蘭先知穆罕默德名字的中文發音相近有關。

蘇木環繞的海洋世界

朱棣在靖難之役中獲勝，於西元一四〇二年夏天在南京登基為皇，派遣使者到各國、要求其他國家朝貢。相對於朱元璋愈到晚年愈顯消極的對外關係，這位因年號而稱為永樂帝的新皇帝，非常積極推動朝貢體制。

接待外交使節並進行交易的市舶司，於洪武七年廢除的寧波、泉州、廣州三處，在永樂元年（一四〇三）都重新營運。此外，派遣了鄭和的艦隊前往南海、印度洋，敦促各地政權朝貢；這些行動的確展現了效果，永樂年間有許多國家都派遣使節來訪中國，其中甚至包括琉球與日本。此外還指定了各個國家的船舶停靠港口，像是琉球在泉州（後來改成福州）、日本在寧波，而東南亞各國則在廣州。

朱棣在一四二四年過世，繼任的是長子朱高熾（洪熙帝），年號訂為洪熙。他效法祖父朱元璋，採取與父親朱棣完全相反的政策，對外關係回歸消極經營，也中止了鄭和的遠征。不過，洪熙帝只在位十個月左右就突然身亡，皇位由其子朱瞻基（宣德帝）繼承，隔了一年，年號改為宣德（一四二六～三五）。從小備受疼愛的朱瞻基，基本上沿襲祖父朱棣的政策，鄭和也得以完成最後一次的出航。

從永樂到宣德

自永樂到宣德的十五世紀前半，在海洋世界是怎麼進行交易呢？我們就用尚氏中山王統治的琉球王國為例來看看。

有一份經過離奇的命運才流傳至今的史料，稱為《歷代寶案》[7]。經過十四世紀分水嶺的時代，在沖繩本島建立了琉球王國。這個王國會將發出、收到的外交文件抄寫成兩份謄本，分別存放於琉球王國中心的首里王府，以及眺望著那霸港的天妃宮（祭祀媽祖的寺廟）。

王府流傳下來的那份，在日本明治政府合併琉球時遭到沒收，移交到東京之後在關東大地震時全數燒毀。至於天妃宮傳下的那一份，原本收存在縣立圖書館，卻在太平洋戰爭後期的沖繩戰中流失。所幸後者留下了抄本、影本，這幾年再由沖繩縣加以編輯出校訂本、譯註本。讀過之後，就能清楚了解到十五世紀到十九世紀在南海上是如何推動交易及外交。

琉球王國的外交文書

《歷代寶案》中集結了從一四二四年到一八六七年的外交文書，先介紹其中一份有關琉球國中山王朝貢的事件，據近期使者佳期巴那與通事梁復等人的共同報告，文書開頭是這樣的：「永樂十七年（一四一九），受命出訪的使者阿乃佳等人，搭乘三艘外洋船，攜帶禮物，抵達暹羅國（阿瑜陀耶）後呈上禮物。根據結束出訪回國後報告，『對方的官府聲稱禮物太少，要官員購買（從琉球國運到阿瑜陀耶的）瓷器，而且還祭出禁制條例，表示不許在當地任意購買蘇木』。瓷器和蘇木的買賣，如果都交由官員處理，就無法籌措（從琉球到阿瑜陀耶往返的）船舶所需費用」。標註的日期是永樂的下一個年號，洪熙元年（一四二五）。

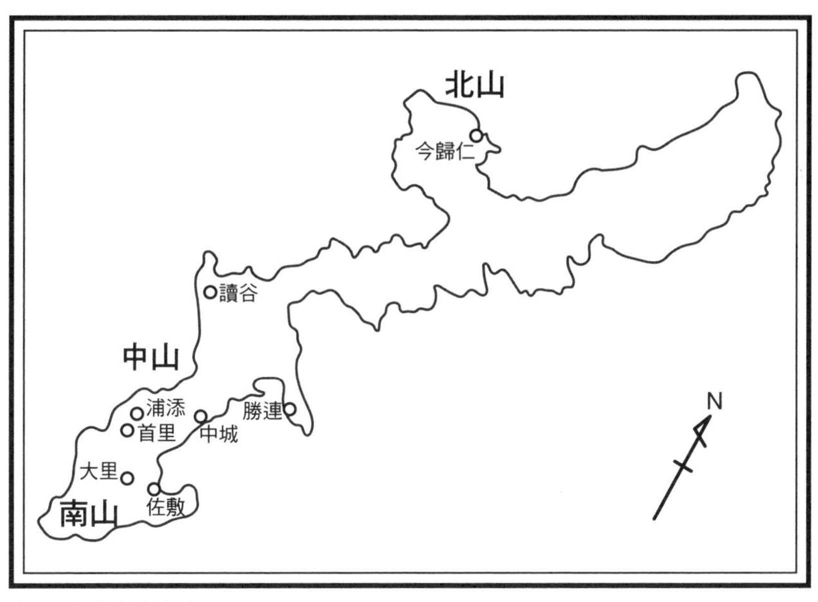

十四世紀後期的琉球

根據文書記載，可知琉球與阿瑜陀耶的往來從洪武時期持續到永樂年間。然而，永樂十七年因為阿瑜陀耶禁止了琉球使節團自由交易物產，使得琉球蒙受很大的損失。永樂十八年（一四二〇），琉球增加禮物，試圖討好阿瑜陀耶，結果並未成功，交易更受到限制。永樂二十二年（一四二四），琉球終於停止派出前往阿瑜陀耶的船隻。經過一段空白的歲月後，重啟交易時準備的就是下一份文書。

琉球對阿瑜陀耶提出下列聲明：對照過去的歷史，從洪武到永樂，（現任琉球國王的）曾祖父、祖父，前任國王到現在，幾乎每年派遣使節，攜帶禮物，到貴國呈上，已經行有多年。憑藉著貴國以相親相愛，「四海一家」的觀念，致贈珍貴的禮品，對遠道而來的訪客關愛有加。此外，秉持自由貿易的精神，不會出現官員（訂出壓低的公定價格）購買的狀況，對這一點實在非常感激。

現在根據（來自使節的）報告，必須再跟貴國

守禮門　琉球首里城城門「守禮門」，培理曾在航海記錄中描繪過它的樣貌。

商量。希望能依循前例，體諒遠道而來訪客的航海勞頓之苦，免除向官員購買瓷器的規定，認可購買蘇木、胡椒等物產後得以回國。

關於這起朝貢案件提出請求的琉球使節，隨身帶著提有「進貢之件」的文書。上面寫著「正使浮那姑是等人，搭乘仁字號外洋船，裝載瓷器前往貴國之生產地，購買胡椒、蘇木等物產。歸國後準備進貢大明御前。」在禮品清單上列出絲綢織品、刀劍、硫磺，還有青瓷大盤二十只、小盤四百只，小碗兩千個等。

這次的外交談判似乎成功了，隔年的一四二六年之後，幾乎每年都會有琉球派船到阿瑜陀耶進貢。「歷代寶案」中收錄了六年後阿瑜陀耶致琉球國王回禮的書信，贈禮清單中有三千斤的蘇木。

解讀這份史料的同時，也能看出十五世紀前半的海上世界。除了解最初製作這份文件的琉球王國之外，也要特別留意在東海、南海的蘇木。

琉球王國的成立

位於東海中央一帶的沖繩本島，從十二世紀左右由多數地方政權分立，各自以城寨為據點，群雄割據。到了十四世紀，佐敷、浦添、中城、勝連、讀谷、今歸仁等幾個擁有港口的城寨，很積極地與日本、中國以及朝鮮進行交易，取得製作農具、武器時不可或缺的鐵，勢力強過其他城寨。占有優勢的首領稱為按司，彼此締結同盟關係確保安全，同時也積極參與海外的交易。

促使沖繩積極朝向統一的，是一份明朝在洪武五年（一三七一）對各國發出促進朝貢的招諭文。中國派遣的使者楊戴抵達琉球，要求以浦添向外拓展勢力範圍的中山王察度對中國朝貢。同年十二月，察度以派遣弟弟泰期前往明朝作為回應，雙方締結朝貢關係。洪武十三年（一三八〇）以大里為根據地的南山王，洪武十六年（一三八三）以今歸仁為中心的北山王，也陸續入貢。

可推測中山國在進貢貿易初期擁有一艘能夠遠洋航行的大型船舶，加上明朝的賞賜跟借貸，可能大約有兩艘。至於南山、北山，因為並無自有的大型船舶，從一開始就經常搭中山的便船。這也造成了日後以中山為中心，逐漸形成琉球王國。正如《歷代寶案》中的史料所示，中山王在洪武年間派遣使者到阿瑜陀耶進行交易。在這些與東南亞的談判中，中山王擁有的遠洋船也總有出色表現。

永樂二年（一四〇四），明朝皇帝派遣使節與中山王武寧及南山王汪應祖會面，並分別任命兩人為君王。這道手續稱為冊封，從此琉球就納入了以中國皇帝為頂點的禮教秩序體制。

中山王的權力象徵，就是在接受冊封時明朝贈與的印章、皮弁冠、皮弁服。禮儀秩序中所謂的尊卑、長幼已經訂下，在當事人意識到上下關係並互相採取正當的行為之下，彼此的互動就此產生。而實質上能用肉眼看到的地位象徵，就是印章、王冠與服飾。

皇帝冊封琉球國王時，贈與的印章是「鍍金銀印」，這是皇帝在任命孫兒為郡王時的等級。王冠稱為「七旒皀皺紗皮弁冠」，「皀」代表是由黑紗製成的王冠，上方有七排玉飾。依照明朝的規矩，皇帝的冠有十二排，皇子若為皇太子或親王為九排，到了皇孫輩也就是郡王則是七排。從這些線索看來，可知琉球國王的地位相當於皇孫一輩。

此外，明朝皇帝對朝鮮半島的李朝、日本群島的室町政權也冊封相當於皇子地位的親王等級；對越南的安南國王則授與郡王等級的地位，致贈朝鮮與日本的印章為金印。進入冊封體制之後，不僅對中國皇帝要行臣下之禮，跟其他受冊封的政權之間，也會依照等級產生地位上的高低關係。如果能實踐這套禮教的秩序，就能出現以「四海一家」為目標的國際關係。琉球王國在與阿瑜陀耶交涉時，也秉持這個理念。

代表琉球王國的一句話，就是一五七九年掛在首里城門上的「守禮之邦」。一般人認為這句話代表的是琉球王國致力於外交和平。然而，這個「禮」指的不單是謹守禮數。還表示接受中國冊封，依循親族關係在以中國皇帝為頂點的朝貢體制中，作為一名模範生，藉此在與其他國家進行外交談判時能更占有優勢，獲得交易的利益。這其中還隱含了海洋小國的國家戰略。

明朝對於琉球也很信任，例如，後面會提到要給予符勒與堪合到其他各國時，琉球就跟朝鮮一樣，「琉球國在入賀、謝恩時派遣使者往來，彼此之間也有正式文書往來，因此無需給予符勒或堪合也可信賴。」（《皇明外夷朝貢考》）換句話說，琉球即使沒有證明文件，也可以派遣朝貢船，享有特殊待遇。有了這些特殊待遇，琉球成為東海、南海上的交易要地，在十五世紀因中繼貿易而繁榮興起。

《歷代寶案》全都是以漢文書寫而成。究竟是誰起草外交文書呢？又是誰建議琉球人正確實踐明朝奉為國家根本的禮教呢？

在第二章中提過，禮是浙東的宗族團體在日常親戚關係之間培養而成，宗族團體透過奉為指導的家塾教師，將這樣的觀念提升至國家理念。換句話說，只有身體力行尊卑、長幼的道理，才能真正落實禮教。在朝貢體制的交涉中，起草漢文外交文書、身體力行中國禮教，都少不了能與中國對等交流的人才。

閩人三十六姓與久米村

琉球王府所在的首里附近，距離那霸港徒步約十五分鐘，有一處稱為久米村的地區。過去這裡也被稱為唐榮，十五世紀到十九世紀，有出身中國的居民及其子孫居住於此。這些人具備航海、造船等技術，專門負責進貢時少不了的外交文書製作、口譯、商談等，是琉球王國與中國、東南亞海外貿易的專業技能團體。

久米村的精神和社交中心，就是永樂年間建蓋的天妃宮，《歷代寶案》就保存在這裡。看看明治時代的地圖，天妃宮就在面對碼頭的廣場一角，分成上下兩座廟。這裡祀奉的神明，就是保佑航海安全的媽祖（天妃）。要前往阿瑜陀耶的人們，一定也會在出發前到這座天妃宮參拜。過去天妃宮所在的地點，現在成了天妃小學，只剩下一道石門，至今仍留在天妃小學的東南角。

根據琉球的史料，明朝於洪武二十五年（一三九二）派遣了出身福建的使者到琉球，這群使者稱為閩人三十六姓。然而，在中國並沒有留下這段記錄。很可能這些人的祖先並非同時被派遣過去，而是在不同時期因為各自的狀況而跨海到了琉球的中國人，聚集居住在附近。

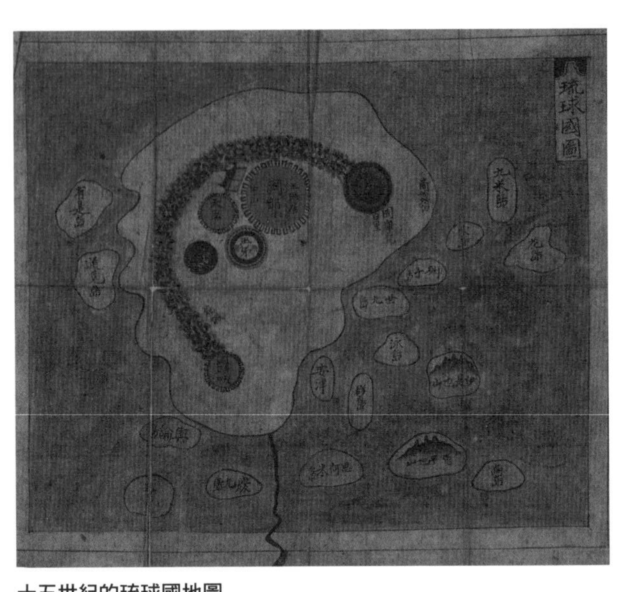

十五世紀的琉球國地圖

其中有一人名叫梁嵩，族譜上記錄他是在永樂年間飄洋過海到了琉球，出身地是福建省福州附近的長樂縣。前面提到，起草對阿瑜陀耶外交文書的人叫做梁復，梁嵩便是他的祖先。

閩人三十六姓之中，除了梁氏，還有洪武年間來到琉球的蔡崇（泉州府南安縣出身）、金瑛福（福州府閩縣出身）、鄭義才（長樂縣出身）的子孫，以及永樂年間遷入的林喜（閩縣出身）、紅英（同上）、陳康（同上）的子孫等人。這些人的名字經常以長史、通事的身分出現在《歷代寶案》中。長史，就是負責統籌與朝貢一切相關事務的職務，當朝貢使節要遠赴外國時，長史就要輔佐受命指派的琉球人正使。在清朝成立之後，不再派遣長史，因此他們的工作也轉為主要負責久米村的行政事務。通事也是久米村中國裔居民常接受的職務，負責口譯及外交談判。

也有一些人受中國派遣到琉球，最後回到福建的鄉里。一份標示宣德六年（一四三一）年號的文件，記載著一名叫做潘仲孫的船夫，在洪武二十三年（一三九〇）受命行駛一艘自琉球前往中國的遠洋船，之後還升上了船長。根據這份文件，潘因為高齡八十一，希望返回故鄉長樂縣，最後被送回福建。由於他是正式接受明朝政府命令派遣的人物，才特別對他優遇。因為當時在海禁政策下，任意出國的中國人都被視為罪犯，因此，琉球國王必須為潘作保。

久米村的中國裔居民，在明代跟中國本土的居民穿著相同的服裝。後來中國大陸改朝換代，建立了清朝，民眾被迫辮髮，換上滿州族的服裝，久米村的人則選擇了琉球式的服裝，生活習慣也逐漸趨向在地化。到了十七世紀之後，久米村裡的民眾雖然有著中國人祖先，但已有不少人不會講中文了。

東海、南海上的蘇木

前面提到的文件中，記載琉球使節希望在阿瑜陀耶能自由購買蘇木等物產。蘇木指是豆科雲實屬的植物「蘇芳」（學名：Caesalpinia sappan L.）的心材。蘇芳是在熱帶亞洲分布很廣的常綠小喬木，高達五到十公尺，葉片是二回羽狀複葉，枝幹上有小刺。每年五到六月開黃色的五瓣花。在日本幾乎看不到蘇芳，蘇芳這兩個字來自馬來語中的「sapang」。加熱熬煮就成為紅色染料，也可當作中藥藥劑，早在晉代就傳入中國。中國、朝鮮和日本等國，都不是蘇芳的原產地。

隨著鄭和艦隊走訪東南亞一帶的馬歡，在著作《瀛涯勝覽》中有關暹羅的章節中提到，「蘇木等就像木柴一樣多，而且色澤比其他國家產的都還美」，由此可知，當時的阿瑜陀耶是蘇木的出產國之一。

前面提過，明朝成立之後沒多久，位處海上航路要衝的蘭秀山發生叛亂，餘黨跨海到了朝鮮半

蘇木　豆科小喬木。原產於印度、馬來半島。自古以來就以心材當作紅色染料而聞名。此外，在中藥裡也用來當作止瀉劑、收斂劑。（左為蘇木外觀，右為去除樹皮後的木塊）

島，其中一名首領就帶著蘇木。就商品來說，蘇木不占空間，處理上也不需要特別小心。就算少量也能交易，經常可以只買賣需要的量。因為具備這些條件，使得蘇木成為東海及南海的航行者腦中第一個想到的交易商品。

洪熙元年（一四二五），進貢船從琉球出發前往中國。目的是為了弔唁前一年過世的朱棣，到他的的葬禮上香，以及向新繼位的朱高熾（洪熙帝）道賀。此外，還想仿效前例中山王接受冊封，獲得皮弁冠、皮弁服等賞賜。這次出航的船隻數量不明，但船上也載了蘇木。

在以琉球國中山王尚巴志的名義發給明朝禮部的外交文書中提到，「此回各船均有附抬（除了正規贈禮之外為了交易用的其他物品）的蘇木等物產，祈能不抽取稅金，提供與價格等值之紙幣，由（進貢船上的）各人平均分配。」這類內容在之後的文件中也屢屢出現，可看出到中國朝貢的琉球船都會裝載大量的蘇木來交易。

蘇木在中國很受歡迎，依照明朝的規定，就時價而言，大者價格白銀八分，小者五分，平均核定為七分。除了琉球，還有阿瑜陀耶、滿剌加等東南亞各國，以及之後提到的日本，都將蘇木帶到中國。永樂年間，明朝進攻越南，將其領土納入版圖，但在直接統治的時期，曾命令繳納蘇木作為租稅的一部分；蘇木似乎也曾用來支付官員的一部分薪俸，「宣德八年（一四三三）京師（北京與南京的官府）文武官俸米折鈔（紙幣）請給胡椒蘇木。」[8]

從琉球前往阿瑜陀耶的船隻，除了裝載了與中國朝貢貿易所取得的絲綢織品、瓷器外，還有看似日本物產的刀劍與扇子等禮物，硫磺也很可能是日本的物產。為什麼在琉球的船隻上，會載有日本的物產呢？我們往回溯一段時間，先綜觀日本的動態看看。

日本的堪合貿易

平息南北朝混亂的足利義滿，面對十四世紀後半以銅錢為主軸而開始活絡的日本經濟，亟需進口中國的銅錢等物資。因為獲得中國物資，展現自己成為中國式的掌權者，是從其他諸多勢力中脫穎而出的有效手段。

足利義滿在靖難之役如火如荼之際派遣使者去見朱允炆（建文帝），建文四年（一四〇二），明朝使節跨海來到日本。隔年一四〇三年，義滿派遣回禮的使節，對成為新皇帝的朱棣提出國書。永樂二年（一四〇四），明朝對日本發給堪合[9]，開啟了明朝與室町政權之間的朝貢交易，日本朝貢的港口限定在浙江的寧波。明朝藉由將日本納入朝貢體制，要求日本必須要彈壓在中國沿海作亂的倭寇。

明朝從開國之初就貫徹僅有朝貢來船方能交易的政策，為了證明是貢船，明朝會事先發給對方蓋有騎縫章的證明，在中國的港口與底簿核對，這就是堪合制度，勘合文件在洪武十六年首次發給阿瑜陀耶跟占城等國。

最初發給日本堪合是在永樂年間，之後又陸續發了五次。根據鄭樑生的研究，來看看具體的形式。[10]

堪合是一張三聯單上正中間的一聯，長為二尺七寸（約八十四公分），寬為一尺二寸（約三十七公分）的大尺寸證明書。之所以這麼大一張，就是因為背面必須詳細記錄船舶數量、船上工作人員的人數，以及裝載的貨物明細等內容。證明書上的右側與左側角落的底簿之間蓋上騎縫章。「日本」兩字分開，由「日」字的堪合一百份，與對應「日」字的底簿兩冊，「本」字堪合一百份，對應「本」字底簿兩冊製成。

發給日本的堪合，是「本」字堪合，交由從日本往中國的貢船攜帶。「本」字底簿由禮部及浙江布政司保管，日本船隻抵達寧波後，出示攜帶的堪合，由浙江布政司比對底簿確認真偽。「日」字堪合由明朝禮部保管，交由前往日本的船隻攜帶。相對應的「日」字底簿則由禮部與日方保管，中國船隻抵達日本港口後，就可以「日」字底簿對照。也就是說，禮部保存的「日」字、「本」字的底簿是存根。

永樂年間，攜帶日本堪合的貢船，在足利義滿過世前後共派了六次前來。為了實現與明朝的約定，逮捕了倭寇並送到中國。然而，繼承義滿的足利義持，一來為了展現對父親義滿的反彈，加上無法具體落實取締倭寇的成效，遂於永樂九年（一四一一）與明朝斷交。

之後過了二十多年，日本足利義教於宣德七年（一四三二）派遣到中國的船隻，抵達浙江寧波。該名使節帶了各類物產，包括馬匹、鎧甲及刀劍等，作為進貢明朝皇帝的禮品。面對睽違二十年的日本朝貢而喜出望外的朱瞻基，賞賜了義教與他的妻子包括白金、最高級的絲綢織品，以及朱漆肩輿。

除了禮節上的贈品，使者也帶來許多以交易為目的的各式物產。清單上包括：蘇木一萬六千斤、硫磺一萬兩千斤、紅銅四千斤、刀劍兩副等，蘇木的價格為一斤（不到六百公克）一貫文。[11] 硫磺等物雖然是日本原產，但交易物產列在第一項的蘇木，日本並沒有產。日本是在對琉球出口刀劍、硫磺等物產時，收到琉球從阿瑜陀耶獲得的蘇木當作回禮。在這些往來的背後，都存在著南海、東海的海上交易網路。

以鹽建立的帝國

黃海沿岸地區有個都市叫鹽城，穿過市區朝東往海邊走，越過幾處南北向的堤防，再經過一片廣大的棉花田，總算抵達黃濁色的黃海邊。岸邊有一大叢茂密的耐鹽植物，現在因為有鶴的關係，成了知名的自然保護區。來自長江、淮河，加上南流時期的黃河排出的大量泥沙，堆積在黃海沿岸，使得陸地逐漸往海洋擴展。現在在內陸的一排堤防，其實過去是沿著海岸線修建。以往海岸沿線有著一片片鹽田，是一處引海水製作海鹽的主要產地。

海鹽的生產

鹽城八景中有一景是「鹽嶺積雪」。鹽城過去有兩處鹽場，分別是「伍佑場」與「新興場」，

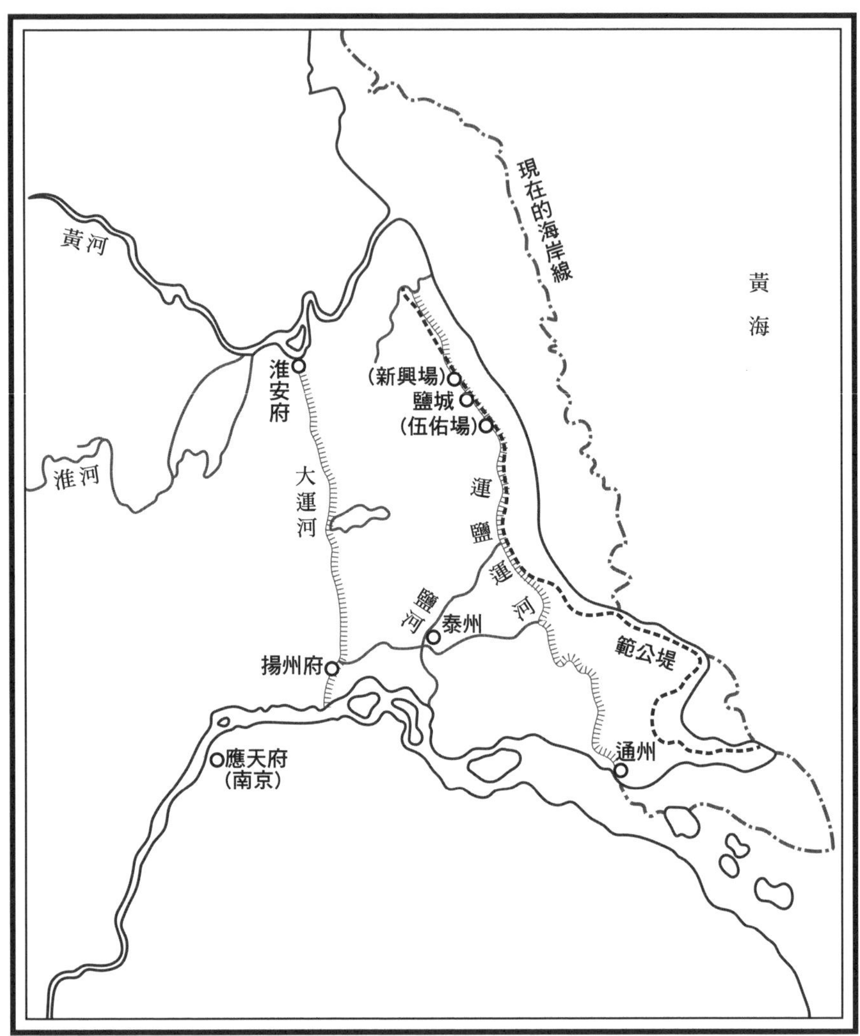

鹽城周邊地圖

沿岸的鹽田生產的大量海鹽就是運到這兩個地方。酷暑夏日結束後的初秋、仲秋時分，大量海鹽運入鹽場，在戶外堆積成大大小小的鹽山。堆得高高的鹽山在月光下閃爍白色光芒，看似一座座積雪的山嶺綿延。

十五世紀時，中國主要的鹽產地有生產海鹽的黃海沿岸兩淮（淮北與淮南，也就是淮河以北、以南的地區）、浙江沿岸的兩浙（浙東與浙西，也就是稱為浙的錢塘江以東與西的地區），加上福建、廣東等地；另外還有「鹽池」，也就是從鹽分較多的湖沼出產鹽的河東、陝西，至於「鹽井」，是從地底汲取鹽水來產鹽，有四川、雲南等地，四川自貢利用跟鹽水一起噴發出來的天然瓦斯來熬煮鹽水。在這些產地中，兩淮的鹽稱為「淮鹽」，以品質良好著稱，而且產量高，約占中國整體生產量的三成，而這些鹽就是明朝帝國統治的基礎。

十四世紀前半編纂了一份名叫《熬波圖》的資料，內容是以圖解方式呈現海鹽的生產工程，上面顯示的製鹽技術一直沿用到十五世紀。從這些資料可一窺當時鹽的生產有多辛苦。

生產過程簡述如下：在近海鹽分含量高的土地上開闢鹽田，漲潮時引入海水，或是用水車以人力汲取海水。將海水填滿整個鹽田，利用日曬使水分蒸發。接著在鹽田上撒灰，曝曬在烈日下，鹽分從濃縮的海水中滲出之後，慢慢收集堆積起來。接著以「灰淋」的方式，也就是將灰埋在深約七十公分、直徑兩公尺左右的洞穴裡，壓實之後用柄杓將濃縮的海水倒進洞裡，將灰中的鹽分溶解，濃醇的鹽水會從插在洞穴底部的竹管流出來。把這些鹽水放進鐵盤裡熬煮，就能讓鹽變成結晶。

從事海鹽生產的人稱為「灶丁」，編制在「灶戶」的戶籍，跟一般民戶不同。描繪在鹽田撒灰，於烈日下曝曬的作業圖解，還附了這段詩文。

> 海天無風雲色開，相呼上場早晒灰。滿場大堆仍小堆，前擔未了後擔催。少婦勤作亦可哀，草間終日眠嬰孩。正苦飢腹鳴如雷，轉頭饁婦從西來。[12]

用來熬煮濃縮鹽水的鐵盤，是由將近十片鐵片集合而成。每戶灶戶拿出家中持有的鐵片，拼成一塊大盤，就能一次生產大量的鹽。集體作業的灶戶組成稱為「團」的組織，各團有一名稱為「總催」的總負責人，在現場率領十名「甲首」，製作管理帳本，記錄產鹽時需要的設備，以及納鹽義務等事項，負責國家納鹽徵收的工作。明朝將元代時的製鹽組織重新整頓、強化，以戶制來運作。

各個鹽田產出的鹽收存到團倉庫，當倉庫的貯藏量增加時，就運到設在都市的倉庫。在本節一開始介紹的鹽城，就因為是黃海沿岸地區的海鹽集散地，因成了鹽之城而變得繁榮。

開中法與進攻雲南、越南

明朝將蒙古勢力自華北驅逐之後，十四世紀最盛大的軍事行動就是進攻雲南。支援大軍的軍糧，就是利用鹽的相關制度「開中法」來調度。

明朝時期，要將軍需品運到在中國眼中的邊陲地帶時，並不是用白銀或銅錢等貨幣來籌措物資，而是當商人把軍糧運到指定的衛所或地方政府後，就以給予鹽的販賣權利當作代償。具體來說，戶部會在需要時發出公告，招募商人。有意願的商人運來軍糧，在繳納的機構先

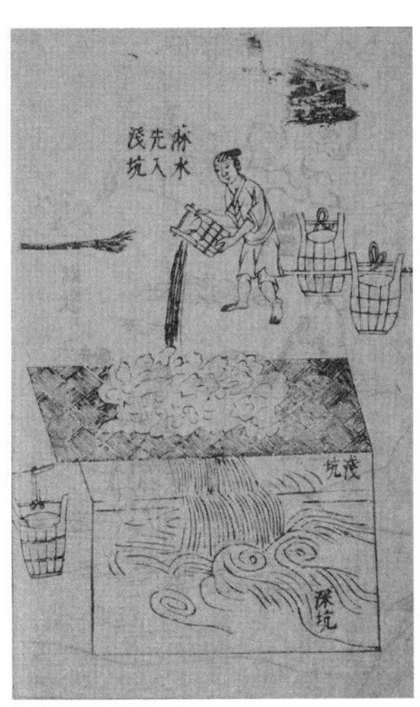

製鹽圖　出自明代《天工開物》中的制鹽步驟圖。

製作堪合（蓋有騎縫章的證明）跟對照的帳本。證明書跟帳本上分別記錄商人的姓名、繳納量，以及相對應支付的鹽類販賣許可書（稱為「鹽引」）數量。堪合發放給商人，帳本則交給產鹽地區的官府。此外，一份許可書能銷售兩百斤（約一百二十公斤）的鹽。

商人到指定的鹽產地，向負責運送、管理的鹽運司在當地的辦事處出示堪合。辦事處會對照堪合與帳本，確認騎縫章與記載的內容符合後，就發放鹽。商人帶著這些取得的鹽，到指定的區域內（稱為「行鹽地」）販賣。商人在販鹽時，要是沒有隨身攜帶許可書，就會被當成私鹽犯被懲處，鹽也會遭沒收。然後用販鹽所得的利益，再次購買運到軍事行動前線或邊界的物資。

以開中法為基礎的這項接納物資行政手法，可追溯至洪武三年（一三七〇）。這一年要將糧食運送到山西省最前線，對抗蒙古勢力時，就是以每一石三斗米換發一份淮鹽的販賣許可。在胡惟庸之獄後，戶制度更加完善，建立起對產鹽地灶戶的管理制度，以開中法為基礎，將物資運送到前線的機制確立之後，就有辦法採取大規模的軍事行動。也因為有這樣的背景，才讓朱元璋決定對雲南發動攻擊。

洪武十五年（一三八三），將米運送到雲南繳納的話，可獲得兩百斤的販鹽許可一份。要換距離相對較近的四川省鹽，需米一石，如果是生產量較多的淮鹽，就是六斗米，浙江鹽的話則需繳五斗米。進攻雲南的初期，也不是不能從外地運送軍糧，然而，運送路線愈長，費用愈高。而且在雲南，明朝的統治還不穩定，曾經有少數民族的領導者受派為土司，結果不斷反叛。因此，駐留的軍隊無法從雲南班師回朝。在預測到軍隊將長期駐留之下，商人開始招募農民送往雲南，直接設下穀物的生產據點，這就是「商屯」。

以開中法為基礎的軍事行動，帝國一方不需財政支出，也能讓軍糧運到前線，而且還能促進前線後方的農業發展，產生所謂的連鎖效應。而將這套機制活用得最徹底的，就是朱棣。

永樂四年（一四〇六），明朝從雲南及廣西兩個方向朝越南進攻。在中國因為靖難之役陷入混亂，對於西南方的管制變得鬆散時，越南在中國式官僚制度快速建立的背景下，出現另一股動向，試圖建立與中國相抗衡的政權。顯官黎季犛奪下陳朝的王位，試圖朝雲南方面發展，此外還對明朝隱瞞事實朝貢。這些舉動都觸犯到朱棣的底限，給了他進攻的藉口。

永樂五年（一四〇七），明朝占領越南北部，將安南改稱交阯，設置布政使司等官府並派遣地方官，越南人起身抵抗。黎利等人公開反抗中國的統治，且受到在中南半島內陸勢力逐漸擴大的泰裔族群煽動，展開長達十年的抗爭，在一四二八年成功建立黎朝獨立。

用鹽來結合軍事行動與邊疆開發的機制，在軍事介入西北的蒙古高原時也發揮了作用。

遷都北京

元朝瓦解之後，原本的皇室退居蒙古高原延續政權，中國稱其為「北元」，不過在統治中國一世紀之後，已經喪失了身為游牧民族的特質，沒有掌控高原的能力。然而永樂六年（一四〇八），原先投靠西方帖木兒帝國、出身元朝貴族的本雅失里回歸，受推舉為大汗，陸續集結成吉思汗後裔的蒙古韃靼族，成為蒙古高原上的一大勢力。另一方面，高原西部有另一族不同於成吉思汗後裔體系的瓦剌族，也在擴張勢力，兩支部族陷入了蒙古高原的統治權爭奪戰。

永樂七年（一四〇九），朱棣動用了大約十萬人的軍隊，展開對蒙古高原的軍事行動，但面對機動性的游牧民族戰略，全軍覆沒。隔年，朱棣再度親征，率領號稱五十萬大軍攻打韃靼。觀察這場軍事行動，可說明朝只是捲入韃靼與瓦剌兩族之間的霸權之爭，遭到擺布，幾乎沒有任何成果。然而，這場軍事行動的確促進了接近蒙古高原一帶的西北部開發，張家口、大同等地開始出現商業都市的活絡景象。

要在南京指揮對蒙古高原的軍事行動，距離實在太遙遠。因此，皇帝必須親自坐鎮在中國內陸與蒙古高原之間的要衝。最後選定的地點，是蒙古帝國當年為統治中國而建設，也是朱棣過去燕王時代的根據地——北平，就是現在的北京。

朱棣即位不久後，在永樂元年就將北平改稱北京順天府，訂為南京之下的副都。就跟元朝時一樣，提高穀倉地區、也就是長江下游三角洲的糧食生產力，並以海運方式將物產送到北京，同時在華北平原強制遷入眾多來自山西等地的農民，讓過去因戰亂而衰退的生產逐漸復活。

以北京為首都的構想，為了避免無謂的紛亂，是在檯面下祕密進行。修建大運河，並著手興建直接連結江南到北京的路徑。最大的困難，就是如何在路線最東側的高點——山東高峰區，供應充足的水源。

元朝的水利技術人員找不到這個問題的答案，使得大運河無法完全發揮功能。明朝運河建造計畫的負責人宋禮，解開了這道難題。他提出的方案，是將要注入大運河的河水，蓄積在建造於東側的蓄水池，將水路截成與大運河呈直角的方向，讓水勢在強力注入下將大運河分成南北兩段。這項工程投入了超過十六萬人的勞動力，終於在永樂九年（一四一一）完工。

永樂十四年（一四一六）正式建造北京的宮殿，永樂十九年（一四二一）宣布由南京遷都北京。北京成了名實相符的帝國首都，長江下游三角洲的糧食也能透過大運河運送。隔年永樂二十年（一四二二）起，朱棣連續好幾年不斷親征蒙古高原，在第五次出征的途中病死。時值永樂二十二年（一四二四），朱棣在六十五歲那年的夏天辭世。

北方的交易者

明朝在永樂時期介入蒙古高原的這項軍事行動，在韃靼與瓦剌間的霸權爭奪中，對於位居劣勢的一方帶來利多。永樂之後，洪熙、宣德年間（一四二五～三五），明朝減少了對蒙古高原的軍事介入，政策轉為促進對方朝貢，並接受在高原抗爭中落敗的一方。

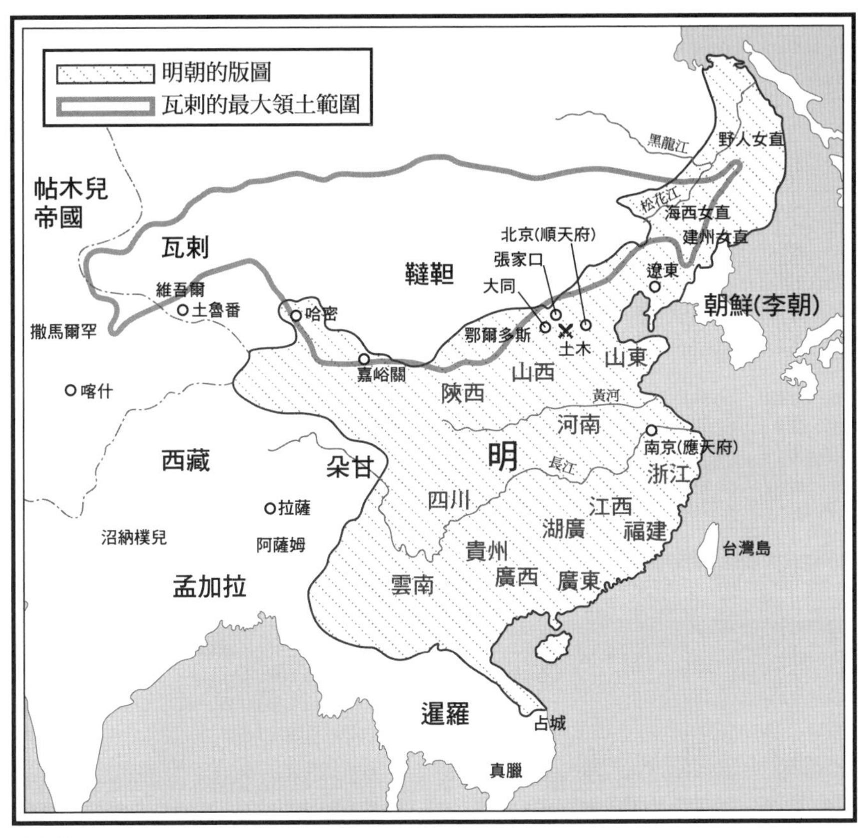

明朝的版圖

在抗爭中落敗的一方無法接受中國的支援，有實力的一方會壓制其他勢力。宣德九年（一四三四），瓦剌的脫懽打敗韃靼，為實質統一蒙古高原開出一條路。正統四年（一四三九），繼承脫懽的也先，在位於蒙古高原南方的哈密，努力拓展勢力範圍。

哈密是橫貫中央歐亞這條商隊路徑的據點，西側是帖木兒帝國滅亡後仍維持繁榮的撒馬爾罕（Samarkand），東側則是明朝。穆斯林商人連結東西，展開交易。也先藉由掌握哈密，控制了這條商旅路線，靠著保護穆斯林商人，獲得商人在經濟上的援助當作回報。也先治理下的瓦剌，因為與中國進行交易，推動了與明朝在經濟上的交涉。

瓦剌與明朝之間的交易通常有三種局面[13]：一種是朝貢，瓦剌攜帶貂等動物毛皮或馬匹，經過大同到北京對明朝朝貢，中國則賜給蒙古絲綢織品及手工藝品。瓦剌貴族使用獲得的中國物產來裝飾自身，用來彰顯權威，或者也可以當作對西方貿易的商品。

第二種，是隨朝貢使節一起到大同的伊斯蘭商人所進行的交易活動。有個名叫馬哈木的商人，他侍奉也先，經常以瓦剌官員的身分在中國有交易往來。正統十二年出現在大同時，他率領了超過兩千人的大型部隊，還帶了四千匹以上的馬匹、超過一萬兩千件的貂皮來進行交易。

馬哈木差不多每隔一年就造訪明朝。大約在九月、十月左右抵達中國，待在北京度過在中歐亞行動困難的冬天，隔年春天返回蒙古高原，等到隔年的秋天再次來訪。推測他利用停留在北京的期間收購中國物資，而在離開中國的一年之中，則到了撒馬爾罕等西方地區從事交易活動。

中國與蒙古高原之間在交易上的第三種狀況，就是地下貿易——走私。明朝嚴禁將銅、鐵製的槍砲等兵器輸出國外。瓦剌為了維持在蒙古高原上的霸權，必須要有最先進的中國武器。正統九年（一四四四）左右，槍砲走私的數量大增，在瓦剌使節團回國時進行交易。雖然屢屢頒發禁令仍不見效果，對於走私者判處死刑也無法斷絕地下交易。

大規模的朝貢壓迫著明朝的財政，為了斷絕走私，不能只取締中國人，必須也一併取締瓦剌人。明朝無法因應瓦剌不斷要求提升交易，只好限制朝貢的使節人數，強制規定各項費事的禮節，企圖縮小朝貢規模。明朝這樣的政策，讓倚賴歐亞地區交易的也先政權很難接受，終於在正統十四年（一四四九）從山西、遼東、陝西三個方向進攻中國本土。

當時中國的皇帝是朱祁鎮（英宗・正統帝・天順帝），他在宦官的鼓勵下親征，進軍到大同，在戰況未見好轉下班師回朝，卻在土木堡一地遭到瓦剌軍突襲，連皇帝自己都被俘虜。

萬里長城　八達嶺附近。

這件事後來演變成土木堡之變，連瓦剌也始料未及。對他們來說，明朝等於是會下金雞蛋的雞母，只要允許交易，他們完全沒有滅掉明朝的意思。雖然瓦剌人曾兵臨北京，試探利用俘虜的皇帝來操控明朝的可能性，但一旦聽說明朝立刻由朱祁鎮之弟朱祁鈺（代宗・景泰帝）繼任帝位，就撤軍返回蒙古高原。

朱祁鎮在瓦剌被奉為上賓，以禮相待，隔年景泰元年（一四五〇）回到中國。之後雖被奉為太上皇軟禁，卻在景泰八年（一四五七）重新坐上皇位（年號為天順）。土木堡之變後，明朝對蒙古高原採取防守的態度，於成化十年（一四七四）推動萬里長城的建設與修改。現在於北京郊區八達嶺看到的長城，就是在明代時建造。

朱元璋在一三八〇年編制的戶制，造就了朱棣在位期間的鄭和遠征、攻打越南、親征蒙古高原、修建大運河，以及遷都北京等等幾項大規模的事業。這套由帝國直接操控人民勞動力的機制，完全不講究經濟上的合理性，從我們這些生長在貨幣經濟體系時代的人來看，不少事業只不過是皇帝個人任性的行為。

戶制的矛盾

在本書〈前言〉中介紹過朱棣想要打造的石碑，由於規模過於巨大，無法運出石材，最後就擱置在原地。此外，看到北京近郊的明朝十三陵中，朱棣為自己打造的長陵，或是看到在湖北武當山的陡坡上、朱棣要人打造的一片道觀，都能強烈感受到這個帝國不以經濟體系為基礎的恣意性。

「開中法」使得軍事行動與邊疆開發得以實踐，但做為這項法制根基的灶戶，陸續從製鹽的第一線瓦解。由於太多商人參與開中法，使得鹽的生產趕不上需求；政府為了推動鹽的增產，造成了灶戶的負擔。無法負荷的灶戶，紛紛開始逃亡。但即使製鹽的勞動力減少，生產的業績仍然不減，負擔直接轉嫁到留下的灶戶上，灶戶的貧窮化如雪上加霜。土木堡之變發生後，明朝對於西北邊境的戒備更加森嚴，需要以開中法為基礎的軍糧支援，開中法帶來的矛盾也愈演愈烈。

此外，由於鹽的品質有好有壞，也出現了交易熱絡的產區，以及乏人問津的地方。而產地又跟販售地區結合在一起，跟生意差的產地組合在一起的山東等地，鹽的供給量不足，居民飽受缺鹽之苦。想當然耳，私鹽、也就是鹽的地下交易橫行猖獗。就連在生產第一線的灶戶，也有人不將成品繳納給政府，而轉賣給私鹽業者來提升收益，這些狀況都讓鹽的管理體制本身受到動搖。

在里甲制編制內的民戶，到了十五世紀中葉也捲入了戶制的矛盾中。在西北地區強化防衛體制下，使得以里甲制為基礎的民戶負擔也變重了。另一方面，農業生產力較高的地區，拉開了民戶間的貧富差距，出現愈來愈貧窮的民戶。負擔不起的民戶開始逃亡，導致里甲制陷入無法運作的困境。

戶制一旦出現缺口，就會發生連鎖效應，逐步瓦解。民戶一減少，鹽產地的地方政府就會將原本民戶的負擔轉嫁到灶戶身上，加速鹽業的崩解。陸續逃出的人轉往三個方向，第一是大都市的雜業，逐漸形成了稱為「無賴」的社會階級；第二是轉往山區，以礦工或開墾山林為業，在政府管轄不到的地方維生；第三個方向就是往海上發展。脫離戶制的人們，在接下來的十六世紀出現多樣化的動向。

十五世紀中葉，在戶制出現矛盾的背景下，各地陸續有民眾造反。正統十一年（一四四六），浙江山區的銀礦發生礦工叛亂，負責鎮壓的重擔落在農民身上，結果出現連鎖反應，又發生其他亂事。正統十三年（一四四八）鄰近的福建也發生農民主導的叛亂，以主事者為名，稱為「鄧茂七之亂」。再往後幾年，到了天順八年（一四六四），河南、湖北、陝西、四川交界的山區，因為流亡到山區的民眾爆發叛亂，展開一場長久的爭鬥。

過去，元朝統治期深入中國社會、以白銀為基礎的經濟體系有死灰復燃之跡，與戶制瓦解互為表裡，以戶口為基礎的財政營運出現困難後，政府不得不倚靠明朝初期排除的白銀。首先，在經濟上屬於先進地區的長江下游三角洲，從宣德八年（一四三三）允許以銀取代實物米糧繳納，這種銀元稱為「金花銀」。在這之後，白銀逐漸侵蝕明朝的財政。

十五世紀的經濟體制

本書已經重提多次，明朝是十三世紀在歐亞地區產生的白銀體系瓦解之後，於東歐亞產生的帝國。十三世紀的歐亞地區，在蒙古帝國統治下，採取以白銀為主軸的經濟政策，交易範圍也變得前所未有的廣闊。然而，交易超出了當時白銀庫存所能支應的規模，蒙古帝國下的經濟出現無法周轉的狀況。在這場混亂之中誕生的明朝，財政政策上排除使用白銀，同時建立一個不需要倚靠貨幣經濟的交易制度。

在元末的混亂期度過青少年時期的朱元璋，掌握到事態的本質。他在建立對外展開的朝貢機制時，在不以貨幣為價值的標準下，仍能進行交易。克服十四世紀轉換期的各個政權，落實了不憑藉商品價格，而是以禮為基礎禮尚往來的交易。

探討明朝前期朝貢貿易的多數研究，都提到各國對中國朝貢，後來都能獲得價值數十倍的中國物產當作回禮，很多論述中都認為這對中國來說根本是出超貿易。然而，站在明朝的角度，中國賞賜給各國朝貢使節的禮物，都是在戶制之下王朝直接掌握的匠戶等、做為義務繳納的生產物。換句話說，是沒有價格的東西。明朝提供國內的物資，換來了國內無法生產的蘇木等物，在帝國的立場，尤其是內廷的角度來看，是令人心滿意足的交易。

此外，藉由在國內將鹽當作財政營運的中樞，試圖建立起不需要倚賴白銀的體系。利用商人推動將軍事物資運送到邊疆的開中法，是非常有效的制度。為了供鹽給雲南，雲南附近的四川製鹽業快速蓬勃發展，同時也有助於促進次要產業。

當然，在這些人為建立的體制中，也有一些效果不彰的制度。洪武年間，明朝發行了稱為寶鈔的紙幣，當作政府購買物資時的代償，支付給社會。然而，背後沒有等值白銀或銅錢支撐的紙幣，發行不久後價值立刻暴跌，進攻雲南及永樂時期的軍事活動更加快紙鈔的貶值。永樂時期實行了一項稱為「戶口食鹽納鈔法」的政策，就是利用紙幣購鹽時回收紙幣，試圖提高紙幣的價值。然而，紙幣只在大都市流通、官員拒收受損的紙幣，都使得這項制度無法持續。

另一方面，以鹽為媒介的財政運作到了十五世紀後半就出現矛盾。社會上普遍使用白銀交易，因為在國家控制下，鹽的供應愈來愈困難。到了弘治五年（一四九二），制度改成鹽商只要向鹽運使司繳交白銀，就能獲得鹽引（販鹽的權利）。這麼一來，即使沒在邊疆設商屯生產糧食，繳納到軍隊的駐屯地，同樣有權買賣鹽。十五世紀不倚賴白銀而讓物資在帝國境內循環的機制逐漸崩解。商屯無論在雲南，或在北方的防線上，都逐漸消失。

里甲制也在造成地區差距之中，逐漸從經濟先進的地區失靈。就這樣，在進入十六世紀後，宛如汞中毒一般，明朝的社會狀況愈來愈差。

註釋

1 【譯註】指佛教徒。

2 藍玉案的內容引自川越泰博，《明代中国の疑獄事件—藍玉の獄と連座の人々》，風響社，二〇〇二年。

3 孟席斯（Gavin Menzies）著，《1421：中國發現世界》（*The Year China Discovered the World*），遠流出版。

4 山形欣哉，《歴史の海を走る：中国造船技術の航跡》，（社）農山漁村文化協會，二〇〇四年。

5 【編註】作者是清代的夏燮（一八〇〇～一八七五年），全書共一百卷（分卷一〇二），共二百萬字。夏燮不滿意《明史》的失真記載，於是仿司馬光《資治通鑑》的編年史體例，重新編修《明通鑑》，內容記載明代的政治、經濟、軍事、外交、文化、吏治等歷史。

6 弘末雅士，《東南アジアの建国神話》，山川出版社，二〇〇三年。

7 【編註】內容是琉球國首里王府的外交文件，記載時間為一四二四～一八六七年間，共四百四十三年。內容以漢字、漢文書寫，共分為三大部，前半段共記載十四世紀至十七世紀期間，琉球國與當時的中國（明、清初）及其週邊國家、如日本、暹羅（泰國）、土耳其、馬六甲王國、蘇門答臘、爪哇等國的外交貿易往來書信。手抄本之一現藏於臺灣大學圖書館。

8 《明宣宗實錄》，宣德九年十一月丁丑。

9 【譯註】明朝與日本進行貿易時所需的許可證。

10 鄭樑生，《明・清関係史の研究》，雄山閣，一九八四年。

11 《明英宗實錄》，景泰四年十二月癸未朔甲申。

12 自吉田寅，《元代製鹽技術資料「熬波圖」の研究：附「熬波圖」訳注》，汲古書院，一九八三年。

13 以下引用自萩原淳平，《明代蒙古史研究》，同朋舍，一九八〇年。

第五章 商業的時代——十六世紀I

新安商人的人脈網

商人傳記

在中國的群岳之中尤負盛名的黃山，南側山麓連接著徽州盆地。由於四面環山，好幾次都免於戰亂波及，很多人都逃到這裡定居下來。移居到這裡的人，整治了從山地流向盆地的河川，努力開闢水田耕作，另一方面，也進入山區伐木採石。唐代到宋代，徽州出產的歙硯、徽墨、澄心堂的紙、汪伯立的筆，合稱文房四寶，相當知名。

貫穿盆地的新安江進了浙東之後成了富春江，最後以錢塘江注入杭州灣。南宋時期首都就設在今日的杭州，與杭州以水路連結的徽州，向因皇帝所在而建築發達的首都臨安，提供木材等山區物資。有這樣的地理位置與經濟文化背景，十六世紀這塊盆地上出現許多前往中國各地，甚至海外的商人，建立起商業互動網。這些人就是眾所周知的新安商人，或稱徽州商人。

十六世紀初，有位富裕的商人名叫黃崇德，他在歷史上並未留名，但看過他的經歷，就能具體了解在蓬勃時期的新安商人是什麼面貌。

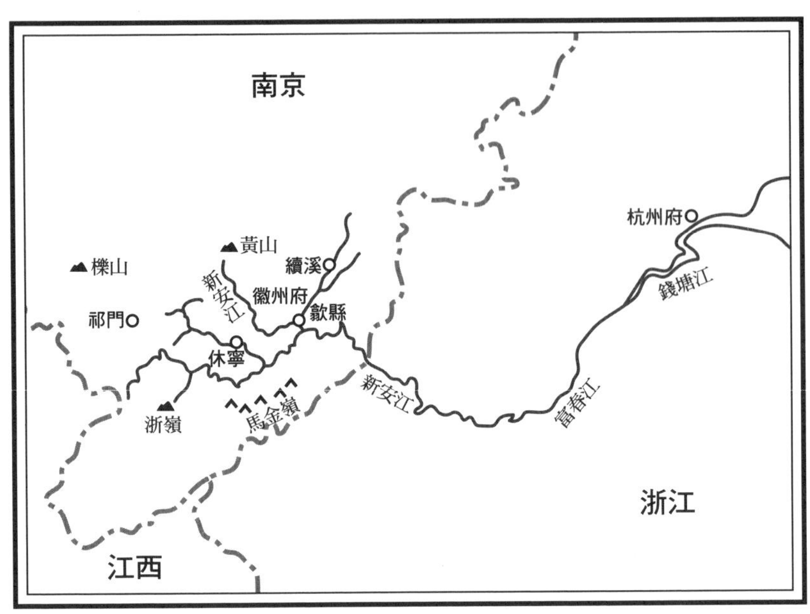

新安商人的故鄉

黃崇德在成化五年（一四六九）出生於徽州盆地中心都市歙縣的一戶學者之家，母親是徽州知名望族汪氏。此人個性優雅寡言，但面對利害關係時，又像曹操上戰場時一般果敢。起初他志在向學，但父親告訴他，「象山之學以治生為先」，於是他帶著資金赴山東。陸象山，又名陸九淵，是宋代的學者。之後會再說明他的思想，以及為什麼要先從商。山東有山海環繞，豐沃的平原，人口多，居民的穿著也很華麗。黃崇德在這裡經商，慢慢累積了大筆資產。

成了大商人之後，黃接下來的目標就是黃海附近的鹽產地。繼續留在山東買賣纖維、穀物，財富的增值幅度也有限。黃精通中國古代編纂的《管子》以及漢代的《鹽鐵論》，對於經營鹽這種與國家基礎相關的生意抱有期待。他精通自古到唐、宋的食貨志[1]，又嫻熟明代法令，當管理鹽業的官員來詢問時，他能清楚列出利弊回答對方，而且他提議的政策也清楚反映在兩淮（淮北與淮南，也就是黃海沿岸）的鹽政上。當時在淮鹽生產地活動的商人，多半出身山西或陝西。就連他們也不得不承認，黃崇德的見解正確，還推舉他成為鹽商的代表。幾年下來，黃崇德累積的鉅額財富，在故鄉徽州蓋了豪邸，還成了擁有廣大耕地的地主。2

閱讀黃崇德的傳記，大致能了解新安商人在十六世紀迅速成長的過程。十五世紀的帝國是靠鹽在支撐，整個機制在前一章已經說明。永樂時期，明朝跟蒙古高原的游牧民族勢力，關係變得緊張，必須在山西及陝西配置軍隊，拉起一條防衛線，軍糧就以開中法（參閱前一章內容）來籌措。除了將物資運送到前線之外，距離防衛線很近的山西及陝西商人都占了地利之便。他們從內陸召集勞動力，開拓商屯，生產穀物。他們的土地位於黃土高原，據說可在黃土侵蝕的谷地鑿出側洞當作倉庫，就能囤積大量穀物。接受政府命令遷入指定的地區，就能獲得販鹽的權利。

山西的土樓　為因應蒙古游牧民族攻擊，以版築法將土堆高打造的堅固土樓。（筆者攝於一九九七年）

然而，十五世紀中葉開始，開中法的基礎、也就是戶制運作出了問題，對政府來說，使用白銀來調度必要的物資比較有利。於是政府為了取得白銀，從明初時民戶的實物繳納，逐漸轉向以白銀繳納，鹽業也是如此。在製鹽地區向商人徵收白銀，將收集到的白銀運送到北方，用於籌措軍糧。

當這項納銀開中法變得普遍之後，過去獨占販鹽事業的山西、陝西一帶商人的地位出現動搖，新的商人團體也能加入。黃崇德就是在這個轉換期取得販鹽權利，成功累積大量財富。

黃崇德在離開故鄉時，募集到一小筆資金。新安出身的商人，多半是靠自己的勞力攢點小錢，除此之外，主要還靠三種方法來籌措資金。

新安商人的興盛

第一是史書上記載的「合夥」，幾個人站在平等的地位，各出一點資金參與經營。針對新安商人進行前所未有研究的藤井宏，把合夥稱為「聯合資本」。

第二種是委託資本，將資金託付給具有商業頭腦及值得信賴的人，商人做為出資者的代理人，努力賺取更多利潤。

第三種是透過各種人脈關係提供的資金，其中有來自母親、妻子娘家的奧援，或者以親戚過世後留下的財產當作資金，還有友人或同鄉這類因為個人關係而接受的援助。可以想像，黃崇德也是接受來自友人或是母親娘家的汪姓姻親的資金援助。或者也可能有人看好他正直的個性，將資金委託他運作。

要做鹽的買賣，必須自產地購入大量的鹽，並且運送到指定的地區。要當作一門生意成功經營，需要投入鉅額資金，不是大商人根本別想沾上邊。黃崇德也不是一下子就成為鹽商，他先在山東從小買賣做起，逐漸累積資金。在他擁有能跨過成為鹽商門檻的資金之後，才將大本營移到淮海，這時他已經融入了由山西、陝西商人打造起的商圈。

他之所以能成功成為鹽商，除了見識廣泛，還有長遠的眼光洞悉政策轉變後的走向，找出開拓經營的一條路。而他穩健的經營手法，也獲得管理鹽業的官員及其他資深鹽商的認同，讓他能在產出優質鹽的兩淮地區打下穩定的基礎。

當可用白銀購鹽後，為什麼非製鹽地徽州出身的商人也能成為新興鹽商，保住地位呢？在黃崇德的傳記中也能找到原因。其一，徽州從宋代之後就是文化重鎮，並有家塾等完善的文化設施，住在這裡的人有機會培養高深的學識。在這樣的環境中，言行及教養耳濡目染，遇到與官員交流時就占有優勢。

此外，以歷史上的經驗為基礎，也能發展出商業。加上在傳承宋代儒學的社會風氣中養成的人格，有著做為商人不可或缺的職業道德，這一點也不能忽視。以重視信用的風氣換來委託資本，才有機會擴大經營。

黃崇德向父親學習陸九淵（象山）的學問，邁向商業之路。在宋代儒學中，成為黃崇德人生轉變契機的，竟然不是出身徽州的朱熹所創之朱子學，而是與其對立的陸九淵思想，這一點也很值得留意。

陸靜子像

陸九淵　南宋的儒學家，與朱熹對立，將宋代學問一分為二，建立起延續到明朝王陽明的一派。

朱晦菴像

朱熹　南宋的儒學家。曾一時遭受政治迫害，後以朱子學確立了正統的地位，後世尊稱朱子。

陸九淵的思想與將重心放在沈思儒學理論來修習的朱子學不同，他認為，倫理早已在個人內心，在正視其動向之下就能探尋到真理。這樣的思想，即使沒有時間花在做學問上，只要有心，在每天忙碌工作、汲汲營營之中，也能產生一股意識，成為儒學上所追求的正直的人。

這種意識成為商人道德心的支柱，十六世紀以陸九淵的思想為基礎，之後由王守仁建立起陽明學。這套思想之所以能讓商人等廣大社會階層都能接受，原因就在於此。

遍及全國的商圈

明末出版的小說之中，從幾部作品裡可以看出，新安商人活動的範圍遍布中國各地，買賣的商品也很多樣化。其中，翻開在崇禎五年（一六三二）最早出版的《二刻拍案驚奇》[3]全集，可以讀到徽州商人在遼陽（現在的遼寧省）經商成功的故事，故事情節如下。

時值正德元年（一五〇六），徽州商人程宰與兄長攜帶資金數千，前往遼陽行商。買賣的商品有東北地方特產的朝鮮人參、貂皮，還有松花江下游採到的淡水珍珠。幾年下來經營不善，本錢也用罄。

在徽州，商人返鄉時同宗親族、友人或妻子娘家的姻親，只會看該人從外地帶回多少利息，對利息帶得多的人尊敬，要是帶得少了就會嘲諷。程氏兄弟連老本都沒了，想回家鄉也回不了，只好待在遼陽，在徽州同鄉開的大商號裡工作。由於熟悉帳簿出入，在店裡當了掌櫃，也就是徽州話裡的「朝奉」，晚上回到只有兩間房的租屋處。

正德十四年（一五一九），有天夜裡，一名美女來到程宰枕邊，讓他看到金銀的幻影，就在他要伸手去抓時，美女在房間裡用筷子挾起碗裡的肉，往他臉上扔，問道「此肉可黏在你臉上嗎？」程宰答，「這肉不是我的，又怎能黏在我臉上？」美女聽了告訴他：「此刻你眼中的金銀也不是你的。現下你想伸手拿，也拿得到，但若是拿了不該為你得的，必定招致災禍。如果你真需要金銀，就靠自己經營。」說完後還傳授了商機。

這年夏季，有來自遼東銷售藥材的商人，為了該如何處理滯銷的黃蘗、大黃而大傷腦筋，美女鼓勵程宰收購下來。程宰將工作存下的資金全數投入，買下所有藥材。不久之後，遼東發生流行疾病，程藉此大賺了一筆錢。後來，湖南商人在行商途中遇上大雨，準備銷售的絲綢織品全都淋溼。程聽從美女的建議，買下這些織品。大約一個月後，江西寧王造反，從遼東派遣的軍隊需要布料來製作旗幟。程便將這些受損的織品以三倍的價格全數售出。

隔年的正德十五年（一五二〇），蘇州商人到遼東來銷售棉布，卻因接到母親的死訊，不得不將手上貨品廉價拋售以趕回家鄉。程便將棉布全數買下。到了十六年（一五二一），皇帝過世，所有人民都必須著喪服。然而，遼東原本並不產布，程宰進貨的棉布頓時銷售一空，這時他的手邊持有四千兩左右的白銀。就這樣，程宰成了知名的大商人。

這個故事或許真的反映出當時的事實。程宰最初因為買賣東北地方的特產而失敗，問題就出在他沒有眼光來正確評估商品的價值。之後他買賣的產品都不是高價的物產，而是日用品。東北地方對於服飾不可缺少的纖維產品的需求量很高，收購江南的絲綢織品、棉布來買賣，不無道理。此外，寧王叛亂也屬史實，在本書第六章將會介紹到，因為王守仁的活躍，使得這場亂事在短時間內就能平定。

小說中沒有交代美女為什麼會出現在程宰的身邊。然而，這位神仙美女給他的建議，並不是取得商人有興趣的奇貨，而是要他必須以踏實的生意來累積資產，程宰也依照建議行事，看得出當時商人的氣概。

程宰的成功故事，反映出在十六世紀前半，徽州出身的商人也已進軍北方邊疆遼東。此外，商人買賣的不僅有鹽，從藥材到纖維製品，各式各樣的商品都有。事實上，新安商人的活動範圍遍及全中國，買賣的貨品包括陶瓷器、茶葉、木材等，同時擁有豐富的資金，也經營低利當鋪，後來還投資染色、打磨棉布的手工業，甚至經營工廠。

商人的類型

程宰與其兄長最初帶著資金到遼陽，沒有開設固定的店鋪，而是四處收購特產來販賣。這種從外地來訪並從事交易的商人，就稱為「客商」。程宰接受美女的建議，跟來自蘇州賣棉布的商人交易，對方也是客商。

相對地，在程宰沒了本錢之後，給他一份工作的徽州商人，在遼陽有自己的店面，深耕當地經營生意。這種商人稱為「坐賈」。坐賈跟客商進貨，除了零售之外，也收購當地的產品、透過客商銷售到其他地方。像這種在當地生產者與客商之間，擔任仲介的商人則稱為「牙行」。接著以上海近郊的松江當例子，看看當地坐賈與牙行的實際互動。

長江下游三角洲的松江，地勢稍微有點高，排水良好，從十五世紀左右就盛產棉花，以出產優質棉布著稱，新安商人跟棉布業有很深的淵源。在成化年間（一四六五～八七），徽州出身的商人一手包辦了以棉布為主的生意，甚至還有一種說法是「松江人民的財產幾乎都被徽州商人帶走了」。

徽州的世界遺產　明代時由大商賈建造的豪邸，保存至今。

到了十六世紀，松江棉布銷售到全中國各地，新安商人遂聚集到棉布產地，從棉花栽種到織布，介入整個生產流程。眾多商人帶著資金開店，四處收購農家當作副業生產的棉布，當客商進貨時就負責仲介。

明朝末年，松江有位名叫丁娘子的女性，擁有很精妙的織布技巧。使用她這種技法織出的棉布，質地柔順，又具備保暖性，甚至還會上呈到宮廷，於是丁娘子的名號響徹全國。後來附近農家的女子也學習這種技法，一舉提升了松江棉布的水準。

在農村當作商品販售的棉花，栽培面積擴大，做為農家副業的棉布生產興盛，農民開始買賣周邊的土地。商人也離開城郭都市，到農村附近的交通要衝設置據點，出現了買賣的必要。在水路與水路交集的地點設立市場，規模成長之後，就成了有一整排常設店鋪的市鎮。十五世紀時，長江下游三角洲已經出現很多市鎮，到了十六世紀成了農村交易中心，迅速成長。在松江，南翔、羅店的這些市鎮，已擴大成為棉布集散地。新安商人在這裡開店，包辦了所有交易。十六世紀後半編纂的《嘉定縣志》，對南翔的敘述是「多徽商僑寓，百貨填集，甲于他鎮」。

觀察十六世紀前半新安商人的成功故事，就能了解多數都是依循這樣的階段成為鉅商。先在故鄉拓展本身的教養與人脈，收集資金前往遠方。買賣一些利潤好的物資，同時累積資本，當本錢存夠之後就在市鎮開間小商店，專門買賣棉布這類穩定的商品。若能成功累積大筆資金，就轉為鹽商，在楊州、杭州、蘇州、南京等大都市設置據點，加入全國性的大規模買賣。衣錦還鄉，蓋起豪邸的也不少。至今在徽州仍保留著在明代時興建的豪邸，並被指定為世界遺產，這些建築都是經商成功的大商賈所建造。

當然，並不是所有自徽州離鄉背井的年輕人都能成功。遇挫後回到家鄉，也會遭受嘲笑，或是要求償還委託資金。因此不少人有家歸不得，最後終於和故鄉的家人斷了聯絡，下落不明。或是試圖起死回生，而幹起旁門左道的買賣。當時，有一門冒著生命危險卻能有高獲利的生意，就是明代王朝政策嚴禁的海外交易。從新安商人轉為走私商，其實只在一念之間。

中國海商與日本

寧波之亂與越界者

中國商人轉換跑道成為走私海商的過程中，於十五世紀出現了越界者。一開始就像第二章說明過的，在元末的混亂中，有一群人在明朝統治下無法安居

「倭寇圖卷」 描繪十六世紀後期倭寇的畫軸，圖中為倭寇與明朝官兵交戰的情景。

樂業，不得不往海上發展，於是就成了越界者。之後有一段時間，倭寇攻擊中國或朝鮮的沿岸地區，有些人遭到倭寇俘虜，被迫到了日本工作。

還有不少人是基於個人因素，離開了生長的土地、遠渡重洋。這些人大多跟當時的日本人有相同的遭遇，隸屬日本的主人，努力討生活。有一技之長者，才華受到肯定，在將中國技術移植到日本時，扮演重要的角色；有學識教養的人，在日本領主手下擔任口譯，與中國或朝鮮交涉時更是受到重用，不可或缺。

有位留名青史的越界者，名叫宋素卿，弘治年間（一四八八～一五〇五）出身浙江，被當成未交貨商品的抵償帶到日本去。

當時日本室町幕府的威信低落，以細川、大內等有力的守護大名為主，陷入分裂。在各方勢力背後，日本國內有兩個商業團體，為了做生意而針鋒相對。堪合貿易遣明船的派遣，回歸到接受堺區商人後援的細川氏、以及接受博多商人後援的大內氏手中。

這些人需要有能力的交涉人員，宋素卿成為日本與明朝的交易窗口，熟悉寧波的狀況，很可能也擅長談判交涉。他的才能受到細川氏的賞識，讓他負責與中國交涉。正德九年（一五一四），宋素卿以綱司（談判代表）的身分搭上細川氏的船舶來到寧波。

細川與大內相較之下，處於不利的地位。正德元年派遣朝貢船時，大內並未向幕府提出標記新的正德年號之堪合符，而是獨占為己有。然而，細川只握有已經無效的弘治年號堪合符。嘉靖二年（一五二三），大內派遣三艘堪合船。另一方面，細川仍派遣遣明船，讓宋素卿擔任副使，帶著弘治堪合符，進行實質交涉。

雙方的船隻以大內的率先抵達，加上細川又沒有正式的堪合符，眼看處境十分不利。然而，身為副使的宋素卿賄賂了市舶司太監賴恩，不但先完成貿易商品檢查，安排宿舍時也硬是排擠大內的使節團而進入市舶司，連在宴會上的座位都成功讓細川的人馬搶到上座。

持有正規堪合符且先行入港的大內使節團，對此表示強烈的憤怒。大內攻擊細川的人馬，殺害了十二人，還燒了招待所嘉賓堂及細川一方的船隻，雖然對逃脫的宋素卿一行人進行追捕，卻沒能順利抓到，最後在幾番燒殺之後走海路逃脫——這起事件稱為寧波之亂。

事發之後，明朝展開調查，查出事件開端起自宋素卿賄賂市舶司太監，遂將宋等人發落入監。為了進一步調查，宋素卿被發送到位於杭州的浙江按察司監獄，但沒多久宋就病死在獄中。另一方面，市舶司太監賴恩卻沒有因這起弊案被彈劾，可推測是因為宦官與皇帝的關係密切，站在同一陣線的結果。

明朝並沒有因為這起事件而打算終結朝貢貿易，但經過寧波之亂後，明朝對日本加強警戒，不但海防更森嚴，也嚴格限制日本貢船每年的次數與來訪的人數，日本與中國之間的交易也有嚴格的限制。

就在寧波之亂後續處理的同時，日本出現了即將席捲整個東歐亞地區的變化。

日本銀的出現

石見銀山的銀礦坑口　已於一九二三年閉山，銀產量曾占全球三十％。二〇〇七年被聯合國教科文組織列為世界遺產。

一五二〇年代，在中國為嘉靖初年，日本則是大永年間，博多商人神谷壽禎為了收購銅，搭上往出雲的船；航行在日本海時，從船上往陸地望去，發現山腰上閃閃發光。於是，神谷在大永六年（一五二六）帶著技術人員一同前往該地，發現了露出地表、極為大量的銀礦。

這個地方就是石見銀山，天文二年（嘉靖十二年，一五三三）丹宗、桂壽等幾位朝鮮技術人員從博多出發到石見銀山，還引進了大陸的精鍊技術灰吹法。

在日本的史書上，不少都提到灰吹法是當時最先進的技術。然而，從銅等容易氧化的卑金屬中分離出金、銀的灰吹法原理，早在西元前兩千五百年左右就在西亞發現，中國的後漢文獻中也曾記載此事。作業的流程是先將銀礦和鉛融化後製成合金，將合金放在爐內鋪好的灰上，並將爐內加溫。氧化的金屬表面張力變差，在高溫下氧化的鉛滲入卑金屬，一起被灰吸收，但不容易氧化的銀由於不會被灰吸收，便在灰上化為一顆顆小球，冷卻後成了銀塊。

二〇〇〇年十一月，在石見銀山精鍊之後棄置廢屑，又稱為垃圾山的地方，發現了呈現銀色、綠色的顆粒狀金屬，重量為五．九五公克。使用X光分析的結果，含有將近八成的銀，表面檢驗出有鉛、銅、鐵等，裡頭則附著鈣質，這是煉銀時所使用的灰之成分。由於檢測出銀之中有灰的成分，以及使用灰吹法在獨特的表面張力下，銀會自然凝固成顆粒狀，判斷出這是灰吹法煉製的銀。從出土層研判是十九世紀時遺留下來，這些銀粒遺跡大大轉變了歐亞地區的歷史。

在前一章已經提過，從十五世紀中葉之後，中國的財政與經濟變得非要有白銀才能循環下去。這並不是因為突然有大量的銀提供市場所需才導致這樣的變化，原因出在十四世紀編制的里甲制、衛所制、關中法等各項制度出現矛盾，使得國家不得不使用白銀來維持營運。

十五世紀浙江與雲南等地的銀礦持續開採，但產量不足支應帝國所需。十六世紀初期，開始有從朝鮮流向中國的白銀，卻仍然不敷需求。如果情況這樣發展下去，東歐亞地區的交易將無法控制，只留下支撐著朝貢體制框架的枝微末節。

在充滿危機的狀況下，十六世紀三十年代，日本成為最大的白銀供應來源。日本需要銅錢、生絲等中國物產，中國則渴望日本的白銀。然而，寧波之亂以後，明朝對於來自日本的船隻戒備森嚴，伴隨朝貢而來的交易也比以往多了很多限制。不過，交易的洪流顯然已經無法靠帝國的力量來遏止。中國與日本之間的交易，突破了朝貢機制，而轉為由民間武裝的海商來主導。[4]

在日本的白銀出現之前，違反明朝海禁政策進行的走私交易，以東南亞地區的比例較高。中國進口產自東南亞的蘇木、胡椒等物產，同時輸出陶瓷器。中國的物產經過東南亞的港口，再繼續轉運到西亞、歐洲各地。

走私貿易的據點

對東南亞的走私交易據點，就在福建省月港。這個港別名月泉港，位於沿海都市漳州的東南方。月港這個名字的由來，就是港在山間，碼頭像是個彎月的形狀。自宋代到元代，維持著中國與東南亞交易的泉州港，進入十六世紀後由於砂石淤積，使得港口功能不良，取代泉州港的新港口，就是這處迅速成長的月港。

十五世紀前半，漳州的海商已經視王朝的禁令為無物，進行海外交易，而月港也因為成了交易據點而發達起來。沿海地區的資本家將走私當作牟利的好機會，紛紛投資，其中也有朝廷官員的宗族，打造被禁止的大型海船，參與交易。當時漳州的商人很多都從事走私交易。成化、弘治年間（一四六五～一五〇五年），月港又稱「小蘇杭」，可見其繁榮的程度已經直追江南的大都市蘇州、杭州了。

到了十六世紀，途經印度洋進出東海的葡萄牙人開始出現在月港。一五一七年，葡萄牙商船在廣東遭到明朝官員驅趕，為了尋找新據點，北上到了月港一帶停泊。此外，西班牙人跟日本人也會來此交易。

每歲孟夏以後大舶數百艘、乘風卦帆、蔽大洋而下。……閩廣之地。富商遠賈。帆檣

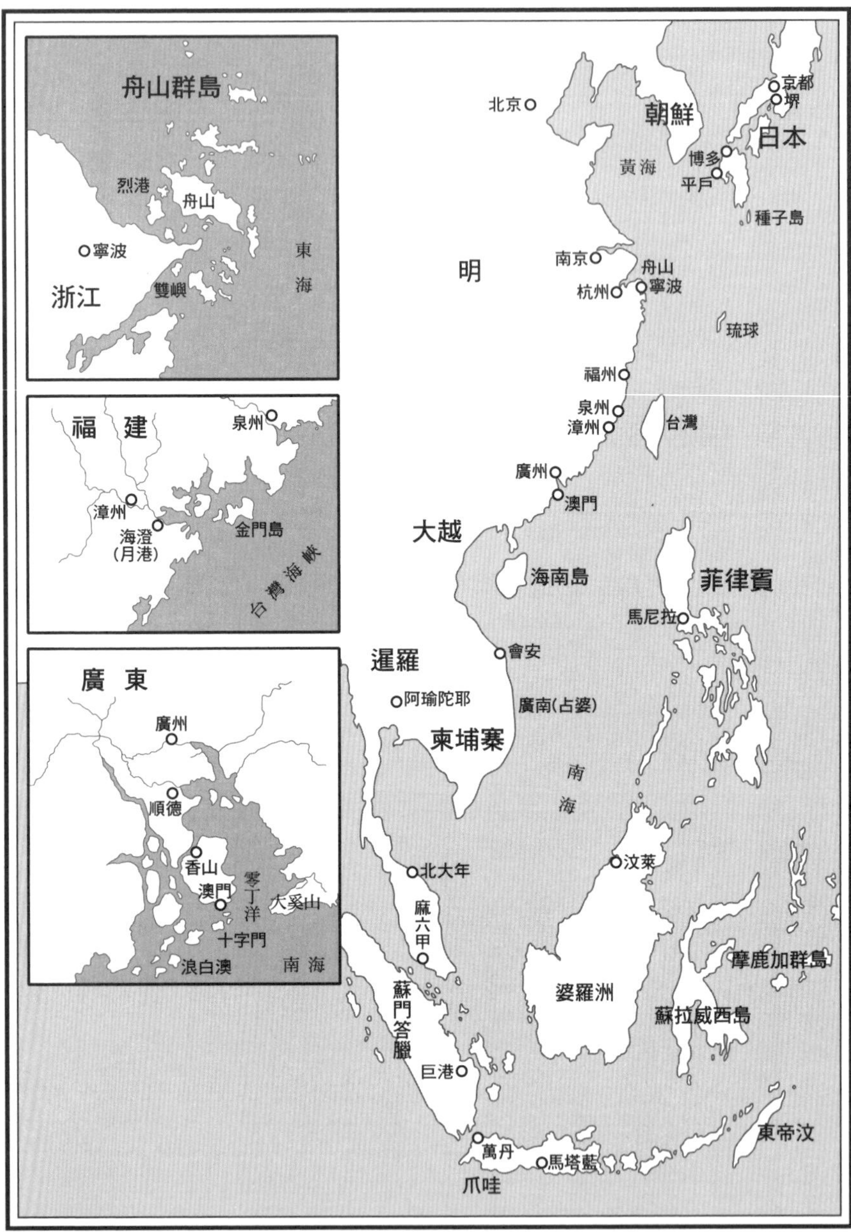
舟山群島
烈港
舟山
寧波
東
海
浙江
雙嶼
福
建
泉州
漳州
海澄
(月港)
金門島
台灣海峽
廣
東
廣州
順德
香山
澳門
零
丁
洋
大奚山
十字門
浪白澳
南
海
北京
朝鮮
京都
堺
日本
博多
平戶
黃海
種子島
明
南京
舟山
杭州
寧波
琉球
福州
泉州
漳州
台灣
廣州
澳門
大越
海南島
菲律賓
馬尼拉
暹羅
會安
阿瑜陀耶
廣南(占婆)
東埔寨
南
海
北大年
汶萊
麻
六
甲
摩鹿加群島
婆羅洲
蘇
門
答
臘
蘇拉威西島
巨港
東帝汶
萬丹
馬塔藍
爪哇

南海貿易據點

如櫛。物貨浩繁。應無虛日。[5]

以月港為據點的商人們，為了對抗明朝海禁政策取締走私交易，隨時都得全副武裝。

江南的國際貿易港

月港的缺點就是並未直接連結江南地區，畢竟這裡是生產絲綢織品的中國經濟中心，也是外國物產的消費重鎮。十六世紀，位於江南地區外海，屬於舟山群島之一的雙嶼港迅速成長，甚至要凌駕月港，以補其不足。雙嶼港比第三章提到的蘭秀山還偏南，蘭秀山對江南地區而言是出黃海的停泊處，相對地，雙嶼港就是東海航線的據點。

明朝在十四世紀鎮壓了蘭秀山之亂後，擔心舟山群島成了倭寇等海上勢力的據點，將很多島上的居民強制移居到內陸，採取島嶼無人化的政策。然而，浙江沿岸地區從事製鹽的灶戶，必須往來於島嶼間砍柴，以因應煮鹽所需。為此，十五世紀時灶戶的規範鬆綁後，為了逃避沉重的負荷，許多製鹽業者便在舟山群島定居。可以想像，在海商尋找據點北上東海時，眼前出現的各個島嶼都成了脫離明朝控制的百姓們新居地。

十六世紀，先是葡萄牙人出現，將雙嶼港當作據點。推測一開始應該是由出身福建的商人協助葡萄牙商人，時間大約是在嘉靖三至四年（一五二四～二五）之間。這個據點遠離陸地，可以避開明朝的取締，安心交易，又比月港擁有更好的條件。之後掌握了江南商城的徽州商人，也逐漸往來於雙嶼港。此外，到了一五四〇年左右，日本的白銀正式流入中國，位於江南與日本海路上的雙嶼港，開始有了中國、葡萄牙、日本等地商人聚集的國際交易港規模。

在雙嶼港達到巔峰的全盛時期間，常在東海上活動的葡萄牙人平托（Fernando Mendes Pinto）[6]於嘉靖十九年（一五四〇）對「Liampo」這個港口城市，有了以下的描述，「Liampo」指的就是福建方言裡的「寧波」。

航海六日之後抵達Liampo（雙嶼港）大門。這是離當時葡萄牙人經商地點三里（大約十五公里）的兩座島。Liampo是葡萄牙人在陸上打造超過千戶的聚落，由市參事會員、陪審員、地方長官，以及其他六、七名共和國法官與官員來治理，這個地方……住了三千人，其中有一千兩百人是葡萄牙人，其他人是來自各國的基督教徒。根據許多清楚狀況的人所言，葡萄牙人的交易金額超過3 conto，買賣的多半是兩年前發現的日本白銀，聽說無論拿什麼到日本，都能賺回三、四倍。[7]

平托的著作中常有特別誇張的內容，這段描述的正確性也令人存疑，不過還是能看出來，這個發達的港口都市是葡萄牙商人在日本、中國之間行商的據點，葡萄牙人還在此地設置行政機構，很可能是要將這裡打造成與印度的果亞、東南亞的滿剌加並駕齊驅的都市。

最初負責管理雙嶼港的海商，是個綽號叫李光頭的福建商人——李七。李七很可能就是將葡萄牙人從福建沿海的交易據點月港，引介到靠近江南的舟山群島的人。然而，原先以江南地區為商城的新安商人集團，在與江南的交易變得活絡後，也將勢力拓展過來。

徽州出身的海商

繼李七之後掌握港口主導權的，是徽州出身的許棟（許二）。在收集倭寇相關記錄的《日本一鑑》[8]中記載，許棟在四兄弟裡排行第二，他先和弟弟許三赴滿剌加（今譯麻六甲），建立起交易交流網，之後獲得留在中國的兄弟許四、許一等人協助，從事起走私交易。此外，根據取締倭寇一舉成名的胡宗憲之著作，許棟在福建被捕後逃獄，並與倭寇結盟。綜合兩種說法，許棟在東南亞與中國之間從事走私，回到交易大本營福建時遭到逮捕拘禁。

出海的許棟一行人，跟在陸地上活動的新安商人，做起生意有相同的習慣，因此很容易取得葡萄牙跟日本商人需要的中國物產。在海洋與陸地之間，人才、物質，以及做為貨幣的白銀，三者形成特殊的管道。透過這個管道投身海洋，進而嶄露頭角的海商代表，就是之後成為倭寇大頭目、名聲響亮的王直。

王直，也有人寫作汪直。年輕時因為想成為鹽商而踏上商途，在國家治理下的鹽業卻很容易出現弊端，王直也在犯了明朝的禁令後，斷送了成為鹽商的路。到了嘉靖十九年（一五四〇），他前往廣東，加入漳州海商集團，打造大型外海船從事走私。福建的海商都是從與東南亞交易開始活躍起來，推測王直一開始也是往返於中國與阿瑜陀耶、滿剌加之間。

此時恰巧是火繩槍（日文稱「鐵炮」）傳入沖繩的時期，後來的《鐵炮記》[9]中提到，一名稱為「大名儒生五峰」的人，是葡萄牙人搭乘的船隻之船主，他就在葡萄牙人與種子島領主之間以筆談來交涉。由於五峰就是王直後來自稱的號，有人推測這號人物就是王直。根據葡萄牙的記載，一五四二年有三名葡萄牙人從阿瑜陀耶逃脫，在前往Liampo（雙嶼港）的途中遇到狂風，漂流到日本，由此有充分的線索可以將《鐵炮記》中的五峰視為王直。如果這個推測屬實，就能判斷王直是為了開拓與日本交易途徑，才接近九州沿海。然而，由於王直是在十六世紀中葉之後使用五峰這個名號，無法斷言就是他將火繩槍傳入日本。

嘉靖二十三年（一五四四），王直成為許棟的手下，而從前一年開始，許棟已經治理起雙嶼港。王直在許棟手下負責「管庫」的任務，也就是總管海商集團的財務。王直能位居這項要職，正是因為他出身徽州，具備財務管理的技能，也具備身為商人值得信賴的特質。在網路上有一份公開的倭寇相關詳細報告「海上史事件簿」，報告的編者推測王直的「直」並非本名，而是在海上行動的其他人給他取的別名，或許是因為「直＝直率、正直」的形象，而這個推論的可能性很高。日本在出產白銀之後，重要性突然大大提升，而王直就在許棟手下負責開拓與日本交易的管道。

這段時期，日本的使節暫留在寧波。寧波之亂過後，明朝對日本使節的管制愈來愈嚴格，到後來甚至去不了北京就要打道回府。王直和日本使節接觸，在嘉靖二十四年（一五四五）渡海到日本。[10]這一年，三個日本博多商人，其中一位名為「助才門」，他們在王直的帶領下造訪雙嶼港。因為這個機會，讓中國與日本之間的交易出現了快速的進展。

如此熱鬧繁榮的雙嶼港，卻突然走入歷史。嘉靖二十七年（一五四八）四月，浙江巡視都御史朱紈派遣軍隊，掃蕩了以雙嶼港為據點的交易商人。這場軍事作戰非常激烈，先以軍艦包圍港口，讓島嶼陷入孤立，之後趁著夜黑風高展開攻擊。

由於這場攻擊來得突然，許棟商團的重要人物李光頭、許六等人遭到逮捕，許棟與許四不得不往東南亞地區撤退。此外，在打鬥中慘遭殺害和在混亂中溺斃的有好幾百人。祀奉海上男兒信仰的媽祖的天妃宮，以及多數船隻也被燒毀。朱紈曾寫下記錄，戰鬥結束後的五月，他站在眺望港口的小山丘上，放眼望去，經過四十多天，此地成了寸草不生的廢墟，完全看不出任何顯示過去繁榮的跡象。

從海商到倭寇

因為這起事件，逼得海商得和明朝作對。過去以雙嶼港為據點的海商，全集結到王直手下，在舟山與大陸之間的烈港重起爐灶，繼續跟日本做生意。王直吸收其他的海上勢力，擴大自己的版圖，達到稱霸東海的境界。嘉靖三十二年（一五五三）官兵再次攻擊新據點烈港，王直退出中國沿海。在這起事件之後，逐漸演變成「嘉靖大倭寇」的態勢。

「大倭寇」一詞的來源，據推測是中國沿海統轄海上勢力的人消失，導致情勢無法控制，集團裡的部分成員行徑失控所導致。其中一位出現大動作的就是徐海，他與王直分家後一直在江南地區搶劫。徐海這個人的個性輕浮，只是因為他叔父徐銓和王直是老交情，因為這段淵源，他才進入海上世界，並不是海商出身。

徐海一夥人認為與其做生意賺取利潤，不如用搶的能更快致富。他從日本帶來一群武士，並在攻擊都市以及與官兵對峙時指揮、率領隊伍。這樣的行為並非單純的盜賊，而已是有組織性的軍事行動，這表示倭寇的搶劫範圍已經能深入內陸。此時，來自中國各地的無賴，以及對官兵不滿的民眾陸續加入倭寇的活動，參與行搶。至於沿海地區的村莊，男子就像到外地工作一樣加入倭寇，獲得戰利品滿載凱旋，還會受到村民熱烈歡迎。

另一方面，離開雙嶼港的王直又有什麼變化呢？首先，他將海上活動的據點定在明朝官兵無權管轄的日本沿海，九州的五島列島以及平戶，就是王直的根據地。現在長崎縣五島市（五島列島）的福江町市區，還留有王直曾使用過的六角水井，以及祈求航海平安的明人堂。此外，據說王直在平戶設下據點不久後，過去到雙嶼港的葡萄牙人也大量的聚集而來。

就外型上的轉變來說，在那起事件後，推測王直像日本武士一樣把頭髮剃掉，可能梳成「月代」的髮型。也就是在日本古裝劇中常看到、梳得高高的髮髻。這種將一部分頭髮剃掉的髮型，始見於平安時代後期。原本武士在戰鬥時身穿盔甲，為了防止熱到頭暈，每次出征前都要剃髮。應仁之亂後，戰爭持續不斷，原先應戰前的準備成了武士外表的象徵，演變為一項風俗。

十四世紀，月代髮型還沒形成風俗，尚未變成代表日本人的指標。出現在十四至十五世紀記錄中的倭寇，身上穿著「倭服」，但對於髮型則沒有特別描述。然而，十六世紀後期關於極盡猖獗的倭寇，在各種記錄上都顯示，就連原籍中國、後來加入的成員，也都剃了頭髮或梳起髮髻。之後勸服王直投降的使者，也是跟梳了月代髮髻的王直對談。

在中國沿海鬧得天翻地覆的倭寇，仿效了日本武士的髮型。遭到倭寇抓走的中國居民，也被強制剃髮加入其行列。倭服可以換掉，但髮型一時之間無法改變。一旦被官兵逮捕，很可能被當作倭寇處決，因此只好依附在倭寇的勢力下。髮型成了倭寇拓展勢力的一種手段。也有官兵會逮捕頭髮較少的平民，謊稱是抓到倭寇來邀功，因此在當時，「髮型」可說是決定生死的重要關鍵。

十六世紀明朝遭遇的狀況稱作「北虜南倭」，下一章會說明北方的狀況，主要是成吉思汗後裔的韃靼以武力施壓，要求明朝擴大交易規模，此為「北虜」。韃靼也是依照蒙古族的風俗習慣，會剃掉一部分頭髮。換句話說，從視覺印象看來，所謂的北虜南倭，其實就是還留著髮的明朝人面對一群剃了頭髮的異樣軍團，大傷腦筋。

千萬不能小看髮型的問題，因為剃髮的行為代表了否定明朝所制訂的禮儀。十七世紀，滿州人建立清朝統治中國時，也是強迫漢人依照制訂的髮型剃髮。髮型牽涉到的政治史，從十六世紀經過清朝統治下的中國，持續到清朝結束統治的二十世紀。海上商人因為剃掉頭髮，搖身變成了對抗明朝的倭寇。

冒險商人與傳教士

東歐亞地區的海上世界，其商業活動開始蓬勃的時期，在歐亞大陸西側也有船隻陸續出海。一四九四年，羅馬教皇亞歷山大六世在地圖上劃一條線，訂

葡萄牙人來到東方

出葡萄牙與西班牙獲得殖民地的勢力範圍，以西經四十六度三十分為界，訂定以東為葡萄牙，以西

胡椒　將歐洲人吸引到東洋的香料之王。

是西班牙的勢力範圍。基於這個托爾德西里亞斯條約，葡萄牙人之中像是達迦瑪（Vasco da Gama），或是印度總督阿爾伯克基（Afonso de Albuquerque）等，以這些冒險商人為首，加入了在印度洋及東海上已經建構起來的商業網。

為什麼歐亞大陸的兩側會幾乎在同一時期出現往海上發展的跡象呢？十四世紀蒙古帝國支持的交易體系瓦解後，歐亞大陸各地就分別由各個政權來掌控，結果導致十五世紀歐亞大陸進入交易衰退時期。經過將近一百年的摸索期，從蒙古帝國的殘骸中攝取養分，希望能從中孕育出新的交易型態。在這股巨大的潮流中，將歐亞大陸西側帶到所謂「大航海時代」的起點，東歐亞大陸的海商時代也同步展開。

然而，在商業時代開啟的十六世紀前半，這個時代大放異彩的白銀還沒出現。牽制著歐亞大陸商業時代的地區，是東南亞，經過十四世紀分水嶺的時代，不能忽視這處能提供歐亞大陸東西側所需物資的地方。

中國商人到海外尋找的一樣物產，就是胡椒（學名：Piper migrum L.）。這種原產於印度的香料，引進東南亞之後，從十五世紀左右被大量栽培。栽培胡椒的內陸地區與鄰近大海的港口都市連結之下，就能透過海洋將胡椒提供到全球各地。胡椒是同時吸引歐亞大陸東西岸的商品。不僅歐洲，在中國、朝鮮的需求量也愈來愈高，這也是一項讓東西方商人會想來到東南亞的商品。

阿爾伯克基畫像 十六世紀初，葡萄牙的第二任印度總督。

在中國，海商冒著觸犯國家禁令的風險赴東南亞，採購胡椒。此外，朝鮮則經由琉球、日本進口胡椒。如果原產於美洲大陸的辣椒沒有被帶到東亞地區，相信現在中菜以及朝鮮的泡菜，一定是用胡椒來調味。至於日本對胡椒幾乎沒什麼需求，原因是沒有受過蒙古帝國的統治，肉食的習慣並未普及。另一方面，一五〇六年，也就是十六世紀初的里斯本，每一公擔（quintal，五十．八公斤）的胡椒賣價為二十二克魯札多（cruzado）。同樣的量在產地東南亞的原價只不過六．〇八克魯札多，利潤高達百分之兩百六十二。香料的魅力完全將葡萄牙的野心人士吸引到大海上。

一五〇五年，葡萄牙在親王法蘭斯高．德．阿爾梅達（Francisco de Almeida，首任總督）的帶領下，進軍印度洋並建立起商業交流網。第二任印度總督阿爾伯克基在一五一〇年占領果亞，隔年一五一一年又占領東南亞交易中心的所在地滿剌加。此地有很多中國裔商人，葡萄牙人很清楚跟中國做生意有利可圖。例如，將胡椒帶到中國就能獲得三倍利潤。與其長途跋涉將香料運回里斯本，不如帶到中國能更快獲取利潤。因為中國近在眼前。

一五一三年，歐維士（Jorge Álvares）從葡萄牙屬地滿剌加出發，搭乘中式帆船航行於珠江河口，在澳門與香港之間的伶仃島上岸，成了第一個登上中國領土的葡萄牙人，換成中國的年號是正德八年。正德十二年（一五一七），國王的使者皮雷斯（Tomé

Perez）在廣州登港，要求與明朝建立邦交。經過從各方面送賄等，用盡手段尋求可能性，終於在正德十五年（一五二〇）五月經由宦官首領，也就是內廷太監江彬的引介，得以晉見到南京巡視的皇帝朱厚照（武宗・正德帝），之後還跟著皇帝來到首都北京。

然而，葡萄牙人的言行並不遵循中國的禮教，經常處處惹上麻煩。對皮雷斯而言算是時運不濟，一五二一年朱厚照過世，原本已打好關係的宦官遭到處決，失去後盾的皮雷斯被趕出北京，後來在廣州入獄。這起事件之後，葡萄牙人也被趕出廣東，他們遂與中國海商結盟，將月港・雙嶼港當作活動據點。

冒險商人的世界

一五三七年，一名名叫平托的男子，從里斯本的碼頭出發前往亞洲。接下來的二十一年裡，他在亞洲遍歷各個港口，以冒險海商之姿見識東歐亞地區的海上世界。回國之後完成的著作，就是前面引用過的《遠遊記》（東洋遍歷記）。

這本書裡寫著平托經歷的歷史大事件，最厲害的就是他曾漂流到日本的種子島，親眼目睹了火繩槍傳入的一幕——其實，這些都不符史實。這本書雖然充滿了誇張不實的內容，不過從傳教士留下的記錄，能夠肯定的是，平托的確往返東南亞、中國與日本之間，累積不少財富。

可以將《遠遊記》視為平托以本身的經驗為基礎，加上當時葡萄牙人圈子裡討論的傳聞為題材，夾雜一些虛構故事寫出的冒險小說。正如日文版的譯者岡村多希子在解說中的觀點，也可將這本著作定位為流浪冒險小說。然而，書中敘述的內容或許不是「曾發生過」、而是「可能曾發生」

的事。除了窺見十六世紀海上世界的風貌，也沒有比這個更充滿刺激的史料。下面就介紹一些能令人充分感受到海上氛圍的內容（《遠遊記》第五十六章～第五十七章）。

平托在爪哇島西部的萬丹遇到了名叫法利亞（Antonio de Faria）的商人後，便加入這一群人。這個商人是個虛構的人物，塑造成葡萄牙冒險商人的理想典型。法利亞一行人遭遇穆斯林海盜攻擊，商品也被搶走。法利亞為了報仇，搶了艘中式帆船，從東南亞北上，經過占城、海南島，目的地是中國的雙嶼港（Liampo）。

在途中，竟然又偶遇從琉球前往馬來半島東岸北大年的中式帆船。「這艘船是一名叫龐江的中國海盜所有，他對待葡萄牙人很親切，非常喜歡葡萄牙的風俗習慣與服裝。船上有三十個葡萄牙人，都是受雇於龐江的貼身精銳士兵。除了工作報酬之外，他們還從龐江身上獲得數不盡的利益，每個人都很富有。」這艘海盜船想要搶劫法利亞一行人，在施放大砲下慢慢接近。就在差點引爆一場海戰之際，發現雙方船上都有葡萄牙人，情勢急轉直下，一拍即合。

中國海盜龐江說明自己的身世，「過去坐擁大筆財富。……但經歷幾次不幸的災難，失去了大部分的財富，也不敢回到妻子所在的北大年。因為沒有獲得國王許可就出國……自己很清楚擅自出國是犯了法。」說完之後，他要求出借帆船、手下的士兵，以及槍械大砲來交換法利亞手上的三分之一貨物，兩人並當場簽約。法利亞稱，「對著福音書起誓就一定要做到，而且立刻簽署需要的文件，並有在場十到十二個公正廉明的人來見證。兩人依約進入距此地五里（約二十五公里）的阿奈河，並仔細調查過，在那裡需要賄賂鎮上的司令官一百克魯札多。」

後來，法利亞一行人依照龐江的建議，在福建的港口城市「Sinsieu」（可能是漳州）下錨，在此地向來自異他、滿刺加、帝汶、北大年等地的葡萄牙人，收集雙嶼港的相關資訊。因為當時該地有傳聞道，「中國皇帝發現了葡萄牙人不像以前聽到的那樣誠實、愛好和平，不希望讓這些人繼續留在國內。因此下令逮捕住在雙嶼港的葡萄牙人，還要燒掉葡萄牙人的船跟聚落。奉中國國王之命，有十萬名士兵搭乘四百艘中國帆船組成艦隊，前往雙嶼港。」但後來多方收集消息之後，發現中國官兵前往的好像是另一個地方，於是法利亞等人依舊朝雙嶼港前進。

從這段可能的故事裡，解讀出很多訊息。首先，葡萄牙貿易商到東歐亞地區做生意時，幾乎都是身無分文就踏進這個圈子。他們當海盜，或是受雇於中國海商，也可能接受中國商人投資，在採買商品時獲得資金，一五四〇年之前往返於東南亞與東亞之間，一五四〇年代之後將主要的往返地點轉向日本與中國，牟取利潤。跟後來西班牙人的勢力在從美洲大陸取得當地產銀後也加入與中國交易的過程，這一點大不相同。

中國船長龐江是在中國與東南亞之間活動的商人兼海盜，在海禁政策下的中國國內並未安設根據地，他在東南亞的港口城市娶妻生子，接受當地的統治。在龐江的中式帆船有大砲之類的武裝，船上還有做為武力的葡萄牙人。推測抵達種子島傳入槍砲的那艘船上，很可能也由類似的成員組成。龐江這類人在海上視情況搶劫其他船隻，或是彼此交易。此外，還會告訴葡萄牙人該停到哪一個港口，上陸之後便介入當地的官員與葡萄牙人之間，扮演溝通交涉的角色。

傳教士的出現

十六世紀中葉，在夢想一攫千金的冒險商人之後，出現在東歐亞大海上的是以傳福音為使命的傳教士。根據《遠遊記》的內容，平托從日本跟武士彌次郎一起回到滿剌加，並向他介紹聖方濟．沙勿略。

沙勿略的背景簡例如下：出生於西班牙與法國交界處的納瓦拉，是沙勿略城城主之子，與聖依納爵．羅耀拉（San Ignacio de Loyola）共同致力創立耶穌會。後來受葡萄牙國王約翰三世之命立志傳教，一五四二年以印度果亞為活動重心，之後很可能在移往滿剌加傳教時認識了彌次郎，遂到日本傳教。決定到日本之後，他搭乘中式帆船於一五四九年登陸鹿兒島；在日本停留兩年三個月之後回到果亞，決定前往中國傳教。一五二二年，他以傳教名義抵達廣東港外的上川島，卻沒有獲得入境許可，其後可能染上瘧疾，在當地猝死，遺體最後移往果亞安葬。

根據平托寫給耶穌會的書信，平托借給沙勿略一筆在日本的活動資金，據說這筆錢就用來興建日本的第一間教會。從滿剌加將沙勿略的遺體運往果亞的船上，平托接觸到神父的遺體後大受感動，最後成為耶穌會的修士，並捐獻出大部分的財產。之後當巴萊多（Melchior Nunes Barreto）繼承沙勿略的腳步前往日本傳教時，平托也提供他旅費，並且親自以親王使節的身分到日本去。這一段歷史並非誇張不實，從其他史料中也獲得佐證。

從平托與沙勿略的關係可以了解，傳教士透過冒險

聖方濟．沙勿略（San Francisco Javier）像　西班牙傳教士（一五〇六～五二）。耶穌會創辦人之一，第一個將基督教傳入日本的人。

商人在東歐亞地區開拓的人際關係網來收集資訊，找尋傳教的可能性。此外，傳教時需要的資金也是向冒險商人借貸，或是尋求捐助。冒險商人則藉由捐助的行為，希望為自己在累積資產過程中犯下的惡行贖罪，尋求心靈的平靜。

派遣傳教士到東歐亞地區的不只耶穌會，後來寫下《中國誌》（*Tratado das cousas da China*）的達克魯斯（Gaspar da Cruz）就是出生於葡萄牙的道明會傳教士。他在一五四八年從里斯本出發前往果亞，一五五四年轉往麻六甲。一五五五年嘗試在柬埔寨傳教卻失敗，透過當地的葡萄牙人交流圈，發現了到中國傳教的可能性。

一五五六年，他抵達位於澳門西方一處葡萄牙人的交易據點——浪白澳。他便在這裡上街頭對中國人傳教。然而，在這裡傳教的效果不彰，一五五七年他撤出中國回到麻六甲。他得到的結論是，在官員嚴格監督下的中國，難以對民眾傳教、促使他們改變信仰，必須先讓傳教士進入宮廷，從社會高層滲透才行。

這樣的感觸相信當時的傳教士都有同感，而第一個真正落實這個想法的，就是耶穌會的馬堤奧・里奇（Matteo Ricci）。他出生於義大利，在一五八二年進入澳門，終於在一六〇一年獲准永久居留於明朝首都，北京。這位以「利瑪竇」的中文名字聞名的人物，之後將在第七章詳細介紹。

交易港澳門的形成

對葡萄牙貿易商人來說，嘉靖二十七年（一五四八）雙嶼港的毀壞也是個重大轉機，在傳教士達克魯斯的《中國誌》裡，可詳細了解葡萄牙人眼中取締走私的過程。失去了江南沿海地區的據點後，葡萄牙人除了在日本長崎設置據點外，在中國則選了靠近廣州的澳門地區。

這裡有陸地與沙洲連結的澳門半島，南側海面上有氹仔島與路環島。在持續填海之下，現在兩座島嶼已經合而為一。半島與島嶼包圍的水域稱為十字門，半島西南側，也就是現在珠海市南水鎮的海岸就稱為浪白澳，各自停泊著外海大船。以當時的行政區來劃分，澳門半島屬於廣東省香山縣，境內只有兩個小漁村。

嘉靖三十二年（一五五三），葡萄牙人的船隻觸礁，原先準備進貢給朝廷的物品溼透，葡萄牙人提出申請，希望能上岸將物品曬乾，並賄賂中國管理單位的海道副使汪柏，後來順利上岸。到了嘉靖三十六年（一五五七），官員不得不承認這個既定事實，便允許將此地劃設為暫時居留區。這就是書末附錄的歷史年表上所載「一五五七年，葡萄牙獲得澳門居留權」的實際原委。這種強硬的作風，或許是冒險商人的特色吧。

葡萄牙人搭築建築物、城寨，打造了三巴門、水坑門、新開門，區隔出中國與葡萄牙居留區。一五六三年，居住在澳門的葡萄牙人高達九百人。萬曆元年（一五七三），明朝正式承認葡萄牙人在澳門居留，代價是每年需繳納地租五百兩。萬曆二年（一五七四），明朝政府在半島與大陸連結的沙洲設置關卡，並配有官兵駐守，監視葡萄牙人的往來。關卡也有固定的開放時間，在開放時間內可與居民進行買賣糧食等交易。

葡萄牙人在進軍東方時，船隊司令稱為「Capitão-mór」，後來對居留地的首長也沿用此一稱呼。一五五六年，原為中國與日本的交易總負責人的司令，又多了負責統治澳門的任務。到了十六世紀後半，澳門統治者的船隊司令一職變成可用競標來取得。

船隊司令以交易負責人的身分前往長崎，澳門就失去負責治理的人。為了填補這個空缺，有影響力的商人在政府內握有權力，同時耶穌會的傳教士也在澳門社會裡發揮莫大的權威，這樣的狀況一直維持到一六二三年。十六世紀的澳門，可說是冒險商人與傳教士兩股勢力聯手的地區。

註釋

1 【編註】「食貨志」是古代史書中的一個大分類，取義於《尚書》農用八政。「食」，勤農業，「貨」，寶用物，簡單來說就是吃的和用的。司馬遷的《史記》里沒有食貨志，食貨志始於班固的《漢書》，《宋史》中的食貨志，則包括了農田，賦稅，布帛，漕運，課役，鹽，茶，酒，商稅，市易，均輸等等，類似今天的民生經濟、經濟政策理論所牽涉的各個方面。

2 出自《明清徽商資料選編》。

3 【編註】為凌濛初編著的四十卷各篇獨立的短篇白話小說，初版刊行於明崇禎五年（一六三二年），和先前出版的《初刻拍案驚奇》並稱「二拍」，和馮夢龍的「三言」齊名。「三言」是指《喻世明言》、《警世通言》、《醒世恆言》。本書的寫作風格受到「三言」的直接影響。

4 以下內容主要引用自林仁川，《明末清初私人海上貿易》，華東師範大學出版社，一九八七年。

5 張邦奇，《西亭餞別詩序》〈皇明經世文編〉卷一四七。

6 【編註】一五〇九～一五八三年，是一位文藝復興時期的歐洲探險家，據他的著作《遠遊記》（日本譯《東洋遍歷記》）所述，他曾在衣索比亞遊歷二十一年，後又去過遠東地區，不過，他出版的關於這次冒險的遊記具有相當多的誇張成分。

7 岡村多希子譯，《東洋遍歷記》第六十六章、第二二一章。譯自*Pilgrimage*，一六一四年。

8 【編按】作者為明朝後期的一位探險家，鄭舜功。《日本一鑑》的內容，是鄭舜功將自己於嘉靖三十四年（一五五六）到達日本後所經歷的當地實情寫就，是研究日本戰國時代的重要史料。

9 作者為南浦文之（一五五五～一六二〇年），法名玄昌，日本臨濟宗僧人。

10 鄭若曾（一五〇三～一五七〇年），《籌海圖編》。

第六章　社會秩序的變化——十六世紀 II

地方社會的形成

山區的流民

正德十二年（一五一七）正月十六日，一名官員赴江西省南部就任。這名官員名叫王守仁，號陽明。他任職的地點位於福建、廣東、湖南之間的山區，山中是一整片蒼翠的常綠喬木森林。王守仁受命的主要任務，就是取締在幾個省交界地區頻繁出現的盜賊，整頓治安。

朱元璋在洪武年間（十四世紀後半）制定、朱棣在永樂年間（十五世紀前半）活用的戶制，從十五世紀中葉開始變調，逐漸失靈。在無法承受對國家的巨大負擔下，逐漸出現逃走的人民，導致留下來的人得承受一切。愈來愈沉重的負擔，導致更多人破產、逃亡。朝廷方面雖然也改革了一部分的徭役制度，但終究無法補救已經失靈的機制。

當國家無法再基於戶制來直接組織勞動力之後，就轉為用白銀來代納。貨幣經濟以半強制的方式進展，人們的貧富差距也逐漸擴大。有些人成功完成商品交易，進而收購其他人的耕地，於是出現了大地主；另一方面，也有人賴以維生的事業失敗，一無所有，別說照顧家人、就連養活自己的本錢也沒有。無以維生的人們，紛紛離開原先戶籍登錄的地方。

離開原戶籍地的人，去向有三種。

一個是海上。原先從事製鹽業、登錄為灶戶的人，逃離戶籍地之後會往海上去，多數成了海盜、搶劫船隻，另外也有人依附在剛興起的海商旗下。

第二個去向是往長江下游三角洲或首都鄰近的新興城市，在那裡當手工業的勞工，或是到港口找份搬運工之類的工作討生活。也有不少人加入走私鹽的行列。

此外，第三種就是進入山林地區這類的三不管地帶。

在山林間定居開墾之後，跟當地的居民也愈來愈常起紛爭。在為求自保而武裝的移民之中，出現了會搶劫鄰居的盜賊。演變成在山地築寨，抵抗官兵的取締，朝廷自然不能坐視不管。王守仁前往的江西省南部山區，彷彿是流民的大本營，最讓朝廷感到棘手。他這樣敘述赴任的地點：

> 照得撫屬地方，界連四省（江西、福建、廣東、湖南）；山溪峻險，林木茂深，盜賊潛處其間，不時出沒剽劫；東追則西竄，南捕則北

王陽明　王守仁（一四七二～一五二八），明代中葉的學者．政治家。開創了有別於朱子學的陽明學。

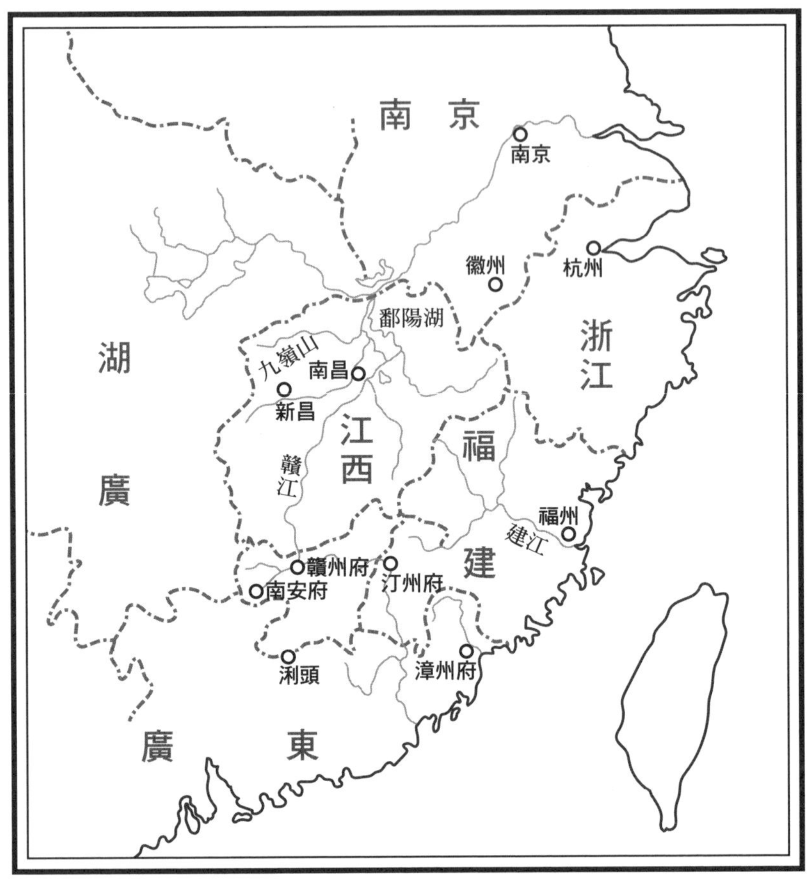

王陽明的派任地

奔，各省巡捕等官，彼此推調觀望，不肯協力追剿；遂至延蔓日多。[1]

在前一年，也就是正德十一年八月，王守仁頂著都察院左僉都御史的官銜，受命擔任巡撫，到南贛汀漳等地維持江西省南部到福建省山林地區的治安。都察院是中央的監查機構，也就是監督並考核官員行政的機關，其中事務官的頭銜就是都御史。都御史有彈劾官員的權限，因應階級分成左、右都御史（正二品），左右副御史（正三品），以及皇帝授與的左右僉都御史（正四品）等。南贛指的是江西省南部的南安府及贛州府，汀漳則是福建省西南部的汀州府及漳州府。巡撫這個職務，就是跨多個縣市巡視，維持治安。

從任命至到職，花了四個多月時間。這段時間王守仁很可能都在收集轄區各類資訊，擬定對策來制服建立山寨抵抗的流民。這處南方山林地區，對王守仁來說就是嘗試實踐自身理想的第一個舞台；帶著首次登台的氣勢，他前往轄區。到任後，王守仁很快地在正德十二年（一五一七）正月十八日就發動兵力與盜賊交戰，剷除頭目並且燒毀蓋在山區的房屋。接下來持續到三月的掃蕩，幾乎平定了整個山區。

重建秩序的過程

王守仁平定盜賊後，在重建地方秩序的過程中才發揮了他的真本領，根據他的分析，省境山區之所以突然有大批盜賊流入，就是因為行政上的疏失。[2]

受到盜賊之害的當地居民，一開始倚賴行政機關的威令，向官府投訴，但官府毫無作為，置之不顧。盜賊一旦知道官府不會保護居民，行徑便愈來愈囂張。清楚了解到無法倚賴官府的居民，只剩下最後一條路，就是順從盜賊。老百姓平常辛苦工作、搬運貨物服徭役，日子過得非常苦，但如果依附盜賊，反能獲得意想不到的獎賞。與其保留戶籍，還不如加入盜賊行列更有利。因此，有些人加入盜賊的行列一起作戰，有些人則幫助盜賊帶路或收集情資。

另一方面，鎮壓盜賊的正規軍卻幾乎沒受過訓練，士氣低迷，從接獲命令到實際集結得花上十天時間，盜賊就能利用這段空檔逃之夭夭。等到官兵真正與盜賊面對面，就像是「驅趕羊群攻擊猛虎」一般，在維持治安上完全沒作用。

取代正規軍投入實戰的，是另一群有「狼兵」之稱的傭兵部隊。這支部隊的成員多數出身華南廣西的壯族，以果敢勇猛著稱，但經常也會順手搶劫，因此才會用「狼」來比喻。狼兵的起源可回溯至永樂年間，但隨著以軍戶制為基礎的衛所制度功能停擺，明朝中葉之後投入軍役的人也變多了。狼兵由於是傭兵，一動員就是龐大的開銷，無法要他們長期駐守。盜匪也深知這個弱點，每當狼兵出動就逃進深山裡，等到狼兵撤退再現身，如此周而復始。

為了突破僵局，王守仁採取以當地居民為主的政策。他從居民裡挑了兩千名精銳，集中訓練，作為維持治安之用，這支民兵的效果在隔年正德十三年（一五一八）就展現出來。在廣東省及江西省交界地區的九連山脈裡頭，有處叫做浰頭的天然要塞，就是盜賊最大的據點。王守仁隨即動員這支民兵攻打此地，結果在軍事費用不足的財政下，竟在短時間內就成功擊敗盜賊。[3]

為什麼利用民兵會產生效果呢？其中一個原因就像王守仁提到的，對於任命的職務，在軍務上給予提督責任與決定賞罰的權限。然而，到任之後不過兩年左右，就能成功壓制山賊，原因不只是制度。

打開了讓當地居民參與重建鄉里秩序這條路之後，過去不得不向匪賊靠攏的人，終能加入朝廷的行列。這一點不容小覷。這麼一來，村子裡對自己能力有信心的年輕人，勢必會認為與其和盜匪為伍，不如投身當民兵接受獎賞來得有利。盜賊缺少了一個增加新血兵力的管道，同時還失去了收集訊息的情報網。因此，在山林中的盜匪受到周遭地區孤立，敗給幾乎沒有實戰經驗的民兵。

推行政策的思想背景

在展開對浰頭的攻擊前，王守仁於正德十二年五月，送了一封「告諭浰頭巢賊」的勸降文給盜賊頭目。他在文中說道：

其間想亦有不得已者，或是為官府所迫，或是為大戶（地主）所侵，一時錯起念頭，誤入其中，後遂不敢出。……爾等今雖從惡，其始同是朝廷赤子；譬如一父母同生十子，八人為善，二人背逆，要害八人；父母之心須除去二人，然後八人得以安生；均之為子，父母之心何故必欲偏殺二子，不得已也；吾於爾等，亦正如此。若此二子者一旦悔惡遷善，號泣投誠，為父母者亦必哀憫而收之。何者？不忍殺其子者，乃父母之本心也；今得遂其本心，何喜何幸如之；吾於爾等，亦正如此。……何不以爾為賊之勤苦精力，而用之於耕農，運之於商賈，可以坐致饒富而安享逸樂，放心縱意，游觀城市之中，優遊田野之內。

這篇文章的確能當作是對盜賊動之以情的勸降文，但王守仁努力給予投降的人「新民」的身分，讓他們能融入地區中，因為他能洞悉這些人成為盜賊的心態，並相信在他們心中都有接受秩序的本質。王守仁的基本思想，就是無論在什麼樣的環境下，人心都會判斷秩序的真理。

王守仁出身浙江餘姚縣，其父也是狀元，並位及高官。在十五世紀尾聲，弘治十二年（一四九九），王守仁通過禮部會試，時年二十八歲。他本身就有強烈好奇心，對凡事追根究底，正如友人在他的墓誌銘寫下「初溺於任俠之習，再溺於騎射之習，三溺於辭章之習，四溺於神仙之習，五溺於佛氏之習」，表示他對於武術、文學、道教等都很有興趣，接觸到各個領域仍不滿足，在思想上累積很多經歷。

一五〇五年登上皇位的朱厚照（武宗．正德帝）重用宦官之後，一群官員發起彈劾宦官的運動。王守仁也在這場政治動亂中受到波及入獄，並遭貶到貴州省龍場任龍場驛驛丞，於正德三年（一五〇八）到任，時年三十七歲。

在這塊住民大多為少數民族的土地上，他的隨從一一病倒，王守仁必須專注於自己撿柴、取水、煮粥給隨從食用，甚至還吟唱故鄉俗曲，說笑話，才能避免精神崩潰。

他心想，「若是聖人遭此境遇，會怎麼做呢？」某日夜半，似乎有個聲音告訴他，讓他領悟：「聖人之道，吾性自足，向之求理於事物者誤也。」這就是史上所稱的「龍場悟道」，此舉等於宣告陽明學就此誕生，也是儒學的一大轉捩點。

儒學，原本是在各種關係之中正確認知尊卑、長幼的優先順序，並尋求依照秩序行動的一種思想。宋代的儒學以「理」的概念為核心，就普遍性、法則性來整理出秩序與行為的關係。宋學集大成者就是朱熹，他心中有一套貫徹人類行為與宇宙的秩序，就稱之為「理」。

朱子學認為，只要鑽研存在於各種現象中的理，就能掌握從宇宙到自身一貫的道理。而能夠掌握理的人，就被賦予指導他人的期許。士大夫的任務，就是教育那些還不懂得理的人，畢竟士大夫對於研讀儒學古典及考察事物上，在時間及經濟上相對寬裕，且有能力。換句話說，終日被迫忙於營生，無暇鑽研理的人，就靠接受士大夫的指導，處於受教的地位。

原本為義塾教師的宋濂等人，在明朝初期為禮教之國打造出框架，這群人就是以朱子學思想當作帝國的基礎。錄用士大夫的科舉，也是根據朱子學而舉辦，通過考試的官僚，即使只證明了在形式上能掌握到理，這些人依舊能從外界加諸人民該遵守的秩序。至於里甲制的基礎，里內老人的任務，就是將朱元璋制訂的六諭曉示眾人，並整頓秩序。然而，隨著戶制的失靈，社會隨之流動，該如何重整秩序則是時代的課題。這時出現的，就是王守仁開拓出的陽明學。

王守仁提倡的「心即是理」，也就是「人人心中本皆有理」，這麼一來，構成秩序的任務不再由士大夫獨占，成功擴展到終日忙於營生的一般人。然而，這番理論必須放在個人意識建立的近代框架中。就像王守仁曾敘述：「且如事父不成，去父上求箇孝的理；事君不成，去君上求箇忠的理。……都只在此心，心即理也，此心無私欲之蔽，即是天理，不須外面添一分。以此純乎天理之心，發之事父，便是孝；發之事君，便是忠。」[4]很明顯的，他期待的是每個人自發性形成忠孝等上下優先禮教所形成的順序。

在呼籲山賊投降時，王守仁舉了父母與孩子的關係當作例子。至親之間的感情，套用心即是理的口號，詮釋帝國與人民之間的關係。從這裡不難看出，他的思想兼具維持體制的另一面。

從耆老到鄉約

平定匪賊之後，王守仁以這套思想為基礎推動政策，最具代表性的結果就是「南贛鄉約」。所謂鄉約，就是鄉里內的公約，以及共同遵守這份公約的社會組織。投降的盜匪以新民的身分重新編制進地方社會內，因此王守仁製作了鄉約這套規範。由於稱為「南贛鄉約」，之後成了各地編制鄉約時的參考範本。鄉約的起源可追溯到宋代的呂氏鄉約（一〇七六年），但在明朝為鄉約開啟復活契機的，正是王守仁。

鄉里的人民自發性制訂鄉約，推派德高望重的人擔任約長，製作成員名冊。遵守鄉約的成員每個月在滿月當天參加聚會，隱惡揚善，為惡之人只要自首就能獲得鼓勵，促使人人多行善。面對從外地流入，也就是重新做人的新民，也絕對禁止報復，約長必須負責讓鄉里不起騷動。由於新民已起善念，罪行得以赦免。必須改過自新，勤於耕織，誠實買賣。王守仁說明，若是重蹈覆轍，約長等人則報送官府。除此之外，「南贛鄉約」還描述了聚會時的詳細步驟。

王守仁提出的鄉約規範，在里甲制出現動搖、不容易由耆老建立秩序的地方上，普遍都能接受。位於徽州盆地的祈門縣，從明初要解決山地使用紛爭、禁止違規盜砍時，耆老都發揮很大的作用。然而，到了十六世紀中葉，這項功能已經衰退，制訂鄉約剛好在這時銜接上。接下來介紹嘉靖二十六年（一五四七）制訂的鄉約。

徽州的鄉約

這個鄉約由分屬七個村落的人家編制成十二個組，各自推派出稱為「甲總」的負責人。規定每組製作十二份名冊，由十二名甲總保管每組名冊各一本。

規約第一條的內容是，凡是加入鄉約的人家，無論成人或孩童，每個人都必須在眾人面前領取一支標有編號的扁擔，若是扁擔損壞，就要從自家保有的山地伐木製作扁擔，並向負責的甲總申請登記同一個登錄編號。萬一扁擔上沒有編號，就視為盜砍，需接受處分。

中國在搬運柴薪、原木時，都使用扁擔。一般男性可將約九十公斤的柴薪分成兩籃挑在肩上，將木棒放在另一側肩上，讓扁擔在後頸交叉使得重量能分散到兩側肩膀。挑擔的一側肩膀要是覺得麻了，就將擔子彈起來換個方向，繞過頸子換到另一側肩膀。休息時也不將擔子放到地上，而把扁擔放在木棍上，在維持平衡下站著休息。

從這項規約推測，扁擔的編號跟居民都在名冊上可對照，如果在巡山時發現有可疑人士，就能檢查肩上挑的扁擔。如果是鄉約成員，扁擔上刻有編號，能比對出是哪一組的什麼人。萬一是盜採林木，就可立刻鎖定違法者。換句話說，扁擔就等於入山證。

俐落使用扁擔的現代農民　作者攝於一九八五年，可窺見舊時使用扁擔工作的農村風貌。

根據規約，就算是要搭建瓜棚，需要從自家山林砍伐木材時，也要事先向甲總提出申請，若是檢查時發現使用了來路不明的木材，就要受到處分。此外，買賣木材的商家除了明顯是購買的木材、柴薪之外，也不得進貨像是原木或是松樹、杉樹的苗木，一旦違反，買賣雙方都得受罰。最後一項規約提到，另外一年召開四次集會，違規者需繳交罰款並記錄在名冊中，另外貯藏沒收的木材，以備不時之需。

這份鄉約向縣政府提出後，縣府會張貼在人群聚集的地點，或是市集這類進行交易的地點，曉諭眾人。制訂具體的規約，定期召開聚會，並獲得縣政府的支持，這就是讓鄉約得以維持的重點。

根據中島樂章針對從徽州合約變遷看地方社會維持秩序的演變的研究，徽州從隆慶年間（一五六七～七二）到萬曆初年（一五七三年左右），鄉約已逐漸取代里老人制，成為解決紛爭的途徑。這個趨勢在進入十七世紀後更為顯著，一直延續到清朝統治。

稅糧與徭役的納銀化

鄉約之所以在一五七〇年前後開始普及，背景跟稅制合理化有很深的關係。在里甲制基礎下編入民戶的人們，必須繳納穀物等實物作為稅糧，或是提供國家勞動力作為徭役。但前面也提過，在十五世紀中葉之後，稅糧與徭役都出現納銀化的現象。

徭役裡首先發展出納銀的項目，就是到遠方從事蓋堤防等國家建設的「雜役」。這類徭役換算成白銀徵收後，直接在施工地點雇用勞工，會比從遠方強制召集農民有效率多了。到了十六世紀前期，雜役幾乎已完全納銀化。至於稅糧，則是從十五世紀中葉開始逐漸朝納銀的方式變換，換算的白銀稱為金花銀。十六世紀中葉，從日本流入大量白銀到中國，更加速了納銀化的演進。幾乎所有稅糧的項目都可換算成用白銀繳納，十分普及；連徭役也是，除了跟在地生產基礎建設相關的里甲正役，其他都用白銀在換算後繳納。

徭役與稅糧，兩者各自階段性朝納銀化邁進，即使來源不同，但收到的一樣是白銀。既然如

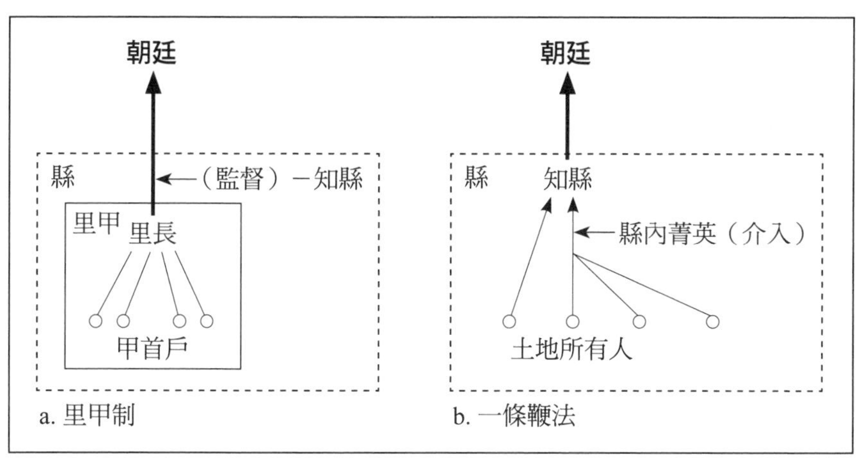

徵稅責任歸屬的變化

此，不如別再個別繳納，自然而然發展出一併繳納更省事的想法。首先引進的就是「自封投櫃法」。這種納稅方式，是納稅人用紙將白銀包好，直接投入由縣官府管理的「櫃」（堅固的木箱）中。

之後進步到更方便的，就是有「一條鞭法」之稱的徵稅法。每個縣將徭役與稅糧合計的稅額以白銀來標示，除以縣內的丁（需負徭役義務的成年男性）及田地之後，向納稅人一併徵收的制度。這項改革的結果，使得縣行政機構必須對帝國負起徵稅的責任，讓知縣的責任變得重大。一條鞭法於嘉靖四十四年（一五六五）在浙江省施行，在十六世紀後半逐漸普及到全國。

一條鞭法的引進雖然是推動稅制合理化的官員沒預測到的，卻為社會編制帶來很大的改變。在實施一條鞭法之前的體系下，對國家繳納米、麥等稅糧，以及負擔國家指定的勞動為徭役，都是里甲的責任。縣的行政官員處於輔助的角度，主要監督轄區內的里甲是否完善盡義務，並在里甲無法充分發揮功能時去除障礙，僅止於輔助的角色，里甲內部則以輪流的方式來運作。里甲負責實務，里老人則以帝國頒布的六諭為基準，解決里內的紛爭，維持禮教秩序。里長為了負起國家交代的責任，組織里甲正役這一類的勞動義務，負責通水路、修堤防、整耕地等生產基礎建設。

一條鞭法實施之後，這個體系出現重大變化。居民不再經由里甲，直接將稅糧、徭役換算成白銀，以稅金的方式直接繳納給縣官府。對帝國來說，徵收稅金的責任已經不在里長身上，換成縣父母官，也就是知縣。知縣必須在管轄區域內提交正確金額的稅金。如果水災、旱災等頻傳，徵稅時出現困難，知縣必須負起責任。為了能大錯不犯的安然度過任期，知縣必須率先建設生產基礎工程。

研究中國水利史時，會看到許多史料在十六世紀後半開始，很具體描述水利事業的狀況，資料十分豐富。但並不該解讀為這個時期水利事業突然興盛起來，而是因為業務移交由地方行政官員主管，記錄交由公家機關保存，才能讓地方志等史籍採用。從居民的角度來看，就是支持自己日常生活的各項業務轉為由行政機構來掌握。

當縣級行政在整個社會所占的比重增加，對縣政有意見、能代表地區內各種利害關係的人物就更顯重要。明朝為了不讓地方官與地方上的權威人士勾結，採行的制度就是不讓官員在出身地任職，而且長期在同一個地方也會變得腐敗，因此知縣之類的官職任期約為三年。

許多地方官對於任職地點的狀況都不熟悉，因此，縣官府必須要有熟知地區內情的人士。十六世紀時，在縣地方上與行政機構之間，擔任橋樑的人士愈顯重要，這群在縣地方上堪稱菁英的人，也就是史料中稱為「鄉紳」的社會階層。

把話題再轉回江西省的山林地帶。從王守仁赴任的地點往北，有片叫九嶺山的山區。以鄰近湖南省的省界、海拔一四四五公尺的石花尖為中心，周圍則是拉出海拔約一千公尺稜線的丘陵地。根據史書記載，九嶺山原先並非無人山區，在明代初期有四個姓氏的居民編入六個戶，耕作一百多頃的田地。單純換算耕地面積的話就是大約六百公頃。這麼大的耕地很難想像是由六戶人家來耕作。因此，推測六戶指的不是六家人，而是一戶代表一支宗族的意思。

合縣公議

此地「向多閩人種靛，搭棚以居。還有飢民匯合，有蠶食附近村莊之勢」，[5]一開始是來自福建移居的民眾，接著流入許多外來者。這裡的人搭「棚」，也就是在木框棚架上鋪上藺草的簡單臨時小屋居住，因此稱為「棚民」。

萬曆二年（一五七四），潛入此地的李大鑾組織棚民起義，勢力逐漸擴大，使得這場叛亂維持了好幾年。亂事鎮壓了之後，朝廷認為官兵之力難以深入這片山區，才成為叛亂的起點。擊退居民之後，留下士兵駐守，並且禁止一切人員進出，之後還禁止居民往山區居住或開發，實施「封禁」政策。也就是說，在手續上取消了一切山區土地相關的權利，硬要用現代的說法，就是劃歸為國有地。

然而，即使耕地削減，稅額卻沒有減少，明朝的稅制改變上，最明顯的特徵就是原額主義的原則。因此，封禁政策將原本山區居民負擔的稅糧均分到全縣的田地，對當地的土地所有人來說，是一項非常沉重的措施；為了推行這項措施，必須獲得地方上菁英（史料中稱「紳士」）的支持。因此，推測封禁並非政府強制性推行，而是先獲得九嶺山周邊幾個縣的地方菁英支持這項政策。大地主同時又是地方菁英，他們認為必須維持地區的治安，對外來人口流入抱持戒心，自然支持這項封禁政策。史料中有以下記錄：

隆慶、萬曆年間（一五七〇年前後），賊寇占據險要地形，危害兩省（江西省與湖南省），極難肅清。因此（鎮壓棚民叛亂之後）經合縣公議，令山中居民搬出，全縣均攤山中耕地之稅糧，立石碑，永遠不准進山，違反者必懲。此舉乃是預防災難、叛亂者之方法。若非持禁令終結叛亂，山中居民何以接受棄業搬出之條件。全縣里遞（村子裡的指導者）何以甘受稅負。6

鄉紳從必須支持知縣運作，到討論全縣利害關係形成輿論，同時尋找出由上而下的秩序；村子裡的里遞（鄉里執役者）率先推動在各個鄉里編制鄉約，嘗試由下而上營造出秩序。這樣的行動連縣級的行政官員也表示支持。鄉村的居民逐漸覺醒，了解到人人心中都潛在著建立秩序的契機，一方面也遵照王守仁提出的鄉約規範，努力因應在戶制失靈後開始流動的社會狀況。十六世紀到十七世紀之間，中國各地逐漸出現這類自律性的地方社會。

戶制瓦解，加上地方官的責任變重，出現了地方社會拉攏赴任官員的現象。另一方面，中央政府也企圖控制赴任官員。換句話說，地方社會與中央政府在面對地方官的態度上，出現對立的局面。在政治方面，這兩股勢力也呈現對立，地方社會要透過官員將言論反應給中央，中央則嚴格評定官員的表現，以確保政策能在地方上落實。

中央政府與地方官

在中央政府中，負責從上制訂治理地方社會政策的，就是內閣大學士。開創明朝的朱元璋，為了建立皇帝的獨裁體制廢除宰相，將六部改為直屬皇帝。然而，要皇帝一個人掌握國家內一切狀況，做出所有判斷、裁決，幾乎是不可能的。在靖難之役當下，沒有正規官僚機構卻成了皇帝的朱棣，必須有輔佐他個人的人才。在他一四〇二年即位後不久，就設了相當於皇帝祕書的職位，也就是內閣大學士，參與很多機密案件。

只不過，當時這個官位階級很低，這個身分是基於皇帝個人的信任來維持。這一點跟明朝初期的宰相不同，有官僚機構撐腰，有時候還會跟皇帝的意見相左。然而，到了明朝中葉連續出現幾個年幼或是無心政務的皇帝，內閣大學士這個職務的重要性就愈來愈高，成了稱為「首輔」的大學士之首，而且掌握實權，地位甚至快壓過六部長官的尚書。

隆慶六年（一五七二），朱翊鈞以僅僅十歲的幼齡當上帝位，成為神宗・萬曆帝。身為小皇帝學問之師的內閣大學士張居正，在萬曆元年（一五七三）受任命為首輔。張居正首先推動的改革，就是制訂由內閣評定官僚表現的制度。這項稱為考成法的新制度，內容是針對皇帝批准的事項，因應問題輕重緩急以及地方狀況訂出期限，每個月的月底進行考核，萬一發現地方官執行不力，最後就由內閣舉發並評定。也就是說，原先不過只是皇帝祕書的內閣，現在卻握有評定官員表現的權限，而內閣大學士首輔等於站在官僚機構的頂點。小皇帝照單全收，認可了張居正的提案。

在制度上立於官僚機構頂點的張居正，高壓式推動由中央控制地方的政策。值得一提的政策，是隨著銀經濟的發展必須重新檢視財政的收入。萬曆六年（一五七八），張居正硬逼著遭到考核評定束縛的地方官，進行全國性的農地丈量。可以舉發出未經登錄的農地，若國家能掌握的農地更多，就能保證增加財政收入。據說，藉由丈量後重新登錄的農地面積增加了約百分之三十，這項政策讓在全國逐漸普及的一條鞭法進展得更快。在戶制逐漸瓦解，無法作為徵稅的單位，政府改以能掌握的農地面積作為課稅對象，建立了確實徵稅的條件。

然而，考成法也伴隨著弊端。地方官背負徵收稅糧的職責，如果無法徵收到制訂的金額就得降職，這麼一來，即使地區居民苦於天候不佳而欠收，地方官也毫不在乎，只顧催討。此外，以維持治安為目的設定囚犯的人數，把逮捕到多少人犯並判刑來當作考核評定的項目，導致地方官誣陷無辜的居民為疑犯，進行嚴苛的審判，或是強迫人民自白後視為罪犯處刑。站在地方社會立場的官員，對於張居正這些獨斷式的政策強烈反彈。

萬曆五年（一五七七）張居正的父親過世，以儒學為建國基礎的明朝，為了對父親盡孝道，官員必須離職服孝，有義務回到家鄉。以張居正的狀況，規定需離職二十七個月。然而，他擔心因此失去實權，於是在朝廷內動了手腳，要皇帝下令為了國家不許他離職，也就是不許服喪，稱為「奪情」。這項處置又引起官員間的爭議，奉承張居正的官員紛紛表示贊成，但另一方面，想趁張離職時逼退他的反對派，則提出不同意見，認為官員要當作人民的典範，當然必須服喪，張居正對於批評奪情措施的官員毫不留情打壓。

當時有一種稱為「廷杖」的刑罰，也就是皇帝可以隨意用棍棒毆打大臣。如果不手下留情，甚至可能打死人，張居正便對五名批評奪情的官員施以廷杖。從這件事的發展可以明確了解，張居正因為取得皇帝個人的信任，進而握有獨裁的權力。

內閣大學士與地方社會針對地方官問題的糾葛，在張居正於萬曆十年（一五八二）過世後仍持續。到了十七世紀將政界一分為二，發展成派系鬥爭，之後的發展將會在下一章探討。

士農工商的分界瓦解

稅制合理化不僅促進地方社會的形成，也在農村發展出手工業，例如長江下游三角洲的棉布生產。

農村手工業的發展

長江下游三角洲是著名的水鄉澤國，但東側屬於微高地。據說是在長江的沖積作用下形成三角洲的同時，海潮帶來的泥沙也造就了這處微高地。用現在的地名來說，就在從嘉定經過上海到松江一帶。這塊地區排水良好，但因為距離海岸近，土壤含有鹽分。因此並不適合耕作水田，明朝時盛行栽培相對耐鹽分的棉花。

棉布的原料棉花（學名：Gossypium〈棉花屬〉），原產於印度，從印度往東方及西方傳開。

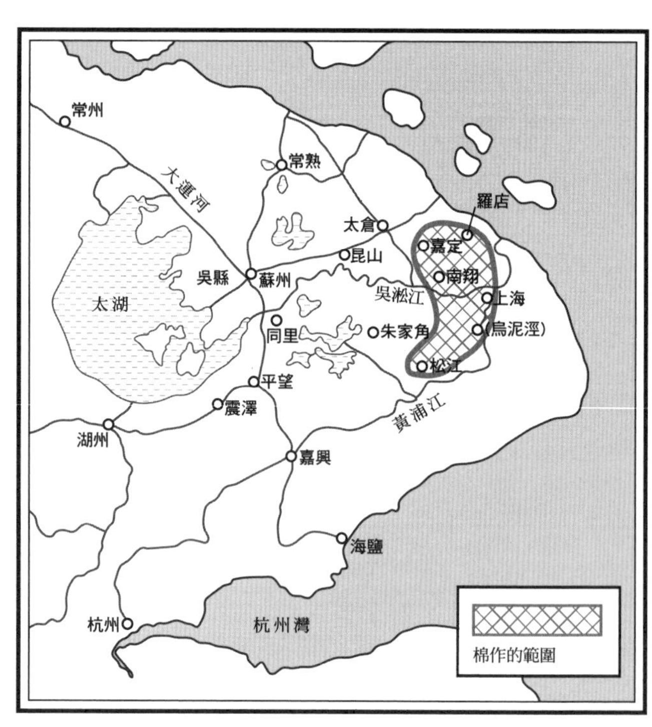

長江下游三角洲的棉作

棉花的種子在十世紀時傳入中國，但一開始是供觀賞用。另一方面，往西方經過西亞傳入非洲。傳入東方的棉花纖維較粗，織出的棉布厚實，多用來製作工作服或是冬季衣物。相對地，傳到西方的棉花纖維長，織成的棉布輕薄，普遍作為內衣的原料。棉布是造成世界歷史大波動的一項物產，不過要注意：製成商品之後的性質，在歐亞大陸的東西側卻是大不相同的。

引進到中國的棉花，之後在華南地區廣泛栽培，棉織品的相關技術也有了發展。相傳在十三世紀末，有位名叫黃道婆的女性，她從海南島移居到位於微高地的烏泥涇時，帶來了如何從棉花中取出種子、紡織成棉線的工具及技術。人人爭相學習技術，黃道婆也很熱心指導，烏泥涇很快成為知名的高級棉布產地，據傳當地的人們因而致富。棉布生產的技術跟棉花一樣，從印度遠渡重洋、經過東南亞傳入華南地區。這項進步的技術，據推測是在蒙古帝國統治的時期傳入長江下游三角洲。

明代的農村　圖中是汲水的道具，稱為龍骨車。引用自《天工開物》。

宣德八年（一四三三），在松江一帶對耕地課徵的稅糧中，認可一定比例換算成棉布繳納後，棉布生產就成了農村的主要產業，棉花的栽培面積也隨之擴大。為了確保帝國能配給士兵足夠的衣物，必須要有大量且品質穩定的棉布。不過，直接向農家徵收的棉布很難達到一致的品質。根據史料記載，在弘治十七年（一五〇四）再將棉布換算成白銀來徵收，開始用這些白銀來購買品質一致的棉布。

從棉花栽培到織成棉布，過程中需要幾個步驟。秋季採收的棉花，得先用軋車的機具，把種子跟棉纖維分開，製作皮棉加以乾燥。將乾燥後的皮棉繞在竹子上整成圓筒狀，從一側鬆開後一邊掛到紡織機上，織成棉線。在用腳踩動紡織機時，一隻手同時織出三根，甚至五根棉線。經紗上漿，乾燥後架上織機，跟沒有上漿的緯線搭配織成布。十六世紀時，這些工序每一道都由不同的農家來負責。換句話說，栽培棉花的農家將棉花帶到市集出售，製作皮棉的農家就會買進這些棉花。取出種子經過乾燥的棉花，帶到市集出售，紡線的農家便買進。然後由購買棉線生產棉布的農家，負責最後這道工序。

市鎮叢生

十六世紀初期的史料中，有這樣的敘述：

> 里嫗晨抱紗入市，易木棉以歸。明旦復抱紗以出，無頃刻間歇。織者率日成一匹，有通宵不寐者，田家收穫，輸官償息外，未卒歲，室廬已空，其衣食全賴此。[7]

從這段文字中，可看出往返於農家與市集之間，負責各項棉織品生產作業的，主要都是農家的主婦。而且為了沉重的稅金，必須徹夜工作，若不日以繼夜則無法維生。

生產流程有時也會伴隨空間上的移動，例如，海鹽縣的棉花產量並不多，農家會購買從松江運來的棉花，紡成線後再將生產的線提供給松江。在距離松江不遠處，有專門運送棉線的船隻往來，就叫做「棉紗船」。

農民在市集裡販賣棉布，辛勞非比尋常。十六世紀中葉有一首名為「布賦」的詩。

> 織婦抱凍龜手不顧，匹夫懷飢奔走長路。持莽莽者以入市，恐精粗之不中數。飾粉傅脂，護持風露。摩肩臂以授人，騰口說而售我。思得金之如攫，媚賈師以如父。幸而入選，如脫重負，坐守風簷，平明返顧。[8]

買賣棉花、棉布的市集迅速發展，甚至店家林立形成一個小鎮。每到秋天採收棉花，各個小鎮在天還沒亮就開市，許多稱為牙行的仲介商拿起秤，買賣雙方都聚集在此等候。這些叫牙行的人鑑定棉花的品質、秤重，並完成交易，賺取手續費。有時在棉花價格低時大量購買，等待漲價時賣出。牙行這個行業，也是需要獲得官府許可。

上海附近的朱家鎮，因為成為棉布交易中心，在十六世紀的成長突飛猛進，甚至有人稱其為「巨鎮」。這裡有一整排大規模的棉布批發商家，也就是「布莊」，跟來自外地的商人做買賣。主要都是將據點設在北京的北方商人，來此收購棉布，也就是所謂的山西商人。前一章提過的新安商人，在棉布交易上就略顯遜色。山西商人在棉布交易上特別傑出，有幾項原因。首先，棉布供應的對象是北京的富人階級，以及發配到西北邊疆的軍隊；此外，運入在山東省生產的棉花，在回程還能順便買進棉布。至於新安商人，他們多半往長江中游或華南交易，主要採購用來製作工作服的次級棉布。

十六世紀時，除了前面介紹的棉布之外，還有像是手工業興盛的太湖周邊，生產桑葉，養蠶、紡織生絲等絲綢織品的相關作業，都在農村發展起來。不過，這樣的手工業成了王朝推動稅制合理化的契機，是因為海外引進的白銀影響而發展。農民永遠都處於被動，只不過是因為稅糧要納銀，必須取得貨幣，才被捲入手工業，物資都從農村移往大都市，這條路可說一點都不平坦。

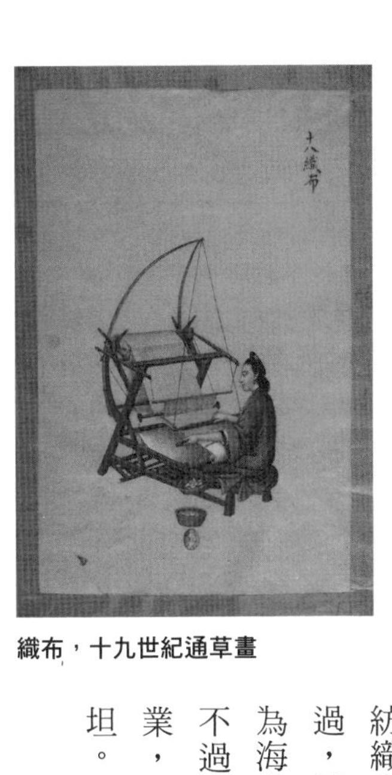

織布，十九世紀通草畫

十六世紀後半的嘉定縣，每到棉花上市的季節，擔任買賣仲介的牙行，就會聚集許多「少年」當作手下使喚，天還沒亮就提著燈籠照明，召集擔著棉花到市集的農民。要是有農民迷路不知道該往哪裡走，少年就帶著亂繞，甚至有時候連好不容易運來的貨物都弄丟了。出現在史料上的這類少年，其實就是無賴。

無賴這一行

在秩序出現變化的時代，有一種人不從事過去傳統職業觀中所謂士農工商的正當職業，而以暴力當作手段來討生活。十六世紀前半，在原戶籍地犯案後離鄉背井逃走的無賴，很多都寄宿在鄉村富豪的家中。吳縣鄉村有個坐擁豪宅大地主，名叫朱津。他不但讓繼承自父親的財產增值，還交際廣泛，頗富德望，甚至有人稱他是縣內的賢者。據說他為人講義氣，此外很好賭。有許多少年跟食客，很仰慕他的為人，經常聚集在他身邊。當他有任何麻煩時，這些無賴自然會發揮他們的實力。

進入十六世紀後半，原先住在鄉村的大地主，很多都移居到縣府所在的都市。因為一條鞭法等一連串稅制改革的結果，地主為了更利於經營，必須要跟知縣密切交流並將意見反應給縣行政機構。與其定居在鄉村指導附近居民，不如將精力放在收取農地的租金再投資商業，更能獲利。因此，住在都市會比較有利。

富豪離開農村，無賴就沒有棲身之處。因為富人的安全從此有官兵來守護，大都市的富裕階級不需要隨時在家中養一群平常習慣凡事訴諸暴力的人。

失去棲身之所的無賴，組成自己的團體，從事各式各樣的工作。在杭州，萬曆初年（一五七〇年左右），少年彼此比武鬥狠，組成十人到一百人的幫派。幫派的數量多達三百個。一個幫派裡有擅於策劃的、腳程快的、會寫文章的，每個人因應本身的技能來分配任務。一有狀況，幫派成員便集合起來擄人、搶錢，或是背著倒在路上的屍體硬送到大都市的富豪人家，要求對方付錢擺平，種種惡行一而再，再而三。用這些伎倆獲得的金錢來吃吃喝喝。[9]結成幫派的都市無賴，當時稱為「打行」。「打」代表使用暴力，而「行」則是集結成群的意思。

集結起來具組織化的無賴，在沒有獲得許可下任意自稱牙行，看到農民挑著棉花、棉布進到市集，就妨礙交易，強行殺價。或是等在村莊到市集的路上，強搶農民的貨物，隨口丟下一句「到某某店家收錢」。不少農民無可奈何，到了店家等到太陽下山，最後只拿到一半的金額，甚至是兩手空空哭著回家。[10]

打行的活動，主要目的是賺錢討生活。只要出錢，無論社會哪個階層的人都能雇用打行。例如，打造墳墓引發的爭執，像是一方因為怕破壞風水不讓人建造，另一方卻執意要設在此處，雙方就各自雇用打行。另外，也有男子想結婚卻籌不出大筆聘金時，就雇用打行到女方家中，擄走女子強迫結婚。當然，有權有勢的人也經常雇用打行，做些檯面下的勾當。這些打行，就是隨著白銀流入而發展出的貨幣經濟之下的不良產物。

市人及民變

十六世紀後半，正值都市蓬勃的時期。經由海商出口的絲綢織品，其產地蘇州、杭州在這段時間的繁榮突飛猛進。從國外流進的白銀，影響物資的流向，並波及帝國中好幾個都市，像是福建沿海的福州，或是位於大運河要衝的楊州、山東省臨清等，這幾個地方的人口激增，市區建設完善，還出現了鬧區。

農村的人們逐漸往擴大的都市移居，為了找尋自己的棲身之所，有人加入打行，有人在織品相關的工廠工作，有的則在港口搬運貨物，設法討生活。也有人累積資本，把資金投入經營工廠，也有人成為私塾教師，以教導街上的孩子來餬口。至於以通過科舉為目標的學生，稱為「生員」，也有不少在都市裡生活。像這樣各行各業，來自不同階級的人，當時稱為「市人」或「市民」。

從接近十六世紀尾聲開始，這些市人為了解決都市中既有的問題而團結起來，展開行動。當市人運動不被官府認可，進一步發展成暴動時，就稱為民變。以下舉出一個在一五七〇～八〇年於杭州出現的市人運動為例。

當時杭州對於都市中的居民，會課徵修繕官府之類的勞役，造成市人很大的負擔。十六世紀中葉，根據住宅的房間數量及橫樑數作為課稅標準，徵收「間架稅」，雇用無業的人服勞役。然而，夜晚在柵門值班或巡邏的夫役仍要由市人來負擔。至於柵門，就是從「巷」（小巷弄）通往大路的地方所設的大門，每天太陽下山就會關閉。

由私塾教師丁仕卿為首，發起一場訴求減輕間架稅負擔，以及廢除夜間巡邏勞役的運動。丁仕卿是知識分子，他將市人的要求歸納整理一份請願書——「省城內外夫宿免役錄」，向官府陳情。在歷經千辛萬苦後，終於達到訴求，這項成果還刻在石碑上。然而，幾年之後勞役復活，丁仕卿再次陳情，這次官府卻不接受，甚至將他逮捕，銬上枷鎖遊街示眾。據說在背後否決丁仕卿的陳情，害他被捕的黑手，就是鄉紳，因為鄉紳會從一群想逃避勞役的人手中，收取一筆金錢當作仲介調停的費用。

事情演變至此，市人在萬曆十年（一五八二）起義，不但救出丁仕卿，還放火燒了據說是幕後黑手的那位鄉紳的宅邸，並破壞柵門。杭州有很多工廠，就像是第三章介紹過明初的《織工對》，當時勞工工作到晚上，若晚間柵門關閉，實在非常不方便。對市人來說，出發點是想打造出更好的都市空間，進而付諸行動去除這個障礙。民變維持了幾天，市人舉起長竿，把搶下來的汗衫扯破當作旗幟，手持白刃衝向官府，據說參與人數超過兩千人。[11]不過，市人並非沒頭沒腦加入暴動，而是由指導者帶領，是一場有組織的行動。

被燒毀的鄉紳住宅中，有一戶是高官陳三謨的宅邸。在前面提到，張居正提出「奪情」時，此人就是奉承張居正、贊同皇帝下旨停止服喪的其中一位。也就是說，與身為官僚的內閣大學士走得太近，這些鄉紳在民變裡就會是遭到市人怨恨、並受到攻擊的對象。

這場民變雖然受到鎮壓，卻以奠定基礎的先驅之姿，影響了日後在十七世紀因市人義憤而發動的民變。此外，到了十八世紀後，市人更在都市菁英分子的領導下，負起公共事業的責任。

知識分子的摸索

當士農工商這些以職業為基礎的框架瓦解，社會開始流動，過去被稱為士大夫的知識分子們，也失去以往指導庶民這項鐵飯碗的保障。在朱子學的思想中，士大夫研讀儒學聖人思想的經典，體驗各種事項，根據研究出的秩序原理，指導庶民，然而，這門學問已經無法因應時代的變化。此外，到了十六世紀，追求經濟利益的活動開始推動著社會，士大夫本身如果對於利益不敏銳，就很難維生。朱子學所追求的清心寡欲，自然也無法因應。

他們面對的問題，大概可以歸納成兩個。首先，建構秩序的能力不再由士大夫獨占，而是廣泛對一般民眾開放，並同時誘導他們往正確的方向。第二個課題就是，要將在社經層面上以的個人行為和追求利益的欲望，定位在秩序規範之中。為了找出這個課題的答案，十六世紀後期的知識分子勾勒出各式各樣的思想軌跡。

士大夫落實的功過格，就是與庶民站在相同的地位，並將一己的欲望納入秩序之中。所謂的功過格，即針對各式各樣的行為，對照事先訂定的標準，分別以正負分數來為善惡行為評分，最後加總計算。例如，若女人守貞，則得一百分，修建道路、橋樑、水井等，則得〇．一分，致使他人居無定所，則扣五十分，類似這樣。個人若想實現私欲，就許願累積多少分數，如此一來便會開始注意自己的日常行為，多多行善。自己的命運可以由自己來開創，這個信念正符合「善行」這項遵守秩序的行為。

功過格的制度可以追溯到十二世紀，當初是在道教團體內實行。隆慶三年（一五六九），出身江南嘉興縣的知識分子袁黃（號了凡），向僧人雲谷禪師學到功過格的方法，並親身實踐，也因此在十六世紀後期之後，逐漸普及到社會中。

袁黃為了想要有個兒子，下決心許願在日常生活中累積三千分的善行，結果隔年喜獲麟兒，而他在兩年後達到自己訂下的目標分數。接下來，他又將目標設定在科舉中考取進士，決定行善累積一萬分，兩年後也考上了。然而，他卻一直無法達成一萬分的目標。後來據說他做了一個夢，夢中有人告訴他，當了官員後在轄區內減稅，減輕地區居民負擔的話，獲得的分數就能讓他達成目標，而他也照做了。

功過格的大方向，就是在以實踐私欲為前提之下，端正自身的行為，建立社會上的和諧。袁黃將功過格的理念以自傳形式歸納成《陰騭錄》這本著作，一舉將功過格從小規模的宗教團體推廣到整個社會。這類勸導從庶民到士大夫行善的書籍，都稱為「善書」，在華人世界中，從十七世紀至今依然廣泛流傳。[12]

另一方面，承襲王守仁理念的陽明學，也就是庶民心中同樣有「理」，衍生出一派思想，拉近一般人與聖人之間的距離。最有名的一句話，就是收錄在王守仁與弟子問答的《傳習錄》中，「滿街人都是聖人」。這派思想以肯定的態度看待都市發生的民變，培養出站在市人這一邊參與活動的知識分子。

王守仁認為庶民也跟聖人有相同的心，卻會因為私欲而蒙蔽內心，因此他並不質疑聖人的絕對性。到了十六世紀後期，思想家李贄（字卓吾）認為聖人的絕對性就是個大問題。主張「夫聖人亦人耳……不能無勢利之心。雖盜跖（傳說中的大盜），不能無仁義之心」（《道古錄》），將聖人往庶民這一側拉近。李贄還認為，「穿衣吃飯」都各自有理存在（《焚書》），主張應從永無止境的欲望出發，建立新秩序。然而，這樣的思想在當時沒人能接受，李贄就被關進大牢，後來在獄中自殺。

李贄出生於因海外貿易而繁榮的泉州，據說他的祖先姓林，是位穆斯林。元朝末年到泉州定居，當了海商到琉球展開貿易活動。後來因遭到誣告，逃亡時隱姓埋名改姓李。到了李贄祖父這一代，家道中落，漸漸淡出商業圈，但親戚之中從商的人仍不在少數。可以想像，在李贄的周遭環境中，很容易產生唯利是圖的想法。

從海禁到互市

長崎縣的平戶，留有用六角形石塊堆出來的水井。同樣外型的水井，在五島群島的福江也看得到，據說兩者都跟倭寇大頭目王直有淵源。這則傳聞是否正確已無從考據，但十六世紀中葉，平戶與五島的確都曾是王直的根據地。

要求解除海禁

一五一四年，王直航行抵達平戶，領主松浦隆信將他當作上賓迎接，還將自己的房間讓給王直住，松浦家代代相傳的《大曲記》有如下的記載。

> 平戶海岸從大唐（中國）來了位名叫五峰（王直的號）的客人，在印山寺大屋蓋了間中式樓房住下。自此之後，大唐的交易船隻源源不絕，還第一次有南蠻黑船來到平戶海岸，每年都會有南蠻的珍稀物產，使得在京城、堺區，還有各地的商人都聚集來此，眾人還稱這裡是西都。

王直在日本設下交易的據點，幾乎獨占了東南亞、中國等地跟日本之間的交易。此外，他還招攬中國、葡萄牙的商人，讓平戶成了交易港，從此繁榮起來。

王直的行徑並非單純追求利益，而是具有明確的願景。他以徽王自稱，對內對外都以獨立政權自居，同時王直也促使明朝解除海禁，認可海商的交易行為。嘉靖三十一年（一五五二）之後，王直經常率領巨型軍艦攻打官兵，明朝也為了降低倭寇帶來的傷害，接受他的要求，祭出招降的政策。擬定政策的人，是跟王直同樣出身徽州，官拜浙江．福建都御史的胡宗憲（號梅林）。

嘉靖三十四年（一五五五），胡宗憲派遣使者與王直在福江會面，王直表示，「日本缺乏生絲棉布，理應開拓交易。如此也可平海患。」此外，他要多年心腹葉宗滿等人與使節隨行，打探解除海禁的可能性。嘉靖三十六年（一五五七），王直終於回到舟山群島，對胡宗憲提出通商的要求，同時向明朝提出「上疏」。其中提到，王直是以海商身分活動，並非率領海盜造反作亂，並且他還抓住海盜扭送中國官府，表達了歸順之意。

明朝這邊也露出解除海禁的動向。胡宗憲致力解除海禁並擬訂相關計畫，之後將王直送入監獄後，對他仍以禮相待，將他視為整合交易的人才。由唐樞所著的《復胡梅林議處王直書》，內容是答覆胡宗憲的議論。唐樞指出，若答應王直的要求，將有五項優點及五個問題；拒絕的話則有四項優點及四個問題，此外並提出這樣的論點，「華夷同體，有無相通，實理勢之所必然。中國與夷，各擅土產，故貿易難絕。利之所在，人必趨之。」[13]

唐樞提出的是個嶄新的觀點。過去明朝在檯面上維持著以中國為父，與其他國家之間保持親戚關係的尊卑秩序，並透過朝貢制度來實踐這套秩序，外加伴隨展開的交易。對於這樣的背景，唐樞竟然指出「華夷同體」，而所謂的交易就是彼此互補，不可或缺。

然而，朝廷裡的動向卻不如王直或胡宗憲的預期，大半的官員對於解除海禁的態度都很消極。這股危機感來自日本在明朝的朝貢體制中經常出現問題，並且在承認與日本交易後產生許多麻煩。嘉靖三十八年（一五五九）十二月，胡宗憲終於被迫在杭州將王直斬首。

互市體系的雛形

王直死後，倭寇逐漸平息，明朝對海禁也顯得比較緩和。終於在隆慶元年（一五六七）認可「東西二洋」的對外交易，也就是從華南到越南、滿剌加方向的西洋航線，以及從中國經由臺灣、菲律賓往汶萊方向的東洋航線。

然而，與日本間的交易依然遭到嚴禁，從日本走私的炸藥原料，像是硫磺、銅等物資依舊禁止進口。往返於東南亞及中國之間的交易商船，需持有相當於交易許可證的「號票文引」，上面詳細記載了貨物明細、船上人員的姓名、相貌、戶籍等內容，供海防官員檢查。

隨著海禁鬆綁，福建省漳州的月港成為中國另一處交易據點。月港起初被舟山群島的雙嶼港搶去風采，在王直時代，又因排除於日本與中國的交易路線之外，沒能發展起來；不過，月港在十六世紀後半到十七世紀時重拾盛勢。一五六七年，設置了管理港口的縣級行政機關，為了光明正大進行海上交易，遂命名為海澄縣。設置維持海上治安的機構海防館（後來改稱靖海館），負責檢查出入港口的商船，徵收稅金，以及舉發走私貨品。

在月港的交易不受管轄朝貢事宜的禮部規範。朝貢體制中，每個國家的船隻都有指定的停泊港口，進貢的期間也有規定。例如，安南（越南北部）是三年一次，暹羅（泰國的大城）等東南亞各國的對應窗口則規定是在廣州。此外，朝貢是一種禮尚往來，明朝在收到貢品之後，還會賜予價值超過貢品的禮物，以彰顯對朝貢國的恩寵，至於附抬（正規納貢品之外附帶）的貨品，則在市舶司的管理下進行交易，以貨物充當稅金繳交給官員。

相對來說，在月港的交易並沒有這些規範。除了日本之外，每個國家的船隻都可以靠港，商船載運的貨物可以全數視為商品，至於水餉、陸餉這些關稅就用白銀支付。繳交稅金之後，就能換來相當於交易許可證的號票文引。當作商品進口的白銀，要課徵一筆附加稅金「加增餉」。繳交稅金上岸的商品，就能自由交易。

換句話說，十六世紀後半出現了與朱元璋制訂的朝貢機制所不同的交易方式，這個新的架構稱為互市體系。這套體系的引進，也成為改變朝貢的契機。雖然表面上禁止與日本交易，但日本與中國的商船仍然會在東南亞各國港口遇到，並展開交易，這種狀況下也無法取締。自此之後，日本與中國的海商組織成這種所謂的接頭貿易，在越南會安、泰國大城都出現了日本街、唐人（中國人）街，海上世界從此進入一個新的階段。

互市體系並不是為了否定朝貢而生，而是將朝貢機制之下原有的交易活動，自禮教秩序中獨立出來運作。這麼一來，能夠滿足所有渴望與中國交易的各方外國勢力，同時奪走倭寇等武裝勢力的經濟基礎，也能滿足福建等地牽涉走私的地方權貴，更重要的是，明朝能從關稅收入獲得帝國運作所需的白銀。不過，一旦外國勢力試圖與明朝進行政治上的談判，隱藏在背後的朝貢機制就會啟動，不得不依照禮教要求的秩序來運作。

到了十八世紀，互市體系已經發展成遍及全東歐亞地區的交易方式。將焦點轉回內陸，十五世紀後半在蒙古高原上重新掌權的蒙古族，在達延汗與他的孫子俺答汗的領導下，對明朝要求擴大交易，不時入侵明朝領土。尤其是嘉靖二十九年（一五五〇）時包圍北京，導致情勢一度緊張，史稱庚戌之變。

隆慶四年（一五七〇）俺答汗與明朝達成和議，在大同等地訂出認可交易的固定時段。蒙古方面提供金、銀、馬匹，中國這邊則提供絲綢織品、糧食、鐵製品，之後形成相對穩定的交易，稱為馬市，這也是一種互市體系。在海陸雙方面連動之下，可說明朝從隆慶年間開始採取能因應實際經濟活動的政策。

越過太平洋的白銀

當中國鬆綁海禁，互市體系出現雛形之時，東歐亞的海上世界還多了一股新動向，那就是西班牙勢力跨越太平洋，在菲律賓建立了據點。

一五二一年，麥哲倫率領的西班牙艦隊從大西洋經過南美大陸南端，橫跨太平洋，最後抵達菲律賓群島的宿霧（Cebu）。十六世紀中葉，西班牙人因為國王菲利普二世（Felipe II）而將這個島稱為「Filipinas」，當作進軍亞洲的據點。為了實現這個想法，菲律賓遠征隊在一五六五年先在宿霧島打造據點，接著派遣艦隊往東，橫渡太平洋時發現了從亞洲到美洲大陸的航線。在掌握連結美洲到亞洲的往返路線下，西班牙終於正式將菲律賓納為殖民地。一五七一年，在天然良港呂宋島的馬尼拉建設根據地，作為西班牙屬菲律賓的據點。

把時間稍稍拉回到一五四五年，一名叫做瓜爾巴（Diego Gualpa）的印第安人，在現在的南美玻利維亞山區趕著一群大羊駝時，無意中卻發現了銀礦。消息立刻傳開，馬上有一大群西班牙人跟印地安礦工聚集到此地。殖民者向皇室捐款後，國王菲利普二世即下令將此地賜名為「帝國市鎮波托西」，在一五六二年成立了波托西市議會，而這座礦脈就稱為波托西銀礦。

麥哲倫船隊穿越南美大陸和火地島間的海峽

壓榨印第安人大量開採的結果，到了一五七〇年左右，整座山中品質好的銀礦已被開採殆盡，波托西立刻陷入不景氣。這時引進了一種將銀提煉出來的新方法，就是混汞提煉法；將礦石粉碎後，加入鹽水、水銀攪拌，之後洗掉泥沙，留下銀跟水銀的合金沈澱，再藉由加熱讓水銀蒸發，與銀分離。因為引進了這項新技術，可以從原本等級低的礦石提煉出白銀，波托西銀礦的產量便急遽地增加。

一五七三年，第一艘來自馬尼拉的船隻抵達面對太平洋的墨西哥港口阿卡波可（Acapulco），剛好就是波托西銀礦引進混汞提煉法，企圖重振的時期。來自亞洲的船隻，滿載著中國的絲綢織品、

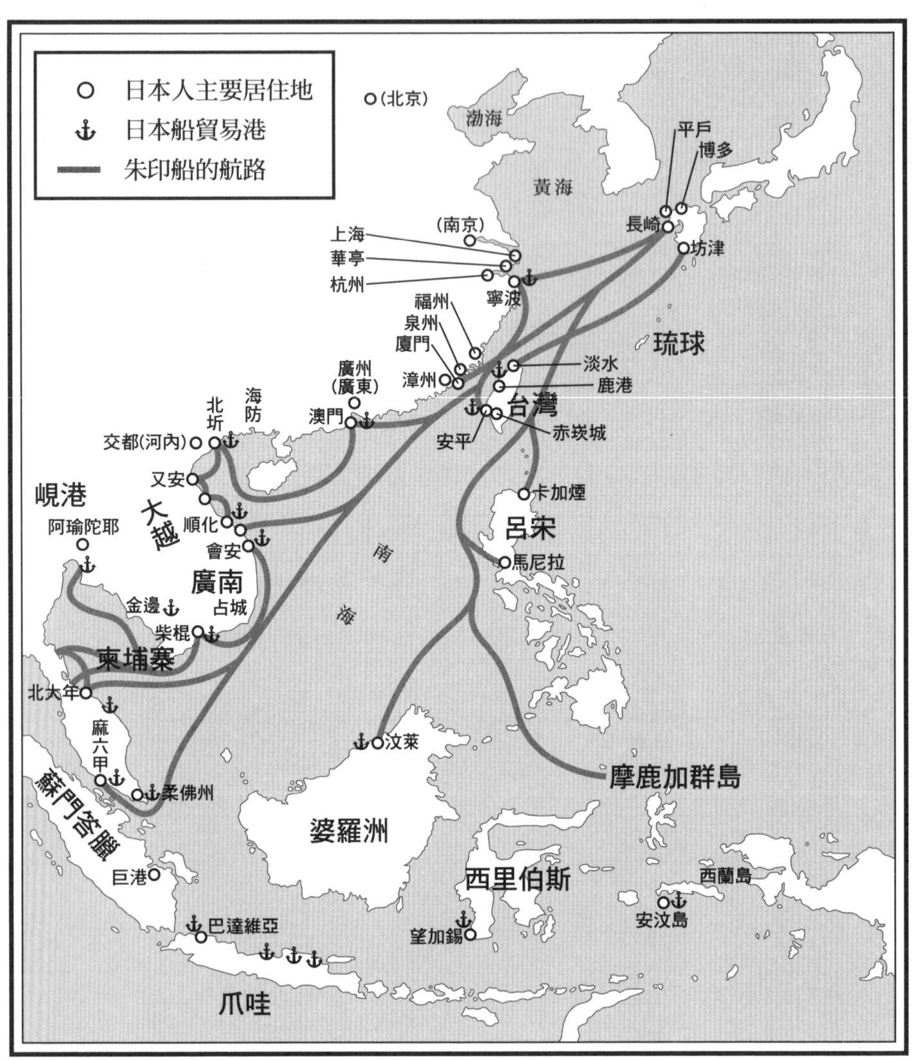
日本人主要居住地
日本船貿易港
朱印船的航路
(北京)
渤海
黃海
平戶
博多
長崎
坊津
(南京)
上海
華亭
杭州
寧波
福州
泉州
廈門
漳州
琉球
淡水
鹿港
台灣
安平
赤崁城
廣州
(廣東)
澳門
海防
北圻
交都(河內)
又安
峴港
大越
順化
會安
阿瑜陀耶
廣南
金邊
占城
柴棍
東埔寨
北大年
麻六甲
柔佛州
蘇門答臘
巨港
南
海
卡加煙
呂宋
馬尼拉
汶萊
摩鹿加群島
婆羅洲
西里伯斯
西蘭島
安汶島
望加錫
巴達維亞
爪哇

東南亞的日本人街

讓在美洲的西班牙人大為驚艷。因為與經過西班牙本國賽維亞（Sevilla）的商品相比，價格便宜很多。以絲綢織品來說，價格約僅有十分之一。菲利普二世想要保護本國商人，企圖限制美國與菲律賓之間的交易，但幾乎得不到實際效果。一五八〇年之後，西班牙大帆船（Galleon）裝載著大量白銀前往馬尼拉。

這時，亞洲也已經整備好環境，能吸收遠渡太平洋而來的白銀。從馬尼拉出發，前往中國的交易船隻，直接朝向有互市交易的海澄港，也就是改名前的福建省月港。白銀在這處港口卸貨，回程滿載著絲綢產品跟陶瓷器。負起這段馬尼拉到福建之間交易的，是中國商人。馬尼拉在海上世界突然變得重要起來後，許多中國人都來此定居。

日本海商在西班牙於馬尼拉建設據點時，就已經往來菲律賓。在馬尼拉成為對中國交易的據點後，不準到中國的日本商人也到馬尼拉，買入中國產的生絲，在這裡也逐漸出現日本人街。

一五八四年從馬尼拉出發的西班牙商船，跟隨前往長崎的葡萄牙船隻到了九州，為了避免與葡萄牙人起衝突，改在平戶而非長崎進港。平戶領主松浦鎮信親自到海岸，歡迎商船到來，並致信給菲律賓的長官要求雙方交易，這就是西班牙人首次到日本。然而，平戶與馬尼拉之間的交易還沒上軌道，日本國內情勢就出現重大變化。

日本侵略朝鮮

在中國互市體系出現雛形之後沒多久，日本的豐臣政權成立。一五八六年，豐臣秀吉率軍進入九州，根據松浦家的史料記載，豐臣秀吉在還沒召見其他九州大名時，就先在肥後八代與松浦隆信見面。豐臣秀吉想整合對中國交易中心的九州，也企圖強化對海域的控制，而平戶的松浦也賭上小藩求生存的意志，率先接受秀吉提出的理念。

豐臣秀吉統一日本之後，日本領主試圖擴大對海外的統治。就在萬曆十六年（一五八八），九州南部領主島津義久即對琉球施壓。

> 方今天下一統，海內（日本國內）向風，而獨琉球不供職。關白（指秀吉）方命水軍，將屠汝國。及今時，宜遣使謝罪，輸貢修職，則國永寧。

三年後，豐臣親自致送書簡給琉球國王尚寧，除了表達隔年侵略朝鮮的明確意圖，更命令琉球要率軍參加。

萬曆十九年（一五九二），豐臣委託一名往返於馬尼拉及日本的商人原田孫七郎，帶一封信給菲律賓的西班牙總督，要求對方入貢。使用漢字的書簡有一段這樣的內容。

> 予也誕生之時，以有可治天下之奇瑞，自壯歲領國家，不歷三十年，而不遺難丸黑總（痣）之地，域中悉一統也，繇之三韓、琉球遠邦異域，款塞來享。今也欲征大明國，蓋非吾所為，天所授也。

信中清楚威脅對方，如果不盡快入貢，必定出兵討伐。

書信中提到的「奇瑞」，指的是豐臣秀吉的母親在懷胎時周圍灑滿陽光的吉兆。他在脅迫臺灣原住民屈服的書信中，曾於開頭一段詳述了這幅吉兆，「夫日輪所照臨，至海岳山川草木禽蟲，悉莫不受他恩光也」。日本在面對不同文化的人，要展現自己統治的正當性時，只能像這樣提出跟太陽有關，類似妄想式的言論當作證據。

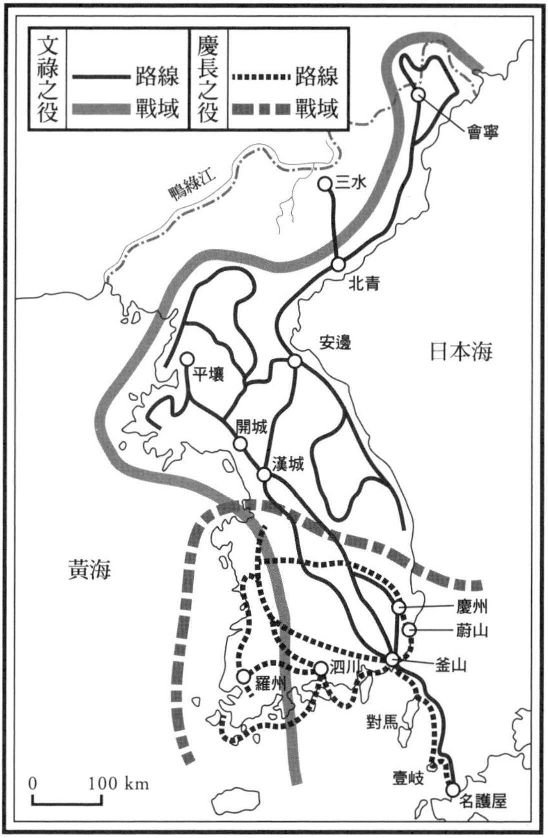

自一五八七年起，豐臣前後三次要求朝鮮對日本朝貢，並且擔任進攻中國的前鋒，卻都遭到拒絕。一五九二年，他在北九州的名護屋設下大本營，四月即派遣十五萬八千大軍從朝鮮半島的釜山登陸。第一次進攻，在朝鮮缺乏準備下，豐臣五月就占領了首都漢城（現在的首爾）。

「文祿之役」與「慶長之役」日軍進攻圖

當明朝知道朝鮮三兩下就被擊敗時，還曾懷疑朝鮮早就跟日本軍串通，並未在第一時間派出援軍。不過，後來連平壤也遭到占領，朝鮮國王還逃亡到鄰近與中國交界的義州，而日本軍仍在後面緊追不捨，明朝這才發現不得不擬定對策。首先投入的是駐守在遼陽的部隊，徹底擊潰小行西長的部隊。

這時，出現了一名負責與日本交涉的人物——沈惟敬，官銜是游擊將軍。此人來歷不明，根據《明史》記載，當兵部尚書（相當於國防部長）苦思對策，想派人去了解狀況時，來應徵的就是出身浙江嘉興的「市井無賴」。此外，在記述明朝形形色色資訊的隨筆集《萬曆野獲編》裡，提到沈惟敬是浙江平湖出身，而他周遭還有許多來路不明的同伴：此人出身浙江南部港口的城市溫州，從日本逃回來之後賣身給沈惟敬，沈惟敬讓這個人跟著自己姓，幫他取名為沈嘉旺。

然而，根據《萬曆野獲編》的作者耳聞，沈嘉旺原是漳州人，渡海到日本當了倭寇，在來到中國時被捕，後來又逃獄。提到漳州，就讓人想到福建走私貿易的據點，很可能就是在這個地方與倭寇有交集。他之所以改了姓名，也是身為逃犯必須隱姓埋名。如果屬實，就能推測沈惟敬是從倭寇的交流網取得日本的相關消息，並找尋與日本交涉時有機可乘之處。沈惟敬對日本提出的妥協方案，讓原本已經中斷的明朝與日本關係恢復交流，同時重啟交易。

另一方面，與沈惟敬交涉的小西行長，是堺區商人的次子，同時也是基督教徒。針對明朝的互市體系中獨獨排除日本這點，小西行長非常想突破這個僵局。

沈惟敬提出這個重啟交易的方案，對於與日本國內海商關係密切的小西來說，是個很有吸引力的提議。之後，中國與日本的交涉就將朝鮮這個戰場放一旁，由沈惟敬與小西直接進行。然而，小西的舉動招致主戰派加藤清正的質疑，兩者形成對立。

當沈惟敬爭取時間的同時，明朝投入新的兵力奪回平壤，兩軍在漢城北部對峙。由於海上有李舜臣率領的朝鮮海軍壓制，讓日本軍無法確保補給線，不利於長期戰。最後雙方締結和議，日軍撤退。這場戰爭在日本稱為「文祿之役」，在朝鮮則叫做「壬辰倭亂」。

戰爭與交易

雖然沒有打勝仗，日本卻對沈惟敬派遣的使者提出七條講和的條件。其中包括將明朝公主嫁給日本天皇，以及割讓朝鮮半島南部等要求，並且在第二條表示，「兩國久已疏遠，堪合亦斷。今改之以令官船、商船得以往來」。沈惟敬與小西行談判，就以這第二條為主軸。

為了重啟交易，首先明朝與日本必須正式展開政治談判。然而，要展開政治談判，就啟動了朝貢體制。換句話說，日本要對中國皇帝表達歸順之意，請皇帝認可豐臣家為日本的統治者，提出表示願意接受冊封（見第四章）的「降表」。

沈惟敬不但與小西行長密商，更偽造了豐臣秀吉的降表。明朝因此承認豐臣，並冊封其為日本國王。若兩人的計謀成功，或許有貿易為基礎之下，豐臣家也能長久保有政權。

然而，實際狀況卻與預期大相逕庭。一五九六年，豐臣在大坂城迎接明朝的冊封來使，冊封的儀式也進行得很順利。不料就在這之後，與小西對立的加藤清正報告豐臣秀吉，明朝對於日本提出的講和條件幾乎全數忽視。當時言行舉止極其瘋狂的豐臣因此震怒，再次下令攻擊朝鮮。

隔年二月，十四萬日軍再度進攻朝鮮。不過，第二次明朝立即出動，加上朝鮮也做好防禦的準

豐臣秀吉像

備，讓日軍陷入苦戰。一五九八年八月，豐臣秀吉一死，兩軍講和，日軍在同年就退出朝鮮半島。這段歷史在日本就稱「慶長之役」，在朝鮮則是「丁酉倭亂」。

日本這場魯莽的戰爭，對朝鮮留下很深的傷害。日軍所到之處若遇到行動不便之人就當場殺掉，能工作的勞動力就俘虜送回日本。因為許多人力受徵召上戰場，造成日本內陸農村人手不足，不少來自朝鮮的俘虜就被迫在農村工作。據說人數多達六萬人。有些具備製作陶瓷器製作的專業人士，也被要求將這些技術移植到日本。

朝鮮國土荒廢，登記的耕地面積驟降到只剩下不到戰前的五分之一。朝鮮人自然對日本抱持反感。明朝也得面對龐大的財政負擔。負責談判的當事人沈惟敬，因為對日交涉不力遭到追究責任，在萬曆二十五年（一五九七）被處刑。小西行長則在後來關原之戰中投靠豐臣家，在一六〇〇年由德川家康下令斬首。

這場戰爭在歷史上該如何定位呢？明朝朝廷在戰後出現了是否該恢復海禁的討論，但其結論是，正因為海禁才導致了嘉靖大倭寇，此後互市體系仍持續。東歐亞的穩定，與將日本以何種形式納入整個體系息息相關，這一點也可說是經過戰爭造成那麼多犧牲之後所得到的結論。

日本方面也開始對於互市體系採取行動。一五九二年，豐臣發放認可交易的朱印狀給京都、長崎及堺區的商人。這種控制海外交易的手法，一直延續到一六三五年的江戶幕府時代。在這個制度中能看得出，朝廷想要將海商負責的這類交易組織化後納入管理。

平戶的松浦史料博物館中，收藏了領主松浦鎮信等人從朝鮮帶回的戰利品，有明軍的頭盔、軍鼓、號角。松浦搭上豐臣秀吉對外擴張政策的便車，將平戶發展成交易港口。一五九二年，原田孫七郎受豐臣之令前往菲律賓時，松浦附上一封書信，請求馬尼拉的商船開來平戶。隔年，菲律賓總督的特使從馬尼拉來到平戶港，在松浦的引領下造訪了位於名護屋的大本營。對朝鮮一戰中，松浦率領士兵三千人左右參戰，一五九三年在平壤對上明軍的激戰，損失了很多士兵。過去因招待王直、成為交易據點而發展起來的平戶，也納入了國家統治之中。

註釋

1 《王陽明全集》，公移一「巡撫南贛欽奉奉敕論通行各屬」。

2 《王陽明全集》，奏疏「申明賞罰以勵人心疏」。

3 《王陽明全集》，奏疏「浰頭捷音疏」。

4 《傳習錄》上。

5 引自陳泰來，〈東郊破賊紀略〉，同治《新昌縣志》。

6 同治《新昌縣志》。

7 收錄於正德《松江府志》。

8 收錄於徐獻忠〈布賦〉，崇禎《松江府志》。

9 支大綸，《支華平先生集》〈送巡按督鹾孫滸西序〉。

10 崇禎《太倉州志》。

11 《張大司馬定浙二亂志》。

12 以上內容參考奥崎裕司，《中国郷紳地主の研修》，汲古書院，一九七八年。

13 《皇明經世文論》卷二七〇。

第七章　王朝更迭——十七世紀

自取滅亡的明朝

在十七世紀來臨的前半年，也就是一六〇〇年六月，傳教士利瑪竇就在他可能要實現長年的期望時，遭遇到最大的困難。

傳教士與宦官

一五八二年，利瑪竇在澳門上岸，一開始在廣州附近傳教，獲准居住在內陸後，他便移居到肇慶、韶州，一五九五年落腳在南昌。雖然他已經能講十分流利的中文，還能用漢文寫作，與高官、皇族都有交情，人面非常廣，但在傳教方面卻一直沒出現明顯的成果。

觀察中國社會的利瑪竇認為，在中國對老百姓傳教，恐怕無法獲得像在日本一樣的成果，必須先有社會最高層的人信教，否則無法成功傳教，於是他訂下目標，要到帝國的首都北京定居。一五九八年秋天，他雖然進入北京，卻沒獲准能定居，只得回到南京。利瑪竇在南京有個熟人，就是知名的思想家李贄。

利瑪竇再次為了北京行奔走，將要獻給皇帝的鐘錶等物品調度到南京。沒想到許多中國人為了

利瑪竇的地圖　利瑪竇於萬曆三十年（一六〇二）製作的「坤輿萬國全國」。

一睹罕見的寶物，全都聚集而來。南京的官員深怕獻禮一事傳入皇帝耳中，會被責怪妨礙利瑪竇的行程，於是加快了讓他進入北京的手續。

一六〇〇年五月十八日，利瑪竇一行人終於從南京出發，經由大運河北上。在山東省濟寧與李贄重逢，經由他的介紹認識了總理河槽，相當於大運河通行槽船的總管理人。有了這位高官的幫助，他們順利通過大運河中標高最高的險灘至山東高峰區（見第四章）。但在後面只需在華北平原上一路往北的旅程中，發生了意料之外的災難。

皇帝派遣了一名名叫馬堂的宦官到臨清，徵收通行稅。臨清是大運河的要塞，連接了往首都圈運送物資的大動脈——衛河，以及越過山東高峰區的會通河。深受皇帝信任的馬堂帶著幾百名無賴到臨清赴任，光天化日之下搶起他人的財物。遇到有人抵抗，就沒收其財產，許多人家因此破產。

萬曆二十七年（一五九九）商人發動罷工，地區居民起義，燒毀馬堂的官府，並打倒他手下那些惡形惡狀的無

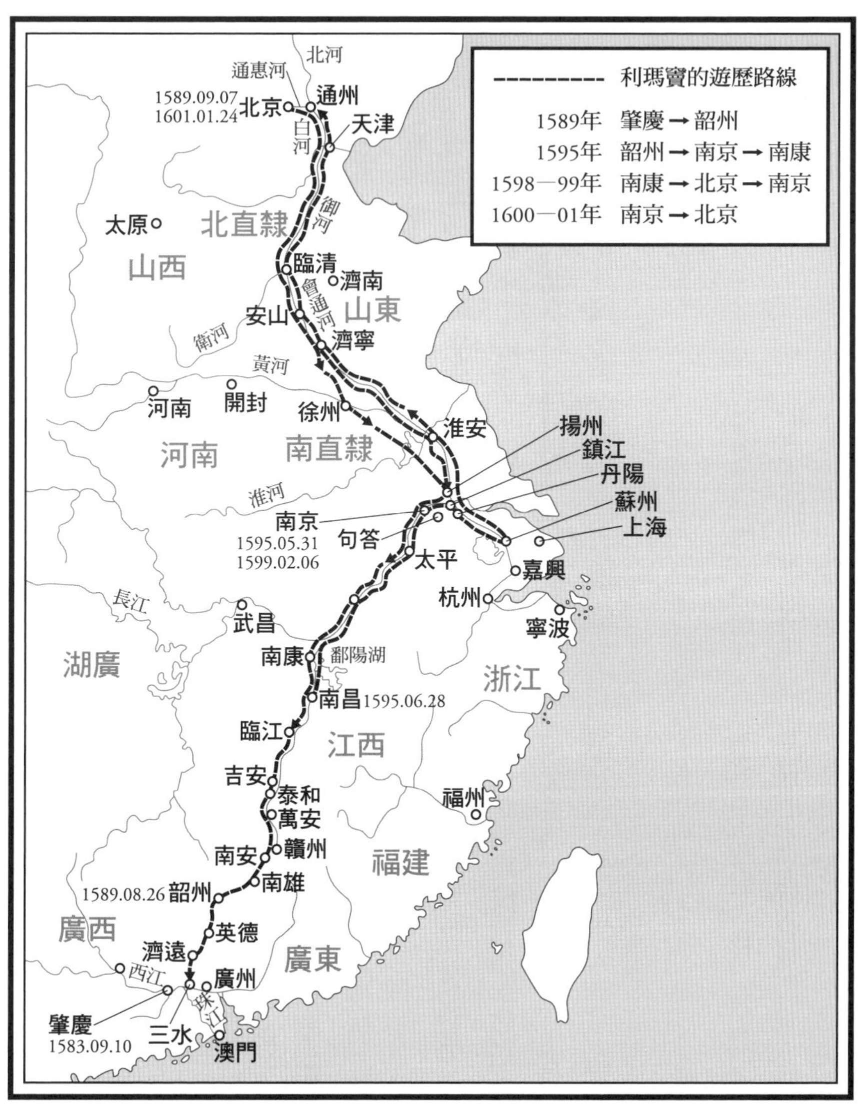
利瑪竇的遊歷路線
1589年 肇慶→韶州
1595年 韶州→南京→南康
1598—99年 南康→北京→南京
1600—01年 南京→北京
北河
通惠河
1589.09.07
1601.01.24
北京
通州
天津
白河
御河
太原
北直隸
山西
臨清
濟南
會通河
山東
安山
濟寧
衛河
黃河
河南
開封
徐州
淮安
河南
南直隸
揚州
鎮江
丹陽
淮河
蘇州
南京
1595.05.31
1599.02.06
句容
上海
太平
嘉興
長江
杭州
武昌
寧波
南康
鄱陽湖
湖廣
浙江
南昌 1595.06.28
臨江
江西
吉安
泰和
萬安
福州
南安
贛州
福建
1589.08.26 韶州
南雄
廣西
英德
濟遠
廣東
西江
廣州
珠江
肇慶
1583.09.10
三水
澳門

利瑪竇的旅程

賴。很明顯，這起事件是由馬堂引起，但皇帝卻下令逮捕首謀並處刑。此時，有名叫王朝佐的民眾，為了拯救大眾，自己承認是主謀並接受行刑，臨清的居民為王朝佐建了祠堂加以祭祀。這場在臨清的起義，是庶民試圖伸張正義而爆發的一種民變。然而，即使出了醜聞，當利瑪竇在隔年六月抵達臨清時，馬堂依舊穩坐在當地。

馬堂聽說神父一行人帶著珍稀獻禮，立刻攔下利瑪竇等人。他編了個藉口在自家招待眾人，要他們把獻禮帶去，一方面送了陳情書給北京，表示想用自己的船護送這些帶著贈禮給皇帝的外國人。馬堂同時檢查諸位神父帶的東西，一旦發現有未當作獻禮呈報者，就像是他自己的東西被偷，暴跳如雷，看到喜歡的東西就收到其他地方，用這種手法搶走很多物品。

利瑪竇寫了信給在北京的友人，說明狀況。友人的回覆卻是「不意上奏皇上，乃皇上如今只聽信宦官之言。現下上上策是求助於該宦官，捨財保命」。這時，幾位神父能求助的也只有神了。季節來到冬天，往北京的大運河結冰。西曆換了新一年，邁入下個世紀。就在利瑪竇對一切感到絕望之際，皇帝認可外國人進入帝都的許可送到臨清，利瑪竇在一六〇一年一月二十四日，由陸路進入北京。

宦官與官員

在利瑪竇遭到攔阻的期間，日本發生了關原之戰，英國則成立了東印度公司。歐亞大陸的東西兩側，很明顯都出現了新體制。另一方面，明朝則像是準備將帝國帶到一個新的政治體制上，開始進入了自我毀滅。

定陵　明朝十三陵之一，為第十四代萬曆帝的陵墓。

利瑪竇精確掌握了這個情勢，根據他的敘述，[1]中國與日本在朝鮮半島上的戰爭結束後，由於投入大筆費用在戰爭上，國庫已經見底。皇帝朱翊鈞（神宗．萬曆帝）為了填補財政上的貧乏，需要新的資金來源。不過他的目的並非想增加官員管理的國家收入，而是要增加皇帝個人能動用的宮廷收入。萬曆二十四年（一五九六），皇帝把腦筋動到派遣宦官至各地開採銀礦，並在各個交易要衝徵收商業稅。

然而，受命到礦山開採的宦官卻不到山區，而是前往大都市。一旦發現富豪之家，就堅稱房子下方有礦脈，要毀了房子。受到無妄之災的居民，為了保住家園，只得送上大批白銀給宦官。至於派遣徵收商業稅的宦官，則像馬堂一樣，帶了一批無賴強搶商人或居民的財產。借用利瑪竇的敘述，就是「滿載著商品的船隻經過繳稅區，簡直就像在外出旅行時遇到殺人犯」。

就這樣，搶奪來的財富大多為宦官占為已有，送往北京的資金則支應奢華的宮廷生活。例如重建萬曆二十四、二十五年相繼被燒毀的宮殿，以及用來打造朱翊鈞的墳墓定陵。這場宦官為了朝廷引發的掠奪，中國史上稱為「礦稅之禍」，一直持續到一六二〇年朱翊鈞過世。而內廷的肥大化自然會引來外朝所屬官員的抗議，而率先發難的官員，就是李三才。[2]

李三才出身於鄰近北京的通州。通州是經由大運河將物資送到北京時卸貨上陸的漕運要衝，李的父親就在這裡經商。李三才在萬曆二年（一五七四）的科舉考上進士，步上仕途。當宦官受派遣到通州，對商人巧取豪奪時，料想李三才不可能不聞不問。況且，李三才當時管轄的地區淮安與揚州，這兩處鹽的集散地，更是跟宦官直接對峙的立場。

利瑪竇一行人在臨清受到宦官馬堂的刁難時，李三才曾前後三次上奏皇帝，希望能停止礦稅。其中李三才還追究起皇帝派遣宦官的責任。

不僅在言論上批判，李三才也努力想阻止宦官的粗暴橫行。受皇帝命令派遣到山東省開採銀礦的宦官陳增，在當地地方官抗議其強行豪奪下，以違逆皇帝命令的名義，將地方官逮捕並拷問，甚至還連坐其他商人，沒收眾人的家產。陳增有個無賴姻親，竟然狐假虎威，在李三才管轄的淮安及揚州誣陷當地無辜的富人，沒收他的財產。李三才將這名無賴欲中飽私囊的陰謀告訴了陳增，並要陳增祕密舉報這名無賴，以免殃及自身。李三才藉此成功削減了皇帝對陳增的信任。

李三才出色的表現，吸引著一群對宦官橫行感到氣憤的官僚。其中的領導人物就是出身江蘇無錫（江蘇省南部）的顧憲成，他的父親是無錫商人。在思想上，顧憲成對於具有強烈個人色彩的陽明學派諸多批判，認為政治活動必須與學問結合。

萬曆八年（一五八〇）任職的顧憲成，對於擔任內閣大學士首輔、進行獨裁政治的張居正強烈抨擊，在張居正死後，他也持續與大幅插手控制地方社會的內閣對立，惹惱皇帝，最後辭官回鄉。

顧憲成在家鄉無錫聚集多位同道中人與弟子，他們需要有個地方討論政局，進行「講學」；於是，他在地方官的援助下重振宋代成立的東林書院，萬曆三十二年（一六〇四）成為在野知識分子聚集地的東林書院開始講學。這個以東林書院為中心所發展出批判宦官的黨派，就稱為東林黨。

每個月三日舉辦的講學，據說都聚集了數百名從遠近各地前來的參加者。此外，各地開始模仿東林書院，出現類似的書院。其中一處是萬曆三十五年（一六〇七）於常熟整建的虞山學院。主動負責建設這所書院的，是當時的常熟知縣耿橘。其實耿橘本身在思想上與顧憲成不同，他是屬於陽明學的流派。但關心地方社會利害的政治態度，卻跟顧憲成一樣，於是他與東林書院合作，在常熟也展開講學。以下藉由介紹耿橘這位官員的事蹟，試著描繪出東林書院派官員的具體形象。

官員與地方社會

位於蘇州西北邊的常熟，是典型的水鄉澤國。從山上眺望整片水田，一大片的農地就像是漂浮在江南太湖的小島，而非農地間有縱橫穿梭的水路。在十五世紀中葉之前，以里甲制為基礎，管理修建圍繞起農地的堤防。尤其當地的地主喜歡集中持有大片農地，最好鄰近排水良好及方便搬運農作物的堤防，而且習慣自行管理與耕地相接的堤防，積極主動負責當地的水利事業。

然而，在白銀經濟發展之下，社會地位上升的地主紛紛移居大都市，沒落的自耕農土地被居住在都市的富人收購，原先以在地地主為中心所維持的水利系統就此瓦解。居住在遠離農村的地主，唯一感興趣的就是向佃農收取租金，對於水路圍繞的農地狀況不聞不問。而留在當地的農民，必須繳納高額的租金，經濟上根本毫無餘裕去修補堤防、浚通水路。

進入十七世紀，建立新的體系成了當務之急。在這樣的情勢中，耿橘於萬曆三十二年（一六〇四）赴任地方官一職，他仔細觀察如小島般的耕地，連接堤防的周圍地勢較高，愈往中央變得愈低。因此當水路的水位一增高，小島中央就會積水，讓耕地變得潮溼多水。如果在地的系統能確實發揮功能，在地主的指導下進行排水，就能持續耕作；但當多數地主都不在當地，就無法落實。於是耿橘在萬曆三十年代（十七世紀初期）將大如島嶼般的耕地分割，並開鑿小水道，嘗試減少會淹水的耕地。

耿橘實施這項根本性的改革，改變了過去負擔水利維持的原則。這項原則用當時的語言來說，就是「照田派役，業食佃力」。意思就是，「依照田地面積課派徭役，業戶出食，佃戶出力」。換句話說，不再根據里甲制的原則，而是以耕地面積來平均分攤水利維持的負擔。「業戶」指的是地主，無論留在當地或遷居都市，都必須依照持有的耕地面積來支付「食」（工資），當地租地耕作的小農民「佃戶」，收取工資，做修建堤防與浚通水路的工作。

這種作法在十六世紀中葉已經在江南實施，但一些當過官的人，也就是所謂的鄉紳，有個逃避的管道，就是利用優待的措施來減免水利維持的負擔，有這道稱為「優免」的高牆阻擋，新原則便無法充分發揮效果。有些地主為了逃避負擔，會將自己的耕地轉移到鄉紳的名下，這麼一來就無法收到水利事業所需的資金。於是，耿橘下令徹底廢除優免的制度，這下子基於照田派役的水利系統總算開始發揮實效。

耿橘的改革，若是沒有為全縣利益考量的地方菁英階層的支持，根本無法實行。對於不居住在當地的地主階層來說，要是無法維持水利，連年遭到水害導致歉收，在經濟上也會大受打擊。眾人都認為必須要採取對策的這股動向，形成全縣的共識，支持推動改革的地方官，提供改革所需的資訊。另一方面，也有部分權貴人士對於建構水利維持體系感到事不關己，堅決反對廢止優免。因此，地方上的菁英階層出現分裂。

耿橘在能眺望常熟街景的虞山打造書院，企圖在這所書院集結對改革有共鳴的地區菁英，透過講學獲得支持地方官的共識，也就是藉此形成輿論。另一方面，對於地方官的施政感到危機的菁英分子，為了牽制地方官的行動，則尋求內閣大學士的支援，拓展在中央政府內的人脈。

官員與傳教士

如果以圖示來表達十七世紀前半官場上的狀況，應該會像這樣。有兩條對立的軸線，一條是針對作為財政基礎的縣行政所引起的對立，也就是背負地方社會共識的地方官，以及企圖大幅控制地方官的內閣間對立。而在這條對立軸上，再加入因礦稅之禍引起的官員與宦官間的對立。

地方社會成為宦官搶奪的對象，輿論自然倒向支持反宦官派。這樣的狀況讓仰賴地方社會發展的官員全都推向反宦官派，於是產生了東林黨的黨派。另一方面，與內閣關係好的官員，則感受到東林黨勢力擴大的危機，更加強與宦官的結合，東林黨將這群人稱作「閹黨」。「閹」是去勢之意，是歧視宦官的字眼。

在中國政界常見「敵人的敵人就是朋友」的政治原理作用下，兩條對立軸將政界一分為二的抗爭愈演愈烈。一六〇二年，十六歲登上帝位的朱由校（熹宗．天啟帝），因為非常信任與自己的乳母有類似夫妻關係的宦官魏忠賢，讓情勢出現關鍵性的惡化。

魏忠賢對東林黨施壓，破壞書院。那些反映地方社會實況的官員，都被視為東林派，不但斷送政治生涯，有時甚至連性命都不保。這股壓力直到一六二七年朱由校過世，由他同父異母的弟弟朱由檢當上皇帝（毅宗．崇禎帝），魏忠賢失去後盾自殺為止。

在圖解上附加解說很容易，但實際在官場中，內閣大學士裡也有批判宦官的人；或是表面上看似東林派，卻在私底下與宦官聯手的人。不過，內閣的權限來自皇帝個人的信任，跟宦官沒有太大差別。簡言之，明朝末年混亂的起因就在於對政治不聞不問的皇帝，以及不得不負起政治責任的官員，兩者之間的對立。在明朝末期的混亂中，產生了質疑皇帝權力正當性的思想，一直延續到清代。

至於利瑪竇一行人在抵達北京之後，狀況如何呢？當時傳教士處於很尷尬的立場。負責與外國人交涉的禮部官員，將這些人視為朝貢使節，稟告皇帝這些人在呈上獻禮，並收取皇帝所賜的禮物後，就要他們迅速離開北京。

根據利瑪竇記述，在這樣的背景下，禮部強調利瑪竇等人未依循正規交涉手續，而是透過宦官馬堂來到北京，對宦官介入禮部職務興師問罪，有批判宦官的意圖。然而，皇帝朱翊鈞對利瑪竇獻上的自鳴鐘非常有興趣，要懂得調整時鐘的傳教士住在北京。因此，皇帝始終忽視禮部的上奏。

一口標準中文，並具備敏銳觀察力的利瑪竇，非常精準地掌握到當時的情勢。雖然也能透過宦官來處理，但利瑪竇擔心若這樣做的話，會因此與中國知識分子之間產生鴻溝。某天，一名叫做曹于汴的高官來找利瑪竇，他是東林派的重量級人物。後來因為在北京成立講學地點時聯名，被宦官魏忠賢盯上而遭貶。到了崇禎時代，新皇帝朱由檢採取壓制宦官的政策後，曹于汴才重回中央政界，肅清魏忠賢的餘黨。

利瑪竇問曹于汴為什麼來找他，曹答道，「聽說神父是個非常出色的人物，我想來請教生存的真正教義。」[3]曹于汴為了傳教士不遺餘力，禮部的官員責怪傳教士透過宦官贈禮給皇帝，曹于汴聽到後大怒斥責，「馬堂殺害旅人，但就連高官也對宦官的橫行無計可施，何況是個可憐的外國人，又怎麼敢反抗他呢？」因為這件事，為傳教士停留在北京傳教一事打開了一條生路。

東林派的官員之所以對傳教士感興趣，有三項原因。[4]第一，對傳教士清廉的生活態度深有共鳴；第二，可以從傳教士身上學到社會政策所必須的實學；第三是身為儒學家、又是知識分子，試圖拉起一道對佛教的共同戰線。傳教士跟東林派知識分子之間，拓展出一片廣闊的人際網。

毛皮與帝國

黑貂與交易

在明末隨筆集《萬曆野獲編》[5]中提到北京的冬天，有這麼一段內容。「京師冬月，例用貂皮暖耳，每遇沍寒，上普賜內外臣工，次日俱戴以廷謝。惟近來（十七世紀初期）主上息止此詔，業已數年。……蓋賜貂之日，禁中例費數萬緡……」每年在宮廷需要分發給大臣的貂皮約有一萬張，狐狸毛皮約六萬張。這些毛皮是從哪裡來，又是怎麼取得的呢？此外，為什麼到了十七世紀皇帝取消了賜給大臣毛皮？其實這背後隱藏著一波歷史巨浪。

黑貂　鼬科小動物。棲息在歐亞地區的北方森林。毛色不固定，從暗褐色到黑褐色都有。毛皮被視為陸生動物中最高級，稱為「sable（黑貂皮）」，格外珍貴。

皇帝賜予的毛皮之中，最高級的就是黑貂皮。黑貂皮在歐亞地區被視為珍寶，經常是權貴人士之間互相餽贈的禮品。黑貂（學名：Martes zibelina）主要棲息在歐亞大陸北部的大片針葉林地區。中國的黑貂毛皮多半來自中國東北部，也就是過去稱為滿洲的地區。

中國東北部南側面海，東、西及北側有山脈圍繞。在山海包圍下，中央則是一大片東北平原。平原內有源自蒙古高原的黑龍江，以及其支流松花江由東向西流，還有自北向南流的遼河。雖為氣候寒冷的大地，西側有與蒙古高原間的屏障，大興安嶺，以及與西伯利亞高原為界的小興安嶺。此外，隔在朝鮮半島之間的長白山脈，則因為有北方大海提供的雪與雨，孕育出一片在針葉林中交織著樺木等闊葉樹的森林，黑貂就穿梭在這片森林裡。

中國東北部有一股勢力，握在狩獵民族「Jurchen」的手中，中國將「Jurchen」的發音寫成漢字「女真」（亦作「女直」）。明朝在十四世紀以遼陽作為根據地，掌控東北部，在朱棣時代令女真歸順。當時女真族分成三類，以鄰近中國的地區依序為建州女真、海西女真，以及野人女真。

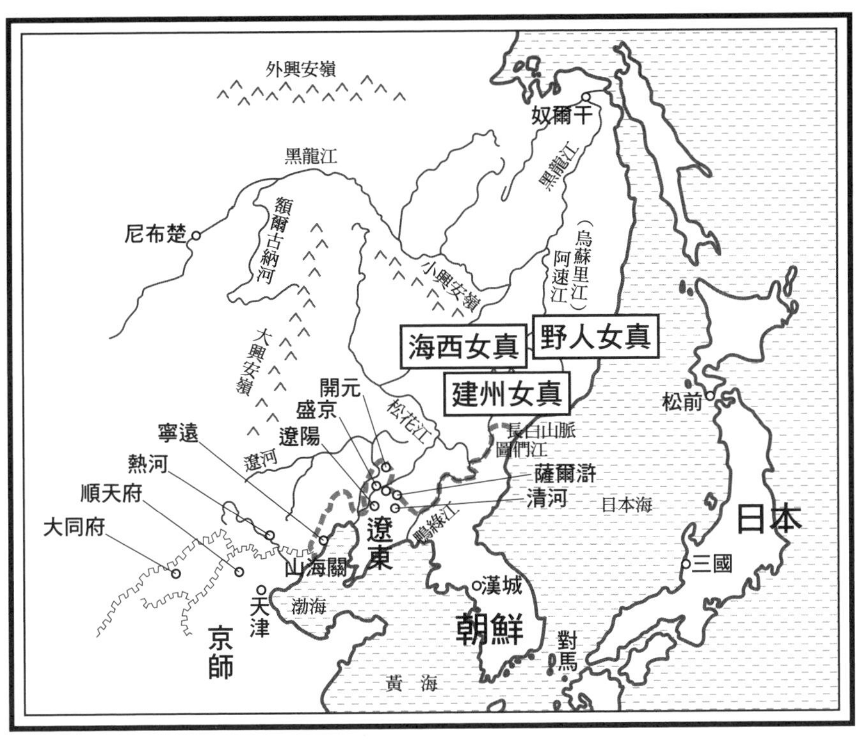

女真位置圖

十五世紀中葉之後，女真到明朝朝貢時，都會帶著黑貂皮作為貢品。[6]根據《明實錄》記載，成化二年（一四六六）建州女真來朝貢，邊境的官員檢查貢品時，遵照禮部的規定，只接受帶來純黑貂皮，以及肥碩馬匹的使節入內，其他都遭拒。此外，內容還提到黑貂產於黑龍江以北，完全沒有棲息在建州。[7]

成化初年起，開始有貂皮、特別是黑貂皮的貢品，之後數量逐漸擴大。皇帝賜給大臣的貂皮，就是這樣來的。

在北京流行起戴著黑貂耳罩沒多久，朝鮮也流行起黑貂皮毛。一四七〇年代在朝鮮，女性要是沒有貂皮服飾，根本羞於與其他人見面；在數十名婦女聚會的場合，沒有人不穿著毛皮。

朝鮮半島北部的農民，也拿毛皮當

作一部分的稅金繳納。不過，農民沒有進入森林獵貂的能力，於是只能越境和女真人交易，藉此取得毛皮。一張黑貂皮要用一頭耕牛交換，或者也可以用鐵製農具交換。女真人過去用的箭頭是以獸骨削尖製成，但在開啟毛皮交易之後，就改以鐵製。

用毛皮交易撐起的新興政權

女真人將黑貂皮帶入中國跟朝鮮，不過，推測真正進入森林獵黑貂的，應該主要是居住在黑龍江及松花江流域的赫哲族等通古斯語族的狩獵民族。赫哲人沿著河川流域打造小聚落，以捕魚狩獵為生。女真商人就從這些順應自然為生的狩獵民族手上，收集到毛皮。

一四九一年，朝鮮軍隊派遣到黑龍江流域時，有一名士兵遭到俘虜。他逃脫之後回國，覲見朝鮮國王時報告親身經歷。他聲稱自己遭拘禁的人家「一梁通四、五間，如僧舍，以大銅釜排置左右，一釜炊飯而食，一釜用秕糠作粥以養馬。多儲緞匹布物，一人所有貂皮可至三百餘張，雞鳴始起，終日舂米，隔江有他種爾狄哈，持皮物質來而去，其人或留二三日，或二三馱而歸矣」。[8]

黑貂皮一旦受到損傷，價值就會降低。赫哲人在貂的棲木上把空洞堵住，只留下兩個出入口，在一側出口套上長度超過八公尺的網子，再從另一側灌煙，把貂燻出來後就落入網中，加以捕獲。

收集毛皮的據點都設在河川交通的要塞，也是派兵駐守的地點。當毛皮收集到相當的數量時，獵戶就會將毛皮運送到據點，用來交換米糧、棉布。可以想像得到，待在據點的交易商人以米糠餵養得精力十足的馬匹，將收集到的毛皮運送到遠方的交易地點。當時中國東北部沒有栽種稻米，商人與獵戶交換的米糧與棉布，很可能是跟中國交易時獲得的。

十六世紀，大批白銀透過海洋進入中國，流入都市，產生富人階級，對於奢侈品黑貂皮的需求也愈來愈高。與其說是為了保暖，倒不如說是從皇帝的賞賜引領流行，毛皮因此成為身分地位的象徵。

有了需求增加的背景，毛皮的相關交易必定突破朝貢貿易的框架，變得更加活絡。而掌握這項交易的政治集團，就是活動範圍離中國最近的建州女真。

十六世紀後半，明朝將互市從朝貢體制中切割出來，傾向承認對外交易後，位於建州女真與中國邊境地區的開元、撫順、清河等幾個地方的交易場所出現迅速成長，女真商人也因此累積財力。在這些新興貿易人士支持下，建州女真領導人努爾哈赤累積起勢力。另一方面，明朝將交易的重心從朝貢轉移到互市的同時，皇帝用來賞賜的貂皮也無法保有固定數量，從十五世紀後半開始，這項持續已久的慣例也不得不終止。

清太祖努爾哈赤　建立滿州國的建州女真領導人。

努爾哈赤在十六世紀後期整合周邊勢力，建立滿洲（manju）國，據說國號源自女真人信仰藏傳佛教中的文殊菩薩（manjusiri）。文殊菩薩是東方的守護者。相對於佛教起源的印度來說，女真位於遙遠的東方，因此女真人會將自己的命運與文殊菩薩聯想在一起。

「manju」之後就寫成漢字「滿洲」。到了一六三五年，由於在漢族人口中常帶有歧視的意味，從此禁止使用「女真」的族名，一律自稱「滿洲」。努爾哈赤的滿洲國勢力逐漸擴大，一舉統一了中國東北地區的女真族，在一六一六年改國名為「金」，自稱為「汗」。在中國歷史上為了跟與宋朝對立的金區別，習慣以「後金」表示。

女真族之間會以「Hara」（姓氏）來表示所屬的父系親族，不過日常生活中很少用到姓氏，多半只用名字來稱呼。努爾哈赤姓「Gioro」，後來又冠上意指「金」的「Aisin」，藉此區分其他同樣姓「Gioro」的人。「Aisin Gioro」寫成漢字就成了「愛新覺羅」。本書中提到清朝皇帝的名字時，基本上會將姓氏省略。

努爾哈赤建國的過程，大致簡述如下：他的政權掌握了中國東北地區的毛皮與朝鮮人參等貨物的交易，藉此取得明朝原本禁止出口的農具等鐵製品，接著又從朝鮮取得耕牛。此外，一開始是藉由人口買賣，後來與明朝作戰後開始俘虜漢族農民，有了農具、耕牛和奴隸，就此在平原地區展開農業生產。

有了經濟上的基礎後，軍隊編制也逐步擴充。一六〇一年，編制了四個軍團，稱為「gūsa」（固山），後來又加了四個。每個固山分別用黃、白、紅、藍的旗幟，以及鑲邊的旗幟作為代表，中文稱為「八旗」，所屬於各旗的人就稱「旗人」。一個固山約由可當兵的成年男子七千五百人構成，八旗總共有六萬人。此外，行政與社會也依照這八旗來編制，後來將漢族及蒙古族納入其統治政權後，也成立了漢人八旗與蒙古八旗。

進入十七世紀後，陷入泥淖的明朝黨爭，也影響了努爾哈赤政權。與後金東側接境的遼東，是明朝直轄的領土，總兵李成梁花了幾十年治理此地。在戶制瓦解的同時，原先作為軍戶基礎的衛所，也幾乎失去軍隊的功能。這時，李成梁養了一支自己的軍隊，以半軍閥之姿控制遼東地區。至於他養私兵的財源，則來自與滿洲族的交易，而努爾哈赤則受李成梁的庇護，逐漸擴張勢力。

邁向帝國之路

另一方面，李成梁在中央政府內的後盾，就是內閣。連續好幾任的內閣大學士首輔，都跟李成梁有密切的關係。但是，內閣與東林黨的黨爭，導致李成梁失去了後盾。萬曆三十六年（一六〇八），李成梁遭到彈劾，理由是他收受努爾哈赤的賄賂，將新開墾的土地交給滿洲人；李成梁因此被解任，這也讓努爾哈赤政權少了與中國交易的中間人，交易無法順利進行，經濟基礎出現動搖。為了打破僵局，努爾哈赤明確擺出與封閉明朝對決的態勢。

努爾哈赤終於在萬曆四十六年（一六一八）與明朝斷交，先是攻擊撫順；隔年又擊敗明朝大軍與朝鮮援軍。這場戰事以交戰的山區命名，史上稱為「薩爾滸之戰」。一六二一年，努爾哈赤進一步加強攻勢，取得了遼河東側的廣闊農地，分配給手下的旗人。戰爭過程中俘虜了許多漢人，衍生出以漢人為奴、在旗人擁有的莊園工作的制度，而這些莊園就稱為「旗地」。

努爾哈赤進軍遼東平原之後，遷都到明朝控制遼東的中心——遼陽。然而，遼陽的街道似乎不適合作為新興勢力後金國的首都，一六二五年再遷都到瀋陽，之後改稱盛京。從此之後，盛京就成了東北地區的政治中心。在這個過程中，有許多漢族受其統治，打造了從部落式的政權蛻變為帝國的基礎。

努爾哈赤雖然實現了從遼東再往西方擴張勢力的計畫，卻在面向渤海的寧遠城寨，被一門明朝在傳教士指導下做出的葡萄牙大砲阻擋了去路，無法突圍。努爾哈赤在一六二六年過世。據傳說的某一派說法，他是被砲彈流彈波及導致傷勢惡化而死。繼承努爾哈赤的，是他的第八個兒子皇太極（愛新覺羅皇太極．太宗）。

滿洲人並沒有長男繼承的傳統，而是具備實力的人會受推舉成為繼承人。皇太極壓倒其他人，確實掌權之後，先進攻朝鮮，要朝鮮王與後金國締結兄弟關係。還要朝鮮認可交易往來，以確保後金國在與中國交戰下能補充難以取得的物資。

一六三四年，打敗了在內蒙古的蒙古族林丹汗。隔年林丹汗的長男來向後金軍投降時，還帶著元朝的玉璽。這顆印章的傳承據說可以追溯到漢代。元朝最後的皇帝元順帝當初逃到北京時還帶在身上，在他死後就沒人知道玉璽的下落。經過兩百年被牧羊人撿到，輾轉才到了林丹汗手上，印章上刻著「制誥之寶」。

皇太極將取得這顆印章視為天命，一六三六年，他自認為滿洲族、蒙古族和漢族這三個民族的皇帝，也就是大汗，同時也是統治者，取了「大清」為國名。至於為什麼叫「清」，眾說紛紜，在學術界也還沒有一致的見解。這裡想確認的一點就是，這個帝國跟元朝、明朝一樣，都是自己定下國號。

新的帝國統治者，不但是滿洲族的領袖，對蒙古族而言是繼承了成吉思汗的譜系，就漢族而言則是接續了元朝開始的正統性，因應各個面向而誕生。這樣的多面向奠定了基礎，之後發展成幾乎將整個東歐亞地區納入勢力範圍的龐大帝國。皇太極將投降的漢族官員全都納入自己的政權下，以明朝為範例打造六部等官署制度，在各個職位上起用滿洲族、蒙古族及漢族人。

皇太極要求朝鮮推崇他為皇帝，朝鮮國王拒絕之後，皇太極即發兵用武力迫其臣服。自此之後，朝鮮不再對明朝朝貢，改為每年派遣朝貢使節到清國。新的朝貢體制從此誕生。只不過，相對於明朝與外國之間壓制交易的基本關係，藉由毛皮交易的背景達到迅速成長的清國，在運用朝貢體制上，採取積極認可交易的態度。

明朝的瓦解

皇太極向明朝挑戰，卻怎麼樣也無法突破位於萬里長城東側的山海關，遲遲無法真正一決勝負。雖然也嘗試繞路從熱河跨越長城，入侵華北地區，但要是沒能掌握主要幹道的路線，就不可能讓明朝屈服。由於皇太極是以與中國交易為基礎的政權，不希望戰事拖延太久。雙方一方面進行和平談判，卻沒什麼顯著的成果。皇太極就在這樣膠著的狀況中，於一六四三年病死在盛京。

繼任皇位的是皇太極才六歲的兒子福臨（愛新覺羅福臨．世祖．順治帝）。清朝初期的皇位繼承，是由幾位有力人士合議來決定。明朝基於儒教的原則，幾乎都自動由嫡長子繼承，但清朝不一樣。年幼的福臨之所以能登上大位，據說是因為他的母親，也就是蒙古族的博爾濟吉特氏的孝莊文皇后（在親生兒子即位後成為孝莊文皇太后），和皇太極的弟弟多爾袞聯手所致，多爾袞則以攝政來掌握實權。

另一方面，兩軍夾著山海關的膠著狀態，突然在皇太極病死的隔年出現變化。

十六世紀末，因為日本對朝鮮的侵略戰爭，讓明朝財政變得吃緊。當滿洲軍開始進攻遼東，明朝無法籌措需要的軍事費用，便課徵新的稅。萬曆四十八年（一六二〇），為籌得遼東的軍事費用，課徵名為「遼餉」的新稅；崇禎三年（一六三〇）也追加了一項稱為「新餉」的稅。此外，為了削減經費，重整了由官營營運負責傳達運輸的幾個驛站，由於驛站減少，讓原先在此工作的人失去就業機會。人民在幾番壓榨下飽受折磨，於一六二七年在陝西北部爆發了大飢荒，這也成了之後大規模叛亂的導火線。

每次滿洲軍越過長城進攻，北京就處於戒嚴狀態。明朝在陝西、山西等地徵調士兵的同時，也以「勤王軍」的名義，調動地方軍隊來保衛北京。然而，這些軍隊因為收不到糧食配給，經常在移動的路上或在駐屯地就發生叛亂，之後跟農民主導的反叛勢力會合。而這時的明朝，已經無力鎮壓各地的叛亂。叛亂之中，李自成與張獻忠兩名領導人物嶄露頭角，帶領眾人。

大約自一六四〇年起，李自成從單純的叛軍轉向以取得政權為目標。他開始提出政治上的訴求，像是「均分土地」、「三年免稅」，以及「公平交易」等，散布政治宣傳的歌謠，進行一些政治活動。他的勢力從陝西，拓展到河南、湖北，崇禎十七年（一六四四），李自成在安西建立政權，定國號為「大順」，並制訂官署機構，接著就往北京邁進。

明朝為了抵禦清軍，將主力部隊都配置在山海關，使得北京的防備減弱。皇帝朱由檢（思宗・後來稱為毅宗・崇禎帝）在三月十九日凌晨，登上紫禁城之北的景山自殺身亡。李自成的政權雖然進入首都，卻因為沒有設下打倒明朝後的明確目標，起了內訌，沒能打下穩定的基礎。

另一方面，原駐守在山海關的將軍吳三桂雖然前往北京，但李自成軍隊的行軍速度實在太快，在明朝援軍還沒趕到，北京已遭攻陷。吳三桂為了替明朝皇帝報仇，於是投降清朝，請求皇太極死後掌握實權攝政的多爾袞出兵支援。吳三桂的這項舉動，相傳是因為李自成搶走他的愛妾，兩人結下的私怨所致。

四月二十一日，李自成率領大順軍與吳三桂的軍隊在山海關展開激戰，沒多久多爾袞率領的清軍加入吳軍，立刻決定勝敗。清軍追逐敗走的李軍，在吳三桂的領導下通過山海關，一路向北京。李自成兵敗如山倒，最後放棄北京。清軍便在五月二日進入北京城，不過短短一個半月的時間就從明朝轉換到清朝。

正當中國展開改朝換代的巨變時，有一艘日本船航行在日本海。這艘船搭載了五十八人，在四月一日離開現在的福井縣三國港，準備前往北海道的松前行商。船隻沿著日本海岸，從能登半

山海關　萬里長城的起點，南臨渤海，連結華北與東北的要衝。有「天下第一關」之稱。

島渡過佐渡，然後繼續往北航行時，遭遇到東南東暴風。船隻在日本海上漂流，半個月後來到接近圖們江出海口附近。

不久之後，當地居民駕著小船過來。遇難的人吃了居民招待的飯菜後，拿出三把朝鮮人參，比手畫腳表示用這個來交換居民做菜的鍋子，並問他們，「像這種人參，有很多嗎？」對方回答：「那座山上有。」於是，遇難漂流的人們做出錯誤的判斷。

「無論到了哪裡，重點都是做生意，不如就騙這些人帶我們到有人參的地方，大採一批吧。」這些人心想。然而，跟著當地居民走到山裡後，卻在茅草園中遭到包圍並射殺，多人喪命。船上剩下的東西也被燒光，存活的只有國田兵右衛門等十五人。存活者被送到盛京，然後再轉到剛成為清朝首都的北京，這幾個人很可能是第一批見到新帝國的日本人。

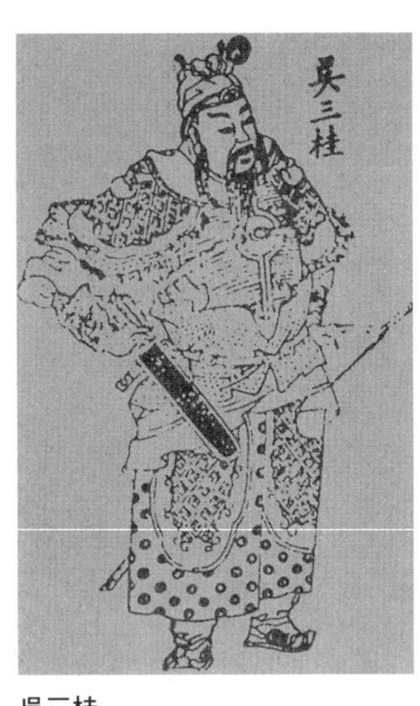

吳三桂

這群漂流的人被拘留在北京一年，終於在漂流三年後經由朝鮮被送往對馬。國田兵右衛門與宇野與三郎到江戶自首，在回答幕府負責人審問時，留下了陳述的記錄。

因髮型而生的糾葛

國田等人在前往北京的路上，遇到了離開故鄉滿洲要往北京的民族大遷移。「前往北京時，有許多看似從韃靼（日本對東北亞的稱呼）遷移的男女，在三十五、六天的路程中，馬不停蹄趕路。」清朝強制要求住在北京城內的漢族搬走，之後讓旗人搬進來住。因為這場遷移，滿洲當地的人口驟減，農地也隨之荒廢。

至於滿洲人的外表，則是「身型比日本人高大，無論階級高低都要把頭髮剃了，留下頭頂邊長約一寸的頭髮，留長之後編成辮子，嘴上方的鬍子留著，下方則剃掉。從大名、小名（皇族或高官）到一般市井小民都一樣。」這是辮髮，就是清朝繼承女真族的習俗。皇太極時期，他將許多漢族人士納入統治時，漢人都被強制辮髮。吳三桂在投降清朝時，也曾剃掉頭髮以示忠誠。

清軍進入北京城不久之後，就對漢族下令，「皆著剃髮，衣冠悉遵本朝制度」，這項舉動引發了漢族的反感。之後多爾袞判斷在統治穩定之前強制漢人配合習俗並不適當，便在六月底暫緩了薙髮令。清軍的攻勢非常快，用清朝的年號來說，順治二年（一六四五）不僅擊敗李自成的軍隊，六月還滅了明朝皇族朱由崧（福王）在南京建立的政權。眼見對清朝頑強抵抗的江南已平，清朝頒布薙髮令。命令如下：

> 自今布告之後，京城（北京）限旬日、直隸（帝國的直轄地）各省地方自部文到日亦限旬日，盡行剃髮。

除了在北京張貼大量公告外，也下令理髮業者用扁擔挑著剃髮工具，大街小巷到處巡邏，一旦發現還有人沒剃髮，就抓來剃髮。據說當時有不少人，為了要避免辮髮，因此迅速遁入佛門，至少可以理成光頭。

在江南因為這份布告陷入大混亂，也有許多人因此喪生。十六世紀發展為地方社會的嘉定縣，一群身為地方領導人物的鄉紳，為了保衛故鄉，大舉占領縣城。這些人為了吸收農村自衛團，還散播謠言，「清兵強制人民剃髮，等到剃了髮，就會揮著刀強迫你殺死自己的妻子。然後要你當兵上前線，當人肉盾牌，絕對沒有存活的機會。」要大家千萬別歸順，選擇抵抗。

至於早一步歸順清軍的無賴，看到還留著頭髮的人就痛下殺手，將財產搶走。有些人無奈之下剃了頭髮，要是運氣不好被村子裡的自衛團抓到，也會被視為叛徒而遭到毒手。在這番混亂之中，清軍於七月平定了嘉定。

留在北京的國田等人，也窺探到了當時動盪的中國。

南京也遭到韃靼國占領，征討的軍隊回到北京。不過，聽說其中一名頭目留在南京。後來我們的確也看到，南京的人來到北京行禮。南京來的人全都剃了頭髮，跟韃靼人一樣。

這場髮型帶來的風波，在江南地區演變到了「留頭不留髮，留髮不留頭」，也就是不剃髮恐將人頭不保，最後在清朝以壓倒性的軍事武力介入之下，終告平息。

多爾袞將過去八旗各自分立傾向強烈的滿洲體制，以相當強硬的政治手段改革為中央集權體制。在改革的過程中野樹立不少政敵。順治七年（一六五〇），多爾袞突然過世，在其政敵的計謀下，多爾袞被視為叛亂者，同時由已經十三歲的皇帝福臨（愛新覺羅福臨·世祖·順治帝）親自掌政。

確立中央集權體制

年輕皇帝在少年時期來到北京，置身於自朱棣遷都以來兩百多年的中國中心。可以想像，走進紫禁城的福臨，對沈溺於此地的漢族文化感到震撼。開始親自主政的皇帝，接受了漢族文化沿襲明朝體制。然而，這段統治並沒有維持太久，順治十八年，福臨就因為染上天花而過世，由年僅八歲的愛新覺羅玄燁繼位，就是聖祖·康熙帝。

在皇太極之後連續兩任年幼的皇帝繼承，卻沒有讓清朝皇帝的權力動搖，原因就是在背後有皇太極的妻子，也就是福臨的母親、玄燁的祖母博爾濟吉特氏（孝莊文皇后·孝莊文皇太后）掌握了宮廷，同時她會和像多爾袞這類具有政治實力的人士密切合作，輔佐幼帝。

通常在漢族女性身上看不到強勢權威，這是蒙古族、滿洲族等北方民族的特徵。清代後期有西太后掌握實權，或許可這麼說，清朝統治中國是始於皇太后，最後也是由皇太后結束。玄燁在康熙八年（一六六九）排除了當時握有實權的輔政大臣，開始親政。

在尚處於青少年階段的皇帝面前，難題堆積如山。其中又以對於有華南三藩之稱的漢族勢力該如何處理，更是傷腦筋。三藩，指的是駐屯且治理福建的耿繼茂，及他的接班人耿精忠；在廣東的尚可喜（平南王），以及治理雲南的吳三桂（平西王）。

在清朝鎮壓華中、華南的過程中，從明軍中倒戈降清的眾多武將發揮很大的作用。此外，在他們四處轉戰之中，逐漸擴大自己的軍團，走向軍閥化，就連清朝中央政府也很難介入。尚可喜與耿繼茂的父親，都是在皇太極時代就已從明朝倒戈清朝的武將。

三藩之中的平西王吳三桂，展現出獨立政權的態勢。雲南位居內陸要衝，吳三桂掌握了雲南與西藏交接處的北勝州，在西藏人與蒙古人之間開拓互市。經由西藏帶入雲南的蒙古馬匹，據說一年有成千上萬匹。此外，也有人將在四川採到的高級藥材運到東北，再從遼東將朝鮮人參帶回雲南；還有開採礦物，鑄造銅錢，可看出在經濟上也獨立自主。

玄燁（康熙帝）以邁向中央集權體制為目標下，提出廢三藩的方向後，吳三桂遂於康熙十二年（一六七三）起兵反抗清朝。吳三桂鎮壓了雲南、貴州後，繼續擴大勢力；隔年（康熙十三年），福建的耿精忠也高舉反清的旗幟。康熙十五年，在吳三桂與耿精忠的勢力包圍下，廣東尚可喜的長子尚之信，也加入吳三桂的行列。此外，以臺灣為根據地的鄭經（後文詳述的鄭成功之子），也與耿精忠合作，攻擊沿海各地。

三藩之亂曾有一時勢力廣達幾乎長江以南的所有地區，然而幾股反清勢力並未同步前進，吳三桂逐漸變得孤立。吳三桂在湖南病逝後，很難繼續維持勢力，吳三桂的接班人於康熙二十年（一六八一）在雲南被清軍所滅，三藩之亂就此告終。

清朝就在一邊克服困難之中，逐漸鞏固統治中國的基礎。

清朝是個由黑貂皮產生的東方帝國，歐亞地區的西側也有另一個因毛皮支持而發展起來的帝國，那就是俄羅斯帝國。[8]

與俄國間的條約

從蒙古帝國獨立的莫斯科大公國，在十六世紀中葉因為掌握了窩瓦河與裡海的水運，以交易為基礎的政權迅速成長。藉由在歐亞大陸北部森林裡取得的毛皮、木製品出口到伊朗、土耳其等地，再進口絲綢織品、棉製品等，打造經濟上的基礎；一五五二年，征服了屬於蒙古族後裔的西伯利亞汗國，越過烏拉山脈朝東方進軍。而這片廣大的土地，就因為原先的西伯利亞汗國而稱為「西伯利亞」。

俄國商界的斯特羅加諾夫家族，負責開發西伯利亞地區。這個家族的商人從沙皇手中獲得在西伯利亞開發的特權，還握有審判權，甚至保有私人軍隊。斯特羅加諾夫家把居住在窩瓦河一帶的哥薩克人組織起來，做為私人兵力，鎮壓了西伯利亞汗國。

哥薩克人是一群沿著河川流域以狩獵、畜牧，以及搶劫船隻為生的群體，其中一名領袖就是葉爾馬克。葉爾馬克率領軍隊消滅西伯利亞汗國，於一五八三年進貢俄國沙皇兩千四百張黑貂皮。接下來進入西伯利亞地區的俄國人迅速成長，大約六十年內，已經發展到了西伯利亞東側。

泰加林地這一大片針葉林，是黑貂等野生動物的寶庫。許多毛皮獵戶都湧進西伯利亞。此外，徵稅使會前往各個原住民的村落徵收毛皮當作稅收。這筆向原住民課徵的毛皮稅，原本是俄國人向蒙古帝國繳交的納貢，此時則換成俄國向原住民課徵。

歐洲的貴族也很喜愛黑貂皮，西歐上流社會人士會穿著一件由幾百隻黑貂製成的披風。由此可知，黑貂在歐洲也是財富與權力的象徵。俄國對西歐出口毛皮，吸收西歐文化，並獲得整頓帝國所需的資金。

俄國人在十七世紀中葉，終於準備進軍黑龍江，目的在於獲得現在中國東北地區的耕地，確保開發西伯利亞時所需的糧食。對清朝而言，這裡是取得黑貂等毛皮不可或缺的土地，不僅是狩獵野生動物的地區，還可經由黑龍江流域，將毛皮送到西伯利亞地區。

俄國人的遠征隊和清朝駐屯部隊之間，起初出現小紛爭，一六五八年於松花江與黑龍江匯流地演變為兩股勢力正式對戰，時為清朝的順治十五年。

另一方面，由於北美洲也開始出產毛皮，在歐洲的俄國毛皮銷售狀況開始下滑。俄國開始尋找新的毛皮出口國家，出現了最理想的交易對象，就是與西伯利亞交界的中國。

前面提到國田一行日本漂流民眾的記錄，其中也提到清朝居民在服裝上大量使用毛皮。身為狩獵民族的滿洲人，在統治中國之後，中國境內的毛皮需求量也隨之提高。莫斯科政府為了發展與中國的交易，自一六七〇年之後，持續派遣使節團到北京交涉。民間商隊也跟著使節造訪北京，從西伯利亞運到北京的黑貂皮，一六七二年有一萬三千張，一六七三年高達一萬六千張。

莫斯科政府的想法與西伯利亞地方行政機構的判斷，經常出現落差。當清朝勢力為了平定三藩之亂而集中在華南地區時，俄國遠征部隊經常進出黑龍江下游，打造起要塞。面對這樣的動向，清朝在康熙二十二年（一六八三）採取軍事行動，要求俄國人離開，雙方爆發軍事衝突。

莫斯科政府希望避免雙方在黑龍江的武力衝突，平息風波。清朝在康熙二十八年（一六八九）

與俄國簽訂條約。由於雙方是在黑龍江流域的俄國要塞尼布楚簽約，稱為「尼布楚條約」。

根據尼布楚條約，俄國承認黑龍江與額爾古納河匯流處下游，以及全支流流域皆為清朝領土，清朝則正式認可兩國之間的貿易往來。其中第五條，「兩國既永遠和好，嗣後往來行旅，如有路票，聽其交易。」這是中國第一次基於條約來界定國界。這項條約締結的原因，來自於俄國與清朝都是因為毛皮交易而成長的交易帝國。

海上世界的終焉

自古以來的港口都市泉州，在附近的安南縣，有個叫石井的小漁村。登上後方的小山丘，可以眺望村落的全貌。幾乎沒有農地，村子的南方是一片連接到臺灣的海洋，東側則是白沙灘，凝視著大海；沙灘北側停了幾艘遠洋船，像是守護著這個港口不被南側的強風吹襲。走下山丘，道路兩旁有許多鄭姓墓碑，這幅光景跟四百年前沒什麼兩樣。

萬曆三十二年（一六〇四），一名叫鄭芝龍，後日又名鄭一官的男孩，誕生在這個村子。他在十八歲時搭乘遠洋船出海，在耕地稀少的泉州一帶，這是非常自然的選擇。

海上的變化

鄭芝龍面對的東歐亞海域，已非王直活躍時的十六世紀海上世界，海洋一直在變。首先，提供倭寇活動據點的日本，在豐臣秀吉時統一後，十七世紀由德川家康繼承。以日本為主的海上世界，接受豐臣、德川之後的統一政權統治。

過去由九州領主負責的海洋交易，到了十六世紀末，豐臣政權企圖插手掌控。豐臣政權直接控制日本國內的銀礦，掌握了從日本出口到中國的最大宗商品——白銀。將這些白銀投資海外貿易，成為經由東南亞與中國交易的最大贊助者；此外，豐臣政權還掌握了全國的領海權，從如何因應漂流到海岸的遇難船，可看出這些變化的端倪。

日本在中世紀時對於漂流物的所屬權認定，原則上歸給在漂流處發現的沿岸居民。十六世紀，這塊土地的領主為了占據漂流物，遇難船隻上的船員經常被視為奴隸。然而在一五九六年，一艘西班牙的船隻漂流到高知，豐臣秀吉派了奉行[10]去沒收船上的貨物，並分給船員糧食，幫他們修好船隻後讓他們回國。[11]這也顯示了中世紀的慣例到此結束，海洋轉變為由統一政權管理的公共空間。

豐臣政權封鎖了原先在日本沿海到中國、朝鮮半島這片廣大海域上活動的海盜，同時在一五九二年，對於日本赴海外的船隻發放相當於許可證的朱印狀，提出了允許特定商人對海外進行交易的方針。後來德川政權也延續這項政策，估計從一六〇四年到一六三五年之間，光是能確認發放的朱印狀，就有三百五十六份。由於明朝不認可日本船隻進港，朱印狀上的前往地點多為馬尼拉、臺灣，以及印尼半島的港口城市。

帶著朱印狀的船隻，也就是朱印船，不止前往目的地的港口購買沉香等熱帶亞洲的物產，也跟中國商人交易，採購生絲等中國物產。雖然日本船隻無法直航中國，卻能在東南亞各個港口進行接頭貿易。可說德川政權將朱印狀當作一種手段，用來管理日本與中國之間的間接交易。

不僅日本，在海上世界活躍的歐洲人也從過去只在乎交易獲利的體質逐漸蛻變，將海洋納入殖民地經營所依據的體系中。

一六〇三年十月，西班牙統治的馬尼拉發生了據說多達兩萬名中國人慘遭殺害的案件。起因是中國宦官以增加宮廷資產為名目，進行開礦所致。因為一封謊稱在馬尼拉海岸能挖到金銀的奏文，明朝便派遣使節來辨明真偽。西班牙人卻認為使節來訪的目的是為了攻打馬尼拉而收集情資，特別加強對中國人的取締。此舉招來中國人的暴動，更演變成大規模的殘殺事件。從這起事件的背景，可隱約了解西班牙政府企圖管理不斷從海上湧進的中國海商。

另一方面，曾以冒險商人在海上大展身手的葡萄牙人，進入十七世紀後逐漸消聲匿跡，取而代之在東歐亞海域出現的勢力，是以「東印度公司」這間國家特許公司的名義推動各項活動的荷蘭人。相對於葡萄牙人以個人海商的才華來進行商業活動，新興的荷蘭人則是有組織地推動交易。荷蘭人無法在中國本土建立交易據點，於是在一六二三年於臺灣南部安平設置商館，著手開發島嶼。

倭寇的接棒人

前面提過，十六世紀的倭寇領袖王直出身徽州，他的商業活動就靠新安商人間的交流來支持。然而，面對十七世紀變化的海上世界，能最迅速因應的卻不是新安商人，而是出身泉州一帶的安平商人。離開故鄉的鄭芝龍，在這群商人之中嶄露頭角。

泉州一帶依山傍海，耕地不多，據說十戶人家裡就有七戶得到外地經商。安平商人的商業圈遍及大運河要塞的臨清，以及江南大都市蘇州、杭州等地。此外，也有不少人定居日本長崎及平戶，頻繁往來日本與中國從事交易。

鄭芝龍起先投靠經常往來於廣東與日本的舅舅。有一次，舅舅趁著有其他船隻赴日時，順便運送自己的貨物，就讓鄭芝龍搭船負責管理貨物，這艘船的船主是在日本平戶設有據點的李旦。一六二一年抵達日本的鄭芝龍，受到中國商人領袖李旦的信任，收他為義子。

李旦也出身泉州，在鄭芝龍投入海上世界時，李旦已擁有強大勢力。他取得朱印狀，派遣船隻到越南北圻、呂宋等地展開交易。同時也派遣朱印船到臺灣，計畫運用臺灣來當作中國與日本之間的中繼點。更進一步攻擊航行於中國本土與臺灣之間的船隻，企圖獨占經過臺灣的交易路線。另一方面，荷蘭人在進到臺灣安平港時，也遇上了李旦的船。李旦曾收下荷蘭人的一筆錢，答應幫對方採購中國物產，後來卻幾乎沒實踐承諾。

鄭芝龍的野心和才智，隱藏在他一表人才的外貌之下。一六二四年，平戶的日本人田川七左衛門的女兒阿松為他產下一子，取名為福松，中文名是鄭森，也就是後來的鄭成功。之後鄭芝龍很可能是受了李旦之命，前往臺灣在荷蘭商館擔任口譯。

李旦在一六二五年於平戶過世，他的資產幾乎都進到鄭芝龍手裡。此外，相傳同一時期，有位名叫顏思齊的海商在臺灣過世時，他的船隊也由鄭芝龍繼承。鄭芝龍如何能在短時間內建立起海上世界的龐大勢力，有許多不解之謎。也有人認為，顏思齊是李旦的化名，其實根本是同一個人。總之，鄭芝龍發跡的過程為歷史小說提供了絕佳的題材。

繼承了李旦與顏思齊海上勢力的鄭芝龍，一六二六年在中國福建沿海地區展開武裝行動，陸續吸收他的競爭對手。起初在他手下的一百數十艘船也增加了數量。隔年，也就是一六二七年，明朝都督為了取締海上勢力，要求臺灣的荷蘭官員派兵支援，沒想到鄭芝龍以數百艘船隊包圍荷蘭船，一舉擊敗對方。據說此時鄭芝龍手中已握有七百艘船隻。一六二八年，鄭芝龍占領廈門後，明朝即任命他為「海防遊擊」，負責守衛沿岸地區，之後他不斷立下驅逐海盜的功績，連連升官。這是他與明朝合作，驅逐其他海上勢力，完全掌控東海制海權的一步。

航行在東海上的船隻，要是沒掛上鄭芝龍的旗幟就無法安全航行。為了掛上這面旗幟，海商的每艘船必須繳納白銀兩千兩。這項制度後來也由鄭成功繼承。鄭成功寫給在日本的同母胞弟的信中，具體說明了這項稱為「牌餉」的海上通行稅。根據書信中的說明，大型船隻繳納兩千一百兩，小型船隻繳納五百兩，則可獲得照牌，照牌的有效期間為一年。掛上照牌的船隻可以安全航行，但若沒有照牌，或是有效期限已過，會遭到緝拿且沒收貨物及船隻，船主及船員也會被逮捕。

運用這套制度，鄭芝龍的海上勢力不但能在財政上獲益，也可強化守衛海上安全的船隊。以武力背景保障往來船隻的安全，代價就是向商人收取通行稅。由鄭芝龍建立、再經由鄭成功發展的這套制度，已經超越私人海商的領域，具備公權力的功能。這股異於倭寇的政治勢力，與中國、日本、荷蘭等國的權力並駕齊驅。

鄭芝龍在一六三一年，聯絡荷蘭在臺灣的官員，表示自己已取得由明朝發出、航行臺灣的正式許可，這也等於宣布，未來由中國到臺灣的物資，將全數由鄭芝龍手下的船隻壟斷運輸。荷蘭船不容易進入中國的港口，而荷蘭人要來臺灣也得仰賴中國的船隻。

十六世紀在東海上開啟的海上交易，大致的基調就是日本出口白銀到中國，再從中國進口生絲。由於明朝嚴禁與日本直接交易，就讓倭寇有發揮的空間，或是出現了經由東南亞其他港灣城市來做接頭貿易的迂迴方式。葡萄牙人就是加入這類交易。

交易基調的變化

因為日本大量進口了中國產的優質生絲，讓日本國內的養蠶業者大受打擊，出現衰退。京都西陣織等高級絲綢織品的原料，幾乎已經完全仰賴進口的生絲。然而，從十七世紀中葉後，這樣的交易基調出現變化。起因是受到技術上的限制，日本的白銀產量逐漸下滑，實際上已經無法像十六世紀時讓大量白銀流出海外。

因應江戶幕府這個統一政權整頓貨幣制度，在日本國內經濟的運作上，也開始需要保有一定程度數量的白銀。幕府為了確保鑄造國內銀幣的原料，在一六〇九年下令，禁止出口精鍊到一定高純度的銀錠，但依然有人以走私的方式出口。這樣的狀況從德川家康時期就懸而未解，直到德川家光統治的一六三〇年代，才具備了能管理正式交易的條件。而實際上採取的政策，是配合幕府為建立日本統一的理念打壓基督教徒的步調。

對幕府而言，要面對的課題是如何處理與基督教傳教士無法完全切割的葡萄牙商船。自十六世紀後期，耶穌會為了取得在中國與日本傳教時不可或缺的經費，投資了在中國採購生絲後從澳門前往日本的葡萄牙船隻。利瑪竇在他的著作中曾提到，一六〇三年時，一艘在澳門港內準備往日本出發的葡萄牙船隻，遭到三艘荷蘭船隻搶劫，使得耶穌會蒙受高額損失。

而站在葡萄牙商人的角度，耶穌會是個少不了的投資者，就算會妨礙他們在日本的生意，也不可能清楚切斷雙方的關係。因此，該如何從交易中排除與基督教傳教士聯手的葡萄牙商人，就成為幕府的一大課題。然而，一旦趕走了葡萄牙人，日本之後該如何取得需要的生絲呢？這一點讓幕府傷透腦筋。

取代葡萄牙人的選項，就是荷蘭人。一六三二年，日本重啟與荷蘭人曾中斷一時的交流，但荷蘭人失去與幕府談判的權力，是將軍特別通融才得以進行交易。荷蘭商館館長為了表達感謝，從隔年一六三三年起，每年都會前往江戶。對幕府來說，荷蘭人很好應付。

長崎出島的荷蘭公館

過去來到平戶、坊津、博多等港口的中國商船，在一六三五年全部集中到幕府直轄地長崎管理，互市地點也只限於長崎。此外，這一年幕府還禁止日本人出國，也禁止居住在外國的日本人回國。中國產的生絲、絲綢織品等貨物，主要也由中國商人取代了被迫退出與海外交易的日本商人。

多數中國船隻不直航日本，而是繞到臺灣，把貨物賣給荷蘭商館。於是，荷蘭人向日本商人支付利息、借貸白銀，購買中國產品後再整批運到日本。這項成果讓幕府認為，不需要倚賴葡萄牙商船也能進口需要的生絲，便在一六三九年決定將葡萄牙人逐出日本。到了一六四一年，更將荷蘭人從平戶遷往長崎，限定他們在出島一地接受管理。

由幕府控制的交易路線成形後，鄭芝龍開始將中國生絲直接運到長崎。由於已經沒有任何能與他抗衡的勢力，鄭芝龍幾乎壟斷了生絲與白銀的交易。看得更透徹一點，也可說鄭芝龍利用了臺灣荷蘭商館，讓能與自己競爭的葡萄牙人被趕出日本。鄭芝龍收取做為生絲代償的白銀，其中也包含幕府發行、純度百分之八十的慶長銀，等級由幕府控制，並有鑄造所（銀座）的刻印保證。

以臺灣為據點的荷蘭勢力，如果不依附掛著鄭芝龍旗幟的中國商船，根本無法取得生絲、絲綢織品。要是鄭芝龍下令旗下的商船不要繞道臺灣，直接前往日本的話，荷蘭人的交易量就會銳減。果不其然，一六四一年之後，鄭芝龍讓旗下的船隻直航長崎，以獲得龐大利潤，無法在臺灣取得中國生絲的荷蘭人，只得到越南尋求新的供應來源。

從遷界令到展界令

明朝的滅亡與清軍入關，對鄭芝龍而言是個很大的分歧點。南京福王政權被清朝滅了之後，鄭芝龍擁立在福州的皇族朱聿鍵為唐王，卻在一六四六年福州被攻陷時投降清朝。鄭芝龍發展的限制，在於他擅長操縱既有的政治權來拓展自己的勢力，但他本身並無建立政權的意願。相對來說，他的兒子鄭成功多年來鑽研該如何為官，不僅如此，在他揮別父親走上抗清這條路之後，就展開行動，朝建立政權邁進。

鄭成功獲得唐王賜予明朝皇族的姓氏「朱」，以廈門、金門島為據點，將勢力拓展到從福建到廣東一帶的沿海地區。他自稱國姓爺，獲得政治上的向心力。此外，日本江戶時代前期的劇作家近松門左衛門，以鄭成功為藍本撰寫的人形淨瑠璃劇[12]，為了表示劇情是虛構，將劇名寫成「國性爺合戰」。

鄭成功在全盛時期，於廈門有仁、義、禮、智、信，五間批發商店，杭州則有金、木、水、火、土等五間。此外，他向勢力範圍區域內的居民徵稅，對航行海上的船舶徵收通行稅，還會出借資金收取利息。另一方面，他在長崎也握有生絲貿易的主導權。鄭成功的旗幟顯得鮮明之後，對於先前想藉由他的父親來籠絡鄭成功的清朝而言，鄭芝龍已經毫無價值。於是，順治十八年（一六六一）就以鄭芝龍疑似與鄭成功聯絡的罪名將他處刑。

清朝為了消滅鄭成功的勢力，在順治十三年（一六五六）年頒發海禁令，禁止沿海地區的商船出港銷售糧食跟貨物給鄭成功。玄燁（康熙帝）即位後，更於順治十八年（一六六一）將以福建為中心，從廣東到山東、距離海岸線三十里（約十五公里）以內的居民全部強行遷居到內陸。

這道讓沿海地區無人化的遷界令，以現代人來看會覺得莫名其妙，但實際上在福建沿海地區的村落調查，發現當時的確實施過。鄭成功的勢力從中國本土被切割，孤立於海上；他從廈門撤退，將據點移到臺灣。

率領兩萬五千名兵將來到臺灣的鄭成功，在康熙元年（一六六二）攻破荷蘭人打造的普羅民遮城（赤崁樓），包圍熱遮蘭城（安平古堡，又稱臺灣城），迫使荷蘭人勢

鄭成功畫像

力撤出臺灣。將臺灣納入勢力範圍後，鄭成功整頓官僚體系，從福建與廣東招募移民，進行開發。許多因為遷界令而流離失所的人，都因應招募渡海來臺灣。

鄭成功因為遷界令，無法直接從中國調度生絲，試圖改由經馬尼拉取得。持續迫害中國人的西班牙，成了這項策略的阻礙。於是在一六六二年，鄭成功以義大利傳教士為特使，對西班牙在呂宋的提督遞交國書。其中陳述因為荷蘭人虐待中國人並搶奪商船，所以將其驅逐，希望之後能順利進行交易，最後並恐嚇，若不照辦將會面臨與荷蘭人相同的命運。西班牙人收到這份國書，解讀為這是鄭成功下的最後通牒，決定驅逐所有中國商人。鄭成功接獲消息，得知在菲律賓的中國人遭到虐殺，立刻準備派兵前往菲律賓。沒想到，卻在這關鍵時刻病倒過世。

鄭成功的兒子鄭經也始終採取抗清的態度，呼應三藩之亂在沿岸各地展開攻擊。他修復了與菲律賓之間的關係，派遣船隻到馬尼拉跟當地的中國商人採購生絲，然後到長崎轉賣，保持財政上的收入，然而，在遷界令導致海域封鎖之下，他也無力挽回劣勢。一六八一年鄭經過世，由誰接班卻引起內訌，水師提督施琅見縫插針，展開攻擊，一六八三年，臺灣的鄭氏政權就此瓦解。

在攻打鄭氏政權站在第一線的施琅，也是泉州出身，屬於安平商人圈裡的人物。平定臺灣之後，施氏一族在臺灣中部鹿港設置據點，積極開發臺灣。此外，施琅在康熙二十四年（一六八五）派遣自己的商船到長崎，要求進行交易。

清朝在對平定臺灣勝券在握後，於康熙二十年（一六八一）解除遷界令，但仍持續禁止商船出海。直到鄭氏政權垮台後的隔年，康熙二十三年（一六八四）才頒發展界令，開放民間的海外貿

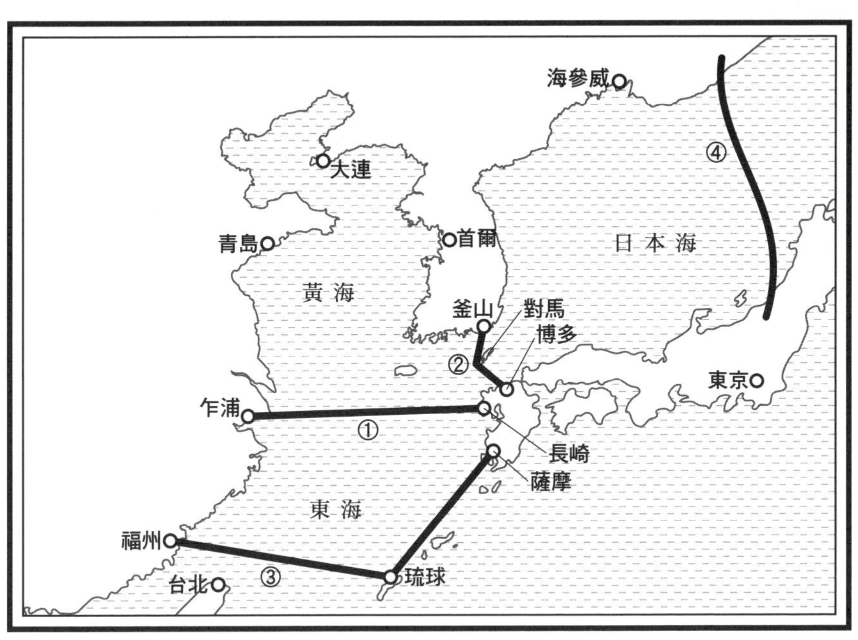

江戶時期對中國交易的四條路線　(1)長崎路線，(2)朝鮮—對馬藩路線，(3)琉球—薩摩藩路線，(4)愛奴—松前藩路線。

易。以海上世界為基礎的海洋勢力就此消失，東歐亞的海域轉變為與陸上政權共同管理的空間。

明確建立互市體系

從十四世紀到十七世紀前半，東歐亞的海上世界有一股不受陸上統治的勢力，雖然時有更迭，卻始終存在。朱元璋在中國建立了明朝政權後，為了維持他採行的朝貢體制而推動海禁政策，打壓民間的交易活動。因此，出現了一股檯面下走私貿易的勢力。嘉靖大倭寇後，一五六七年海禁解除，又建立了不需要政治交涉為基礎的買賣行為，也就是互市的交易體系。

但日本卻被排除在互市之外，十六世紀海上交易的基調，就是用中國生絲交換日本白銀，因此海域上有進行接頭貿易的中國商人與日本商人，或有澳門的葡萄牙人與臺灣的荷蘭人參與交易，互相競爭。競爭是一種海盜的行為，商船為了航海平安，支持十七世紀崛起的鄭氏勢力，鄭芝龍、鄭成功父子幾乎完全掌握了海上世界。

十七世紀的三〇年代，日本江戶幕府為了控制交易，先是奪走交易負責人在政治上的交涉權，再限定與中國交易的四條路線，明確建立幕府控制的體系。四條路線分別是：長崎路線、朝鮮至對馬藩路線、琉球至薩摩藩路線、愛奴至松前藩路線。長崎路線在前面已經討論過，朝鮮至對馬藩路線，經過複雜的政治過程才加強控制。

朝鮮的李朝與日本江戶幕府，彼此都視對方較自己國家低一等。位於李朝與德川政權之間的對馬藩宗氏，由於其財政基礎仰賴日本與朝鮮之間的交易，因此從中竄改往來於兩國的國書，使雙方不致斷絕關係。這件事在一六三一年被幕府知悉，幕府便趁機讓宗氏負責與朝鮮的交涉，藉此確定了由幕府來管理的體系。

琉球在一六〇九年遭受九州島津氏侵略，被納入其勢力之下。一六三三年，琉球王尚豐接受明朝皇帝冊封，隔年一六三四年，幕府又認定琉球為津島家的領地。到這時狀況已經很明顯，琉球對中國是以獨立的國家朝貢，同時卻又被定位為薩摩藩的領地。這就是歷史上稱的「琉球兩屬」，往後直到十九世紀後半，這樣的體制一直困擾著琉球，類似的狀況也出現在愛奴至松前藩。

在明朝滅亡、清朝完成統治中國之後，才明確建立起日本與中國之間的互市。清朝是個以毛皮交易為基礎而建立的政權，對交易在本質上採取比明朝更開放的態度。十七世紀中葉，實施海禁與遷界令，消滅掉原先掌控海上世界的鄭氏政權。之後中國清朝立刻發布展界令，認可中國商人直接赴日，日本總算在沒有朝貢關係下，能跟中國進行互市。

清朝在江蘇、浙江、福建、廣東等地，設置了管理與外國交易的海關。關於設置的時期與地點，過去是以二十世紀編纂的《清史稿》等文獻為參考，認為是康熙二十三年（一六八四），在同一時期各設了江（江蘇）海關於雲台山（鎮江府丹徒縣），浙（浙江）海關於寧波，閩（福建）海關於廈門，粵（廣東）海關於澳門。然而，根據最近的研究顯示，康熙二十三年率先在廈門設了閩海關，於廣州設置粵海關。至於江海關，是在隔年康熙二十四年先設於華亭縣，又於康熙二十六年遷移到上海；浙海關則是康熙二十五年設於寧波。商船一入港，就會在海關被徵收稱為「船鈔」的入港稅，以及按貨物課徵貨物稅。

從發布遷界令到展界令的二十三年之間，每年進入長崎港的中國船隻約二、三十艘。其中除了鄭家的船隻，還有其他在東南亞港灣設有據點的中國船隻，也包括三藩之一平南王尚家政權所派遣的船。展界令公布後的隔年，湧進了八十五艘船隻，從中國直航到日本的商船數量也增加，康熙二十七年（一六八八）就有一百九十四艘。對於白銀流出大傷腦筋的幕府，隔年起下令將進入長崎的中國船隻限定為七十艘。

來往於日本及中國之間做生意的中國船隻，在日本長崎要受到幕府的統治，在中國則受海關管理。然而，江戶幕府與清朝之間並無正式邦交，因此日本沒有談判管道去對中國要求限制前往日本港口的船隻。當日本一方訂出前來船隻的上限後，導致許多中國船隻無法進行交易，被要求在滿載貨物下直接返航。這麼一來，經常有中國船隻從事稱為「拔荷」的走私行為。加上日本訂出了出口白銀的上限，走私行徑更是層出不窮。

但這些活動都不過只是在陸上統一政權在交易管理上出問題時趁虛而入，相較於十六世紀時的走私貿易，無論在質和量上都無法比擬。鄭氏政權滅亡後，陸上政權徹底接管海域，四百年來存在於東歐亞的海上世界就此邁向終結。

與異文化的接觸

若從文化史的面向來綜觀中國歷史，通常認為從十六世紀後半到十七世紀的這一百年左右，是一段轉變期。其中一項特色，就是與異文化的接觸。

白話小說的世界

與蒙古族統治的元朝對抗中建立的明朝，是一個強烈想復興漢族文化的政權。就連透過海洋與外界的交流，也是由宦官而非官員來管理，看來就像是皇帝私人管轄的領域。因此，海外文化的相關訊息，與宦官敵對的官員都不聞不問，許多志在當官的知識分子，對於海外的一切也漠不關心。十五世紀前半，宦官鄭和完成了東南亞、印度洋的遠征，也從王朝的正式記錄中遭到消除，並未對知識分子的思想有什麼影響。

這類知識上的狀況，在十六世紀末出現變化。從海外流入的白銀帶來都市文化的興盛，同時也讓知識分子開始對外面的世界感到興趣。十六世紀末，江南出版了一部長篇小說，共有二十卷、一百回的篇幅，書名是《三寶太監西洋記通俗演義》。這裡介紹其中一節，敘述的是鄭和抵達爪哇後，詢問現場狀況的對話。

老爺（鄭和）道：「地方有多大哩？」

夜不收道：「國有四處：第一處叫做杜板，番名賭班。此處約有千餘家，有兩個頭目為主，其間多有我南朝廣東人及漳州人流落在此，居住成家。第二處叫做新村，原係沙灘之地，因中國人來此居住，遂成村落。有一頭目，民甚殷富，各國番船到此貨賣。從二村往南，船行半日，卻到蘇魯馬益港口。……其港沙淺，止用小船。行二十多里，才是蘇魯馬益，番名蘇兒把牙，這是第三處。大約有千餘家，有一個頭目，其港口有一大洲，林木森茂。有長尾猢猻數萬，中有一老雄為主，劫一老番婦隨之。風俗，婦人求嗣者，被酒肉餅果等物，禱於老猴。老猴喜則先食其物，眾小猴隨而分食之。隨有雌雄二猴前來交感為驗。此婦歸家，便即有孕。」

這部小說雖以鄭和遠征為題材，內容卻是鄭和受到道教、佛教等具備各種超能力的奇人異士幫助，以東南亞和印度洋為舞台，征討妖怪、收

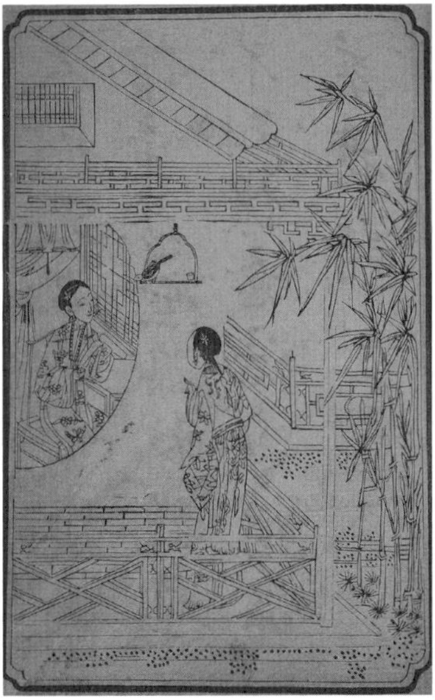

《紅樓夢》書中插圖　書中人物是林黛玉。

集寶物，降服諸國等過程。過去魯迅曾把這部作品跟《西遊記》（一五七〇年左右）、《封神演義》（萬曆、天啟年間）等，都定位為「神魔小說」。或許因為內容荒誕無稽，過去雖然有從語言學方面來研究，但還沒有歷史學家持正面的態度。

然而，從爪哇這段內容也能看出端倪，這本小說裡包含了海外各項文化，有歷史、地理、民俗、宗教、醫學、語言等，資訊非常豐富。其中也有部分參考隨鄭和遠征的馬歡所著《瀛涯勝覽》、以及費信的《星槎勝覽》等作品，但還是包含了一些在十六世紀曾到過東南亞的中國人才會帶回來的資訊。換句話說，這也可以當作介紹明代資訊的小說。

至於小說的作者羅懋登，此人的背景幾乎無人知曉。分析他在小說中使用的方言，大概是南京人，或是在南京住了很久的人，是明末時未能考上科舉的知識分子。

出版文化的成立

根據大木康的著作《明末のはぐれ知識人》[13]，十六世紀末到十七世紀這段時間，中國在文學上進入一大轉變期。超越方言，使用共同語言來書寫的白話小說類型，在這個階段迅速成長，出現了像是《水滸傳》、《西遊記》、《金瓶梅》等長篇作品，並印刷出版。大木康認為這個現象的背景，是因為以都市為中心的經濟繁榮孕育了出版文化，使得許多知識分子成了小說作家，或是讀者。

出版業將圖書當作商品銷售，印刷技術本身在宋代就已發達，也能出版書籍。但由於出版需要高額的費用，主要出版品都來自官府或寺院。寺院會宣傳散布佛經是功德，就能收集捐款當作出版的資金。然而，到了十六世紀末，已經可以藉由銷售出版書籍，以其利潤獲得出版資金。

這項改變對文化造成重大影響。例如，宋代的知識分子，包括建立朱子學的朱熹，在推廣他的思想上，並不是靠著將他的想法出版問世，而是藉由知識分子書信往返討論的這個途徑。不過，活躍於明代末年的李贄，則是靠出版著作來獲得讀者。在萬曆十八年（一五九〇）出版的《焚書》一書中，他自己也提到，由於內容過於激進，想必會有讀者認為這本書應該焚燬棄之，並殺了作者。因此，才會起了《焚書》的書名。李贄的思想到了晚年愈來愈激進，多半是為了吸引讀者而刻意有的表現。

出版業明確建立的過程中，先建立起印刷需要的原料產地，品質也逐漸提升；以紙張的產地來說，福建的建寧很有名。此外，史料中也記載了明代、位於廣西山區上饒一地的製紙業狀況，「一座紙廠有二十多個槽，每個槽邊都有十幾二十名工人站著工作。」[14]

紙的種類也增加了，除了使用高級紙的麻製作的黃麻紙、以桑樹纖維為原料的棉紙之外，在華中、華南以盛產的竹筍纖維來製成的竹紙，產量也很多。竹紙過去雖然被評定為質感較差的低階類別，但到了這個時期因為品質提升，也經常用作出版書籍時的紙張。

明代不僅有《三國志通俗演義》這類小說，加入插畫當作豪華版本銷售，也有像是《本草綱目》、《農政全書》這類實用書籍，即使篇幅很大、照樣能出版。正因為能大量供應優質且廉價的紙張，使得出版業能站穩，才有機會落實這類大型的出版計畫。

沒能通過科舉考試的知識分子，就和新建立起的出版業界一起創造文化。像是為其他準備科舉的考生編寫參考書，甚至為書店編輯或著作。此外，也能從事以類似藝文記者的身分評論小說，這些都是「另類知識分子」的出路。其中具代表性的人物，就是以編輯短篇小說《喻世明言》、《警世通言》、《醒世恆言》（以上三書合稱「三言」）而聞名的馮夢龍。此外，《三寶太監西洋記通俗演義》的作者羅懋登，可能也是另類知識分子之一。

圖書出版業主要發展的地區是在長江下游三角洲的蘇州、南京一帶，另一方面，首都北京也出版了名叫「邸報」的官方文宣，具有向地方傳達中央資訊的功能。這種傳達中央政府動向的邸報，歷史可追溯到唐代。明代末年隨著印刷業發達，在北京稱為「報房」的民間出版業者，能夠立即將資訊用木版活字大量印刷，分發到各地。每天有約十頁篇幅，內容包括皇帝發出的諭令，以及官員上奏的文章。只不過在北京出版的邸報，得花上將近一個月的時間才能送達江南。

明朝滅亡，改朝換代到滿洲族統治的清朝，這對漢族的知識分子而言，其實也能定位為異文化的體驗。於是，出現了一批批判明代末期儒學傳統並接受這股衝擊、懂得深入思考的知識分子。

思想家的自我省思

前面提過，十七世紀初期由東林書院展開的政治活動，因為受到宦官相關的各界勢力打壓而遭到摧毀。但在東林書院建立起建構思想的方式——「講學」，卻沒有消失，由一個稱為「文社」的科舉考生讀書會來傳承。準備參加號稱科舉中最困難的「鄉試」的生員，就是撐起文社的主要成員。文社發揮的功能就是讓這些未來的官員，在批判政治的自由風氣中，有一個討論政治話題的場所。崇禎二年（一六二九）以蘇州為根據地成立的復社，就是文社中最有名的一個。復社在全國都有據點，擁有超過兩千名成員。

在改朝換代的混亂之中，有很多漢族的知識分子投入反抗運動，抗議異族統治。當他們發現清朝的統治已成定局，難以動搖時，也有人以自殺來展現對明朝的忠誠；另外也有不少人拒絕在新王朝任官，一輩子以明朝遺民的身分活下去。這些成為遺民的知識分子，他們思想上的特色就是不單單出於對異族的反感，還有另一個層面，他們會自問，為什麼驅除了元朝的異族統治後，由漢族自己的文化來建立的明朝也會滅亡呢？

從前做為科舉試場的貢院遺跡　江蘇南京的江南貢院。

在講學的譜系上，出現了黃宗羲這號人物。他的父親是著名的東林名士，卻因遭到宦官魏忠賢的彈劾而被逮捕，死在獄中。黃宗羲本身也加入復社，在年輕時參與政治活動。他的思想就是闡明明朝為何滅亡，具體討論該怎麼做才對，在他的代表著作《明夷待訪錄》裡就尋思皇帝權力的來源。

> 有生之初，人各自利也，天下有公利，而莫或與之，有公害而莫或除之。

他認為因為要負起公利，才產生皇帝的權力。黃宗羲探討到，當統治者欲圖謀自身利益時，就失去了統治的正當性。在這個追根究底的態度上，能輕易地看出拋開漢族建立的文化而追尋知識的過程。

與黃宗羲齊名的顧炎武，則清楚區分了「天下」與「國家」。

> 有亡國，有亡天下。亡國與亡天下奚辨？曰，易姓改號，謂之亡國。仁義充塞，而至於率獸食人，人將相食，謂之亡天下。15

對顧炎武來說，「天下」就是文明，「國家」則是政權。區分出兩者，在能維持天下秩序的原則下，政權改變也無妨。他將朱子學中沒有釐清的國家體制跟文明體系分開，認為自己的歸屬是文明而非政權。

顧炎武試圖追溯文明的根源，來建立一套考證的方法。其中一樣實際驗證的方法，就是分析古代的音韻，將經典當作一種語言來解讀的考據學。根據《音學五書》與《日知錄》中所發展出的方法，他開拓了一條客觀考察自己所屬文明的道路。

黃宗羲與顧炎武，他們都不把文明跟民族結合；相對之下，王夫之的思想就帶有民族主義的色彩。

夫人之於物，陰陽均也，食息均也，而不能絕乎物。華夏之於夷狄，骸竅均也，聚析均也。而不能絕乎夷狄。所以然者何也？人不自畛以絕物，則天維裂矣。華夏不自畛以絕夷，則地維裂矣。天地制人以畛。人不能自畛以絕其黨，則人維裂矣。16

王夫之說出這番話時，對於華夷的區分已經定調，並在意識中由炎黃子孫的漢族來擔任這個角色。這種民族主義在十八世紀已遭到遺忘，但清朝末年的近代民族運動家重新發現《黃書》，並受到這套思想的刺激。

對基督教的接納

十七世紀的中國知識分子，接觸到基督教這項異國文化。耶穌會的利瑪竇基本上深入研究中國文化，並從與知識分子的對話來展開在中國的傳教。首先，他從基督教的神其實等於儒學上帝的這點切入，試圖藉由介紹西方的科學技術，達到彼此交流。中國的知識分子也把這些依循利瑪竇方針的傳教士視為西儒，也就是接納西方儒學家，展開對話。

透過傳教士最深入理解西洋文化的知識分子，就是出生於上海的徐光啟。他的家境並不富有，靠著父親務農、母親織布來維持家計。徐光啟勤奮向學，志在考取科舉，就在他應邀到廣東韶州的富人家中擔任家庭教師時，遇到在當地傳教的傳教士郭居靜（Lazzaro Cattaneo），認識了基督教。一五九九年左右，徐光啟拜訪在南京停留的利瑪竇。利瑪竇對徐光啟的評論為「他是個在文學及科學方面都很優異的文人，具備傑出才華與自然觀的人物。他知道文人信仰的宗教（儒教）幾乎沒有提到來生或靈魂上的救贖，因此他鑽研過承諾人在死後上天堂的偶像教（佛教）及其他許多宗教，卻都不感到滿意。」歷經思索，最後終於信奉了基督教。徐光啟在一六〇三年受洗，隔年通過科舉最後考試成為進士，有機會在北京直接聽利瑪竇講學。

徐光啟（右）與利瑪竇（左）　中國政治家、同時也是科學家的徐光啟，與耶穌會傳教士利瑪竇。

中國傳統的思考方式，是舉出許多例子，從其中找出規則並指出相關性。在這套歸納法思考的引導下，中國人發現了像是月球運行與潮汐之間的關係，或是刺激體表的穴道也會讓內臟起反應等。但是，中國的學問並不去回答「為什麼會這樣」。相對地，西方的思考方式是從有個永遠不變的神出發，試圖推導出法則後說明個別現象。這套演繹式的思考方式深深吸引徐光啟。

徐光啟可能因為生長在崇尚勞動的家庭，對實用的學問很有興趣，致力於引進西方科學技術。他對於滿洲族的興起有股危機感，認為應該把製造西方兵器的技術移植到中國，增強軍備實力。而他不僅關注先進的技術，也對背後的數學、天文學很有興趣。一六〇七年，他翻譯了歐幾里德的幾何學，發表《幾何原本》；在與其他傳教士就天文學來修改曆法的過程中，他也翻譯了西洋天文學書籍，集大成於《崇禎曆書》一冊。至於實學方面，他統整了中國的農書，再加上西方水利學的知識，集結而成《農政全書》，在他死後於一六三九年出版。

上海有個地區稱為「徐家匯」，現在已被都市化的潮流吞噬，高樓林立，但過去這裡瀰漫著上海民宅的風情。徐光啟的故鄉就在這裡。他曾邀請郭居靜到這裡傳教。徐光啟的孫女受洗後的教名為「甘第大」，她也是一位虔誠的基督徒，在清代長期支援上海的傳教士活動。在中國，因為男女有別，甘第大在上海為了女性教徒蓋設一間女性專用的教堂。跟徐家有淵源的一塊地上，現在仍有一座天主堂。

與傳教士的對話

很多傳教士在中國會與當地的知識分子交流，同時從事傳教工作。在福建一帶活動的義大利耶穌會傳教士艾儒略（Giulio Aleni）的身邊，常有一群中國知識分子。這位傳教士說得一口流利中文，又很健談，面對中國人直率的問題，傳教士也會在回答中交織其他豐富的話題。

十一年五個月之間的交談內容，收錄成一本《口鐸日抄》。探討的話題包括風水的對錯、解釋颱風與流星等自然現象，甚至還談到海盜的個性，非常多樣化。書名中的「口鐸」，代表艾儒略這些傳教士就像一敲就響的吊鐘（鐸）一樣，很坦率地以口頭回答；「日抄」表示這些內容並不是歸納對話後的結論，而是詳實記錄每天的對話。

北方的夜空有文昌星座。就在北斗七星附近，以西方的說法是在大熊星座前腳曲線一帶的六顆星星。中國人將文昌星當作學問之神祭拜。崇禎五年（一六三二），有個叫林太學的知識分子邀請艾儒略到福州一處樓閣，正好林太學在燒香供文昌。艾儒略笑問：「你上香是為了求取功名嗎？」接下來兩人就聊起星星與人類的關係。[17]

艾儒略：「其實天上的星星就跟蠟燭一樣，並沒有什麼靈性。你供奉星星，就等於供奉蠟燭。」

林太學：「據說所有的名臣、將軍以及宰相，本來都是天上的星星。所以當我們看到有星星墜落時，就代表在哪個地方有位將軍或大臣過世了。這又該怎麼解釋呢？」

艾儒略：「如果相信這個說法，那麼從古至今可能有幾千、幾萬名將軍或大臣過世，天上的星星不就差不多掉光了嗎？但為什麼過去跟現在的星星數量沒有減少，並無消失殆盡呢？」

林太學：「您說得很有道理。不過，聖經中星星預告吉兆，三賢士目睹了星星的光輝，這又代表什麼呢？」

艾儒略：「這只是在耶穌降生時天神利用星光引導，並不代表星星本身具備靈性。舉例來說，一國之君在臨朝時必須有人在前方點燈引路。但我們不會因為這樣就說燈火具有靈性吧？」

從這番對話可窺探出傳教士與中國人之間在根本上的差異，就是對「氣」的解釋。中國人將天地當作一種氣的運行，此外，大自然與人類也因同屬氣，因此天與人會互相感應，甚至連人類的行為都會帶來天地變異的自然現象。耶穌誕生時從東方引導著三賢者的星星，從中國人的角度來解釋，就是天與人彼此呼應的結果。

相對地，傳教士對於「氣」的解釋，就是起源於古代希臘哲學的四元素（水、空氣、火、土）之一的空氣。從這個解釋來看，氣是物質上的要素，神明之類的精靈是在外側。中國知識分子以天人相關的理論來解釋天界與人界的關係，傳教士卻將此種說法斥為迷信。認為是神讓星星運行，星星本身並無靈性。

傳教士與曆法

湯若望　耶穌會的傳教士。本名為Johann Adam Schall von Bell。致力於將西方天文學譯成中文。

改朝換代時，德國傳教士湯若望在北京將過去利瑪竇建立起的信徒團體集結起來。湯若望精通天文學，由於中國人與穆斯林的天文學者使用的方式謬誤很多，攝政王多爾袞採用湯若望修訂的時憲曆，還下令要在年曆卷頭標上「西洋新法」四個字。此外，湯若望被任命為天文台負責人，也就是欽天監監正。與新王朝建立起關係的湯若望，跟年輕皇帝福臨（順治帝）也有深厚的交情。清朝初年傳教士的活動獲得認可，湯若望的功勞很大。

在前近代的中國，掌管天文的官員責任超乎現代人的想像。走訪現在已成了故宮博物院的北京紫禁城，在過去舉行國家典禮的太和殿白色大理石基壇上，對面左側（西邊）是一座石造的升，右側（東邊）則是一座日晷。這代表了王朝掌握控制度量衡與時間的權限。王朝訂出曆法後，不單通用於全國，就連向中國朝貢的其他各國，也有義務接受使用這套曆法。朝鮮在清朝時期，會每年派遣使者到北京來接受年曆。

觀測天體製作曆法的總負責人，就是欽天監監正。此外，帝國各項儀式舉辦的日期，也由欽天監監正負責決定，天體的運行與帝國的運作有著非常密切的關係。

湯若望雖然意識到這份重責大任，但就學習西方科學的角度來說，他仍否定中國傳統將天體運行與人類吉凶禍福結合的想法。只要一有機會，他便以口頭或文章不斷表明，他的任務只是運用科學上正確的法則來推算天文學，與迷信區分吉日、凶日一概無關。在清朝逐步統治全中國，型塑出帝國體制的過程中，也採納了漢族對於天人相關根深蒂固的觀念。清朝與湯若望這些傳教士之間，到了某個階段勢必出現分歧。而最後的分歧竟然是對傳教士來說最不利的形式。

安徽有個叫楊光先的男子，個性古怪。他到處宣傳基督教是要消滅清朝的邪教，並認為以西方天文學為基礎的曆法是錯的，主張恢復過去由中國及穆斯林天文學家制訂的曆法。楊光先並非官員，也不具備通過科舉的身分，也就是他本身並不具備影響力。然而，年幼的玄燁登上帝位不久後，輔佐皇帝的滿洲族權貴人士之間陷入權力鬥爭，楊光先對於基督教的彈劾被拿來利用。康熙三年（一六六四），楊光先的訴求被採信了，開始針對傳教士審問。

當時已經七十四歲的湯若望，因為中風的關係，連站都站不穩，話也講不清楚。嚴苛的審問過程，就在南懷仁（原名為Ferdinand Verbiest）的口譯下進行。多名傳教士成了階下囚，支持西方曆法的五名天文官遭到處刑，與傳教師有交情的官員也遭到審問，事態變得很嚴重。之後清朝任命楊光先為欽天監監正，命他製作正確的曆法。康熙四年（一六六五），湯若望被判處死刑。

搏命的天文觀測

一六五七年來到中國的法國傳教士，寫下了這起事件之後的事情經過。

原先預測西曆一六六五年一月十六日將出現日蝕。在楊光先事件發生的六個月前，南懷仁代替當時已經中風無法觀測的湯若望，詳細推算出日蝕的發生時刻以及缺蝕的程度，再用湯若望的名義向禮部報告。楊光先要求穆斯林天文學家重新推算，想得出比傳教士之前預測更接近實際現象的結果。

北京在紅磚建造的塔上設有天文台，就在這裡觀測天體運行。日蝕出現的當天，南懷仁被帶到天文台，手上還銬了三副手銬，準備觀測。在北風吹襲之中，抱病的湯若望也被叫來站在一旁。在皇帝下令聚集前來的大批官員見證下，眼看著日蝕開始的時間愈來愈近。先是楊光先手下的天文官大喊著再十五分鐘就開始。但過了宣布的時間，太陽卻沒有任何變化。

兩名官員說，「好了，接下來就是湯（若望）瑪法（滿洲語的

天體觀測的設備　目前放在南京紫金山天文台。

「爺爺」，是對湯若望的尊稱）預測的時間。」才剛說完，事先準備好的太陽圖紙上方，出現如指甲片大小的陰影，開始進入日蝕。此刻證明了傳教士的預測比楊光先等人的正確，[18]先前對傳教士的處刑也停止執行。但湯若望在獄中的生活導致病情惡化，一年後就過世。

針對楊光先與南懷仁之間的爭執，在中國史料中看不到像聶仲遷這麼戲劇化的描述。中國方面記錄這起稱為「曆獄」的事件，湯若望遭判死刑，南懷仁被判處鞭刑，但因為碰巧北京發生地震，於是停止行刑。玄燁（康熙帝）在康熙六年（一六六七）親政後，舉辦了一場南懷仁與舊曆法家的實驗競賽，結果西方曆法大獲全勝，清朝的公曆再度交由南懷仁來製作。

楊光先的後盾失勢後，康熙八年（一六六九）在公開觀測中，西方曆法的正確性獲得公認，楊光先遭到撤職，南懷仁受命接下欽天監監副一職。玄燁對西方科學非常有興趣，還向傳教士學習數學。傳教士也不負他的期待，在訂立尼布楚條約時對俄國的談判上大顯身手。不過，基督教的傳教與教堂建設都遭到禁止。

耶穌會的傳教士以深入了解中國文化為基礎，認同中國人信徒祭祖、祭天等儀式。就實際的問題來說，女性信徒在受洗或臨終時，有個塗油的儀式。在重視男女之別的中國，要是男性祭司對女性施禮，很可能會被指摘是個淫穢的宗教，耶穌會便不得不同意省略掉這部分儀式。

較耶穌會晚進到中國的道明會、方濟會，無法接受在儀式上妥協，於是向羅馬教皇提訴。一七〇四年，教皇宣布禁止在傳教時接納中國的禮俗。面對這個決定，玄燁在康熙四十五年（一七〇六）同意讓認同中國習俗的傳教士留下，下令將遵從教皇指示的其他人趕到澳門，這就是歷史上的

「中國禮儀之爭」。到了雍正年間，抵制基督教的趨勢更加強烈。

清朝對於傳教士所採取態度，是運用他們具備的天文學或製造兵器等實用性的知識，卻不接受他們的思想與信仰。綜觀整段大清王朝史，都是這種重視實學的政策。中國的知識分子也曾在十八世紀受到「文字獄」的思想打壓，在明末清初思想上的啟蒙中，只發展出對社會有貢獻的實學，產生經世濟民的學問。

十九世紀，面對鴉片戰爭、太平天國等重大變化，出現了引進先進技術的「洋務運動」。這項

①太祖努爾哈赤（一六一六～二六）
②太宗皇太極（一六二六～四三）　（多爾袞）
③世祖（福臨）順治帝（一六四三～六一）
④聖祖（玄燁）康熙帝（一六六一～一七二二）
⑤世宗（胤禛）雍正帝（一七二二～三五）
⑥高宗（弘曆）乾隆帝（一七三五～九五）
⑦仁宗（永琰、顒琰）嘉慶帝（一七九六～一八二〇）
⑧宣宗（旻寧）道光帝（一八二〇～五〇）
⑨文宗（奕詝）咸豐帝（一八五〇～六一）　恭親王奕訢　醇親王奕譞
⑩穆宗（載淳）同治帝（一八六一～七四）
⑪德宗（載湉）光緒帝（一八七四～一九〇八）　醇親王載灃
⑫宣統帝（溥儀）（一九〇八～一二）

（　）內數字為在位年份

清朝皇帝譜系

活動並無牽涉到思想，目標只在於表面上的技術轉移，但這樣的傾向早在十七世紀後半就出現了。為了維持政權，清朝同時兼具超脫民族接納各種所需知識的開放性，以及排除可能動搖少數民族統治漢族這個體系的封閉性。

註釋

1 川名公平譯，矢澤利彥註，《中国キリスト教布教史1》，岩波書店，一九八二年。原書名為「*Regni Chinensis descriptio*」，內容是利瑪竇在中國生活與傳教時的日記。在他於一六一〇年去世後，一位比利時的耶穌會士金尼閣（Nicolas Trigault，一五七七～一六二八）將日記翻譯成拉丁文後在歐洲出版。

2 以下內容參考小野和子，《明季党社考》，同朋舍〈京都大學學術出版會〉，一九九六年。

3 摘自《中国キリスト教布教史1》。

4 沈定平，《明清之際中西文化交流史》商務印書館，二〇〇一年。

5 【編註】明代沈德符撰，共三十卷，補遺四卷。《萬曆野獲編》，就是萬曆朝「野之所獲」的意思，主題分列朝、宮闈、宗藩、公主、京職、曆法、禁衛、佞倖、風俗、技藝、評論……等，內容多為記述萬曆年間以前的典章制度、典故遺聞、山川風物、經史子集等，並保存了有關戲曲小說資料，可彌補正史的不足。

6 以下內容參考河內良弘，〈明代東北アジアの貂皮貿易〉，《東洋史研究》三〇一，一九七一年。

7 《大明憲宗實錄》成化二年冬十月甲寅。

8 《李朝成宗實錄》二十二年七月丁亥。

9 以下內容主要參考西村三郎，《毛皮と人間の歴史》，紀伊國屋書店，二〇〇三年。

10 【譯註】日本在平安時代至江戶時代期間幕府軍政府下的官職或軍職。

11 荒野泰典，《近世日本と東アジア》，東京大學出版會，一九八八年。

12 【編註】配有淨瑠璃曲調的木偶劇，由太夫說唱淨瑠璃、三味線樂手彈奏、木偶師操控人偶，三者缺一不可。目前人形淨瑠璃已列入人類非物質文化遺產代表作名錄中。

13 講談社選書Metier，一九九五年。
14 康熙《上饒縣志》。
15 《日知錄》卷十三「正始」。
16 出自《黃書》，〈原極第一〉。
17 岡本さえ，《近世中国の比較思想》，東京大學出版會，二〇〇〇年。
18 聶仲遷（Grelon, Adrien）著，矢澤利彥譯，《東西曆法の対立》，平河出版社，一九八六年。

第八章　產業的時代——十八世紀 I

稱為盛世的時代

從秦始皇到二十世紀的辛亥革命，中國兩千數百年的王朝歷史中，真正興盛、和平的時代，也就是堪稱「盛世」的時期只有四段：漢代的文景之治、唐代的貞觀之治與開元之治，以及十八世紀的康熙、雍正、乾隆三代，共約一百年的時間。十八世紀的盛世，首先讓人注意到的是人口繁殖。

清代的嬰兒潮

十八世紀初期，中國各地經常看得到年輕人的身影，觀察人口波動，可推測出十七世紀的八〇年代曾有一波嬰兒潮。

明末的叛亂發生在華北及四川盆地，居民被逼到非常嚴苛的處境。尤其是一六四四年進入四川的張獻忠殺害地主，加上清軍在平定張獻忠政權的過程中，也無情殺害了許多居民，導致四川盆地的人口驟減。另外一方面，華中、華南在三番之亂平定之前，社會局勢不穩，並不是適合生兒育女的環境。

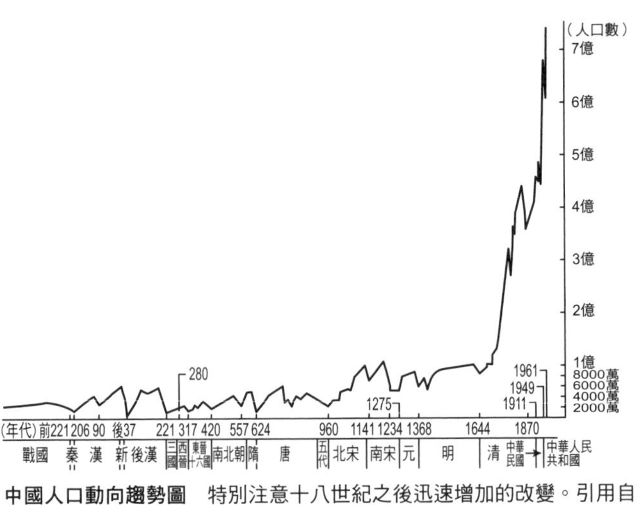

中國人口動向趨勢圖　特別注意十八世紀之後迅速增加的改變。引用自趙文林等人合著《中國人口史》人民出版社，一九九八年。

改朝換代之後過了一個世代，待明末清初的混亂平靜下來，人們總算能在穩定安居的環境中繁衍後代。這個時期出生的孩子成長後，到了世代交替的階段，在農村中辛勤耕種，或是到都市努力工作。

這股嬰兒潮並不是單一現象。在第一波嬰兒潮出生的人，產下下一個世代，掀起第二波嬰兒潮。結果在十八世紀造成中國人口激增。宋代時，十二世紀到十七世紀這段華中地區開發興盛的時期，中國人口約為一億人。以這個人數為標準，經常會受到社會狀況影響，變動的幅度達數千萬人。推測十七世紀末有大約一億五千萬人；一百年後，到了十八世紀末，人口已經超過三億。

嬰兒潮何以持續呢？在迎向近代之前的傳統社會中，通常即使一時看似人口增加，但耕地面積來不及擴大，首先遇到的問題就是糧食生產量不足，造成多處飢荒，使得人口無法持續增加。然而，十八世紀的中國雖然未見生產技術或醫療水準出現重大革新，死亡率卻沒有上升。為什麼呢？要釐清箇中原因，必須先探討死亡率的問題。

從幾個宗族團體的記錄來推算每個月的死亡率，可看出一個趨勢。在十六世紀之前的中國，每到農作季節交替的時期，死亡率就會上升。然而，從十七世紀後半之後，就不再出現這類隨季節變化的死亡率，而是一整年都保持平均值。可以推測，十六世紀前的中國社會還沒脫離慢性飢荒狀態。也就是說，即使在豐收那一年可以安然度過，但到了收成不好的年份，營養不良之下罹患疾病，沒多久就死亡的機率很高。十七世紀後期過後，社會總算脫離慢性飢荒的狀態。

人口增加或死亡率，這種經過幾十年慢慢演進的社會變化，探討其中原因其實沒有太大意義，因為經過長久時間之後，某個因素產生的結果，也會被反饋成原因。我們該做的是分析在某個社會領域的變化，對其他領域造成什麼樣的影響，以及其原因與結果的連鎖反應，又怎麼反饋到我們一開始著眼的那個領域。如果反饋的效果促進一開始的變化，就會讓社會整體往同一個方向加速變化；反之，若是往抑制一方作用，一開始的變化就會消失在歷史的巨浪中。

那麼，十八世紀中國的嬰兒潮，對社會帶來什麼樣的影響？引起什麼樣的連鎖反應呢？第一波嬰兒潮出現的人口增加持續到下一個世紀，十九世紀中葉，中國人口已達四億。清朝後期由於多起反叛事件，增加的趨勢暫時減緩，到了二十世紀初期突破四億，到了中華人民共和國時期更加速，二〇〇五年一月時已超過十三億人，目前仍持續增加。

釐清十八世紀人口增加的因果關係，這項作業對於了解中國未來前進的方向上，也很有意義。本章跟下一章的著眼點就在這裡。在這一章裡，首先探討人口增加對社會的影響，列舉出國內流通的案例，最後驗證海外交易與人口增加的關係，下一章則將解析帝國體系的全貌。

稅制改革

嬰兒潮直接反應到的領域就是稅制，十八世紀推動的稅制改革，是在皇帝強力指導下進行。康熙五十一年（一七一二）二月二十九日，皇帝愛新覺羅玄燁在進行政策審議的會議上，發表下列言談。[1]

> 我朝七十年來，承平日久，生齒日繁，人多地少。從前四川、河南等省，尚有荒地，今皆開墾，無尺寸曠土，口外（長城以北地區）地肥，山東等省百姓往彼處耕種者甚多，朕去年差官去查，共有六萬餘人，納錢糧者僅止兩萬餘人，查出者雖有六萬，其未經查出者更不知幾萬矣。欲將伊等搬入口內（長城以南地區），念伊等窮民，以何為生？故仍令在口外居住。
>
> 朕昔巡幸訪問百姓，具稱一家有四五丁（有納稅義務的成年男性）納銀一丁者，有七八丁納銀二丁者等語。各省巡撫編審（戶籍）時，只奏報納銀丁數，而不奏報不納銀丁數，故實在丁數不得而知。今國用充足，凡給俸餉等項，綽綽有餘，將各省今番編審丁銀（人頭稅）數目，永遠著為定額，嗣後不准增減，仍令將納銀不納銀民之數目查明具奏，查此特欲知各省人民之實數，並非視丁加賦之意。

從皇帝的這番話，清楚了解到十八世紀中國所處的狀況。首先，看得出清朝皇帝非常關心中國的實際狀況，而且很用心去掌握；而明朝幾乎歷任的皇帝都被宦官圍繞，只關心宮廷（內廷）的收入。相較之下，突顯出清朝的皇帝對於政務務實的態度。

玄燁當了皇帝之後，經常外出巡視清朝版圖。在平定三藩之亂及消滅鄭氏政權後，清朝完成統一中國的康熙二十三年（一六八四），玄燁第一次巡視華南、華中地區。康熙四十三年（一七〇二），他再次南巡。這些行程的用意都是到當地視察帝國之姿，並非單純遊山玩水。實際上視察百姓的家庭結構，也看到有未經登錄的成年男性。

皇帝意識到的嚴重問題，就是朝廷無法精確掌握實際的人口數量。在視察領土之中，更明確感受到此項問題的危機。在長城以南漢族居住的地區，人口激增導致農耕地不足。人口從過剩的地區流向內蒙古。如果沒有正確體認到實際狀況就推行政策，很可能會面臨民族對立等嚴重危機。要是不了解現實，相對漢族而言屬於少數民族的滿洲族，很難穩定統治中國。實際感受到這一點的皇帝，毅然決然訂出固定的丁銀額。

如果登錄正確的人口數也不會增加稅收負擔，就能讓隱藏起來的逃稅人口浮上檯面，掌握實際人數。根據康熙五十年（一七一一）的調查，依照此記錄的人丁數來制訂固定的因應稅額。這道敕令在康熙五十二年（一七一三）發布。人丁是清代的制度，指十六歲到五十九歲的成年男性，課徵丁銀。康熙五十年以後登錄的人丁，就稱為「盛世滋生人丁」，意思是強盛時期繁殖的人口，也就是十七世紀後期嬰兒潮出生的人。

當社會處於慢性飢餓狀態時，耕作的農民不保證明年還活著。即使豐收的年份沒問題，但歉收的時候，收成青黃不接的時期農民因為糧食不足而體力衰退，經常染上小病就喪命。沒人耕作的田地無法有任何收成。在國家追求財政上的穩定時，把寄託全放在土地上是非常危險的。對國家來說，「掌握人口」十分重要。

人頭稅的消失

翻開中國歷史，其實從古代就有進行人口調查以掌握勞動力的制度。明代初期建立了里甲制等戶口體系，實施直接向百姓徵召勞動力的制度。到了十六世紀，全中國捲入以白銀為基礎的經濟結構，原先提供的勞力換算成白銀來繳納，這就叫做「丁銀」，一般口頭稱為「人頭稅」。康熙五十二年開始的盛世滋生人丁制度，訂出固定的丁銀，但丁銀本身並未消失。

盛世滋生人丁的制度，仔細看看規定，會發現需要很繁複的手續。以康熙五十年國家掌握到的全國人丁總數為基準，之後達到課稅對象規定的一定年齡後，就登錄為盛世滋生人丁，暫時先免除丁銀的負擔。但需負擔丁銀的男性到了六十歲就從人丁的範圍中刪除，由「盛世滋生人丁」登記簿中的成年男性來補足。如果刪除的男性能由所屬的戶籍來補足，就沒什麼問題。如果一戶內沒有成年男性，就從親戚中人丁多的家庭補充，萬一還是不夠，就從地區中高額納稅的人家派人。

這個手續的弊病很多。每隔五年，到了要進行登錄修改的時期，也要補充已經刪除的人丁。在縣官府負責管理登錄簿的人員，可以隨意制訂手續費。只要支付手續費，就不課徵該戶人家青年該負擔的丁銀。皇帝施恩將丁銀的總額訂為固定，但實際上手續費竟然是丁銀的好幾倍。而且付得起手續費的富人家可免除丁銀，丁銀的負擔全集中到付不起手續費的貧戶。

玄燁死後，康熙六十一年（一七二二）登上皇位的愛新覺羅胤禛（雍正帝），要求派遣到各地的地方官直接繳交報告。雍正元年（一七二三），胤禛才剛即位不久，就收到各地的報告，表示盛世滋生人丁制有諸多弊病。解決方法只有一個，就是將丁銀納入土地稅。新上任的皇帝對於廢除超過兩千年歷史的這項針對人丁的課稅，感到猶豫不決。面對地方官的報告，他下令不可草率應對，首先必須進一步詳細調查實際狀況。然而，事態並未如皇帝的意，已經出現變化。

浙江省等不及朝廷的指示，逕自將丁銀納入土地稅徵收，沒有耕地的人不需繳納丁銀，擁有多筆土地的人就要繳交丁銀。這種方式稱為「地丁合一」。在山東巡撫的報告中提到，山東有些沒有土地的貧民，為了盡義務繳交丁銀，在歉收的年份甚至不得不賣掉孩子，非常悲慘。懇求能仿效浙江省將丁銀納入土地稅中徵收。於是，朝廷提出的方針是同年九月，先在朝廷的直轄地直隸（現在的河北），測試進行地丁合一，視結果再推行到全國。

雍正四年（一七二六），山東省實施了地丁合一，之後陸續在條件符合的省分實施，最晚實施的是山西省。山西省南北的農業生產力差距很大，以太原為中心的南部，有廣大的耕地，收成豐富，很容易將丁銀納入土地稅。然而，以大同為中心的北部山地較多，百姓多從事商業而非農業。如果省內一律實施地丁合一，百姓很可能會放棄使得稅額負擔增加的土地，無法維持稅金收入。於是，分區採取縣級調查，因應各自的狀況來細分出適合運用的稅制。最後山西省也在雍正九年（一七三一）實施了地丁合一，新稅制在全國普及之後，人頭稅就此消失，新的稅制就稱為地丁銀。

景氣復甦

人口的增加與經濟動向有什麼關連呢？根據清代初期物價波動的相關研究，十六世紀後半到十七世紀中葉，一直在相對高水準波動的米價，從順治十三年（一六五六）出現下滑。[2]順治十四年冬季到十五年春季，一名蘇州的地主曾留下這樣的記錄。

今年的米價是幾十年來從來沒看過的低價。就連貧民區的庶民也能吃到白米，捧年糕，但我家連除夕都沒吃午飯。

米價下跌直接衝擊到農村。農家即使賣掉生產的穀物，也不敷成本，無法繳交佃租給地主。地主的家計也很窘迫，得控制購買衣物的花費。由於纖維製品賣得不好，棉布價格也下滑，連帶棉花跟著跌價。物資的流通停滯，運輸業也受到打擊，搬運的勞工失去工作機會，工資下降。都市的市井小民，一開始看到稻米跌價時或許很高興，但漸漸也面對收入愈來愈少的困境。此外，農產品價格一旦下跌，農地的地價自然也跟著變低，在康熙初年甚至跌到無法訂價的狀態。

這段經濟大環境的不景氣，在十七世紀尾聲逐漸出現復甦的跡象，十八世紀物價開始反彈上升。康熙三十八年（一六九九）出巡江南的皇帝詢問，「去歲江南豐收，為何米價依然騰貴？」米價緩緩上揚，到了十八世紀的四〇年代之後開始飛漲。米價的暴漲可倒推回十七世紀後半出現的不景氣連鎖效應，包括纖維製品等各項物價都連帶上漲。然而，相較之下，薪資上升的幅度並沒有米價這麼大。

稻米在順治十三年開始跌價，這一年剛好也是清朝為了削弱鄭氏政權施實海禁，封鎖海上的時間。前一章提過，行駛到長崎的中國船隻並沒有因為海禁政策完全銷聲匿跡，但到日本的多半還是來自東南亞各個港口以及臺灣的船隻，直接從中國載運生絲的船隻數量減少。日本出口的白銀，則不會直接流入中國。白銀流入的量減少，就顯得稀少，價值隨之上漲。由於白銀可當作貨幣，用白銀購買稻米穀物的價格就相對降低了。此外，出口產品像是生絲、絲綢織品等因為銷售管道受限，使得纖維相關的各項物價也陷入下跌的基調。

康熙二十三年（一六八四）發布展界令，重啟海上貿易，但這並未立刻影響到物價。因為日本限制白銀出口，來自日本的白銀不會迅速增加。在十八世紀初期，還沒有出現能取代日本白銀的其他來源。因此，必須從貿易之外來尋找十八世紀初期景氣復甦的原因。讓米價回升的最大原因，推測很可能是人口增加。

十六世紀的明朝以白銀來徵收稅金，農民即使生產棉布等物資，收入有一大半也是上繳國庫。於是，經濟的活絡只限於官員、鄉紳居住的大都市，這些都市往往能獲得國家釋出多餘的資源，另外就是軍事、貿易的據點，並沒有擴及廣大的農村。

相對地，清朝實施稅制改革，以農地可生產的範圍來徵稅。因此，在農村農作價格高漲時多出來的收入，以及手工業的副業收入，農民都能留下來。這麼一來，農村裡的需求陸續被喚醒，擴大了像是棉布等纖維製品，還有鐵製農具、鍋碗瓢盆等炊事用具的銷售市場。

到了十八世紀中葉，後面的章節會提到，來到廣州港的英國等地的船隻，運來美國的白銀，途

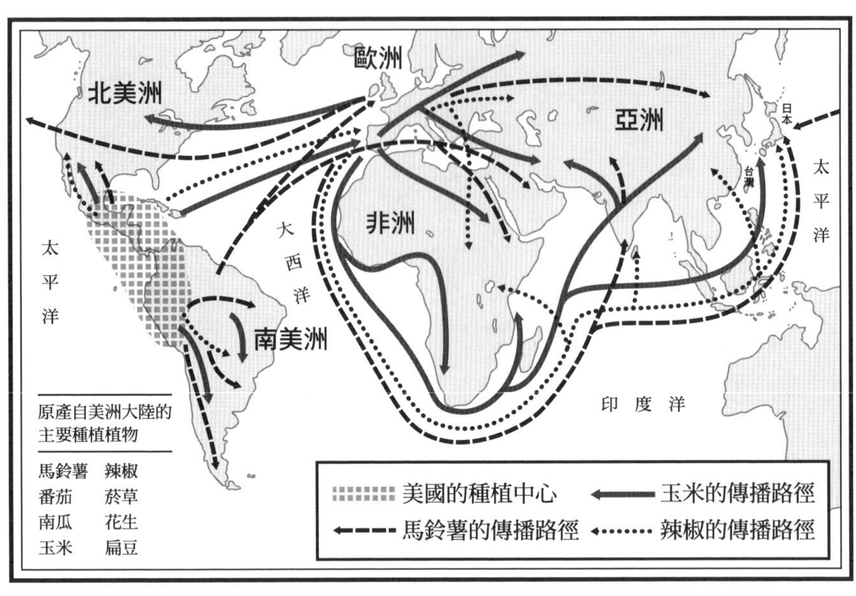

美洲大陸原產的作物傳播到世界各地的狀況

經歐洲來到中國，導致銀的相對價格下滑。人口增加造成穀物需求量增大，加上白銀價格下跌，在十八世紀中葉之後面臨各種物價飛漲的時代。但這時的物價上漲，暫時加快了農村的景氣活絡。

原產於美洲大陸的作物

研究中國人口史相關議題的經典名著，也就是何炳棣所著的《中國人口史研究・一三六一～一九五三》，此書認為十六世紀後期原產於美洲大陸的玉米、馬鈴薯、甘薯引進中國，是繼宋代引進占城米後的第二次農業革命，支撐起十八世紀人口遽增的變化。

玉米傳入中國的途徑，有好幾種不同說法。目前可推測的有三條路線。第一是走海路，在明朝嘉靖年間（十六世紀中葉）從廣西或福建的交易港口進入中國。第二條路徑是同一時期，從波斯經過中歐亞，進入中國西北部的甘肅，因此在李時珍的

《本草綱目》裡可看到「玉蜀黍種出西土」。最後一條路徑，就是經過所謂的西南絲路、沿著印度洋走陸路進入緬甸，由雲南進到中國。

從這三條路線進入的玉米，在入口附近的地區往四周擴散。玉米並不是一引進就立刻遍及中國各地，據說在華中地區，進入浙江省的時期是萬曆元年（一五七三），西北地區從甘肅進入陝西的時期是萬曆二十五年（一五九七）。至於湖北、湖南、江西、四川等中國內陸地區，引進的時期更晚，在康熙年間之後。而根據所找到的記錄，引進安徽的時間是在十八世紀中葉的雍正年間。

至於甘薯則有兩條路徑，其一是在萬曆初年（一五八〇年代）從菲律賓的呂宋進入中國，萬曆二十二年（一五九四）福建遇上飢荒時，福建巡撫金學曾便推廣甘薯的栽種，做為解決飢荒的方法。因此，相傳在福建，甘薯被稱為「金薯」。第二條路徑，就跟玉米一樣，是從緬甸到雲南，據說時間上比福建路徑早一點。不過，卻沒從雲南散播到周圍地區。

甘薯在國內普及的速度也比玉米來得晚，乾隆初年（一七四〇年代）才在湖北、湖南、山東等地栽培；山西、安徽等地直到十八世紀後期才看到有人栽培。在推廣上，地方官扮演重要的角色，而非農民主動嘗試引進。

農民對於引進新的農作物，態度可說極為保守。但這些農作物並不像中國自古栽種的水稻、小麥等穀物，而是能栽種在無法種稻、種麥的山坡地或荒地上。由於不會與主要農作物競爭，在不必改變現有的農業體系下也能增加糧食供應量。因此，對於人口增加抱持危機感的官員，在乾隆年間開始提供行政上的指導，努力推廣。換句話說，美洲大陸原產作物的引進其實並非人口增加的原因，而是結果。

在糧食作物之外，原產於美洲大陸的農作物還有辣椒與菸草。現在中國在料理上使用辣椒的地區，以四川、湖南為中心，從西南的貴州到東北地區的帶狀區域，這片區域也稱為「hot zone」，尤其大家最熟知的就是極辣的四川菜。

辣椒傳入中國的時期也是眾說紛紜。一般多認為在十六世紀後期由澳門進入中國，但也有一派說法是十七世紀中葉。日本的辣椒是由來自於中國港口的葡萄牙船隻帶入，所以把辣椒稱為「唐（中國）芥子」。中國在引進辣椒之前，大量使用從東南亞經由海上帶入的胡椒。由於在國內也能栽種的辣椒，因此成了高價進口的胡椒替代品。

菸草則是跟著西班牙人先進入呂宋，在十七世紀初期經由菲律賓被帶到中國。起初被當作藥材，到了十八世紀成了嗜好品，廣泛在福建、廣東等山區栽種，目前的知名產地則是雲南內陸地區。辣椒跟菸草因為能賣錢，有助於拓展農家經營的範圍。

商人與產業

瀏河港的故事

位於上海西北方的瀏河港（劉家港），是個歷史悠久的江南外港。面對長江，連結江南大都市蘇州與大瀏河的港口，元朝用來將江南產的稻米穀物運送到首都大都。明代時期，這裡是鄭和遠征船隊的集結地點，大艦隊就停泊在這處港口的海岸。但是永樂年間，大運河完成修建後，江南物資就多以運河來輸送，港口不再繁榮，這個都市也逐漸黯淡失色。壓倒駱駝的最後一根稻草，是十七世紀中葉清朝發出的海禁令與遷界令。城市沒落，只剩下鄭和為了祈求航海平安而建造的媽祖廟，能看出過去這塊土地曾經是一處港口。

康熙二十三年（一六八四），轉機降臨。派遣到江南的調查官員上奏的意見獲得認可，皇帝下達展界令。清朝將航海守護神媽祖升格為天后，試圖為衰退的海運業注入活力。隔年朝廷規定中國各地港口能入港的船種，瀏河港分配到的就是沙船。沙船很適合航行在淺灘海岸線綿延的黃海上，具備龍骨可行駛到遠洋，但吃水較淺；吃水深的大型遠洋船則規定在上海出入。重新出發的瀏河港，不再像過去是供航行東海的船隻暫停的港口，而是經由黃海連結渤海跟江南地區的港口都市。

清代第一個在瀏河港開創海運業的是新安商人，接著是在長江北側港口都市南通、呂四設有根據地的商人。有了這些打前鋒的商人，接著是在山東半島膠州灣設

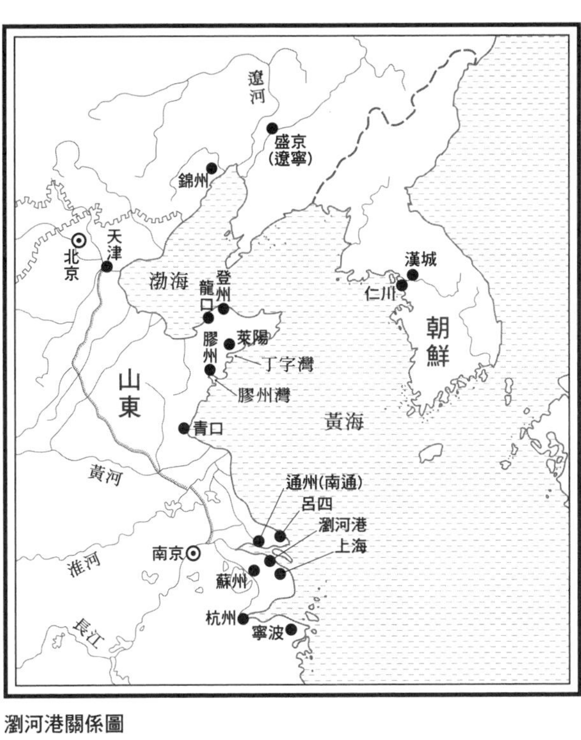

瀏河港關係圖

置大本營的山東商人進軍此地，最後是來自面向渤海灣的遼寧省各港口的商人，在瀏河港設置基地。經營沿岸海運業的跟商人不同，都是出身呂四的業者。

船員之間流傳著一個傳說：有名叫做王六官的男子住在瀏河港，海禁解除之前，他以捕魚為生，沒有妻兒的他獨自生活。遇到漁獲豐收時，他會招待朋友到家中飲酒，喧囂嬉鬧直到喝醉才解散。康熙二十三年，展界令頒布後，他的生活出現極大轉變。他將當時很容易擱淺的沙船改造成底部淺平的船，穩定性大幅提升，操控也更容易。

有一年，王六官搭乘這艘船縱渡黃海北上。到了北方的港口卻苦苦等不到能讓他南歸的風，一群船員感嘆無法返家過年。就在大夥兒垂頭喪氣之際，有一天王六官突然說：「快整理好工具，明天下午就會起風！」所有人聽了只是捧腹大笑，沒想到隔天風向真的開始變了。眾人立刻起錨揚帆，風勢繼續增強，當晚就一口氣航行了幾千里，等到天一亮，眼前已是眾人熟悉的瀏河港風光。

眾船員進港時，想設宴招待王六官表達感謝之意。但是，當所有人上岸後，卻不見王六官的蹤影。眾人尋覓了幾天，才發現事情不對勁，回到船上尋找時，發現一套跟王六官上岸時身上一模一樣的衣物。這時大家才相信，那一夜的風是王六官發揮神異功能招來的。回想起來，王六官有很多異於常人的行為。像是他每天早晚必定會到天后宮祭拜，焚香前一定先洗手，用餐時從不剩下食物，大小便堅持在桶內，不隨地便溺，平常會留意不將灰塵、垃圾丟入海中。眾人想起這些事，認為王六官是位真人（具有超能力的仙人）。於是根據他的模樣打造了一座王六官真人像，船員在出海之際都會前往參拜。

記載這則傳說的《瀏河鎮記略》，最後以這段文章作結。

明末禁止出海以來，已近百年。當地掌舵之人業已死絕，再無人欲出茫茫大海，也無人想試探一己之技。此時真人現身，開創起點，並指出山端海隅有利可圖，各省商人紛紛來到，貧瘠離島遂轉為生財之地，增補朝廷收入。此乃非真人之力？立像建廟，受人祭祀，亦屬常情。

瀏河港的風景

瀏河港位於大瀏河河畔，從蘇州流經太倉州的河川，在流入長江之前有一道水門擋住。這道水門防止了來自長江的潮水逆流，也是航行黃海的遠洋船的終點。上了碼頭之後，眼前是一排排以黑瓦、木造、白牆為特色的二層樓房建築，在街道上則鋪滿了石板。

抵達這處港口後，首先會注意到的就是祭祀媽祖的天后宮。這一區是整個港口都市的中心，聚集了祈求平安航海的商人、船員，參拜的人潮絡繹不絕，香火鼎盛。出了天后宮向西走，就來到鎮海關。一棟石材打造的倉庫上，刻著「鎮海關」三個大字。對出入瀏河港的船隻監督、徵稅，都在這裡進行。天后宮跟鎮海關的背後是三官閣，這棟建築物的一隅就是供奉王六官真人的祠堂。參拜過的船員們會拿著一塊木板印刷的牌子，他們相信只要將真人的牌子貼在船艙上，就能保護船隻不受海難。

自天后宮往南走，來到面對大瀏河的碼頭。上下船的地點會因為船隻種類而定。南貨船碼頭是讓從蘇州經河川來的船卸貨，這些貨物之後要再轉到遠洋船隻上。此外，白銀則跟貨物的流向相反，從瀏河港流往蘇州。在標碼頭上，每個月逢「六」的日子（每個月有六日、十六日、二十六日三天），載運著白銀的標船會出發前往蘇州。這些船上都有出身山東省的「標客」，向官府借用槍枝等武器，隨船負起護衛的責任。如果剛好遇到出港的時間，就能看到四艘共運載了將近兩萬兩白銀的船隻，在敲鑼打鼓、鳴槍放砲之中逐漸離開碼頭的景象。

從外海溯長江抵達瀏河港的船隻，不是直接並排停在碼頭，而是有接駁船往來於沙船與陸地之間。經過天后宮南門來到大瀏河終點處往東望，可看到一艘艘沙船緊密排成一列。船隻長度在二十到四十公尺，在高度與船長差不多的中央主桅，共計有五根桅杆。

這類沙船其實在設計上使用了各種巧思。搭乘小船就近觀察，會發現船身沒有上色，從吃水線到甲板還不到一公尺。從小船要登上沙船時，腳下的位置剛好有個像階梯的高低落差，能輕易地登上甲板。在甲板中央掀起一塊板子，從這裡進入船艙後，可看到船體呈現扁平木桶狀的構造，即使有大浪打到甲板上，海水也會順著彎曲的表面流掉，不會滲進船艙。船艙裡大約每隔一公尺有隔間，腳下則有寬約三十公分的龍骨貫穿船頭到船尾。因為有龍骨與隔間的構造，讓沙船也能航行在海象不佳的海域。

接駁船從沙船上接下貨物後，就朝倉庫附近的指定碼頭前進。接駁船一靠岸，就有等不及的腳夫搶著跳上船，爭先恐後挑起貨物，搬進商店裡的倉庫。腳夫們習慣把辮子盤在頭頂上，看來氣勢十足。

腳夫成立了稱為「腳行」的組織，在每個碼頭都劃有各自的地盤。萬一有人想侵占地盤，腳夫們會丟下貨物，將入侵者團團圍住後趕出去。這些有壟斷勢力撐腰的腳夫，還會漫天開價，有時商人受不了，會試著自行雇用搬運工到碼頭，卻也幾乎從來沒成功。遇到真的太過分的腳夫，商人才會報官，官員會逮捕腳夫頭目，取締這類惡行。

天后宮後方有條叫九龍灣的路。一踏進這一區，娼妓雲集，建築物門口都有招攬來客的煙花女子。横笛、二胡的樂音中交織著妖嬈的歌聲，不絕於耳。前往天后宮祈求航海平安的船員們，應該有不少也會順便赴九龍灣一遊。

瀏河港與商人

大部分的船貨都是黃豆，以及用來製作肥料的黃豆粕。瀏河港有一排好幾間專賣這些產品的商店，船貨就送到這些這些商店的倉庫裡。陸天益大棧房這間商店，分成「豆行」（黃豆區）、「餅行」（黃豆粕區）以及「花行」（棉花區）。此外，還兼備稱為「棧」的客商住宿設施，以及保管商品的倉庫，讓商人寄放貨品。

從山東半島的膠州、登州等港口帶來黃豆、黃豆粕的外商，跟來自江南各地採購的內商，就在瀏河港交易。外商與內商多半素昧平生，或是商業習慣、使用的度量衡不同，很難直接交易。雙方之間有保稅行及牙行介入，負責銷售商品以及收受貨款。一般交易不使用現金，以每個月逢六的日子為標期，將內商支付的白銀以標船送到蘇州，在蘇州結算。換句話說，瀏河港是商品集散地，蘇州則扮演金融中心的角色。

「保稅行」是支撐港口的基礎。清朝因為擔心有海盜餘黨偽裝成客商出入港口，會指定「土商」，也就是在地值得信賴的商人為保稅行。雖叫土商，但未必要出身瀏河港，只要身家清白，與當地居民關係密切，又與來自山東、遼寧的商人熟稔，就符合成為保稅行的條件。瀏河港有四間保稅行，首先介紹寧波出身的吳氏。吳氏為了走避明末的戰亂而移居瀏河，進入當地富豪季家成了贅婿。季氏沒有接棒的兒子，於是吳氏繼承岳父的財產，以季長泰為商號，成為保稅行。四間保稅行必須負起連帶責任。

外商一抵達瀏河港，首先要前往保稅行表明自己的來歷；保稅行向鎮海關報告，替外商支付入港稅。完成這些手續後，外商才能開始販賣商品。

至於為來自江南各地採購黃豆等內商作保的，則是牙行。牙行由布政使司（負責財政、民政、人事的機構）頒發許可證，監督交易的商品品質與價格，留意內商與外商之間是否有爭執。牙行依據負責的商品，還分成豆行、雜貨行等，通常收取交易價格的百分之一至二做為手續費。

隸屬保稅行與牙行的商人，深入參與港口的運作，會聚集在瀏河港東北部郊區的顯佑宮開會。乾隆十七年（一七五二），一群商人決議向進入瀏河港的船隻募款，所得款項用來建設書院，以及養育孤兒的育嬰堂。

從瀏河港出發的船隻，有六～七成都是江南船籍的船隻。離開瀏河港的船上載運棉花、棉布，北上往江蘇省北部的清口、山東半島膠州的淮子口、萊陽丁字港，以及面對渤海灣的龍口等港口。

到膠州的商人來自江南、浙江，還有福建，在這裡開啟商業活動。丁字港位於海路的交會點，南有瀏河港，西南是青口，東邊為朝鮮半島的仁川，北側則隔著渤海，有來自對岸遼河流域港口的運輸船靠港，非常活絡。船隻在山東半島的港口滿載著黃豆與黃豆粕，返回瀏河港。如果順風，幾天就能回到瀏河港。

十八世紀黃海的海運業之所以興盛，背景就是鄭氏政權瓦解，導致海上世界消失，黃海就此屬於中國的內海。清代時禁止從江南以海路運送米穀、黃豆等糧食，卻沒有規定是否能從山東半島等地運送黃豆到江南。雍正七年（一七二九）訂出「海關針對黃豆課徵稅金每一石四分」，等於公認了以海運來運送黃豆。為了防止海上運輸的糧食在半途遭到海盜攔截，曾有人提議在山東發貨的港口必須報告船隻的登錄編號、出港日期，以及載運的黃豆總量等資訊，並通報卸貨港口的海關兩相對照，藉此管理，然而並未找到正式實施的跡象。

十八世紀前半以瀏河港為入口流入江南的黃豆與黃豆粕，主要都產自山東。然而，到了十八世紀後半，經由海路與江南連結的地區興起，成了新的供應地。就是滿洲族的故鄉，中國東北地區。[3]

東北地方的產業

在清朝定都北京、積極統治中國的順治年間，東北地區許多居民都隨著皇室移居北京一帶，遼河流域於是荒廢。清朝在順治十年（一六五三）相繼招募移居遼東負責開發的人，卻始終效果不彰。但是到了十八世紀，山東等地人口增加之下，移居東北地區的人也自然而然增加。乾隆五年

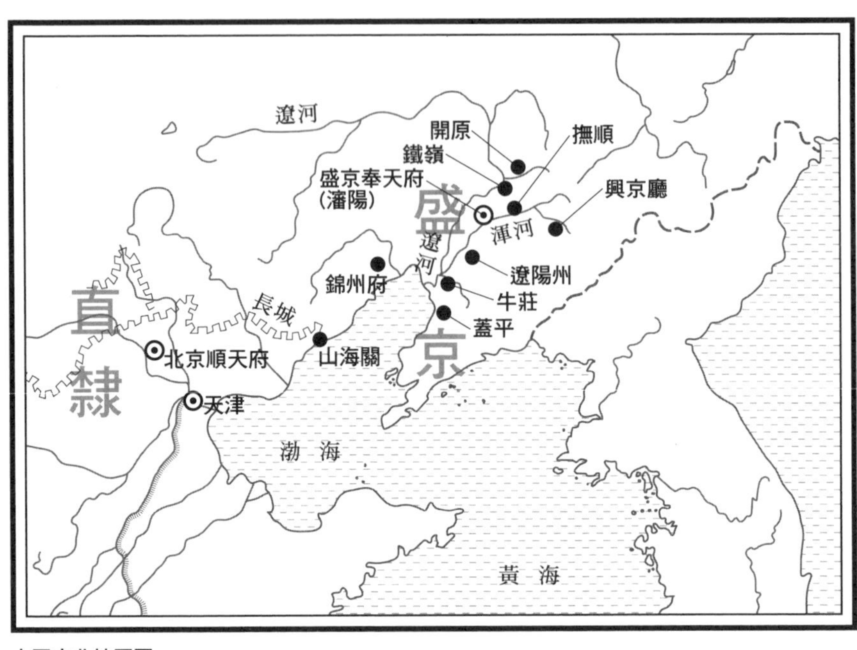

中國東北地區圖

（一七四〇）移居的人口實在太多，還曾下達禁令，卻幾乎毫無效果。

邁向新天地的漢族移居者，搭建了「窩棚」這種半地下式的建築。在四周的平原放火，開墾出農地。第一年種植蕎麥，第二年開始栽種高粱、小米，之後生產黃豆等農作物。愈來愈多移民定居到開墾地之後，就出現了雜貨店。為了撐過辛苦的勞動與寒冬，移居民眾得買蒸餾酒，買木棉工作服。農民取得日用品的方式，是先向商人賒帳，等到秋季收成時再用農作物來抵帳。一入冬，土地結凍，商人便用雪橇滿載著大量農作物前往遼河流域的大都市。這些都市裡都有雜貨店出資人開設的商社，而商社則與中國內陸隨時保持聯絡。

大量的纖維製品，以及產自華中、華南的茶葉，從江南運到東北地區的開墾地。有些貨物走陸路，經過山海關運過去，但從康熙三十三年（一六九四）山海關開始徵收關稅後，海路就成了運輸的主流。海船從遼東灣的錦州、蓋平，或是從渤海溯遼河到牛莊等地進港卸貨。由於專為航行黃海開發的沙船吃水較淺，能夠溯遼河而上。從這些港口溯遼河的主流或支流，就能將貨物運送到遼陽、盛京、撫順、鐵嶺、開原等主要各大都市。

東北地區運送到中國的農產品，除了黃豆還有其他穀物。康熙二〇年代，為了因應進軍俄國增強兵力，不但試圖在東北地方增產糧食，同時也禁止東北地方的米糧運往中國內陸。但在增產政策上軌道，加上來自山東等地的移居民眾努力開墾，禁運政策鬆綁，可將多餘的米糧運出。到了雍正時期改以海路將米糧運送到天津或山東，乾隆時期運出的量又增加。有記錄顯示，乾隆五十年（一七八五）東北地區豐收，天津的海運業者派出八百多艘運輸船，滿載了幾十萬石的穀物，送到直隸（河北）、河南、山東，在當地銷售。

進軍東北地區的中國內陸商人，投資農產品加工業。一開始興起的加工業，是稱為「燒鍋」的蒸餾酒釀造業。接著又引進了柞蠶的養蠶業。柞蠶是一種野生蠶，以柞木或櫟木的葉片為食。有別於一般的蠶，是在自然的山野中飼育。原先是在山東的山區開發出的飼養方式，到了十八世紀在其他地區也開始嘗試。這項技術跟著山東人移居到東北地區，在康熙年間有商人出資，農民為勞動力之下，迅速地推廣開來。

將黃豆搾成油的搾油業者稱為「油房」，在乾隆年間迅速興起。油不僅提供食用，也當作燈火的燃料，另外做為家具等塗料的需求也很高。搾完油的黃豆粕就當作肥料來交易，黃豆粕跟黃豆一起從遼東灣的港口運送到江南及華南地區。

東北地區在十八世紀，逐漸出現雜貨店、銷售穀物與黃豆的商社、釀酒業、養蠶業、搾油業等，但並非由個別商人開創單一事業，而是由多名資金供應人集結，陸續投資多個有利的事業。這樣的組織就稱為「聯號」。「號」是商號的意思，也就是結合多個事業體，可能是共同出資，或是集團關係企業，類型非常多樣化。至於穀物的倉庫業、油房、燒鍋等，則以聯號的形式同時合作開拓。

山區的產業

商業資本在中國內陸山區也投下了資本，發展產業。最典型的案例可以在秦嶺山脈看到。這片山脈是由海拔三千公尺等級的高山構成，將中國氣候溼潤的華中地區與乾燥的華北地區分開，自古就是個知名的森林資源供應地。十八世紀中葉，山裡已經設置了多個稱為「廠」的作業場所。

砍伐木材的木材廠，從先前人力無法進入的海拔兩千公尺樺木及樅木原生林，砍伐木材後運下山。由於原生林的巨木罕見，必須保持原木狀態運出整根樹幹。為了在高山地區伐木，商人投資了許多大規模設備。

首先，沿著傾斜的山坡鋪設稱為「溜子」的軌道。長三公尺左右的原木樹幹縱向排列，上方橫放兩公尺左右的木板，將木材往下卸。因應地形開鑿山路，遇到溪谷則架橋，到水邊的總距離長達幾十公里。

要從溪谷翻山時，就得用到「天車」這種滑車。在高山稜線上樹立支柱，掛上八角形的滑車，最好能有兩匹馬。騾子的話要有四、五頭，人力則需用上二、三十人，從山谷將木材拉上來。海拔高度差距大時，這種滑車要設置三、四段。如果是一間大規模的木材廠，運輸木材就需要三千到五千名工人來完成。

鋼鐵廠則是煉鐵的場所。秦嶺山脈到處有鐵礦的礦脈，被稱為「紅山」。出產煉鐵所需的木炭產地，則稱為「黑山」。融鐵爐高達五公尺，將木炭及鐵礦放進爐內後，十幾名工人不分晝夜輪流使用風箱把風灌進融鐵爐內。先在黑山製炭，燒好的木炭再由人送到融鐵爐。一座爐子需要一百數十名工人，如果煉鐵廠有六、七座爐子，這表示煉鐵師傅加工人總計不少於一千人。

工廠即使雇用大量工人也不虧本的條件，就是山區能供應廉價的糧食，以及壓低工資。工人常吃的糧食，就是在海拔八百到一千兩百公尺山腰斜坡上種植的玉米。乾隆年間到當地赴任的知縣，留下這樣的記錄。

> 伏查山陽，跬步皆山……乾隆二十年以後，始有外來流民向業主寫山，於陡坡斜嶺之間開作耳扒木筏。迨扒筏罷後，或種包穀，或種苦蕎；而山地寒冷，三月播種，九月乃獲，從無可種兩季者……又必初開之山，方可成實，至三四年後，則不堪再種。故旋開旋棄，遷徙靡常。4

移居的民眾多半出身華中或華南，最初是租房子住，或是在農地附近蓋個暫住的棲身小屋。然而，種植玉米對生態環境造成侵略性，無法維持太久。移居民眾存夠了錢，就會買下能永續耕作的田地佃租權或所有權，或是開設商店。

清代一般勞工經常吃一種叫「窩頭」的食物。用玉米粉捏成比拳頭還大的圓錐狀，中間再挖個洞，以便迅速蒸熟。現在中餐廳裡也有名叫窩頭的點心，但無論在外觀或口感上都跟原本的相去甚遠。設置在高山地區的工廠，倚賴的就是在山腰種植的玉米。需要大量勞工的木材廠、煉鐵廠，萬一遇到歉收導致玉米價格上漲時，就得停止作業，暫時休息。

投資山間木材廠、煉鐵廠的商人，推測也不是單一資金，而是以聯號型態開拓多項事業。因此，如果玉米價格居高不下，使得勞動成本壓迫到利潤，商人就會立刻抽回資金。工人找不到其他就業機會，成了失業人口滯留山區。這個現象到了十九世紀，演變成一大社會問題，最後甚至壓迫到清朝的發展（後文詳述）。

互市體系的開展

罕見的食材稱為「八珍」，原本只是單純表示種類多的意思，到了宋代才實際列出八種稀有食材。

盛世的食材

到了清代，八珍更加擴大為四種八珍，也就是集合了三十二種罕見食材的宴席料理——滿漢全席。聚集了滿洲族與漢族的各種珍貴食材，極盡奢華的宴席。十八世紀乾隆帝弘曆經常巡視江南，負責接待的各地商人，會雇用手藝非凡的廚師，遍尋山珍海味，發揮創意及巧思，打造出一套可能是全球史上最高級的宴席菜色。

四類八珍之中有山八珍（駝峰、熊掌、猴腦等）、禽八珍（鵪鶉等）、草八珍（白木耳等），以及包括燕窩、魚翅、烏參、魚肚（曬乾的魚膘）、魚骨（鱘魚軟骨）、鮑魚、海豹、狗魚（棲息在黑龍江等地的魚）的海八珍。十八世紀的清朝以盛世聞名，這也是宴會料理發展出系統的時代。

宴會料理首位當然是滿漢全席，接下來的排名是燕菜席、魚翅席、海參席、蝦乾席，以及三絲席。位居第二名的燕菜席，不僅使用高級食材燕窩，更集合了多種不遜於燕窩的食材，製作出的高級料理。除了最後的三絲（將豬肉、雞肉、竹筍切成細絲）之外，幾乎所有的宴會料理都以乾燥的海產為主菜。

燕窩是金絲燕（學名：Collocalia屬）的巢，金絲燕棲息在蘇門答臘、婆羅洲、泰國、馬來半島等地。燕子在口中咀嚼海藻之後，會變化為膠原蛋白，以此來築巢，就是所謂的燕窩。在清代時，經由來自泰國的船隻帶到中國來。魚翅、海參、鮑魚的產地，一部分在廣東、福建等中國沿海地區，但大多還是來自東南亞，以及日本。

雖然清代時人口遽增，但絕大部分的人一輩子都沒嚐過這些高級食材。然而，談生意就少不了宴席，有盛世之稱的十八世紀，想必全中國到處都有熱絡的商業活動，設宴的機會也增加不少。當時的中國是個極度渴求高級食材的社會，開始進口大量乾燥海產，也因此改變海上的交易型態。

以往日本從中國進口生絲，出口白銀的交易基調，後來出現改變，關鍵就在海產。

俵物的出現

由江戶幕府直接管理的長崎貿易，在十七世紀後半，幕府曾嘗試將出口產品從白銀換成黃銅。一六八四年發出貞享令，訂出中國船隻帶回的白銀總額為六千貫。來到日本的船隻根據出發港口來分級，在總額六千貫的範圍內分配貿易額給每艘船。

由於設下白銀出口量的上限，令人擔心「拔荷」這類走私貿易會增加。為了加強對中國商人的管理，一六八八年設立的唐人館，祭出將所有中國人全數納入管理的政策。建立起管理制度後，一六八九年將中國船隻到日本的數量從七十艘放寬到八十艘。強制性的政策奏效，黃銅出口量在十七世紀後半增加。這是因為中國將黃銅用來當作鑄造銅錢的原料，使得需求量提高。

後面會提到，作為貨幣原料的黃銅價格在中國國內經濟體系中受到強烈限制。中國商人收購的黃銅價格，就日本方面看來設定得極低。而且日本國內本身也需要黃銅來鑄造銅錢，使得黃銅量不太充足。

一七〇一年，幕府在大坂設置銅座，打造統一管理銅提煉與買賣的機構，嘗試有效經營通過長崎的銅貿易，營造出獲利的體系。不過這仍讓銅貿易遇到瓶頸，一七〇九年進入長崎港的中國船隻數量，從八十艘減少到五十九艘。

在找不到替代白銀的出口商品，且限制貿易的結果下，使得未能獲准進入長崎港的中國船隻，轉往北九州藍島附近的海岸，展開走私貿易。直到一七一五年提出「正德新例」（於下一節詳述），才改善了狀況。

「正德新例」縮小了銅貿易的規模，並且在貿易內容中也標明了以海產替換銅。鮑魚乾、海參、魚翅，這三項產品裝在草袋[5]中出口，因此稱為「俵物」，另外昆布、魷魚、蝦米、洋菜等其他海產則包括在「諸色」的項目中。

在一般日本高中歷史課本中，多半會將俵物當作江戶幕府的一項出色交易政策。然而，貿易商品的轉換，並不單只因應供給一方的狀況。也必須考量到，是因為需求的一方，也就是中國在有盛世之稱的榮景下，對於乾燥海產出現強烈需求的實際狀況。

信牌管理

「正德新例」，是日本用來管理東歐亞交易的政策。中國船隻入港數量限制為三十艘，發給稱為「信牌」的交易許可，沒有信牌就不許交易。此外，根據中國船隻離港的地區分類，每個地方能入港的船隻數量都是固定的。

至於日本需要的生絲，是由從江南出發的船隻來取得。因此，幕府規定來自南京的船隻為十艘，來自寧波的船為十一艘，其他各地區出發的船隻則有限制，廈門、臺灣、廣東的船隻各為兩艘，廣南（越南中部）、暹羅（泰國）及巴達維亞等地則限定各一艘。

正德新例之中特別排除「普陀山船」，這是來自福建的船隻，滿載著該地區生產的砂糖，前往舟山群島之一的普陀山，到當地與來自江南的船隻交易，取得銷給日本的生絲後前往長崎。就中國的角度來看，正德新例是一項獨厚寧波等江南商人卻排擠福建等地商人的政令。

紅頭船　粵東潮汕地區與東南亞地區展開遠洋貿易的商船。

新例發布的那一年，前往長崎的福州船和泉州船，連一只信牌都沒拿到，一入港就被命令當天就要離港。憤怒的福建船主繞到寧波，主動到官府狀告南京及寧波船隻的商人。福建船主們主張，這些商人到了日本接受標示日本年號的信牌，有損中國王朝的威信。尊奉外國年號，背叛朝廷，等於是承認自己隸屬日本的行為。

有官員利用這起訴訟，引發江南派官員與福建派官員之間的爭論。最後因為終究需要從日本進口黃銅，獲得皇帝裁決下，指示江南商人必須也將信牌借給福建商人使用，總算塵埃落定。但後來在江南商人不斷阻撓下，最後福建商人也不得不退出日本的交易市場。

江戶幕府與清朝之間並無正式邦交，觀察日方使用信牌來管理貿易的這項動作，清朝也猜不透對方真正的用意，爭議百出。另一方面，清朝在下達展界令後的一段期間，對於海上交易幾乎不加管理。卻在康熙五十六年（一七一七）起，除了給予特權的商人以外，嚴禁任何人出海交易。這時能使用的，就是日本的信牌，清朝則以信牌來管理赴長崎的船隻。

陸上政權與海外政權在沒有政治談判下，管理海上交易的互市體系，可說就此成型。

日本與交易港口

基於正德新例，從江南出發的商船大多數都取得信牌之後，江南乍浦迅速成長為一處對日商船的出發港口。乍浦位於寧波對岸，挾著杭州灣。這裡也是排擠福建商人、掌握與日本交易主導權的浙江商人大本營。

雍正六年（一七二八），負責浙江與江蘇行政的官員齊聚一堂，討論管理交易的制度。結果江蘇和浙江分別推選出四名商人做為商總，負責監督交易，並決定由在港口經營仲介業的牙行，做為出港商人的保人。[6]

乍浦有牙行，負責管理交易，並且有義務向官府報告出發船隻的船員姓名、籍貫等資料。從中國載滿貨物的船隻，出發時要繳納稅金。拿著繳稅證明到當地管轄的官府申請離港許可，這也是牙行的任務。有商船進港時，牙行也必須釐清船員的來歷，並向官府提交記載納稅地點的文件。前面介紹過瀏河港保稅行的工作，在此地就由牙行來負責。

一七一七年之後，清朝建立起對海上管理的制度，同時對於漂流到中國的日本人，也予以公權力保護管理。漂流民被送到乍浦之後，在這裡等待前往日本的商船。一七八〇年，漂流到福建霞浦的紀州御坊的一葉丸船員，大坂傳二郎曾這麼說。[7]

> 〔安永九年（一七八〇）〕三月二十日抵達南京一處叫乍浦的地方。這裡是往日本的港口，在這裡一處類似接駁小貨船的商號停留。這家商號看來是送貨到日本時，檢查貨物的地方，後方有寬敞的宅院，前方則是商號。全戶人家有大約一百二十人，其中雜役有十

二、三人，學徒四、五人，管帳的五、六人，負責採買的兩人，做飯的兩人，其他都是商號裡的職員。準備渡海前往日本的船主在這裡住宿、打包。我們住在這裡時每天都有早晚餐吃。

日本人看來覺得像接駁小貨船的商號，其實就是受託管理交易商人的牙行。中國和日本之間的交易體系建立之後，大量的海產流入了中國；稍微在烹調方式上花點功夫，日本產的魚翅、鮑魚、海參，都成了宴會料理中不可或缺的食材，社會也因為這條商品通路而出現變化。

有一種最高級的鮑魚乾，叫做「吉濱鮑」，產自日本岩手縣大船渡市三陸町的吉濱，外型宛如馬蹄銀，肉質豐厚，味道濃郁。在三陸一個叫「吉里吉里」的港口小鎮，有一名做海產生意致富的商人——吉里吉里善兵衛，又名前川善兵衛。在太平洋海岸經營接駁運輸船的善兵衛，於一七五二年掌控了三陸海岸的漁權，一七六五年左右在這片海域採魚翅、鮑魚，直接輸送到長崎，打造了此地的繁榮。

「善兵衛」這個名字，就這樣沿襲傳用了好幾代。而為前川家奠定繁榮的鮑魚，也是在中國乍浦上岸卸貨。

沖繩料理中也看得出過去日本與中國之間交易的跡象。在婚宴等慶賀場合都會有的一道菜昆布魚捲，是一道把當地的魚肉用昆布包起來的佳餚。昆布是琉球料理中少不了的食材，會搭配油脂豐厚的豬肉。不過，沖繩周圍的海域其實撈不到昆布。十八世紀中葉，產自北海道的昆布大量經由沖繩出口到中國，這條通路也讓沖繩出現了昆布料理。

琉球的變化

從明到清的改朝換代，對琉球來說非常重要。江戶幕府與薩摩藩，必須確保藉由琉球與中國交易的路徑。琉球維持著與清朝的朝貢關係，在琉球負責外交的中國裔人士，裝扮就跟明朝的人一樣。與清朝交涉時，穿著前朝的服裝不太方便，因此在琉球的中國人當時選擇了改穿琉球當地的服裝，之後就逐漸同化於琉球社會。

一六五四年，琉球國王向清朝出示明朝授與的中山國王印璽，清朝重新冊封尚質為首任國王。這時，日方很擔心琉球居民也會被強制要求必須辮髮，所幸清朝並未強迫琉球人接受滿洲族的習俗，只是冊封尚氏為琉球王，規定派遣朝貢使節到福州。

從琉球前往中國的朝貢船，由琉球國發出堪合。標記明朝年號發出的最後一份堪合，是崇禎十七年（一六四四）二月的「仁字第五十六號」。之後發放使用清朝年號的堪合，在順治十年（一六五三）發出「仁字第七十五號」，這應該是仁字號的最後一份。順治年間發出的堪合總數一共十九份，這表示，有相對應編號的朝貢船，在這十年裡有十九艘前往中國。

康熙年間改成義字號，雍正之後則是禮字號。往後只要清朝一換年號，堪合的字號就會跟著改變。在同治六年（一八六七）派遣最後一艘朝貢船之前，發出的堪合總數超過四百五十份，每年平均為二．二份；清朝規定每兩年一次，每次最多三艘船朝貢，這麼計算下來，每年平均為一．五艘。換句話說，琉球派遣的朝貢船數量遠遠超出清朝的規定。[8]

琉球使節抵達福州之後，轉乘小船走內陸河川或大運河前往北京。另一方面，與使節同行的商人則在福州做生意，至於留學生，則留在福州學習中國文化。留學生之中出了很多人才，幫助琉球王國建立起國家架構的蔡溫，就是其中一人。

自清朝起，只要琉球國王一換人，清朝就會派遣冊封的使節到那霸。「冠船」是清朝使節搭乘的船，載滿中國的物產，到那霸進行交易。清朝派遣到琉球的使節，從首次的一六六三年，到一八六六年為止，共計八次。

雖然兩國維持朝貢關係，但十七世紀到十八世紀前半，日本與中國之間經琉球的交易並不興盛。幕府管制出口商品，加上琉球這方的利益幾乎全被薩摩藩剝奪，對於貿易的經營並不熱衷。

然而，十八世紀中葉開始，隨著薩摩藩在大坂設立據點打下日本國內物流的基礎後，就建立起俵物及昆布等送往琉球的流通路徑。航行日本海的北前船載著北海道的昆布，進入瀨戶內海來到大坂。滿載著昆布的船再從大坂前往沖繩。交易的基調變成從琉球載運海產，再從中國運送大黃等漢方藥材為主。接下來隨著邁向十九世紀，日本與中國之間經由琉球的交易日漸興盛。

往東南亞的移民

謳歌盛世與景氣繁榮的中國，也從東南亞進口大量的物產。不僅燕窩、魚翅等高級食材，還有米穀、胡椒、兒茶鉤藤，甚至金、錫等金屬，各種物資的

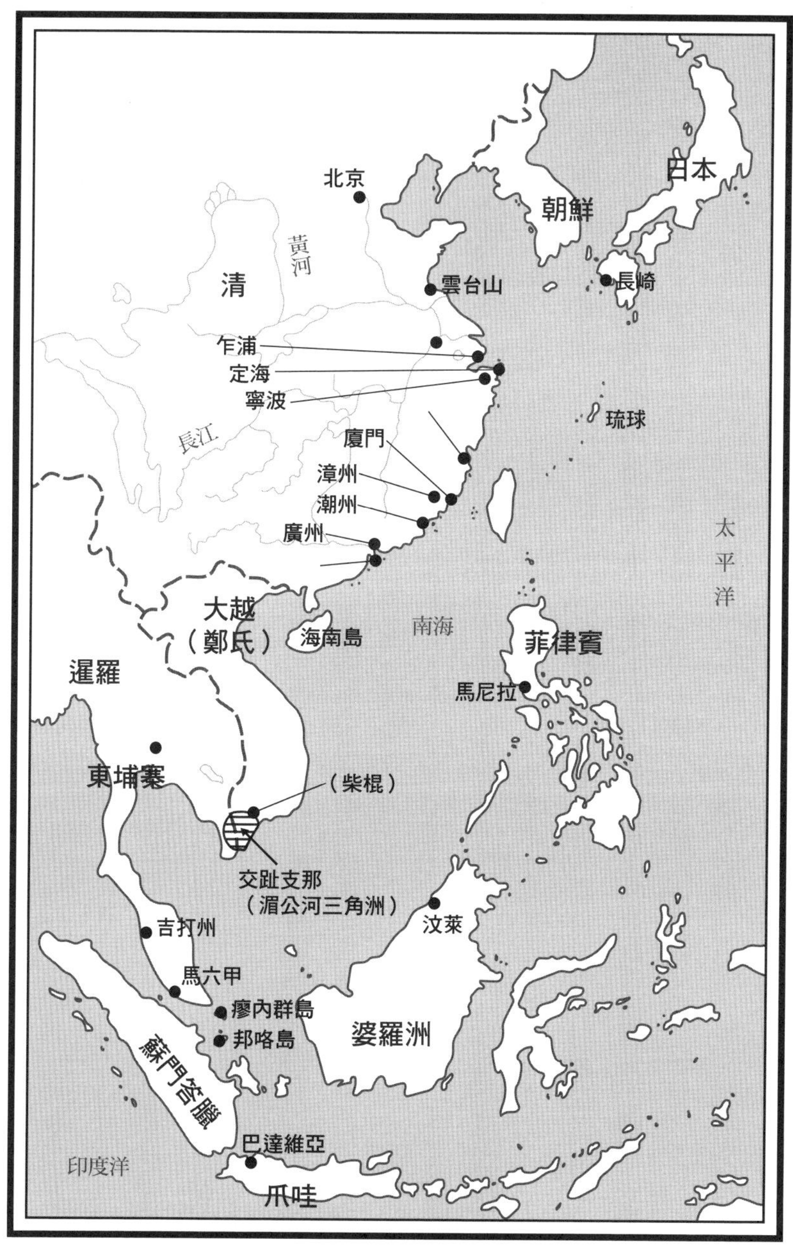

十八世紀互市體系下的中國沿海都市以及東南亞的移居地

交易量在十八世紀中葉也急遽增加（米穀類將在下一章說明）。兒茶鉤藤是由茜草科植物（學名：Uncaria gambir Roxb.）葉片與嫩枝的萃取物製成的藥材，在中國叫做「阿仙藥」，做為具收斂效果的止瀉藥，或是口中清新劑（日本的仁丹裡也用到），在歐洲則多半用在鞣皮上。

這些物產要滿足中國的需求，光靠當地的工人是不夠的，因此許多中國人移居東南亞各地，成為新的勞動力。鴉片戰爭之後，西方人在東南亞各地經營的種植園裡常見到中國苦力。但其實早在十八世紀已經有工人移民，打下基礎。

打前鋒的是一群在明朝轉變為清朝時，因為不願接受滿洲族統治而遠走海外的人。這些人雖然被稱為明朝遺民，事實上有不少成為勞工，在移居地定居下來。現在的越南南部，以及稱為交趾支那的湄公河三角洲地區，有很多廣東人遷入，致力開墾。

十八世紀互市體系建立之後，海上交易變得活絡，勞工移居的浪潮遍及東南亞各地。從福建出發的中式帆船，推測一艘船上載了超過兩百名到海外的勞工。他們要前往的目的地，是廖內群島的胡椒、阿仙藥農園，邦加島的錫礦山，吉打的甘蔗園，以及汶萊的胡椒園等地。[9]

來自中國的勞工組成稱為「Kongsi」的小團體，在裡頭生活，這個字來自中文的「公司」，原本的意思是一個大家族在家長的領導下不分家產，共同經營。後來轉變為共同經營的團體。後來統治印尼的荷蘭人，就用這來瓦解中國裔居民的強大組織力，歐洲人也廣泛使用這個概念。

公司由提供資金的「頭家」、管理現場的「大哥」，以及多名勞工組成，經常都是來自同一個鄉里的人。一個公司裡的成員都出身同一個村子，或是姓氏相同的宗族，這類情況也不罕見。因為同鄉、同宗的關係，即使頭家或大哥壓榨勞工，仍不影響公司的團結。

公司提供當地領主一部分利益，以換取在移居當地的活動許可。將在農園、礦山從事生產所得的利潤，由出資者、管理者及勞工來分配。比例以頭家最大，有時高達五成。此外，提供給公司裡工人的糧食，價格比當地高了好幾倍，相反地，生產產品的價格則訂得比實際價格低。其中的差價全進了頭家跟大哥的荷包。但站在勞工的角度，在公司實得的報酬仍比在故鄉高了許多，當他們回鄉時都能累積一筆財富。

據估計，十八世紀末在邦加島採錫礦的中國勞工有兩萬五千人，在婆羅洲金礦山有四萬人，一七八〇年代於廖內群島胡椒、阿仙藥農園的勞工則有兩萬五千人。

廣州的英國人

相當於中國南側玄關的廣州市鎮，過去有城牆包圍。鎮外有一處中國人說的「夷館」，也就是英國人稱的工廠。清朝劃定這塊地方是給外國商人居住的專區，就跟日本長崎的出島一樣，外國人出入這個地區受到限制。

一六八四年，認可與外國進行跨海貿易之後，訂定澳門等四個港口與外國進行互市。之後交易場所從澳門換到廣州。康熙五十九年（一七二〇）擔任外國商人保證人的一群商人，組織了公行，一般稱為廣東十三行。雖說十三行，實際上並非有一排十三間店鋪。這個溯及明代的傳統名稱，就直接沿襲下來。

「行」在中文裡有行會，或是團體的意思。公行組成的時期，剛好是清朝趁日本正德新例加強海上管理的時期。根據英國東印度公司的馬士（Hosea Ballou Morse）所述，廣州一些知名的商人會聚集在神壇前方，殺雞飲血，交換誓約，制訂公行的規則。

為了搶著跟外國做生意，廣州跟閩海關管轄下的廈門，以及浙海關管轄下的寧波之間競爭激烈。到了十八世紀中葉，寧波成為中國物產集散地江南的腹地，占有優勢。當時，浙海關在寧波行政區內的舟山群島定海，設置了讓西洋船隻停泊的專區。英國商人前往定海，就地採購生絲、茶葉，相對之下廣州就一天天沒落下去。或許是在廣州占有利益的滿洲旗人或官僚的運作，乾隆二十二年（一七五七），皇帝下令跟西方人交易的窗口只限廣州。

詔書中列舉出的一項原因，如果限制外國船隻只能到廣州，所得利益將不限於廣東，甚至會遍及江西省等地。江南已經幾乎獨占了與日本的交易，如果又讓與西方人的交易集中在寧波，很可能會讓華南地區無法追上。為考量帝國整體的發展均衡，必須讓廣州獨占與西方人的交易。

公行負責徵收貿易稅金，並且充當外國商人與船員的保證人。此外，在河邊劃出一區、以城牆包圍，當作外國人的住宅專區，對外隔離。廣東的貿易旺季因季風的關係，從每年的初秋到冬末為止。過了這段期間，外國人就不許繼續留在廣州，會被趕到葡萄牙人的租借地澳門，這套模式被英國人稱為廣東體系。

在中國做生意的英國人，經濟上的獲利確實增加了。雖然有各式各樣的規定，仍過著富裕的生活。從中國進口的茶葉，從中國出口印度的棉花，加上一七八〇年代開始出口印度產的鴉片，無論是英國或中國商人，都獲得龐大利益。公行商人與英國人之間也建立了信任感，交易時單以口頭約定就足夠。

讓英國人傷腦筋的是，外國人無法直接與地方官府交涉。正規稅金雖然並不高，但隨著時間過去，徵收的稅金名目愈來愈多，負擔變重了。此外，中國主張外國人的官司由中國來主導，這也讓英國人擔憂。

一七八四年，英國船隻在假日鳴放禮炮時，發生意外導致中國官員死傷。中國將管理船貨的職員當作人質，停止貿易，並以武力封鎖居留地，要求引渡當時發射大砲的砲手。英方無從抵抗，交出砲手，砲手遂遭判死刑。只要打出停止貿易這張王牌，沒有談判窗口的外國人便束手無策。為了突破這樣的僵局，英國政府決定派遣使節團。

朝貢與外交

外國人與官僚直接交涉的話，便會立刻開啟朝貢體制。想要避免這個情況，單純進行交易的話，就要有握有特權的商人介於外國人與官員之間，由這些商人來擔任外國人的保人，這也是互市體系的一種類型。

然而，一旦要求改善廣東體系的話，就超出了互市體系的範圍。一七九二年，全權大使馬戛爾尼（George Macartney）搭乘的「獅子號」，從鄰近英國軍港普茨茅斯（Portsmouth）的斯皮特黑德（Spithead）出發。獅子號繞過非洲南端的好望角，跨越印度洋，隔年一七九三年在不經過廣東之下，直接抵達渤海港口大沽。之所以不經過廣東，就是為了迴避「廣東體系」，直接與清朝中央政府交涉。

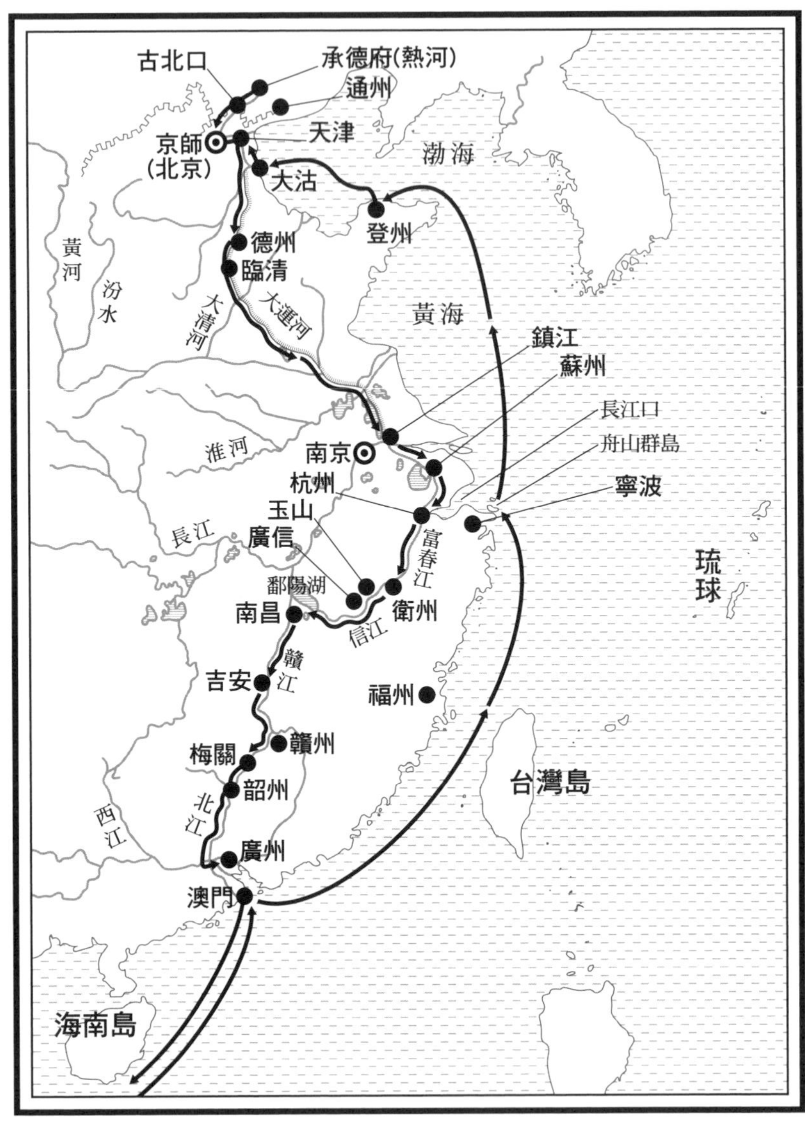
古北口
承德府(熱河)
通州
京師
(北京)
天津
渤海
大沽
登州
黃河
德州
臨清
汾水
大清河
大運河
黃海
鎮江
蘇州
長江口
淮河
南京
舟山群島
杭州
寧波
玉山
長江
廣信
富春江
琉球
鄱陽湖
衛州
南昌
信江
贛江
吉安
福州
贛州
梅關
韶州
台灣島
北江
西江
廣州
澳門
海南島

馬戛爾尼使節團路線圖

馬戛爾尼經過北京，跨越萬里長城，在九月時抵達皇帝夏季的避暑地熱河，也就是現在的承德，晉見當時的皇帝，愛新覺羅弘曆（高宗・乾隆帝）。這時出現的問題就是該如何行禮？一跨出互市的框架後，英國人立刻面對朝貢這道高牆。

中國在拜見皇帝時，必須行「三跪九叩禮」，也就是跪地三次，每次跪地都要叩首三回，這是表達最高敬意的禮數。但是，一旦行了三跪九叩禮，英國就成了清朝的朝貢國。馬戛爾尼的使命就是要求對等地位的外交，而非成為朝貢國。當時與馬戛爾尼交涉的窗口，是弘曆的寵臣——滿洲旗人和珅。馬戛爾尼與和珅堅持周旋之下，最後獲准行歐洲式的禮儀，也就是單膝跪地行禮。在歐洲，是以親吻君王手背表現最高敬意，中方卻堅持省略此禮。此外，和珅這號人物仗著皇帝威名聚斂私財，是清朝歷史上惡名昭彰的貪官。

馬戛爾尼提出要求寧波、天津等地開港，讓英國商人能進行貿易，並且讓貿易管理人員常駐北京。結果，這些要求都遭到拒絕。馬戛爾尼最大的目標是在北京設置負責外交的大使館，在從事外交交涉時能更強調英國人的立場，但這與實際情勢相距太遠。

清朝皇帝回覆給英國國王的，是皇帝下達朝貢國的告諭。內容中表明，「至爾國王表內懇請派一爾國之人住居天朝，照管爾國買賣一節，此則與天朝體制不合，斷不可行。」堅持還有許多其他國家仰慕清朝之德前來朝貢，沒有必要直接自英國進口。

馬戛爾尼雖然沒有達成目的，卻在自廣東北上時測量了航線，從熱河的回程中經過大運河通過中國國內到廣東，沿路收集了各式各樣的資訊，還寫下詳細的日記。他收集的這些情報，也影響了日後英國採取的政策。

英國使節的情報匯集

在十一月十八日的日記中，描述了馬戛爾尼從杭州溯浙江省河川而上，在路上與從福州到北京的琉球使節團會面的情景。

> 這些人的中文說得流利，也有自己的語言。但不清楚是接近日語還是朝鮮語。據他們說，目前還沒有來自歐洲的船停靠琉球群島，但他們表示非常歡迎。琉球針對與外國的往來並無禁令。……這些人都是美男子，膚色還算白皙。舉手投足優雅，談吐風趣，也很健談。從地理位置來看，琉球群島自然應屬中國或日本其中一方，但他們選擇接受前者（清朝）的保護。……如果情況允許，到這處琉球群島探險想必會有所獲。[10]

或許是根據這些資訊，十九世紀英國開始尋求外交交涉的切入點時，派遣了阿美士德（William Pitt Amherst）中國使節團，英國海軍萊拉號（Lyra）將使節送到中國後，於一八一六年造訪琉球。

英國的這些動向，便成為東歐亞海域中吹起新風潮的預告。

註釋

1 《康熙起居注冊》。

2 岸本美緒，《清代中国の物価と経済変動》，研文出版，一九九七年。

3 以下內容參考石田興平，《滿州における植民地経済の史的展開》，ミネルヴァ書房，一九六四年。

4 何樹滋，《雒南縣志》〈稟懇山地免陞科由〉。

5 【譯按】日文稱「俵」。

6 松浦章，《清代海外貿易史の研究》，明石書店，二〇〇二年。

7 石井謙治，「史料紹介・大坂伝二郎船異国ヱ漂流致し候一件」《海事史研究》第十八號。

8 松浦章，《清代中国琉球貿易史の研究》，榕樹書林，二〇〇三年。

9 以下內容主要參考Carl A. Trocki: A Drug on the Market: Opium and the Chinese in Southeast Asia, 1750-1880，網路。

10 馬戛爾尼著，坂野正高譯注，《中国訪問使節日記》，平凡社東洋文庫，一九七五年。

第九章　傳統中國的形成——十八世紀II

皇帝與帝國

在談論中國時，經常會以「有著四千年歷史」來開頭。然而，一般讓我們視為傳統的，多半是在十八世紀的盛世時代所開創，也就是相對上來說較新的傳統。

例如在統治疆域上，現在的中國，也就是中華人民共和國的領土，幾乎跟十八世紀時清朝勢力範圍內的區域一致。不僅國土形狀，就連經濟、社會結構，也多半從十八世紀延續至今。本章內容將綜觀清朝的整體架構。

皇帝的多面性

相對於明朝皇帝只靠儒教理念支撐，清朝的皇帝則是有四面的多面體。首先，是滿洲族的領袖，同時也是漢族在儒教上的皇帝。此外，因為清朝皇帝宣稱握有元朝玉璽，使他們成了打造蒙古帝國的成吉思汗傳人，之後也成為藏傳佛教大施主。

在一六三六年皇太極（愛新覺羅皇太極．太宗）宣布建立清朝時，就能看出這樣的多面性。在後金年號天聰十年四月十一日的清晨，皇太極帶著滿洲族王爺貝勒與滿洲族、蒙古族、漢族的官員，走出後金首都盛京大門，前往祭拜天地的祭壇，舉行儀式。這是一場史無前例的典禮，藉由這場典禮正式宣告，清朝皇帝在這三個民族中都代表位居最高的權威。為了容易理解，簡略分為滿、漢眼中看到東方面貌，以及在蒙古族及藏傳佛教眼中展現出的西方面貌。

身為漢族的皇帝，清朝自明朝接收了許多遺產。對外有朝鮮、琉球，在儒教的脈絡中對皇帝景仰。站在身為滿洲族領袖的角度，皇帝則是八旗中位居中心的鑲黃旗與正黃旗的領導者。

從皇太極到愛新覺羅玄燁（康熙帝），皇帝在決議重要事項時，必須與其他八旗領袖組成的會議共同商議。尤其推立皇帝死後新任接班人時，這場會議更顯得重要。滿洲族的領袖跟明朝不同，並不是自動由嫡長子一系來繼承。必須與八旗各個領袖等有力人士共同商議，再從皇族中挑出看似有能力的人選。這樣的權力結構在皇位交接時很容易出現混亂。

祕密建儲　清朝指定繼承人的方式。將寫有接班人姓名的詔書收在密匣後，放在乾清宮掛的匾額後方。匾額上的「正大光明」出自福臨（順治帝）手筆。

從皇太極交接到福臨（順治帝）時，因為福臨的母親孝莊文皇太后得到最有勢力的多爾袞協助，得以收拾亂象，將所有可能競爭的皇族或支持者分別處刑或降級。多爾袞失勢後，原先由他率領的正白旗也納入皇帝的勢力範圍內。兩支黃旗加上正白旗，合稱為「上三旗」，地位在其他五旗之上。為了避免皇位繼承問題造成的混亂，孝莊文皇太后規定以指定的方式來決定繼任的皇帝。這雖然讓福臨到玄燁的交接順利進行，卻也掀起即位後幾名輔佐幼皇的官員間激烈的競爭。

從玄燁到愛新覺羅胤禛（雍正帝）的過程中，也有很多人犧牲。玄燁的孩子受封為旗王後，滿洲族的旗人之間就出現了各自支持的黨派。康熙帝原本指定次子胤礽為皇太子，讓他接受皇太子的教育。但由於他的言行舉止過於放肆，曾被廢除皇太子的身分。這也造成玄燁幾個孩子之間的激烈暗鬥。最後在康熙六十一年（一七二二）玄燁臨死之際，才交代由四子胤禛接班。然而有不少史學家對這份遺詔存疑，這也成了清朝史的一個謎。雍正元年（一七二三），胤禛宣布一個新的指定繼承人的方式。他不宣布皇太子的人選，而是將其姓名寫在詔書中，並放入密匣，將密匣藏在紫禁城乾清宮高掛的「正大光明」匾額之後。這項稱為「祕密建儲」的方式，是在滿洲族挑選優秀人才為領袖的原則之中，又納入漢族事先決定接班人的作法。

胤禛剛上位時，展現出與其他兄弟及八旗中有勢者合作協調的態度，但當他的統治態勢穩定後，就開始肅清有勢力者或未來可能與他競爭的兄弟。胤禛主要的兄弟有十七人，包含胤礽在內有七名遭到軟禁，而在胤禛死後獲釋的僅有其中兩人。此外，在中國會避開使用皇帝名字裡的字，會換成少個筆畫或是相同發音的其他字來代替。因此，在清代文獻中為避開「胤」，都將其兄弟的名字寫成「允礽」（嘉慶之後放寬了這項規定）。

從西方角度看皇帝

就西方蒙古高原或西藏高原的居民而言，清朝的皇帝不是中國的皇帝。他是繼承元朝天命的大汗，同時也是守護西藏佛教的大施主。

以蒙古高原為中心的遼闊草原上，在蒙古帝國分崩離析後，歷經幾個政權興亡更迭。十六世紀後期，成吉思汗的後裔達延汗統一蒙古之後（見第六章），蒙古高原上多位權貴人士紛紛招達延汗的兒子為婿，當作領袖擁戴。因此每個政權都希望與成吉思汗攀上關係，藉此強調自己的正統性。從十七世紀到十八世紀，蒙古帝國出現不成文的規定，唯有成吉思汗的男系子孫才能稱「大汗」，這項原則就稱為成吉思汗血統論。[1]

達延汗的直轄地在與滿洲族領土交界的大興安嶺西側，是一群稱為察哈爾的游牧民族領土。達延的長子進入察哈爾，延續大汗家的譜系。促成清朝成立的那顆元朝玉璽，就是由察哈爾汗林丹持有，在他死後到了後金皇太極的手裡。因此，清朝可說由達延汗的直系子孫繼承了統治的正當性。蒙古族的王侯還尊稱皇太極是「博格達・徹辰汗」。這也成了清朝在蒙古世界中提高權威的一大重要因素。

達延汗的三子俺答汗，為蒙古高原帶來新的權威，那就是藏傳佛教的格魯派。格魯派是出身青海的僧人宗喀巴在十五世紀初期開創的新宗派，因為高僧戴的帽子顏色，也稱為黃教。這個宗派有系統性的教義，並且嚴守戒律，很快地超越其他教派，勢力愈來愈大。遠征青海的俺答汗，在當地結識格魯派的僧侶，據說深受感動。

俺答汗在一五七八年邀請到據說是宗喀巴轉世的弟子索南嘉措，並為這名高僧獻上「達賴喇嘛」的稱號。「達賴」在蒙古語中表示「大海」，「喇嘛」則是西藏語中的「上師」，這是由高僧的名字「嘉措」（藏語「海洋」的意思）而來。由於索南嘉措是第三世轉世，因此將達賴喇嘛的稱號往前追溯，以宗喀巴的弟子為第一世達賴喇嘛，而他自己是第三世達賴喇嘛。

俺答汗見到達賴喇嘛時，領悟到自己是建立元朝的忽必烈之轉世化身。這麼一來，超越了先前與成吉思汗在血緣上的親疏，轉向透過藏傳佛教來獲得統治正當性的根據。換句話說，他開啟了另一個新的可能性，只要有達賴喇嘛的權威當作後盾，即使與成吉思汗沒有血緣關係，一樣可以冠上「大汗」這個稱號。一旦確定達賴喇嘛為「大汗」這個稱號賦予的權威，就在蒙古高原上擴張其勢力。此外，第三世達賴喇嘛過世後，即稱轉世為俺答汗的曾孫，並讓這孩子在西藏出家，成為第四世達賴喇嘛。這下子突破了西藏或蒙古的民族框架，成了佛教權威拓展的機會。

藏傳佛教裡高僧與世俗權力之間的關係，用藏語說是「mchod yon」，直譯的話是「寺與施主」的意思，也就是說，施主以世俗的權勢來保護佛教，而高僧賦予這股權力在宗教上的權威，兩者之間就是這樣的關係。而運用彼此的這份關係當上西藏最有權勢的人，就是第五世達賴喇嘛。

他為鞏固格魯派勢力，拉攏了將勢力伸展到蒙古高原西側的衛拉特領袖。這名領袖並非成吉思汗的男系後裔，依照成吉思汗血統論並不能稱「大汗」。但藉由第五世達賴喇嘛所賦予的權威，日後人稱「固始汗」。固始汗的子孫成為西藏王，以青海為據點，建立政權。

第五世達賴喇嘛與清朝幾位皇帝的淵源也很深。受皇太極之邀，第五世達賴喇嘛先是派了代理人，之後在順治九年（一六五二）親自赴北京面見皇帝。達賴喇嘛與清朝皇帝互贈稱號，確認雙方「mchod yon」的關係。這層關係從儒教的背景看來，解釋為西藏對清朝皇帝表示歸順之意；從藏傳佛教的背景來說，清朝皇帝則是施主的身分。

藏傳佛教格魯派的影響遍及到中歐亞地區後，西藏及蒙古一些權貴人士的子弟都往拉薩留學，學成之後回到故鄉建造寺院。寺院成為格魯派往內陸擴散的據點，寺院周邊形成的城鎮也成了交易中心。然而，拉攏政治權力拓展影響力的藏傳佛教，在政治上也招致新的對立勢力。

清朝與準噶爾因達賴喇嘛權威引發的紛爭

以達延汗為祖先的喀爾喀蒙古族，在蒙古高原保持勢力。喀爾喀大汗的弟弟在西藏留學時，被認定為是高僧轉世而來。他就是第一世哲布尊丹巴。他在故鄉建造了寺院，而以這裡為中心發展出的城市，就是現在蒙古人民共和國的首都烏蘭巴托。

另一方面，衛拉特的權貴後裔認定準噶爾的兒子是高僧轉世，到拉薩拜了第五世達賴喇嘛為師，這位後裔就是後來眾所周知的噶爾丹。在他的哥哥被異母兄弟謀殺之後，他還俗成為準噶爾的領袖，以越過天山山脈的準噶爾盆地做為根據地，擴張勢力。一六七八年，第五世達賴喇嘛賜給噶爾丹「大汗」的稱號，噶爾丹打敗了對抗格魯派的政權，致力於加強達賴喇嘛政權。

一六八二年，第五世達賴喇嘛過世，執政的桑結嘉措為了克服困難的政治現況，並沒有發布這項死訊。桑結嘉措是個學者，在歷史、醫學、音樂等各方面都建立起典範，廣為人知，事實上他也是個政治家，不斷努力拓展自己一派的勢力。這樣的舉動，引發世俗掌權者們因達賴喇嘛的權威問題而針鋒相對。噶爾丹利用喀爾喀內部的紛爭，企圖一舉將勢力拓展到蒙古高原。就宗教上來看，這被視為噶爾丹與第一世哲布尊丹巴，也就是同為高僧轉世者之間的對立。清朝的玄燁為了幫助第五世達賴喇嘛，平息喀爾喀的內部紛爭，於一六八六年召開和談會議。在這場會議上，由於第一世哲布尊丹巴對達賴喇嘛的代理人毫無敬意，引起噶爾丹的大怒。

噶爾丹在一六八七年進軍蒙古高原後，第一世哲布尊丹巴和喀爾喀的王族一同向東退走，尋求清朝的庇護。一六九一年，第一世哲布尊丹巴在多倫諾爾向清朝皇帝表達歸順之意。清朝為了維持對蒙古族的影響力，也認為有保護第一世哲布尊丹巴的必要，但這樣的表態，卻招致噶爾丹率領準噶爾與清朝爆發衝突。

清朝皇帝玄燁分別在一六九六年春天和九七年春天，親自率領軍隊遠征蒙古高原。在噶爾丹進軍蒙古高原時，他的姪子策妄阿拉布坦在根據地伊犁發動政變，控制東突厥斯坦一帶。玄燁聯繫上策妄阿拉布坦，希望能與他夾擊噶爾丹。孤立無援的噶爾丹身處劣勢，於一六九七年死去。清朝因為在十七世紀末發起這場與準噶爾間的戰爭，成為蒙古高原上宗教領袖第一世哲布尊丹巴的施主，將其納入保護之下，收編了喀爾喀的蒙古族勢力。

清朝掌握了達賴喇嘛權威

進入十八世紀，中歐亞幾股世俗掌權勢力針對達賴喇嘛的權威，展開一場愈演愈烈的爭奪戰。一六七九年，當噶爾丹居於劣勢，蒙古高原態勢明朗後，執政的桑結嘉措終於公開宣布第五世達賴喇嘛的死訊，並推舉祕密選出的一名少年繼任第六世達賴喇嘛。

衛拉特固始汗的子孫在西藏人口中的「a mdo」（也就是青海）建立政權，成為西藏王。一七〇五年在拉薩召開的公開會議中，青海的西藏王拉藏汗否定了拉薩擁立的第六世達賴喇嘛之正統性，接著他更推翻達賴喇嘛政權，殺害執政的桑結嘉措，與清朝聯繫。

清朝不信任支持噶爾丹而增加混亂的桑結嘉措，因此一開始就支持拉藏汗。第六世達賴喇嘛被拉藏汗抓住後，在押送至北京的途中於青海過世。拉藏汗強行介入達賴喇嘛政權，造成西藏族對蒙古族的反感，推舉了一名在東西藏出生的嬰兒為第七世達賴喇嘛。

噶爾丹死後，衛拉特準噶爾部的策妄阿拉布坦將勢力從準噶爾盆地拓展到東突厥斯坦，還企圖趁這場混亂一舉拿下西藏高原。一七一七年派遣軍隊到拉薩，殲滅了孤立無援的拉藏汗。清朝正式承認已成長為少年的第七世達賴喇嘛，在康熙五十九年（一七二〇）擁立這名少年，派遣遠征軍到西藏。達賴喇嘛這個權威來源的象徵已經在清朝手中，準噶爾沒有對抗的籌碼，未開戰即自西藏高原撤退，清朝就這樣將西藏收於勢力範圍內。

雲南的西藏寺院松贊林寺　筆者攝於二〇〇四年。

十七世紀在西藏高原上激盪出的餘波，也影響了西藏文化的周圍地區。雲南北部除了西藏族之外，還有納西族等民族，配合彼此生活方式，共同分享生活領域。當時西藏族之間密宗的色彩濃厚，許多在家修行的人，都信仰藏傳佛教的噶舉派。格魯派勢力隨著第五世達賴喇嘛進入雲南地區，在與噶舉派的武力衝突伴隨來的宗教鬥爭隨即展開。格魯派受到清朝的支援，在十七世紀末鞏固了在雲南的優越地位。

雲南省最大的西藏佛教寺院，就是松贊林寺。這座寺院是由第五世達賴喇嘛發願興建，之後發展成為雲南格魯派宗教活動的據點。主殿供奉著宗喀巴與第五世達賴喇嘛的塑像。這座寺院位於的中甸縣，成了雲南藏傳佛教的重鎮。現在為了招攬觀光客，則引用歐美人士熟知的理想國「Shangri-La」之名，在二〇〇二年更名為「香格里拉縣」。

宗教上的震盪對雲南的政治與經濟也造成莫大影響，前面提到過，明代時期將據點設在麗江的納西族木氏，受命為土司，在接受明朝的支援下欺壓西藏族。在明代遭受木氏壓迫統治的雲南西藏族，響應格魯族擴張勢力，推翻了木氏土司的統治。

麗江的陶器工坊　筆者攝於二〇〇四年。

清朝身為格魯派最大的施主，在十八世紀前半將西藏列於保護下，因此，在西藏與中國之間當作緩衝的木氏土司，存在價值變得極低。雍正元年（一七二三），清朝廢除麗江土司，改由中央派遣官員來治理這個地方。後面會詳細說明，這項治理制度的變更就叫做「改土歸流」。

改土歸流之後，雲南與西藏之間的交易比過去更興盛。這也是盛世的一部分。在「茶馬古道」這條交易之路上，每個交通要塞都會有西藏族經營的旅店，以及載運貨物的馬匹商隊來來往往。從中國內陸或雲南南部載運茶葉、砂糖、棉布等商品，前往西藏；再從西藏運送毛皮、麝香、藥材等到雲南。西藏需要的銅製產品，也在麗江生產。麗江成為交易路線的必經之地，常保繁榮。

在明代是政治城市的麗江，到了清代脫胎換骨成了商業都市。木氏土司統治下的麗江街頭不但維持原有的風格，更增添了文化上的深度。改土歸流之後交易的發達，更為麗江街頭增添華麗風貌。這些歷史的底蘊，在麗江登錄為世界遺產時都受到很好的評價。

清朝與中歐亞地區

十八世紀中葉，準噶爾在領袖過世後隨即發生內訌。這時的清朝皇帝是愛新覺羅弘曆（乾隆帝），他趁著這場混亂，在乾隆二十年（一七五五）出兵進攻拿下伊犁。接著在乾隆二十三年（一七五八），派遣軍隊到自噶爾丹以來都在準噶爾勢力範圍下的東突厥斯坦，並在隔年攻占塔里木盆地。這是清朝版圖拓展到最大的時候。因為這個地區屬於新的疆域，因此命名為「新疆」。

清朝在中歐亞地區的疆域，也就是蒙古高原、青海、西藏，以及東突厥斯坦，這些都稱為「藩部」，由「理藩院」來負責管轄。理藩院的前身是後金時代管轄蒙古族的蒙古衙門，到了康熙年間之後從管轄中國的六部獨立出來，負責管理藩部的行政，以及對俄國的交涉。清朝對於藩部的治理，基本上維持當地原有的治理機構，在軍事據點派駐軍隊，採取有狀況時維持治安的模式。

清朝針對內蒙古的蒙古族，仿效了八旗制設定行政區，指定出各旗的游牧地區範圍。旗長稱為「札薩克」。之後在清朝的影響力遍及整個蒙古高原，便賜予各地領袖札薩克的稱號。根據劃定每旗的界線，清朝可藉此控制各個蒙古族領袖的勢力，不致超出範圍。清朝採取這種治理手法的背景，就在於防止像過去的準噶爾，出現稱為游牧帝國的政權。

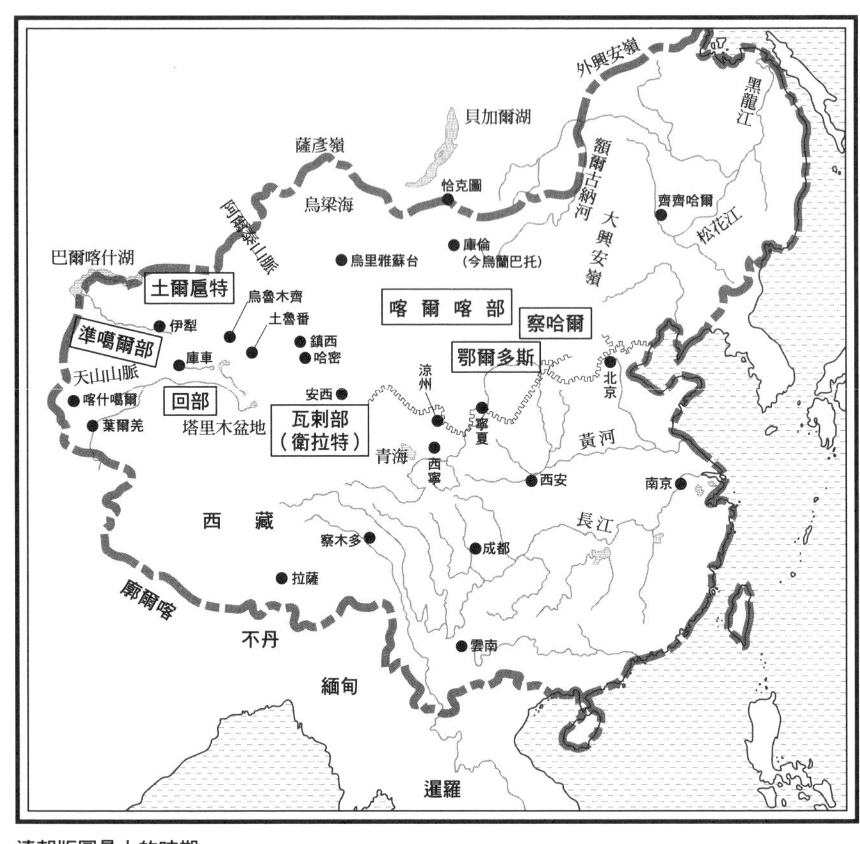

清朝版圖最大的時期

在西藏高原上，隨著清朝將統治權限集中到達賴喇嘛政權，政治的行使也交由西藏貴族與僧侶等四人合議制來主導。大臣制訂的政策，經過與清朝駐拉薩的西藏辦事大臣協議後，接受達賴喇嘛裁決後就能實施。

一七八八年，尼泊爾的廓爾喀王朝為了壟斷與西藏及印度之間的交易，進攻西藏。清朝一派出軍隊，廓爾喀就收兵，與達賴喇嘛政權交涉。然而，談判一破裂，廓爾喀王朝再度展開攻擊，清朝遂於乾隆五十七年（一七九二）派軍擊退廓爾喀軍。

廓爾喀軍之所以進軍西藏，其中一個原因就是受到高僧的恣意煽動。經過這次，清朝深切感受到必須控制握有大權的僧侶。於是，乾隆五十八年（一七九三）宣布，未來在決定高僧轉世人選時，要將候選人的名字寫在象牙籤上，投入金壺之中以抽籤方式決定。這就是「金本巴瓶制」。

至於居住在東突厥斯坦的穆斯林，則承襲過去準噶爾的治理方式。清朝的總統伊犁等處將軍長駐伊犁，統率屯駐於塔里木盆地綠洲的軍隊。一般行政與徵稅都交由地方上的有力人士負責，基本上清朝官員避免直接與當地居民接觸。

明朝皇帝眼中只有儒教的世界中心，因此對於中歐亞的人並未建立起權威。請各位回想一下，遠征蒙古高原的朱棣（永樂帝），後來並沒能統治高原；相對地，清朝的皇帝不但是繼承元朝譜系的大汗，同時也是藏傳佛教的施主，因此得以維持在中歐亞地區的權威，並且以間接治理的方式在十八世紀穩定統治。

這些主要是從西方來看的清朝全貌。至於清朝又是怎麼統治中國內陸呢？接下來，就以陳弘謀這名官員的政績為例，深入探討。

邁向為官之路

官員與行政

在北京城北側一隅的一排建築，是廊和宮、國子監，以及孔廟。孔廟是祭祀孔子的廟宇，國子監則是過去明清時代的最高學府，太學。依循古代「左廟右學」的制度，孔廟與國子監比鄰而建。在孔廟的前院還有一座座刻著科舉合格者姓名的石碑（進士題名碑）。

從元朝至元十一年（一三五一）到清光緒三十年（一九〇四），共有一百九十八座石碑，上面刻著五萬一千六百二十四個名字，都是通過科舉難關成為進士的人。科舉考試的最後一關，是由皇帝親自進行的「殿試」，每一座石碑上都刻有舉辦殿試的年份，下方列出約兩百五十個人名。

其中一座石碑刻有「雍正元年癸卯恩科」的字樣。一般來說，殿試每三年舉辦一次，但雍正元年（一七二三）因為紀念新的皇帝即位，舉辦了這次稱為「恩科」的特別考試。在這座石碑的中上方，出現了「陳弘謀」這個名字。此人在稱為盛世的十八世紀清朝官場上，或許算是最勤奮且有才幹的一名官員。在列舉他的政績之前，先來看看任用官員的考試，也就是科舉制度。

清代幾乎完全承襲了在明代確立的科舉制度，沒什麼改變。首先，明代之後科舉的應試生必須是國立學校「儒學」（縣學、州學、府學）的學生。要先經過「童試」才能入學，而童試的考生就稱為「童生」。應試前得先清楚交代三代前的祖宗來歷。若在社會上屬於奴隸或操賤業的身分，還是有前科、曾受過懲戒處分者，就失去應試資格。

童試每三年舉辦兩次，必須陸續考過縣試、府試、院試。一般來說，在縣試中會錄取規定名額的四倍，到了府試篩選掉一半，院試時再淘汰掉一半，通過的人即可入學。能夠進入儒學，就成為「生員」。但由於入學就等於獲得科舉考試的資格，到了清代，儒學不再有學校教育的功能。一旦成了生員，除了有科舉應試的權利，也可被稱為「秀才」，享有在社會地位上的禮遇。在幾乎沒有任何人能通過科舉最後考試的地區，以社會菁英之姿大有表現的生員也不少。在明代末期社會秩序的轉變期，有很多生員都擔任了改革的推手。

入學之後，有「歲試」的學力測驗（每三年一次），清代則有稱為「科試」的資格考。通過科試之後，就能在秋天參加於省都舉辦的鄉試。考試在子、卯、午、酉及恩科的年份舉辦，為期一週。通過的比例因各地區而異，據說平均一百人之中才有一人通過，非常困難。考場稱為「貢院」，由成千上萬間獨房構成的一排長屋。考生要獨自度過三天兩夜。通過這關就稱為「舉人」，正式開啟為官之道。

通過鄉試的全國舉人，在隔年三月聚集到北京的貢院，參加「會試」的考試。此外，在清代會追加一場稱為「舉人覆試」的事前測驗，再次淘汰掉一些人，以符合會試會場能容納的人數。通過會試的第一名稱為「會元」，第二名則是「亞元」。合格者就能獲得參加殿試的資格。最後的一場殿試，就由皇帝親自主持。不過，在殿試中並不會有落榜者。

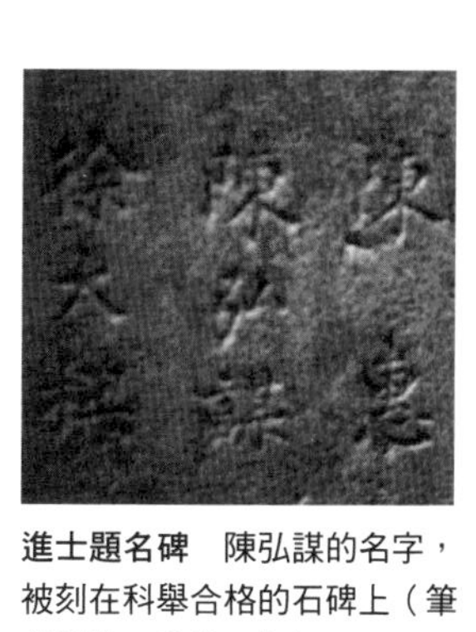

進士題名碑　陳弘謀的名字，被刻在科舉合格的石碑上（筆者攝於二〇〇二年）。

在殿試中合格的第一名是「狀元」，第二名是「榜眼」，第三名則是「探花」，合稱為「三元」，這三人之後會進入相當於國家學院機構的翰林院。其他合格的人在雍正年間之後接受翰林院測驗——「朝考」，成績在第一等的就能成為翰林院的「庶吉士」。這些人會根據實際需要被派任各個要職，有助於未來升遷；成績第二級的分派到中央政府的內閣，至於第三級的則派到地方政府當知縣。

康熙三十五年（一六九六），陳弘謀生於廣西臨安，在三兄弟中排行第二。他的祖先在明末的混亂期從華中內陸的湖南移居到臨安縣橫山村。雖然家境並不富裕，但他的父親腳踏實地，累積財富，讓家中的孩子都能安心就學。

陳弘謀有個年長他二十二歲的兄長，這位兄長雖然非常努力希望考上科舉，卻停留在府試階段，沒能通過更高級的考試，後來在村塾中擔任教師，一輩子都在故鄉，貢獻給水利事業及慈善活動。事實上，在科舉路上受挫而放棄的考生之中，有不少人都像他一樣貢獻地方社會。

陳弘謀受這位兄長的薰陶，致力向學，康熙五十三年（一七一四）獲得生員的身分進入縣學，幾年後獲准進入位於廣西省都南寧的書院。在資料記載中提到，陳弘謀在生員時期，每當邸報（邸抄．京報）一送到，他一定會借來熟讀。陳弘謀藉著閱讀邸報來培養當官時所需要的實務素養。然而，他考了兩次鄉試都落榜。

雍正元年（一七二三）實施恩科，不同於以往的科舉，在同一年裡有鄉試與會試。陳弘謀在春季通過鄉試，赴京參加在北京的考試，順利考過會試與殿試。這年秋天，他虛歲二十八歲。之後陳弘謀受派為翰林院的庶吉士，負責編輯業務，終於，皇帝了解到他是位有風骨的官員。

登錄為官員的稱號之一，就是「監生」。監生原本指的是從優秀生員中挑選出來，成為國子監的學生，也是受拔擢為知縣的途徑。不過，因為從監生成為官員，也無法飛黃騰達，因此並沒有太多生員成為監生。到了清代，這個稱號竟然還能花錢購買。想當然耳，愈來愈多雖然有錢、但對唸書卻沒信心的監生，定期考試找人代考也成了慣例。皇帝胤禛志在肅正官吏綱紀，將代考狀況視為大問題，要求行為不端者自首。

這時，陳弘謀提出皇帝的施政有問題，皇帝便召見他，要直接聽取他的意見。陳弘謀毫不畏懼，說出自己的主張。他認為，監生回鄉之後就是有一定地位的菁英分子，要他們自首認罪，會喪失權威，造成秩序混亂，更可能引發有人想用賄賂來擺平此事，導致位居要職的官員有機會中飽私囊。皇帝發現原先的用意是肅正綱紀，這麼一來卻反而招來弊端。因為這件事，陳弘謀獲得皇帝賞識，之後受到破例提拔，因解決問題而升到高官。

或許也可以說陳弘謀的運氣很好，倉促即位的胤禛需要藉由革新前朝，來證明自己皇帝的地位。由於康熙年間由一個皇帝統治了超過六十年，官場上積弊已深。為了考取科舉，必須要有能專心就學的環境，自然而然考上科舉的人有不少都出生富裕的家庭。考上科舉，步入仕途，牽涉到各式各樣的權力，進一步增加財富。官員與權力之間緊密掛勾。

科舉考試會派遣官員當主考官，因此主考官與合格者之間會出現師生關係。當弟子成為官員後，如果又被派任為主考官，下一個合格者就會成了徒孫。官場上就是這樣衍生出人脈，運用人脈來進行各種委託、利益交換，高官手中逐漸累積了成功所得的報酬。

新皇帝著手針對官僚機構進行根本上的改革。雍正元年正月，胤禛下了敕令要求所有地方官發表各自的心得。此外，考量到地方官員的俸祿過低，導致瀆職、爭權奪利的人脈出現，或是壓榨百姓，因此設置「養廉銀」的補貼。為了培養清廉官員的這個補貼，金額高達本俸的十倍。

另一方面，除了使用密探監視官員的一舉一動，地方官員也有義務對皇帝呈上「奏摺」的私信。由於一般蓋上官印的正式奏文必須透過行政機構呈上，可能無法據實報告官員互相監視的狀況。但奏摺就只有皇帝一人能讀。皇帝要求奏摺要據實報告，對於上呈的奏摺皇帝也會親自一一批上意見或指示，送還給發文者。藉由這些私信傳遞的消息，讓皇帝能一一掌握每一位官員。

在官僚機構的改革上，皇帝非常渴望人才。像出身邊境，沒有富貴的家世背景，為人高潔又能掌握事情核心的陳弘謀，就是難得的人才。通常官員的父母過世時，依照慣例必須回鄉服喪，但陳弘謀大受器重，甚至連遇到這類狀況也無法離開工作崗位。

雍正十一年（一七三三），陳弘謀出任雲南布政使，從此展開他漫長的地方官生涯。在介紹他的歷程之前，先整理一下清朝的統治機構。

清朝的統治機構

清朝基本上沿襲了明朝的官僚體制。有內閣，也有六部，但清朝也增設了新的機構。在明朝時不成問題，而清朝要面對的，就是語言上的溝通。清朝的官方語言是滿洲語，但官員中占了大半的漢族只會說漢語。因此，必須各自將漢語文件翻譯成滿洲語，將滿洲語文件翻譯成漢語。這些翻譯工作原本由內閣負責，但是雍正八年（一七三〇）準噶爾戰爭爆發，翻譯業務停滯，還擔心在作業中洩漏機密，於是將軍機相關的翻譯都集中起來，成立另一個稱為「軍機處」的新機構。

走訪現在稱為故宮的紫禁城，在乾清門角落會看到一棟不起眼的建築物，這就是軍機處的所在地。乾清門是區隔內廷與外朝的分界，從這個地點可看得出來，軍機處位於皇帝與官員之間，能掌握情報的進出。小房間中由皇帝任命的軍機大臣（兼任其他要職）掌握，能迅速因應皇帝指示的體

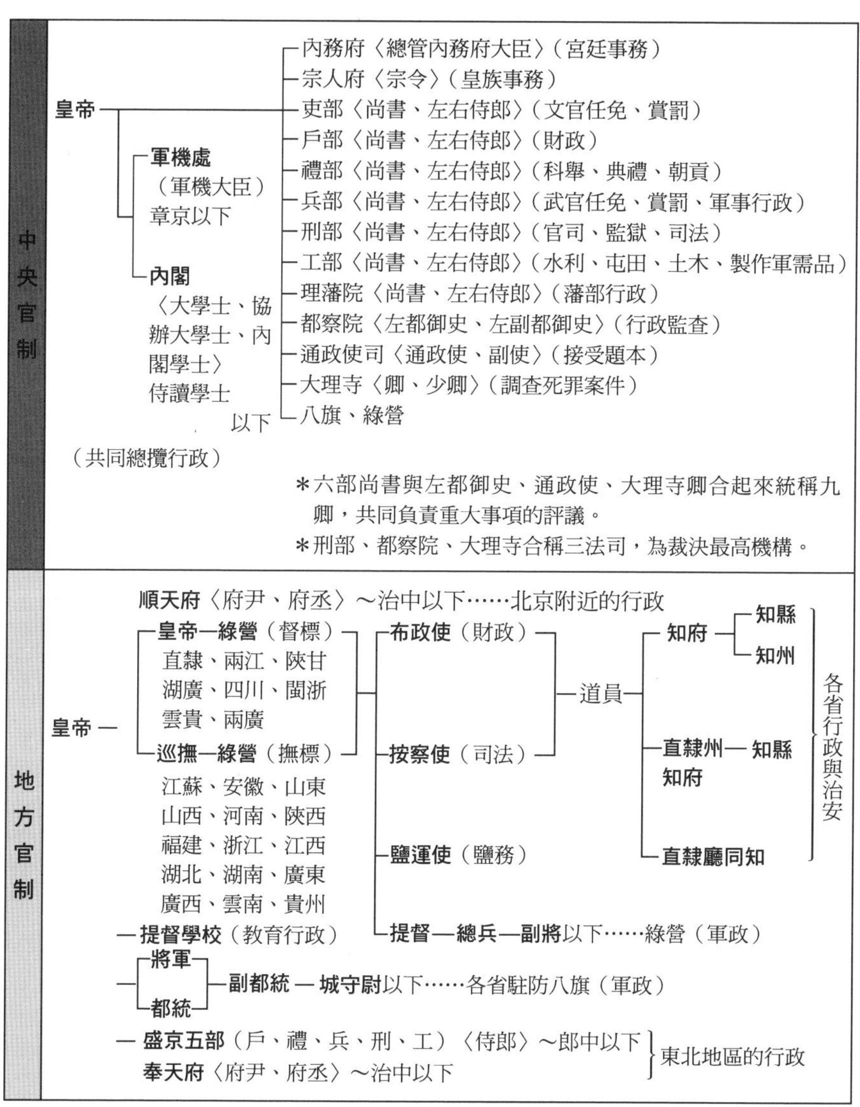

清朝中央與地方的官制　引用自神田信夫等編，《世界歷史大系　中國史4明～清》，出川出版社。

制從此誕生。原先處理軍務相關的案件，後來也處理其他重要政務，到了乾隆時期更負責人事等一般政務。

接著來看看地方上的統治機構。清朝的版圖分為三大部分：中國本土的直省、滿洲族故鄉的東北地區，以及前面提過的藩部。東北地區隸屬於軍政之下，配置黑龍江將軍、及吉林將軍，以及盛京將軍，直省則有十八省。

直省的最高負責人就是每省設置的巡撫，每兩、三省合起來設置總督，以掌握巡撫。兩者合起來就稱為撫督。總督與巡撫之間雖然官階有上下，在制度上卻是獨立的行政長官。有一些省是由總督兼任巡撫，也有些地方不設總督。

地方與中央在官方上的往來，全都以總督及巡撫的名義執行。未兼任巡撫的總督，不需處理日常性的政務，而以掌握轄區全貌為任務。督撫之下主要設了掌管財政與人事的布政使，以及主掌司法的按察使。布政使工作的地方稱為布政使司，在當時的史料中多記為「藩司」。同樣的，按察使司則記為「臬司」。

隸屬於布政使、按察使的地方官府，有府、縣，及廳。以州和縣來說，州的等級較高，但職務的內容上並無不同，以下就以縣為例統一說明。縣衙設在由城牆圍繞的地方都市，以派任的知縣為負責長官。其他另設有縣丞、主簿等輔佐官，分擔徵稅、維持治安，以及水利等特定縣務。包括在佐貳官之內的縣丞等職務，有時也常駐在轄區內其他重要地點的辦事處。知縣、佐貳官都稱為「官」，人事權在中央政府。

清代的省級行政區圖

在第六章曾提過，明代中葉之後，稅金多半由百姓直接繳納至縣府管轄的木箱中，隨著這項制度的普及，縣在財政上占有很重要的地位，對國家負起徵稅的任務。因此，官方必須主動改善水利灌溉，以利農業順利生產，縣府在這些事務上都發揮很大的作用。清代將與人民直接相關的地方行政，都集中在縣府。知縣不但有審判權，在舉辦地區守護神的祭典中也擔任主祭。由於是百姓直接面對的官員，也稱為「父母官」。

府統轄將近十個州縣，是隸屬於布政使、按察使的中級

軍機處內部

地方機構。其任務僅為監督州縣，並不直接治理。設有稱為知府的長官以及佐貳官。佐貳官常駐且有直轄區域的就稱為廳。廳多半都設在邊界開墾地區。

十八世紀末，在全中國直接面對百姓的廳與州縣共計有一六〇三個，計算下來，平均每一名父母官要面對二十萬名民眾。州縣的數目在整個清代並沒有什麼變化，但另一方面，人口在十八世紀之間從一億增加到三億，父母官的責任可說是一天比一天吃重。

陳弘謀的簡歷

陳弘謀從翰林院，歷經吏部郎中、浙江道御史後，當上雲南布政使，開啟他地方行政官的經歷；一七四〇年在擔任過江蘇按察使後，又回任江寧布政使，一七四一年到一七五八年成為巡撫，到江西、陝西、湖北、河南、福建、陝西、湖南、陝西、江蘇任職。

乾隆二十三年（一七五八），陳弘謀任職兩廣總督，管轄廣東與廣西。明清時代為了避免地方官與在地權貴勾結而有不當行為，原則上不派官員回到故鄉任職。廣西出身的陳弘謀能夠成為兩廣總督，是由皇帝親自裁示認可，從這裡也能看得出來，皇帝對陳弘謀的信任。

陳弘謀再歷任江蘇、湖南巡撫後，成為中央政府六部之一的兵部尚書，並代理廣胡總督，管轄湖北及湖南。接著又轉任吏部尚書、工部尚書，在一七七〇年因病申請解任，卻未獲批准，直到隔年乾隆三十六年總算獲准，卻在歸鄉途中病死。

陳弘謀在擔任地方官時，曾寫下大量的行政文件。其中一部分匯集成《培遠堂偶存稿》。讀完後，就能很生動地了解當時地方行政的實際狀況。陳弘謀面對這份工作的態度，就是以長遠的視野來因應眼前的問題，這也反映在這本書的書名「培遠」二字上。此外，乾隆之後的清朝史料，為了避免和皇帝的名字「弘曆」使用同一個字，都寫作「陳宏謀」。我指導的一群研究所學生，這幾年來都在研究這本著作。就以他們的研究成果，來看看陳弘謀在十八世紀因應的課題。

在雲南的工作

在雍正十一年（一七三三）到乾隆三年（一七三八）之間，任職雲南布政使，處理民政問題。陳弘謀在雲南的政績有兩大項。一是開創傳授當地人儒學文化的制度，另一項是銅礦經營的合理化。

雲南就像先前提過，在元朝時已締造了由中國內陸政權統治的契機。明代初期雖納入中國勢力範圍，在治理上仍交由當地的領主，實施土司制度的間接治理模式。清代初期，三藩之一的吳三桂政權掌控雲南，進行開礦以及與西藏高原交易，甚至鑄造銅錢。隨著進一步開發，有愈來愈多漢族從內陸遷入，經常與當地人發生衝突。此外，漢族罪犯有時還會投奔土司。

雍正八年（一七三〇），因為各種壓榨的行為，加上與漢族之間的紛爭，雲南和貴州的當地人起而反叛。這場叛亂有很多不同民族加入，但清朝方面以「苗」來統稱。統轄雲南、貴州、廣西三省的總督鄂爾泰（滿洲族‧鑲藍旗人）出兵平定，憑藉武力廢除當地人的土司，拓展從中央派遣地方官治理的模式。這個政策就是「改土歸流」。意思就是改革土司，回歸每幾年以流動派任地方官的治理方式。自此之後，三省的核心地區改編為直接治理的領土。陳弘謀在清朝直接統治後即往雲南赴任，率先致力於內地化。

陳弘謀基本的行政風格，在他首次赴任地雲南就已發揮。他留意到商業交易要公平進行，試圖提振漢族商人與當地居民之間的交易。他所重視的條件就是當地人要具備能與漢族對等交涉的能力，以及漢族的倫理道德。為此，陳弘謀致力於在雲南推動建設初級學校。

陳弘謀到雲南就任時，當地有兩百所左右的學校，卻幾乎都呈現停擺狀態。陳弘謀不但重建既有的學校，同時還藉助地方菁英之力興建、經營更多學校。教學的原則是不區分漢族及當地人，所有人都能平等受教。在陳弘謀離開雲南時，當地的學校已經增加到將近七百所。

這項施政是在陳弘謀無比的信心下推動，他深信儒學文化也能深植當地人的心中，並且對當地人來說這也是他們的期望，因此陳弘謀的政策才得以推動。從當地人保有自主性的角度來看，或許有人會批評這一點，但這套普遍主義卻是清朝必須秉持的理念。

跟前任的皇帝相較，胤禛對於漢族的文化理解較深。他以漢族的儒學理念為基礎，統治異於自己的漢族。面對那些將滿洲族視為「夷」而貶低、排擠的漢族知識分子，他提出經書中也有人認為儒教聖人舜是「東夷之人」，並以「孔子視為典範的周文王也是西夷之人」這點，提出反駁。胤禛將這些理念都彙集成《大義覺迷錄》出版，加以推廣。對皇帝來說，儒學文化必須超越民族間的差異，成為普遍價值。胤禛的理念也等於為陳弘謀的信心背書。

銅礦礦山的管理

清朝的經濟運作上，銅錢鑄造占了相當大的比例。前一章曾說明過，對日交易在十七世紀後半到十八世紀中葉的這段時期，日本出口的產品從銀轉換到銅。從日本史來看，很多人認為這是江戶幕府為了將白銀留在國內而改變出口的基調，但也不能忽略清朝需要銅的這個背景。

日本的銅主要來自海洋，稱為「洋銅」，無疑是清朝鑄造銅錢的主要原料供應來源。但日本限制了銅的出口量，無法因應清朝的需求。於是，產銅的雲南便備受矚目。管理銅礦礦山，成了赴雲南就任的官員一大重要職責。

陳弘謀曾下過這樣的命令：

> 滇省銀銅鉛錫各廠（作業現場），硐民費本勞力，獲有成效。每被各衙門坐分奪利。或指稱差查廠弊，恐嚇勒詐。種種奸計，病課病民。近蒙兩院憲洞悉廠弊，檄示嚴禁。
>
> 本司（雲南布政使陳弘謀）總理廠務，惟期廠旺弊絕，裕課益民。耳目雖遠，心力必周。固不肯漫無察覺。任其蒙混。尤不肯輕易差查。徒滋指撞。恐不法奸徒，指稱本司家人親友，及胥吏名色，在廠招搖嚇詐，撞騙硐民，合亟示諭客（礦工的組長）課（礦工的現場工頭）巡撫硐民人等，嗣後倘有本司衙門差遣查廠者，毋論有無坐分索詐，及招搖撞

騙等情，許爾等密報廠官（受衙門委託的採礦負責人），立即拿解……[2]

為了開發雲南的礦山，聚集了很多稱為「硐民」的勞工。資金由獲得官府賜予特權的客商提供，承包商「廠官」在領到布政使發出的開採許可後，就能入山開採。在礦場的總負責人稱為「頭人」，此外，課長、客長，以及總管礦山各部門的負責人，共同分擔從開採到精鍊的作業，並提供精鍊所需的木炭及坑道支柱等。

這份公告指出的問題，就是有人冒充管轄礦業的布政司所派遣的視察官，到處行騙壓榨。不僅布政司，其實中央派遣的官員還有很多都牽涉在內。前面看過陳弘謀的經歷就能了解，地方官大概兩到三年就會更換任職地點。如果沒有精通當地狀況的事務人員，根本無法落實地方行政業務。

在衙門裡工作的事務人員稱為「胥吏」，通常一處官府裡的胥吏不會超過一百名，但據說儲備的人員有數百到數千人，這些人常編造各式各樣的藉口，向百姓搾取謊稱的手續費等費用。在地方社會中，人們看待胥吏經常抱著不信任感與戒心。

無法仰賴胥吏的地方官，能倚靠的就是跟著官員赴各個派任地點的「家人」（也稱「長隨」、「家丁」）。就像中央的功能區分為內廷與外朝，地方官廳也分成官員與其家人的居住空間，以及地區百姓能進入的政務空間。家人是官員的手下，往來於兩個空間，將官員的想法反映在政務上。

官員本身為了考取科舉鑽研儒學，但不少人對實務都很生疏。因此會雇用通曉實務的顧問來代替官員製作文件，這類顧問就稱為「幕友」。前頁引用的這段文章裡頭提到了「親友」，推測應該就是幕友。負責管理財務的幕友是「錢穀先生」，擔任司法事務的幕友叫做「刑名先生」。若官員本身沒有管理能力，不少狀況下會由幕友操縱地方行政，從中獲得不少甜頭。

明代後期到清代，許多幕友都出身於浙江紹興，稱為「紹興師爺」。這些人憑著同鄉之誼交換資訊，有時甚至會為雇主（官員）在官場上幹些檯面下的事情。毛澤東建立了中華人民共和國，在實務面上支持他的周恩來，籍貫就是紹興。不過周恩來的出生地是淮安，當年他的祖父就是在此地擔任紹興師爺。

開發與官僚

陳弘謀不是派遣人員，而是親自赴礦山調查現況，發現勞工飽受承包業者廠官嚴苛管理之苦，並且投入第一線的資金很少。於是，他不但增加官府支應的資金，連生產的銅也在繳納給國家一定的量之後，讓多餘的銅可以讓客商在市場上販售。

這項政策實施後，客商為了追求利益，大量投資，陸續開發出新的礦山，雲南的銅生產量一下子提高許多。此後國家不必倚賴洋銅，就能保有所需的量。十八世紀前期，日本對中國的出口商品從銅轉變成海產，背景就是因為這一項官員的開發政策。

陳弘謀的開發政策並非由官府推動開發，而是打造讓客商願意投入資金的環境，在吸引市場原理上看得到其特色。陳弘謀在父母相繼過世時，胤禛不允許他回鄉奔喪，直到前往雲南赴任時，他才終於獲准回到故鄉廣西參加喪禮，這時才知道由官方主導的開發事業有很多弊端。

面對人口急遽增加的清朝，以擴大農耕地為國家政策，重視開墾有功的地方官政績。廣西因為開墾的土地不多，當時的廣西巡撫急於提升表面上的數字，提供公家的資金要遭到罷免的官員負責開墾，繳納稅額之後得以復職。實際上，有些唯利是圖的人便與官府勾結，專找已登錄為荒地的耕地，不但以此貪污官方支付的開墾費用，還因為申報為新的開墾土地而獲得官職。陳弘謀看不慣這項離譜的開發政策，遂上報皇帝。

胤禎隨即展開調查，了解到廣西土地貧瘠，即使開墾也需要休耕，無法長期維持報告中的生產量。然而，胤禎在一七三五年猝死，其子愛新覺羅弘曆（世宗．乾隆帝）即位後，狀況開始變得對陳弘謀不利。彈劾陳弘謀的人物轉任到中央政壇，要求重新調查。

新皇帝命兩廣總督鄂爾泰重新調查，最後做出雙方皆受處分的裁決。也就是說，原先的廣西巡撫降職，詐稱開墾獲得官職的人遭到罷免。另一方面，陳弘謀則因對非屬自己管轄的地區提出意見而究責，觸犯鄉紳介入地方行政的罪狀遭到降職。然而，雖然遭到降職，陳弘謀的才能讓弘曆也不得不讚賞，幾年後陳弘謀又獲任地方官職，繼續發揮他的才華。

乾隆七年（一七四二），弘曆對內閣發出此一上諭。

> 國家太平，人口日多。需即刻尋找撫養人民之所要資源。貧民趨利之風日勁。如何懈怠？豈有舉山川林澤、天地自然之利而棄之之理乎？自開發資源伊始，豪強群爭，產業形成之後，奸詐一夥使盡手段破壞。為此地方官員斷定此處不足以獲取資源，放棄開發而荒廢。

這道上諭的對象是總督與巡撫。皇帝要求這些地方官到了赴任的地點都能振興產業，而陳弘謀深諳行政手法，懂得如何執行皇帝這道命令。

開發的手段

乾隆六年（一七四一）到八年（一七四三），陳弘謀在江西巡撫任內，嚴格要求手下的知縣必須針對各自管轄的地區繪製地圖，並提出該地區相關狀況的報告。後來發現以這份報告為基礎來擬定策略很有成效後，他就提案未來應該在決定就任地點後，就立刻要求相關人士提出調查報告，以利根據這些資訊擬定政策。

照理說在官員赴任後，就能在當地掌握狀況，但多數時候只是沿用衙門裡收藏的舊資料，並沒有重新調查。陳弘謀端正這項弊病，要求提出的調查報告要有地圖，並以條列式詳述報告內容，還要訂出日期。沒有到實地調查者，必須依規定重新製作後再繳交。此外，對於這些報告他並非照單全收，認為重要的地方他會親自前往當地視察。從下面兩個在陝西的實例，可以看出基於調查的行政流程。

乾隆十年（一七四五），陳弘謀在陝西打算推動種植甘薯，頒布「勸種甘薯檄」，內容如下。

> 至於陝省向無此物。陝民亦不知此物之可食而又易生。若遽勸民領種，小民計利目前。豈肯將有用之地利，種此不可必得之物。
>
> 今年總需各官先行覓地試種，或租民地試種。需地亦甚無多。聽小民觀看。一俟有

收，民間見其可食，然後另民依種，自不費力。但不可相強，試成者獎之，不成亦不必問。[3]

不以官營事業來強制農民種植甘薯，而採取階段性循序漸進，讓農民在理解之後逐漸推廣普及，從這裡也看得出陳弘謀的行政手法令人推崇。

陳弘謀指示手下的知縣透過各種管道取得作種的塊根，接著獲報各地詳細的狀況，知道哪些州縣已經取得作種的塊根，哪些州縣尚未取得，並命令尚未取得者可向有多餘的州縣調度。

第二個例子是使用樟蠶的養蠶業。

使用樟蠶蠶繭取絲織布的方法，據說是在明代洪武年間發現。永樂十一年（一四一三），山東人將野蠶的蠶絲進獻到宮廷。但這個時期只是收集野蛾的繭，還不是飼養的蠶。推測還要再經過兩百年的試誤學習，才明確建立起飼養的技術。據說十六世紀在山東省出現神人，傳授了居民養蠶方法。想來應該是眾多無名人士的經驗累積，假借超能力者之名。

陝西也在雍正年間嘗試從山東轉移技術，乾隆初年時，出身山東的知州曾試圖以產業方式引進。陳弘謀根據報告了解這些早一步嘗試的狀況後，特別關心這項事業，想到在陝西山區推廣使用樟蠶的養蠶業。

乾隆十一年（一七四六），陳弘謀擔任巡撫，正式著手振興養蠶業。從山東招聘技術人員，還設置教學站來傳播技術。飼養樟蠶必須要有槲樹或櫟樹等殼斗科植物的森林，為了培植這項產業，陳弘謀也乘機提出保護山林的概念。這樣的政策為地區居民開拓了生財之道，也達到產業多樣化的目標。

乾隆十七年（一七五二）到十八年（一七五三），陳弘謀曾短暫任職福建巡撫。這時他面臨到的難題，就是在面海靠山導致平原少的福建，該如何養活眾多人口。

福建與臺灣

以臺灣為據點的鄭氏政權投降之後，康熙二十三年（一六八四）下達展界令，江蘇及浙江的米穀以海路運送到福建。然而，進入十八世紀後，長江下游三角洲的穀物價格上漲，隨即又在康熙四十七年（一七〇八）宣布福建禁止海運米穀，讓福建苦於缺糧的狀況。為了解決這種困境，在康熙五十六年（一七一七），終於正式認可從臺灣運送米穀到泉州及漳州。

簡單來看看臺灣的狀況：清朝平定鄭氏政權後，對占領臺灣並不積極，在指揮進攻臺灣的施琅積極運作下，才總算決定將臺灣視為領土。初期只允許臺灣對岸的泉州與漳州的居民遷入，到了康熙五十年（一七一一），廣東潮州及惠州居民獲得許可證之後，就能渡海到臺灣。相對於福建一帶的移民稱為「土民」，由廣州等地移居的人則稱為「客民」。這個階段遷入的只有單身前往的男性。遷入的漢族，進入統稱高山族的原住民土地，從平地開始開墾。來自福建的臺灣米，就是由最初遷入的移民所生產。

福建從十七世紀末開始擴大菸草及甘蔗的栽種，可以從臺灣運送米穀到福建之後，福建的商人就將砂糖、菸草運送到長江下游三角洲，從江蘇、浙江採購纖維製品運到臺灣。也就是說福建的穀物生產地，變成了商品作物的產地，而糧食的自給率愈來愈低。單單仰賴臺灣的現象，想必讓陳弘謀擔憂。

從泰國進口糧食

陳弘謀尋找其他的糧食來源，找到了南洋——也就是泰國。十八世紀前半的泰國，正值阿瑜陀耶王朝的後期。一七二二年，清朝因為泰國米價格低廉，遂從阿瑜陀耶進口米穀，免除徵稅，目的是配給缺糧的廣東與福建等地。一七二四年，泰國米首次抵達廣州。自此之後，阿瑜陀耶加深與中國之間的交易關係，活動的舞台從孟加拉灣轉移到南海，大臣也陸續換上中國裔的人物。

從泰國進口米穀時，在康熙五十六年（一七一七）頒發的海禁令產生了問題。這道命令禁止中國人赴南洋（東南亞），而已居住在當地的中國人必須在三年內回國。這道禁令不像日本江戶幕府下達的禁航令那麼嚴苛，之後也可以維持交易。中國商人仍駕駛著中式帆船往來於南海，只要是外籍船主的船隻，就能獲准入港。然而，要讓泰國米進口制度化、趨於穩定，還是需要解除禁令。

雍正五年（一七二七），閩浙總督高其倬請求放寬海禁，准許中國商人與船員在南洋停留，以兩年為限。乾隆七年（一七四二），期限延長到三年。外國船隻在雍正年間得以進入廈門港，在免稅之下讓泰國米進口。接受一連串的變動後，陳弘謀對來訪福建的泰國船長要求擴大公平的貿易。

乾隆十九年（一七五四）陳弘謀上奏，提出南洋的風向不容易預測，不少中國商人即使想在三年期限內歸國也很難實現，希望不要限制商人在國外的居留期限，讓他們在退休之後再歸國定居。由於陳弘謀這次上奏的時機正確，得到皇帝的認同。陳弘謀隨即將這個好消息帶到福建。[4]

從泰國運輸米穀，在商場上大顯身手的商人是潮州人。廣東省潮州緊鄰福建省，面對南海的航道。然而，因為沒能保有足夠打造遠洋船舶的木材資源，使得福建商人的起步較晚。到了十八世紀米穀交易興盛，渡海到泰國的潮州商人才在泰國打造木造船，投入交易市場。這類與泰國交易活絡的船隻，因為船頭漆成紅色，稱為「紅頭船」。

清朝一開始承認與泰國的交易時，主要是運輸米穀，接著陸續增加交易品項，從泰國出發的紅頭船載著產自東南亞的香料、藤或紫檀等木材，回程則在潮州裝滿陶瓷器、朝鮮人參等藥材。負責這些交易的，就是定居在泰國的潮州人。就連現在，在泰國的商場上也有不少人父方的祖先是潮州商人。

貨幣與糧食

銀兩與廣域流通

到中式雜貨店，會看到有種吉祥物叫做「元寶」。現在看到的多半是金色，但其實就是從元代到清代、將近六百年之間用來當作貨幣的銀錠。鑄造時將融化的銀灌入模型中，製作出中間凹下，兩側像耳朵突起的形狀，由於外型也像馬蹄，還有人稱作「馬蹄銀」。元寶在中國象徵財富，對於把人生目標放在「發財」上的中國商人，這代表了好兆

元寶　明清時的貨幣，如今商家將元寶的圖案當成財源滾滾來的吉祥物。

頭，在各式日用品都會鑲上元寶。

白銀當作貨幣時不是製成硬幣，而是秤重來使用。重量的單位是「兩」（三十七．三公克），就稱為「銀兩」。銀兩一般有三種大小，大的約為五十兩，稱為「元寶銀」，重達兩公斤、拿起來很有份量的馬蹄銀；中型的約十兩左右，小的則大概有三兩。銀兩有時也可以剪下一小塊，秤量實際重量來使用。

做為貨幣之用的白銀，純度良莠不齊。清朝時放任民間自行鑄造銀兩，對於重量與成色都沒有規定。如果銀的價值是由含有的純銀量來決定，就看成色與重量兩個條件。以日常交易來說，只要確定純銀量就可以，但中國清代各行各業還有自行當作計算單位的銀兩，這些實際上不存在的虛構銀兩，就稱為「虛銀兩」。

當面前有一錠銀錠時，先觀察「色」（成色），然後以「平」（秤）來測量重量，判斷是哪個大小，接著再用「兌」（換算率）計算變換單位，就能計算出交易貨幣使用的虛銀兩有多少。成色是用試金石摩擦後，觀察在陽光下的顏色。例如純銀就會呈現白瓷色，九成五（純度百分之九十五）則會帶點青綠色。

虛銀兩的種類與名稱非常多，其中最古老且使用得最廣的，就是康熙年間定的「紋銀」。紋銀在計算上為一千兩中含有九百三十五．三七四兩的純銀。重申一次，實際上並不會有這種尾數純度的馬蹄銀，紋銀充其量只是計算上的單位。比方說，合約上即使明載「紋銀五兩」，實際上收到的會是重量遠遠超過五兩但低成色的馬蹄銀。

另一種稱為「九八規元」或「規元」的虛銀兩，是十九世紀前半的道光年間（一八二一～五〇），上海商人從東北地區採購黃豆時用的計算單位。當初在現銀不足時，以百分之九十八的折扣來計算，以保住現銀。據說這就是虛銀兩出現的背景。很多交易特定商品的客商都使用虛銀，主要用在相隔兩地之間的交易。藉由將白銀換算為虛銀兩，可以與各地區一般的日常交易有所區隔。

換個觀點來看看白銀。十六世紀時，日本產的白銀，加上途經馬尼拉的美洲大陸產白銀，一起大量流進中國。前一章已提到，江戶幕府控制了由長崎出口的白銀。然而，十八世紀日本的白銀依舊透過其他管道流入中國。

試圖限制白銀出口的日本，相當努力的試圖將原先從中國進口的生絲國產化，但直到十八世紀中葉之後，這項政策才看到成果，日本國內總算能生產優質生絲，滿足京都西陣等高級絲綢織品業的需求。在十八世紀前半，則途經對馬，透過朝鮮將白銀運往中國，換取生絲進口。

朝鮮對清朝朝貢，有義務使用中國的曆法，當時在新年也必須到中國問候致意。每年八月，使節從漢城出發，在北京領取年曆，在十一月歸國。另外有參加新年儀式的使節，稱為「冬至使」，在十一月出發，於隔年四月回國。配合這兩次派遣使節的時間，對馬藩會在京都調度白銀，從大坂經過對馬運送到朝鮮釜山。朝鮮的朝貢使節在北京等地採購生絲，到設在釜山的倭館進行交易。[5]

來自日本的白銀在十八世紀後半停止流入，取代的是來到廣州的英國等歐美船隻，採購生絲與茶葉，換得大量的白銀。此外，經由馬尼拉流入的白銀，自十八世紀起也源源不絕。經由廣州及馬尼拉帶入中國的白銀，都是由設立在墨西哥的鑄幣局打造的硬幣。雖然在華南一部分地區能夠以一枚枚的銀幣當作貨幣進行小額買賣，但在其他各地區流通時，仍會換算成虛銀兩，將銀幣重新鑄造或切割後使用。

銅錢與穀物

相對於白銀能跨區移動，用在相隔兩地的交易結算，十八世紀在固定區域內流通的貨幣則是銅錢。以等值的白銀跟銅錢來說，當然銅錢來得重又體積大，要運送也需要相對高額的輸送費用。在白銀使用還不普遍的宋代，遠距交易時使用的是用一串繩子串起的銅錢。元代之後，白銀的使用變得廣泛後，反倒愈來愈少人用銅錢。無處可去的銅錢流往日本、越南、東南亞等地，對各地的經濟活動都造成重大影響——這些在前面的章節已經提過。

十六世紀時，大量白銀流入中國，促進國內的遠距交易。然而，從經營日常生活的地方社會的角度來看，白銀的作用簡直就跟「劇毒」沒兩樣。例如，某個地方遭逢歉收，穀物不足。若依照市場原理，也就是需求與供給的均衡，數量不足的穀物價格應該會上漲。地主看到價格之後，就會出清原先倉庫裡囤積的穀物，商人則會在該地區內銷售，而不會運到外地。

然而，當決定價格的白銀是從外地帶進來，就無法啟動這個供需機制。只要生產生絲並從海外獲得白銀的長江下游三角洲地區的穀物行情能承受，就能靠著白銀持續從穀物不足的地區吸引進糧食。農民為了納稅，需要白銀，到最後會連原本自家要消費的穀物都不得不變賣，被逼到勉強生存的絕境。

該如何才能紓解跨越區域且大量流入變得氾濫的白銀之毒呢？在美洲大陸的大量白銀流入歐亞大陸時，歐亞大陸各地都面對到這個難題。清朝統治下的中國社會，祭出的藥方就是運用銅錢。

由於需要一筆運送費用，只有在地區間行情差異很大時，銅錢才會從當地流出。買賣穀物等日常物資時，不用白銀而用銅錢的話，就能在地方社會內啟動供需機制。十八世紀中葉，中國在乾隆年間便形成這類機制。黑田明伸考證了這套流程，將他的研究歸納整理後如下：6

首先來看看銅錢。十八世紀前半，銅錢在北京由直屬戶部及工部的「寶源局」、「寶泉局」，也就是鑄幣局所鑄造，主要是做為支付給軍隊的薪餉，藉此分配到全中國。在多數士兵駐屯的地區，就會支付出大筆的銅錢。因此，即使是經濟發達、貨幣需求量大的地區，也未必能獲得充分的銅錢供應。

另一方面，出自民間的銅錢回流到行政機構的途徑有兩種。第一是納稅，清代時向州縣繳交土地稅時，依慣例是以七成白銀、三成銅錢的比例繳納。但是，從州縣上繳到省等上級機關則不用銅錢，必須全都兌換成依循戶部指定規格的「庫平兩」。另一個回流的管道，就是在調整穀物價格賤賣穀物時，從民間收取而來。

十六世紀到十八世紀初期，中國的米穀價格始終來回震盪。十七世紀因為頒布遷界令（見第七章），造成白銀的流入量減少，使得整體物價下滑，中國因此陷入不景氣。就連區域內的日常消費也使用白銀，對社會造成重大影響。展界令（見第七章）實施後，十八世紀白銀再次流入中國，造成穀物價格反彈後急速上漲，成了社會問題。

這般不穩定的穀物價格，釀成社會不安。由少數的滿洲族統治的清朝政權，最能體會到朝廷第一要務就是讓人民吃飽，穩定社會。從雍正到乾隆，為了穩定穀物價格，推動了長期儲備穀物的政策。州縣設置公家的儲備倉庫，稱為「常平倉」，此外也獎勵民間擴充民營的「義倉」及「社倉」。

在嘗試錯誤之後，最後訂出了在當地購買儲備用穀物的方針。換句話說，為了穩定某個區域內的價格震盪，不要從其他地區運入米穀，而改成低價時期在當地購入穀物，等到價格變高時再變賣，藉此達到平定價格變動的目的。

至於銅錢回流的路徑，有納稅與儲備兩種。州縣雖然可接受以銅錢繳稅，但要上繳到上級機關時必須兌換成銀兩。至於儲備，則不會在外地使用銅錢來購買穀物。也就是說，銅錢不會流出州縣範圍內。中央鑄造的銅錢流往州縣，之後停滯在此。

銅錢與區域市場

在區域性的穀物市場上大量購買儲備用的穀物時，會出現用來支付的銅錢不足，導致銅錢相對價格上漲。乾隆五年（一七四〇）左右，開始有人意識到這是個嚴重的問題。

銅錢的價格上漲，民間就愈熱衷於鑄造銅錢。以政策來說，承認民間這樣的舉動也是選項之一。但清朝把民間製造的銅錢視為私鑄，嚴格禁止。相對地，將原先限定於中央的銅錢發行體系，轉向為借重各省分別鑄造的制度。

各省負責的單位收購雲南銅或日本銅來鑄造銅錢。駐留軍隊比較少的省分，先開始鑄造以補足缺乏的銅錢，接著普及到全國。穀物的儲備則由州縣的行政機關來實行。州縣的行政機關使用由各省提供的銅錢購買米穀，以這個方式來供給地方社會大量銅錢。

比州縣更高階的單位絕不會有拿銅錢直接購買物資的狀況。使用公費來購買物資，稱為「採買」。巡撫或布政使司等上級單位進行採買時，會由當地的錢莊等金融業者將白銀兌換成銅錢以利調度。如果錢莊準備的銅錢不夠，有時也會拖延採買業務。銅錢幾乎只在州縣等級的單位交換、結算。換句話說，以銅錢當作貨幣流通的區域性市場，就跟州縣行政區的範圍幾乎重合。

以上是從「銅錢」為出發點，來看十八世紀中葉的貨幣體系變化，那麼，也需要另外從米穀的角度來說明。

米穀不但屬於糧食這類消費財，同時也可以儲存，而且對任何人而言都有其價值。換句話說，米穀本身也可以當作貨幣。對地主這些資產家來說，儲備米穀就跟一般人存錢一樣。因此，即使當地面臨歉收，地主仍繼續儲存米糧，不當作商品販售，或者知道在其他地區能賣出高價，就會將米穀轉移過去，這就像是我們把存款轉到其他高利率的金融機構。

十八世紀的米穀儲備政策，有點像是讓每個地區的地主將手上類似存款的米穀用銅錢交換。因此，在州縣範圍內的區域市場投入的銅錢，都由當地的地主儲存起來，並沒有直接在當地流通。一個區域內的銅錢，與實際上流通於市面的量，兩者相差很多。在行情上漲的連動下，銅錢未必會再次出現在市場上。

當區域社會中的米穀價格飆漲時，州縣的行政機構會打開倉庫廉售穀物。在政策上進行穀物販賣，這樣的行為在古代有個字寫作「糶」。請留意在左上角有個「出」字。另外，左上角若換成「入」字，就是「糴」，望文生義就是政府機構買進米糧的意思。

十八世紀的清朝，在行糶時並不會大幅降價廉售。這是因為若在市場價格大幅降低下銷售，將使得行情迅速下跌，導致擁有庫存的人不願賣出，妨礙流通。對市場而言，行政機關可說是以經濟主體的立場來行動。

州縣行政機關廉售時，雖然以換算白銀的價格設定標準，但實際上買賣時支付的幾乎都是銅錢。為了讓市場保持流通不阻塞，會設定較高的價格，吸引出很容易變成庫存的銅錢。這麼一來，銅錢就能又回流到州縣行政機關。

這一連串的政策將銅錢與米穀緊密結合在一起，利用這樣的交易驅逐銀兩。十八世紀中葉之後，白銀主要扮演的角色就是以虛銀兩讓地區之間方便結算。至於地區內主要流通的是銅錢，發揮構成地區性市場的作用。

廣域交易的發展

將銀兩從區域市場切割出去後，白銀透過客商的活動在中國各地循環，當作資金投入，進而發展出許多帶有地區特色的產業。此外，各地產業在互補之中逐漸發展。例如前一章介紹過的，東北地方使用黃豆的搾油業，陝西秦嶺山脈的煉鐵業等。另一方面，廣域交易發展下的結果，則讓各個產業互有關連。[7]

長江下游三角洲在十八世紀中葉仍持續明代的產業，生產絲綢、木棉等高級織品。此外，在海拔稍高的地形也盛行栽種棉花，提供做為高級棉織品的原料。另一方面，在沿海地區及長江中游也出現了一些與長江下游三角洲產業密切相關、卻又在競合中共存的區域。如果說三角洲是先進地區，這裡就是開發中地區。

開發中地區的湖南洞庭湖一帶，扮演的角色是將米穀運送到中下游三角洲。山東與河北（直隸）則包括種植棉花，以及將一部分棉花運至長江下游三角洲。福建及廣東沿海地區，發展製糖業及生產菸草，砂糖也在江南銷售。湖北中部及東部發展出棉織品產業，生產低階棉織品運往湖南、四川，換取糧食運回。四川西部的低階棉織品產業也蓬勃發展，主要銷售到雲南、貴州。此外，在湖南的丘陵地延續明朝時生產的一般品質的茶葉，運到陝西，用於與中歐亞的交易。

在T字形大範圍交易地區的內陸，連接的是未開發的地區。河南、山西、陝西相對於河北、山東，處於從屬的地位，從開發中地區運入低階的棉織品。陳弘謀擔任陝西巡撫時曾提振過養蠶業，可推測他有個長期目標，就是讓該地區從開發中區域能夠自立。此外，廣西也像廣東的屬地，運出米穀。

於是到了十八世紀，中國內陸的廣域交易圈外圍，就出現了像是漢族的殖民地。雲南及貴州隨著改土歸流的政策展開，在經濟上也從屬於中國內陸。在雲南，銅礦做為銅錢原料，不斷被開發。至於貴州，苗族居住的山間木材遭到砍伐，利用河川運輸，供給整個長江流域。

十八世紀接受大量漢族移民的東北地區，由內陸商人主導開墾，供應內陸黃豆及黃豆粕。此

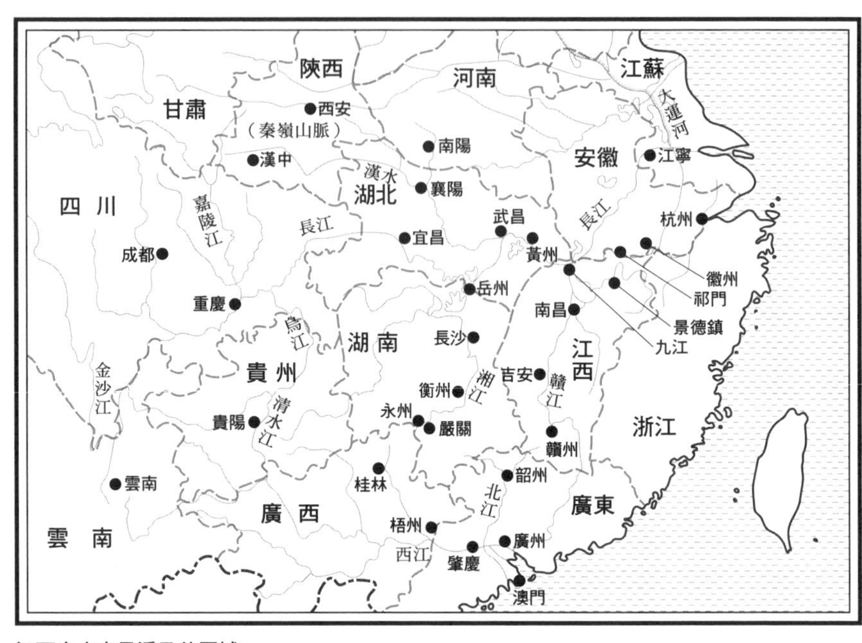

江西商人交易遍及的區域

外，臺灣在鄭氏政權被平定後，來自福建的移民流入，開發東部平原，供應福建米穀。就連泰國的湄南河三角洲，也形成了潮州商人購買米穀的商業網，對中國出口。

自十六世紀以來白銀陸續流入中國後，幾乎沒有流出；從全球角度來看，中國可以說是「白銀墳場」。十八世紀，銀兩從區域經濟的束縛中解脫後，國內累積的白銀比以往更加暢通，加快了循環的速度。此外，歐美船隻載運了大量的白銀，主要從廣州進入中國，不斷追加供應量。

至於追加的白銀是怎麼在中國國內循環呢？由於清代沒有統計資料，很難建立起正確的產業相關模型，但大致可以做出以下推論：進到廣州的多數白銀，利用內陸水路運往江西。江西有個叫景德鎮的陶瓷器產地，旁邊的祁門則是知名的產茶地，這裡生產的茶就叫

「祁門茶」。陶瓷器跟茶葉都是出口產品。自十八世紀後期，江西就因為有這些來自外國的白銀，形成了一群商人集團。

江西商人在長江中游流域的漢口、黃州設置商業活動的據點。漢口南側有湖南洞庭湖，透過朝西北流的漢水與陝西相鄰。繼續溯長江而上，來到四川、雲南，過了清水江到達貴州。漢口是開發地區長江下游三角洲與長江上游的節點，黃州則靠近地處江西到長江入江口的九江，江西出身的商人以長江流域為活動據點，在黃州的江西商人則稱為「黃幫」。

在漢水流域活動的湖北商人集團「漢幫」，接受江西商人提供的資金，開發山林。據推測，投資秦嶺山脈煉鐵業的資金中，不少也來自江西商人。貴州發展的林業，一樣受到江西商人的影響。江西商人將進入廣州的白銀帶到長江流域散布出去，支撐起橫向T字形的廣域交易區。

與明代的比較

到此花了兩章的篇幅，概觀了這個稱為盛世的時代，或許我們已經能找到前一章提問的答案：十八世紀中國的人口遽增，能持續增長的原因何在？要釐清這個問題，必須將十八世紀的盛世與十六世紀的商業時代做個比較。十六世紀的中國，在經濟上同樣發達，人口卻幾乎沒有增加。兩者的差別在哪裡呢？

直接影響人口動向的重要因素，就是一名女性在一生中產下幾名子女。十六到十八世紀之間，女性的人生看不出太大變化。大部分女性在十七歲前後產下第一胎，之後接連產下四、五名子女。推測多數女性沒時間煩惱生理期，一直陷入懷孕、哺乳，然後又懷孕的循環。只是中國的歷史人口學方面的研究尚未充分，還有很多需要探討的主題，像是地區與社會階級的落差、中國是否有避孕的觀念，以及中國殺嬰（又稱「溺女」）的頻率等。

如果出生率沒有太大變化，那麼人口增加的原因就是死亡率降低了。前一章提到，若調查每個月份的死亡率，會發現在十六世紀還明顯隨季節變動，但到了十八世紀就逐漸平均化。這樣的變化可以解釋為中國社會已經從慢性的飢餓狀態中脫離。糧食問題改善，在農閒季節也確保有足夠的糧食，讓人們能夠保持體力。至於為什麼會出現這樣的變化，可以從幾個重點來探討。

以人口大半為農民的狀況來說，相較於十六世紀，十八世紀時的稅賦大幅減輕。十六世紀的重稅，是因為明朝陷入北虜南倭的緊張關係，國家經費中有大部分都得用於軍備。尤其在與蒙古高原交界處更是配置了大批軍隊，消費物資。在第四章也說明過，十五世紀時開中法原有的功能停擺後，中央將從農民徵收的白銀送到邊疆，商人則運送糧食過去換現金。最後財富就從農村經過商人之手逐漸集中到都市與邊疆。

到了十八世紀，情況出現大轉變。康熙年間平定了占據臺灣的鄭氏政權後，不再需要在海防上花大筆費用。對於中歐亞地區，也因為清朝皇帝具有多面向，能夠開創穩定的秩序，不再需要派駐兵員戒備邊疆。從康熙年間後期到雍正年間，軍備費用的負擔降低，國庫充實，在財政上相對變得寬裕。在這樣的財政背景下，負擔人頭稅的人丁數固定，讓稅制得以改成納入土地稅中徵收。

帝國呈現的個性在十六世紀與十八世紀也大相逕庭。明朝皇帝根據儒學，在皇帝在世時指定嫡長子為皇太子。皇太子制度雖然能避免新皇帝上任時皇室裡的紛爭，但皇太子周圍會出現一群圖謀利益的人，對皇太子的人格帶來不好的影響。明朝幾乎每個皇帝人格都有缺陷，原因就出在皇太子制度。

至於從狩獵民族發跡的清朝，自皇太極到玄燁（康熙帝）都是由滿洲族的重要人士合議，在前一任皇帝死去後才決定新的皇帝。胤禛（雍正帝）之後，建立了祕密建儲的原則，在皇帝生前決定皇太子的人選，卻不事先公布。嫡長子未必會自動成為皇太子的這種方式，雖然容易因為繼承皇位的問題造成紛爭，但皇帝的兒子會各自努力來讓自己成為接班人。

十六世紀的明朝皇室中，人格有缺陷的皇帝慣用宦官，壓榨百姓；清朝從明朝自取滅亡下獲得教訓，嚴格管制宦官，不讓宦官接觸到海關、軍事業務，也不會派遣宦官到商業地區。

在明代由宦官扮演連結內廷與外朝的角色，到了清代主要由滿洲族旗人來擔任。就像弘曆晚年重用的和珅（滿洲正紅旗人）一樣，雖然身為旗人，一樣會因為憑著受皇帝寵愛而藉此中飽私囊。但若拿和珅來跟明末宦官魏忠賢相較，收受賄賂也有固定的行情，相對於宦官完全隸屬於內廷，旗人則受到外朝的管理，隨時能夠控制行為。

歷史體系上的盛世

清朝由少數民族滿洲族統治人口多數的漢族，隨時都有種提心吊膽的感覺，至少跟明朝皇帝比起來，皇帝相對有才能且勤奮，行實質統治。在引進地丁銀制度後，過去為了逃稅而隱藏的人口也浮上檯面。因為人口急速增加，皇帝也隨時懷有危機感，要是讓百姓吃不飽，就會面臨帝國瓦解。

雍正年間，皇帝與官員之間的關係出現重大變化。尤其透過奏摺讓皇帝與官員直接交換意見之後，總督、巡撫層級的官員之間對於該如何讓百姓豐衣足食也有了共鳴。提振產業、增產糧食，以及解決部分地區的飢荒危機，成了官員重要的職責。如果能締造讓皇帝滿意的政績，像是雍正時期的李衛、鄂爾泰、田文鏡，還有乾隆時期的陳弘謀等人，會受到重用並陸續被派任到國家重要的地區。反過來說，要是政策錯誤，會遭到皇帝嚴厲斥責，甚至會被降職。

總督、巡撫隨時都在苦思，該怎麼讓轄內的省分保有足夠的穀物。有時候會像江蘇或浙江的督撫，為了不讓穀物流出管轄區域，反對從海路運輸；也有像陳弘謀這種人，想吸引穀物由外流入，就努力打造一個好的環境。此外，全國各地都致力於儲備穀物。這樣的政策或許並非當事人刻意經營，卻能將銀兩從區域社會中撤出，有助於穩定以州縣為範圍的地方市場。

在第六章中已提過，十六世紀時地方社會秩序出現改變，地方上的菁英人士開始深入接觸州縣的行政。到了十八世紀，州縣在經濟上也成了一個有機體，地方經營的角色愈顯吃重。菁英階層組成合議的組織，負責治安、水利等事宜，經營稱為「善堂」的機構，收容孤兒及孤苦無依的老人。另外，管理義倉、社倉等民間儲備倉庫，也由地方菁英來負責。用現代的說法來講，就是建立起完善的社會安全網。

觀察能源的流向，清代由陸、海的交易路徑組合，構成有效的運送系統，具有重大意義。十七世紀海上世界宣告結束，由陸上政權掌管海域，海運變得興盛。東北地區、臺灣，這些地方就像殖民地，提供能源給內陸地區，以海運運送大量的肥料及穀物。另一方面，從內陸朝東北地區的船隻，則禁止載運米穀。乍看之下會覺得沒有效率，但因為支撐著這樣單程的海運，讓大運河得以維持，成了支撐華北平原內陸地區經濟的架構。此外，長江中、上游有來自廣州經過江西流入的白銀，活絡經由水路的物資輸送。

官員推廣原產於美洲大陸的作物，而能源的引進也使得人口增加。十六世紀傳進中國的玉米、甘薯，在官員率先努力推廣之下，終於普及到全國各地。然而，同樣原產於美洲大陸的菸草，由於會占用到生產糧食的土地，陳弘謀在擔任福建巡撫時試圖控制。至於玉米等，則從過去作物無法利用的坡地將能源引進，創造人類的糧食。

十八世紀中葉之前增加的人口，等於為商業資本準備了廉價的勞動力。秦嶺山脈這些過去開發不太進步的地區，出現了投入資本的煉鐵，或是栽種做為染料的藍草，還有菸草等商品作物。受到商業資本的推動，許多移民進入東北地區及臺灣。人口增加將能源流向帶入中國社會，構成人口大幅增加的條件。這樣正向回饋的結果，讓十八世紀後半的中國成了商業資本大開發的時代，同時也是人口急遽增加的時代——這就是歷史上盛世的體系。

註釋

1 宮脇純子，《最後の遊牧帝国：ジューンガル部の興亡》，講談社選書Metier，一九九五年。

2 《培遠堂偶存稿》文檄卷二。

3 《培遠堂偶存稿》文檄卷二二。

4 內容參考Rowe, William T. *Saving the World : Chen Hongmou and Elite Conscaiousness in Eighteen-century China*, Stanford University Press, 2001.

5 濱下武志．川勝平太編，《アジア交易圏と日本工業化一五〇〇～一九〇〇》Libroport，一九九一年。

6 黑田明伸，《中華帝国の構造を世界経済》，名古屋大學出版會，一九九四。

7 以下內容參考山本進，《清代の市場構造と経済政策》，名古屋大學出版會，二〇〇二年。

第十章　全球中的中國——十九世紀

南海的海盜

藏寶傳說

從香港沿著海岸線往西前進約一百六十公里左右，有座島叫上川島，是廣東省最大的島嶼。這座島面對太平洋，位於通往東南亞的國際航線上，挾著一處狹窄的海峽，另一側就是珠江三角洲。長滿亞熱帶植物的小島周圍，有多達十二處的沙灘，令人屏息的綠白沙灘，與湛藍的海水呈現強烈對比。位於小島南側的沙堤港，是個繁榮的漁港。

關於這座島，有個傳說。相傳這座島跟周圍的小島，有十幾處洞穴藏著海盜搶來的財寶。海盜的頭目名叫張保（也有文獻稱張保仔）。這名男子在十九世紀初期橫行於廣東到越南的海域。據說他為了記得財寶藏在哪裡，還將藏匿的目標編成順口溜記下來，其中一則是「橄仔對娥眉，十萬九千四」。直到現在，都沒有人找到那些財寶。

要談論留下藏寶的海盜，就得回溯到十八世紀[1]。十八世紀中葉，東歐亞海域較之前的時代顯得平靜，中國在清朝的統治下號稱盛世，日本則在幕藩體制下控制對海外的交易，也就是陸上政權

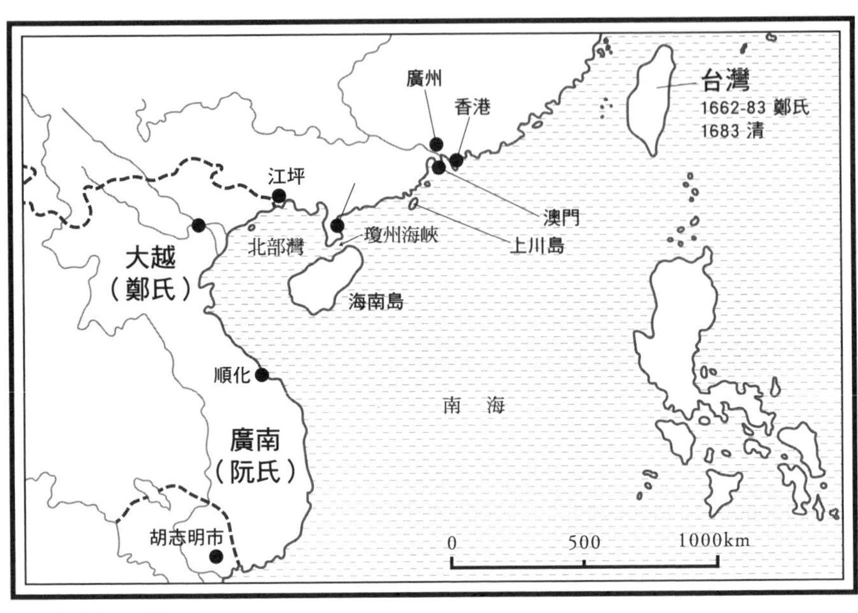

南海的海盜活動範圍

壓抑海上世界的時代。用歷史學家的話來說，就是「海禁」的時代。

海路做為運輸大量陸上物資之用，日本以日本海做為北前船的航線，成為物流的大動脈；中國則為了維持大運河，雖然禁止了江南到華北的黃海路徑來運送穀物，卻在運送糧食、鹽等國家重要物資時，在南海以海路運輸。此外，從東南亞的暹羅有運送米穀的船舶前往廣州。沿海地區與海外的交易也很活絡，十八世紀中葉從廣東、福建航行前往東南亞的商船，一年超過一百一十艘。至於從歐美來到中國的商船，一七二〇年左右一年才十幾艘，但到了一七八〇年代則達到六十～八十艘。

南海沿岸的漁民之中，有不少為了討生活，在海上攻擊航行的商船或官船，搶走船上的貨物。至於海盜活動的據點港口，很有名的是位於接近越南與中國邊界的江坪。這個靠近國界的港都，同時住了越南人與中國人。目前江坪成了防城市江平鎮，有大約一萬八千名的越南裔居民，登記為京族。

這個港口位於航線上的重要位置。航行於南海的多數船隻，都不走危險的海南島海岸這條路，而是穿過雷州半島與海南島之間的瓊州海峽，經過江坪海岸。海盜從江坪出海，搶劫航行於海上的商船，一旦發現有官方船隻就立刻逃進港口。江坪不容易從陸上接近，就能輕鬆躲避中國官兵的取締，加上接近邊界，一有狀況乾脆逃到越南，銷聲匿跡。

海盜的活動之後雖然沒有絕跡，但規模變小，也沒有組織性，只有零星事件。因為清朝平定了占據臺灣抵抗的鄭氏政權，加上日本江戶幕府對與海外的交易嚴格限制，一股有別於陸上政權且有組織的勢力，從此從海上消失。要組織起海盜，就必須要有陸上政權的作用。十八世紀末，這樣的機會就出現在越南。

越南與海盜

十七世紀時，越南中部的會安等港口接受日本朱印船停靠，提供與中國進行接頭貿易的地點。這不僅讓日本商人與中國商人交換物資，也讓越南產的生絲及白檀可以出口到日本。交換進口到越南的物資，就是銅錢。

江戶幕府因為需要控制國內經濟，在一六〇八年禁止使用以往在國內流通來自中國的錢幣，以及稱為「鐚錢」的私鑄錢幣。有商人盯上這些無法再使用的大量銅錢，就出口到了越南。後來江戶幕府知曉與越南的交易可提升獲利，便開了特例允許長期鑄造出口專用的銅錢。

當時在越南的黎朝政權分裂，北部維持以河內為中心的鄭氏政權勢力，中部及南部則是以順化為中心的廣南阮氏政權，兩股勢力都在尋找趁虛而入的時機。廣南阮氏政權發展出憑藉海外交易的經濟模式，十七世紀後期，荷蘭商船與中國的中式帆船運送了大量銅錢，這些進口的銅錢，除了在國內流通之外，也鎔鑄來製造大砲及日用品。一六三三年，日本人雖然被禁止出國，但銅錢卻經由荷蘭東印度公司持續從日本流入越南。

日本與越南之間這種間接交易的類型，在十八世紀時衰退。在第八章已經探討過，由於日本國內銅礦枯竭，加上國內必須鑄造銅錢，江戶幕府以一七一五年的「正德新例」為轉機，限制銅的出口。另一方面，幕府提振的養蠶業也陸續開始展現成果，到了十八世紀中葉，已經不需要仰賴海外的生絲，能夠自給自足。日本的這些變化，直接影響到越南中南部的經濟。越南的相關貿易衰退，英國等地的商人也幾乎不再前往越南。廣南阮氏只得將經濟根基從占城之後的南海交易，轉移到對農村的剝奪。

越南中南部有很多來自北部的移民，在大地主之下進行開發。廣南阮氏政權竟然想搶走這些成果，因此在一七七一年爆發叛亂。這場亂事就以領導的阮氏三兄弟出生地為名，稱之為「西山黨之亂」，掀起一場改革運動。

西山阮氏率領的軍隊在西貢大破廣南阮氏政權，接著將矛頭朝向北方，趕走鄭氏政權，讓原先變得軟弱的黎朝皇帝重振威信。然而，黎朝皇帝卻為了以清國兵力為後盾來重振勢力，在一七八八年讓清朝的勢力進入越南。隔年，西山阮氏在河內打敗清軍，給黎朝最後的致命一擊，成為第一個統治相當於目前越南領土的政權。清朝也不得不接受現況，承認西山阮氏政權為安南國王。

西山阮氏政權進攻河內，趕走清朝軍隊的過程中，也借用了中國海盜的力量。新成立的政權不但授與海盜官位，還將過去幾個彼此獨立行動的海盜領袖組織起來。此外，為了加強海軍，更將軍艦、大砲等武器交給海盜。這支海盜艦隊，便成了支援西山阮氏的重要支柱之一。

另一方面，廣南阮氏唯一存活的阮福映（後來的越南王國阮朝嘉隆帝），逃亡到暹羅（泰國）國內。至於西山阮氏政權內部，清朝對於實際上指揮西山黨的長男不予理會，反倒承認排行老三的弟弟為安南國王，導致兄弟之間對立加劇。阮福映在逃亡途中得知這個消息，借助法國、英國、泰國等外國勢力回到越南，於一七八〇年重新奪回西貢。

兩股勢力的對抗因為海上的季風而使得流向改變。等到每年六月吹起的西南風形成優勢，阮福映的艦隊便從西貢啟航，進攻西山阮氏政權的勢力範圍。而一月到三月東北風轉為優勢，西山阮氏組織的中國海盜艦隊則驅逐了阮福映的勢力。在與阮福映勢力對抗的過程中，海盜首領於西山阮氏政權體制中的地位也不斷攀升，甚至有人獲得都督（司令官）的職位。

海盜勢力擴大

有了西山阮氏政權的支持，海盜急速組織化。西山黨是個在鄉村打下基礎的政權，在公文上會使用越南文字「喃字」，彰顯民族文化。另一方面，會打壓與廣南阮氏政權關係深厚的西貢華裔商人。像這樣一個對海洋漠不關心的政權，毫不猶豫地對在海上搶劫商船的海盜，採取獎勵的態度。中國海盜根本成為越南的私掠船，橫行於南海上。

過去勢力分散，沒有橫向合作的海盜，這時因為親族或師徒、結義的關係形成團結的組織。首先嶄露頭角、統領全體的人，就是鄭七。他的祖先出身福建，據傳也曾參與鄭成功陣營，對抗清朝。在臺灣鄭氏政權滅亡後，逃到福建，再以香港大嶼島（現在設有國際機場）為根據地，從事海盜活動。鄭七受到越南鼓勵，成為艦隊大頭目，將大本營移往江坪，拓展勢力。

一八〇一年，鄭七為了搶奪被阮福映占領的順化，率領約兩百艘船艦從江坪南下。但在他戰敗逃回江坪途中，遭到阮福映的軍隊追擊死去。接掌鄭七勢力的，是一個小他幾歲的同宗，名叫鄭一。

一八〇二年，西山阮氏政權被北上的阮福映軍隊所滅，海盜的活動範圍便轉往南海的中國沿岸。失去最大的後援之後，有一段時期海盜首領之間展開一場主導權之爭。直到一八〇五年，七名首領才聚集訂下協議，同意組成聯盟。

海盜以不同顏色的旗幟來組織，分為紅、黃、藍、白、黑、青六個顏色，在海上航行時就靠掛在船頭及主桅上的旗幟來辨識屬於哪個集團。約定好搶劫時，第一個發動攻擊的團體有權處置戰利品，違反協議時，由全聯盟決定如何制裁。這些海盜遍布南海到北部灣整片海域，搶劫商船，或是載運鹽的官船，以及從越南往中國載滿朝貢品的朝貢船。海盜將據點設在大嶼島，掌控連結南海與珠江河口的航線。

聯盟中勢力最大的集團就是由鄭一指揮的「紅色幫」艦隊。海盜結盟時擁有兩百艘船，一八〇七年鄭一於越南猝死時已擴展到六百艘船，手下據稱有三到四萬人。鄭一死後，統率這支艦隊的，就是鄭一足智多謀且富有領導力的妻子，人稱鄭一嫂的石陽。鄭一生前在攻擊漁船時，曾俘虜一名叫張保的年輕人。張保長相俊美，鄭氏夫妻便收他為義子。鄭一死後，石陽與張保結為夫妻，打理紅色幫。

唯一對東南亞及西方各國開放的廣州，面對珠江。珠江河口處的海域稱為「虎口」。這是由葡萄牙語「Boca Tigris」（老虎之口）直接譯成中文而來。據說十六世紀葡萄牙人抵達珠江時，聳立在珠江河岸左側的紅砂石看起來像是老虎的嘴，才取了這個名字。張保在虎口另一側的要塞打造碉堡，監視通過這片海域的船舶，看似有機會時也會將西方商船當作搶劫的對象。美國的縱帆船，或是葡萄牙的雙桅船這類有兩根主桅、且在兩百噸以下的船隻，都是很適合的目標。

清朝的對策

清朝雖然有心取締海盜，卻苦無有效的手段，原因之一就是清朝在十八世紀並沒有將重心放在沿岸警備上。

清朝的軍隊是由八旗及綠營構成。綠營是在清朝成立當時主要由吸收明軍編制的軍隊，之後持續招募漢族士兵，維持近六十萬人的規模。以綠色旗幟為標誌，與八旗區隔，因此也稱為綠旗。綠營隸屬於總督、巡撫，主要的任務就是守備與維持治安。派駐在各地的八旗稱為駐防八旗，一般來說與綠營分屬於不同的指揮系統，但在廣東與福建的情況稍微特殊。

清朝是個從中國東北地區興起的帝國，構成軍隊核心的滿洲八旗及蒙古八旗並不適應在海上的軍事活動。因此廣東與福建則命令加入清朝政權的漢族尚氏與耿氏，守護海上。尚氏與耿氏打造一己的軍閥政權並和日本等國進行交易。三藩之亂（見第七章）時消滅了廣東與福建兩藩之後，清朝將隸屬軍閥政權的一部分漢族部隊編入駐防八旗，再從北京派遣一部分漢軍八旗，讓來自中央的將軍統轄。有將近三千名的漢軍八旗駐守在廣州。

十八世紀中葉，旗人的人口增加，清朝政府為了如何讓他們能保有地位而傷透腦筋。地位優先的旗人（見第七章），包括滿洲的旗人，以及蒙古族的旗人。當時他們相中的就是漢人八旗駐守的廣東與福建。乾隆十九年（一七五四）以後，清朝政府推動了一項政策，將隸屬於廣東與福建駐防八旗裡的漢族全解雇，空出來的位子分配給滿洲八旗及蒙古八旗的兵員。這個人員配置更換的結果，造成精通海上防衛的漢族兵員變成極少數。在海盜橫行的十九世紀初期，廣東只配置了四百七十名隸屬八旗的兵員，至於艦隊，有運輸穀物的船隻一百三十五艘，而且很多都需要修繕，據說在嘉慶十年（一八〇五）實際堪用的只有五十七艘。

另一方面，來看看廣東的綠營。沿著海岸每六、七公里就會設置稱為「汛」的警備所，每一處各有十多名綠營士兵駐守。為了對付海盜，清朝政府在嘉慶十年讓駐防將軍握有綠營指揮權，但真正能對抗海盜的軍隊，估計最多只有一萬九千人。特別受命討伐海盜的總督，雖然向清朝中央請求增設海軍，卻未獲准。最後似乎只剩下借調民間船舶的方法。嘉慶十三年（一八〇八）之後，為了掃蕩海盜而倉促成立的艦隊，屢屢遭到張保指揮的紅色幫擊敗，士氣盡失。

嘉慶十四年（一八〇九）受命出任兩廣總督的百齡，採取將海盜困在海上的政策。他下令全面禁止民間船隻出海，將以往以海上運輸的穀物及鹽全都改為以陸路運送。加強對沿岸村落的監視，不但要求百姓義務定期報告海盜的狀況，還讓地區領袖組織名為「團練」的民間警備隊。這項政策逐漸奏效。為了取得糧食等必須物資，海盜得經常攻擊沿岸村落，招致地區居民的反感，過去曾和這些海盜做生意的地方有力人士，至此也斷絕彼此之間的關係。

海上主角更換

張保這群十九世紀在南海活動的海盜，與十六世紀王直等倭寇，還有十七世紀的鄭芝龍與鄭成功，個性方面有著根本上的差異。王直與鄭芝龍，以海上世界為背景，進行遠距交易，在歷史上扮演著為跨國交易注入活力的角色。相對地，張保等人襲擊進行遠距交易的商船，使得海上交易停滯。在東歐亞海域吹起一陣新的交易風潮時，他們最後的命運只能從海洋這座舞台上退出。

十九世紀的南海，出現了過去沒有的船隻。英文叫做「country ship」，是往來於印度及廣東之間的英國船。相對於與英國本國進行交易的船隻，這種船因為是進行地方交易，所以才叫這個名字。中文稱做「港腳」的這類船隻，多數使用印度的柚木，在孟買打造，從孟買或加爾各答出航。

十八世紀，這類港腳船的船體變大，有些甚至達到一千兩百噸，比英國東印度公司持有的社船還大。因為船體高於水面很多，即使靠近也很難直接跳上船，加上結構堅固，還能反彈海盜打出的砲彈。海盜的中式帆船在海上戰鬥時能打贏葡萄牙船，跟港腳船卻沒得比。進入十九世紀後，在南海上的交易就交給這類船隻。

海盜雖然不常攻擊英國船，但因為海盜猖獗，使得在廣東的交易停滯，英國東印度公司認為海盜妨礙了與中國之間的交易。另一方面，雖然切斷了海盜與陸上的關係，卻始終找不到討伐手段的兩廣總督百齡，也想到借助歐美的力量。一八〇九年，百齡透過公行商人探詢英國是否可能出動港腳船來協助討伐海盜。

同年西曆九月，港腳船「水星號（Mercury）」配運二十門加農砲、五十名美國義勇軍，加上中國軍艦六十艘，共同在香港島周邊執行作戰。海盜在重砲轟擊下無計可施，從海上被趕到退避進入珠江。英國要求百齡進一步掃蕩海盜，但這項要求卻沒實現。因為英國在生意上的競爭對手，也就是在澳門的葡萄牙勢力，對英國過於強大的勢力感到害怕，提出要自行討伐海盜。中國官員則判斷外國人競爭下對中方有利，於是終止了與英國的交涉。

面對英國的港腳船逐漸居下風的海盜，雖然無法直接交火，卻開始感覺到是時候該收手。百齡眼見時機成熟，便策劃讓海盜之間起內訌，一方面祭出吸納海盜成為武官的條件，引誘首領投降。之後黑旗與藍旗的成員先打破海盜間的聯盟團結，之後投降的更攻擊其他集團，想立下戰功當作見面禮。海盜的聯盟一下子瓦解，張保也終於在嘉慶十五年（一八一〇）投降清朝，獲提拔為海軍指揮官。據說他的妻子鄭一嫂，則以過去當海盜賺得的資產，悠閒自在度完餘生。

投降之後的那群海盜有什麼發展，目前無法了解詳細的狀況。但推測有很高的機率跟來自印度的鴉片走私有關，新的交易活動再次吞噬了海盜。

鴉片與軍艦

在中國歷史上造成重大改變的物產，本書中已經介紹過的有白銀、生絲、蘇木……等等。十九世紀最該關注的，就屬鴉片了。

兩部本草書

在中國，要探討動植物的特性時，第一本該參考的書籍就是《本草綱目》。這本書是明代十六世紀後期由李時珍花費二十七年寫成，不但參考大量書籍分門別類，更實際親自走訪山野調查、採集後編纂而成的著作。李時珍雖然在生前完成這部著作，但實際出版卻是在他過世後的萬曆二十四年（一五九六）。《本草綱目》中記載的一千八百七十一種藥材，裡頭有三百七十六種是李時珍新發現後追加的，鴉片也是其中之一。

李時珍將鴉片稱為「阿芙蓉」，分類於第二十三卷中的「穀部」。其中敘述罌粟的花開完後結出未熟的果實時，在午後用針刺開果實的青皮，將滲出的汁液曬乾，就會得到「阿片」或稱「鴉片」。在藥效方面，紅豆大小的顆粒以熱水服用，用量一天一次，能有效治療腹瀉。甚至也有一般人會用於房事，在北京則以「一粒金丹」的名稱販售，號稱能治百病。

阿芙蓉是來自阿拉伯語的「Afyūmm」。據說製作鴉片的罌粟（學名：Papaver somniferum）原產於地中海東部沿岸地區，地中海當地在西元前幾百年就已知鴉片帶給人類在精神方面的效果。唐代時經由西亞商人傳入，這個以阿拉伯語起源的名稱才進到中國。此外，英語「opium」則源自於希臘文。從發音音譯為「阿片」。加上罌粟汁液凝固之後會變成黑色，於是也稱為「鴉片」。在這裡要注意的一點，就是根據《本草綱目》的記載，鴉片只用於口服，並沒有提到火炙之後吸食的方法。

罌粟　罌粟花開完後，割開未成熟的果殼就會流出可製成鴉片的汁液。

李時珍開發出這套根據實地調查的本草學，延續到了清代。最具代表性的成果就是趙學敏編纂的《本草綱目拾遺》，增加了《本草綱目》未收錄的藥材七百一十六種，另外有一百一十六種藥材補充了李時珍原先的說明，更指出《本草綱目》中的三十四處錯誤。同時還介紹了西歐的醫藥。早在乾隆三十年（一七六五）就已大致完成編輯，卻因為修訂的關係，直到十九世紀初的嘉慶八年（一八〇三）總算正式完成，更等到同治三年（一八六四）才出版。其中對於鴉片的描述也出現很大的改變。

在《本草綱目拾遺》中說明，鴉片製劑古拉水「水色如醬油，以火燃之如燒酒有焰者真，其性大熱，房中藥也。……價值千金。手蘸少許吸入鼻中，能驟長精神」，相較於十六世紀李時珍的記載，多了一些新的資訊，像是將鴉片燃燒，以及不經口服而吸食蒸發成分的服用方法，還有可以高價交易等。此外，也提到有提振精神的效用。由此可知，從《本草綱目》到《本草綱目拾遺》之間，對於鴉片的認識已有相當大的改變。

鴉片若以口服方式，其中除了具有麻醉效果的嗎啡，還有其他各種雜質，帶來強烈副作用，大量服用時甚至會致死。相對來說，吸食蒸氣比較容易獲得鎮痛的作用及幸福之類的快感。缺點就是容易上癮，有毒癮之後很難戒除。

吸食鴉片的普及

火炙鴉片吸食蒸氣的方式，究竟源起何時何地？眾說紛紜，很難確定。一般的說法是十七世紀中葉首見於荷蘭統治下的爪哇島，經由荷蘭人傳到臺灣，先被當作治療瘧疾的特效藥，普及之後透過福建移民再傳入對岸的福建。一開始是混在菸草之中點燃吸食，隨著在中國吸食器具的改良，也發展出吸食方法。

吸食器的頭部是直徑約四公分的圓形，正中間有個四公釐左右的小孔。吸食時把一次份量的鴉片搓成小球狀，塞在小孔上以火炙，將煙霧吸入肺中。在鴉片煤渣尚未冷卻前，可以用吹的把殘渣從吸食器的管子裡吹出來。要是吹不出來，就用銅製或銀製的專用小刀，把殘渣挖出來。用來吸食鴉片的器具，都是極盡奢華的工藝品。此外，非法持有「鴉片煙吸食器具」在日本會觸犯刑法[2]。就算在外國的古董行看到吸食器具，也不要購買。

鴉片最初是由葡萄牙人從印度經由澳門帶入中國。吸食鴉片的習慣起先在富人階級之間流傳開，後來逐漸普及到廣東、福建等沿海地區的社會各階層。十八世紀後期，英國正式加入鴉片交易之後，鴉片的流入量增加，染上鴉片癮的中國人也變多了。

從一七八〇年英國開始參與鴉片交易，到一八四〇年爆發鴉片戰爭，對於這段期間的交易，以往很多都認為是三角貿易的形成與發展。簡單整理一下，大概是如下述這樣的模式。

十八世紀，在英國人養成喝茶的習慣之後，中國對英國的茶葉貿易也隨之發達。在印度設置據點的英國東印度公司，獲得與中國交易的專利。東印度公司在中國購買茶葉時使用的是白銀，另一方面，當印度對中國的鴉片貿易成長後，英國人就想到以鴉片代替白銀來結算。

十八世紀的七〇年代，英國開啟了工業革命。從紡織業展開的英國工業界，先是擊垮印度的傳統紡織業，並將印度改造為對英國本國的棉花供應區，以及銷售英國紡織產品的市場。到了十九世紀二〇年代，英國棉織品輸出到印度，明確建立起三角貿易結構。棉織品從英國到印度，印度提供鴉片給中國，來自中國的茶葉商品流入英國，交易進行得很順暢。

一八二七年左右，中國大量進口鴉片的結果，終於在貿易上出現赤字。一八三四年，在英國本地資本家的壓力下，東印度公司對中國貿易的壟斷專利遭到撤銷，銷售鴉片的商人增加，流入中國的鴉片數量頓時急速增加。這也連帶著加速白銀的流出，導致中國國內的銀價飆漲。

在鴉片貿易很明顯地關係到國內經濟問題之後，清朝不得不採取禁止鴉片貿易的決定。具體提倡禁止鴉片理論的官員林則徐，以欽差大臣的身分被派遣到廣東。所謂的欽差大臣，就是在處理特殊狀況下臨時授與極高權限派遣到當地，直屬皇帝的高官。林則徐果決沒收鴉片，並全數銷毀。英國認為抓到了逼迫中國承認貿易自由化的機會，於是挑起戰爭——這就是鴉片戰爭。

以上大致是世界史教科書在提到鴉片時會談到的內容。不過，現在這套說法得要修正了。

金融革命與英國

就一般說法來看，三角貿易論的重點在於從英國本國銷往印度的棉織品。因為有這樣一面倒的看法，才讓這個三角形的結構成立，使得十九世紀亞洲交易的主角就是肩負起棉織品產業的英國資本家。開創新事物的人通常成了歷史的主角，但現在這樣的故事正被重新檢視，需要以金融的觀點來看看鴉片交易。在這之前，先從這段歷史來看看究竟何謂金融。

為因應遠距交易進行得更順利，金融系統愈趨成熟。遠距交易中如何向商品買方收取金錢，是個難題。十三世紀在義大利北部出現了外匯銀行與外匯交換所的體系，外匯銀行把當地賣家（債權人）發出的匯款單貼現後，送往買家（債務人）所在地的外匯銀行，由銀行向債務人索款。在兩個地區交易上所發行的多筆匯款單彼此抵銷的制度，就是外匯交換所。此外，在同一時期發展出的複式簿記，也富有相當重大的意義。

十七世紀荷蘭的阿姆斯特丹成為外匯銀行中心，以處理大量遠距交易所發行的匯款單而繁榮。一六〇九年成立了阿姆斯特丹外匯銀行，但荷蘭的銀行禁止發行銀行券，在制度上還有持續發展的空間。金融體系在一六九〇年代於英國發展，背景是一六八八年的光榮革命之後，政治權力整合，更靈活結合了幾項政策發展。

一六八〇年代，倫敦商人將持有的黃金請金匠保管，存摺就當作銀行券來流通。金匠會放款給商人，或是變身為存款信託銀行。一六九四年，英格蘭銀行成立，逐漸具備中央銀行的功能，對於穩定金融很有貢獻。此外，十七世紀末貨幣改鑄，確定了實質上的金本位制後，抵押債券市場擴大，股票交易所的興盛，以及海上·火災保險逐漸完善。因為這些金融相關制度完備，之後才因應需要出現了締造信用的體系，這一連串的變化就成為金融革命。英國掌握金融業的階層，就是地位僅次於貴族的紳士（Gentleman）階級。

若從金融角度來說明鴉片交易，就要從由印度往英國的匯款問題說起。[3]

英國東印度公司在印度與法國展開一場殖民地爭奪戰。過程中關鍵性的轉捩點，就是一七五七年的普拉西戰役。東印度公司的軍隊在恆河下游的孟加拉擊敗與法國勢力結合的蒙兀兒帝國太守軍隊，進而獲得加爾各答附近二十四個郡的徵收地租權，掌握了孟加拉實質上的治理權。自此之後，東印度公司在印度的版圖持續擴大。

在占領土地與擴張的過程中，東印度公司有義務對英國本國匯入大筆金額。為了維持經營領土，則需要來自本國的資金，以支應軍隊的用品及行政上必備的資財。此外，從英國本地派遣的英國國軍相關費用，都由東印度公司來負擔。另外，英國人在印度購買東印度公司發行的公司債，在本國想拿回本金及利息的話，東印度公司要負責匯款業務。居住在印度的英國人，若想寄錢給英國家鄉的家人，或是結束在印度的工作要歸國時，都能利用這套機制。

匯款回本國及鴉片

東印度公司在匯款回本國時，會盡量避免運送實體貴金屬。東印度公司雖然帶有強烈印度行政機關的色彩，但終究仍是一間貿易公司。英國東印度公司是一間國家政策公司，跟我們想像中的貿易公司不同。公司有個負責印度行政的部門，具備成為獨立政權的功能。公司的行政部門將原本應該匯回本國的資金大部分轉到商業部門使用。商業部門則用這筆資金購買要出口至本國的產品，在本國賣出後以其中的利潤來還債。

雖然從印度出口棉花、藍草、砂糖等物產到英國，但印度商品的銷售狀況並不理想。像是棉花、砂糖，因為還有來自美國南部、埃及或是英國在加勒比海其他殖民地的產品，不需要仰賴印度。一八二〇年以後，在本國的銷售額低於在印度的購買價格，終於出現赤字。

相對地，東印度公司壟斷的中國貿易則相當順利。東印度公司在中國採購的茶葉，都能很穩定且以高價全數出清。這不僅是因為英國上流社會已經固定養成下午茶的飲茶習慣，還加上了當時急速增加的工廠工人們，會在茶中加入砂糖飲用、當作補給營養的飲品。換句話說，茶葉不再只是嗜好品，而成了必需品。之後從印度甚至不直接匯款回本國，而是將資金轉為茶葉，繞過中國運送回本國，這對東印度公司來說確實是提升利潤的管道。

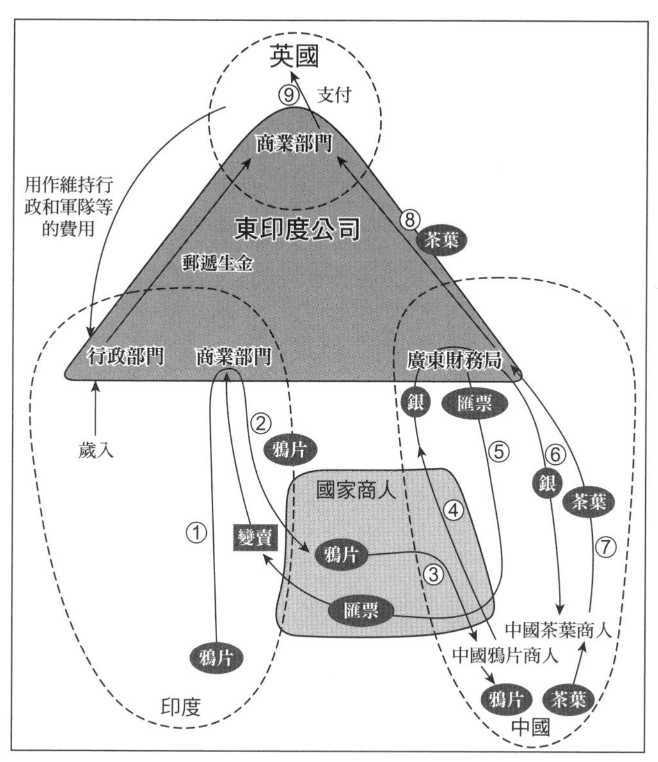

英國與東印度公司的鴉片貿易架構

一八二三年到二八年，東印度公司從印度匯往中國的款項，平均來說，在總額一百一十二萬五千英鎊之中，有三萬三千英鎊是實體貴金屬，印度商品則為四十三萬七千英鎊，還有在印度的買入匯票十三萬九千英鎊。相對地，在廣東的賣出匯票則高達五十一萬六千英鎊。換句話說，匯款中有將近一半是經由廣東送回英國國內。

這裡要特別說明的是東印度公司在廣東發行的匯票，這類匯票是針對印度，也就是可以拿到印度兌現。至於購買這類匯票的人，就是在印度與中國之間做生意的民間商人，這些商人稱為「country trader」，也就是「港腳商」。相較於殖民地與英國本國之間的交易往來，這群人只准在好望角與紅海以東的地區做生意，因此才有「港腳商」（也就是區域性的商人）之稱。

由於清朝禁止鴉片，東印度公司擔心直接將鴉片帶入中國會影響茶葉交易，於是就將鴉片交易交給港腳商處理。他們從印度出口棉花及鴉片到中國，但中國茶葉遭到東印度公司壟斷，找不到可以從中國帶回印度的商品。於是，為了把在廣東的銷售利潤送回印度，便在東印度公司的廣東財務局購買對印度的匯票。東印度公司用港腳商支付的白銀購買茶葉，出口到英國本地。

東印度公司為了從鴉片獲取更高的利潤，一七七三年設下恆河下游的孟加拉產鴉片專賣制度。更在一七九七年建立新制度，由東印度公司直接向生產者購買鴉片，在加爾各答對港腳商開放競標，藉此獲得更多利潤。然而，到了一八二〇年代，港腳商在孟加拉之外又取得產自印度中部的鴉片，超出了原先東印度公司設定匯款回英國本地的範圍，於是大量的鴉片被運到中國。

鴉片交易之所以超出原先東印度公司設定匯款回英國本地的範圍而急速成長，另一個重要原因就是美國也加入與中國交易。當美國還是英國殖民地的時期，美國商人禁止與中國交易。一七八三年成功獨立後，美國立刻派交易船「中國皇后號」（Empress of China）出航，在隔年一七八四年抵達廣州，受到歡迎。

美國商人在茶葉及鴉片交易中都介入很深，創造鉅富。一些美國商人在鴉片戰爭期間取代英國商人輸入鴉片到中國，賺了大錢。

美國南部出口棉花到英國，取得對倫敦的匯票。一八三〇年代之後，美國商人就帶著這類所謂的「美國票據」到中國購買茶葉。在鴉片交易中換得大量白銀的英國港腳商，於是有了以白銀購買美國票據匯款回倫敦的途徑。另一方面，美國商人則以販賣票據所得的白銀，用來購買茶葉。

港腳商

東印度公司使用的標準箱子，剛好塞入一．五公斤裝的鴉片黑盒子四十只。每年流入中國的量，從十八世紀末的四千箱到一八二六年的一萬箱，一八三八年更增加到約四萬箱，這個結果導致自一八二七年開始由中國流出白銀。接下來藉由追溯一位具代表性的港腳商發跡經過，來釐清這段過程。[4]

威廉．查頓（William Jardine），一七八四年出生於蘇格蘭名門，查頓家的精神是拉丁文的「Cave Adsum」（記得此時此刻，我在這裡）。威廉．查頓可說徹底實踐這份精神，隨時思索自己身處的立場，累積財富。

查頓從醫學院畢業之後，一八〇二年，在他十八歲那年受聘成為英國東印度公司的船醫。東印度公司當時在交易船上配給員工兩箱份的空間，等於認可員工各顯神通載運商品，從中獲利。查頓將這份權利發揮得淋漓盡致。員工之中也有不使用這些空間的人，查頓便向他們商借空間，進行交易，累積他自立門戶的資金。一八一六年他離開東印度公司，在專營印度—中國貿易的公司裡擔任代理人，為日後成為港腳商奠定基礎。

一八一八年，他以共同出資打造的港腳船運送鴉片到廣東。一八二一年，清朝加強取締鴉片後，鴉片商人無法直接將鴉片帶入廣州，鴉片的專用貯藏船必須停泊在珠江河口的零丁洋海域，在船上進行交易。查頓在此也握有交易的主導權。

飛剪式帆船（Tea Clipper）

一八二〇年代中葉，查頓跟同樣出身蘇格蘭名門的詹姆士．馬地臣（James Matheson）共同經營，並於一八三二年創立了延續至今的Jardine Matheson公司。這家公司與廣州的公行商人伍崇曜聯合，沿用伍家的商號「怡和」，在中國成為家喻戶曉的「怡和洋行」。查頓擅長洞燭機先，果斷經營，相對地，馬地臣則具備組織力，能穩定公司發展。在個性迥異的兩人合夥之下，讓這家公司迅速成長。

一八三一年十月，隸屬於怡和洋行的交易船「精靈號」（Sylph）首次由廣東海岸北上，進軍福建到遼東這片海域，積極從事鴉片走私。交易船上有一位出身普魯士的新教傳教師充當口譯，他就是首位將聖經翻譯成日文而聞名的郭士立（Karl Gützlaff）。他先前曾在泰國傳教，與十八世紀後就深入泰國社會的潮州人有了接觸。查頓從廣州北上的這項新計畫，對郭士立來說可以在潮州拓廣人脈，進一步往中國全國傳教，十分具有吸引力。

一八三〇年代，民間商人自行蒐集資訊，積極投入交易。東印度公司這類擁有特權的組織在進行交易時，只會造成阻礙，無法促進交易。一八三三年，東印度公司特許證明更新時，英國政府決定終止其商業業務，轉為印度治理機構。這個改變等於將中國與英國本地的交易，交給港腳商來開路。查頓率先介入茶葉交易，為了迅速將茶葉運送回英國本地，打造了「輸茶飛剪船」這類快船，遙遙領先其他公司。

怡和洋行的業務不僅在中國，其他像是菲律賓的砂糖、馬來半島的錫，以及東南亞的香料等，也都在其中。因鴉片交易擴大而從中國流出的銀，便投入東南亞的多角交易活動中。

鴉片戰爭

林則徐

清朝皇帝愛新覺羅旻寧（宣宗．道光帝）在聽取總督、巡撫層級官員對於鴉片問題提出的對策後，於道光十八年（一八三八）九月，訂出嚴禁鴉片的方針。事實上，在提出意見時，皇帝心中已有確定的方向，要徵詢意見的原因，只是為了選出派駐到廣東執行嚴禁鴉片的人選。最後獲選的是湖廣總督林則徐。

是什麼讓皇帝下定決心呢？有人認為是隨著白銀流出的經濟混亂，但很可能最大的原因是鴉片蔓延於帝國士兵之間，將無法因應地方上的叛亂與不穩定的政局。後面會提到，中國自十八世

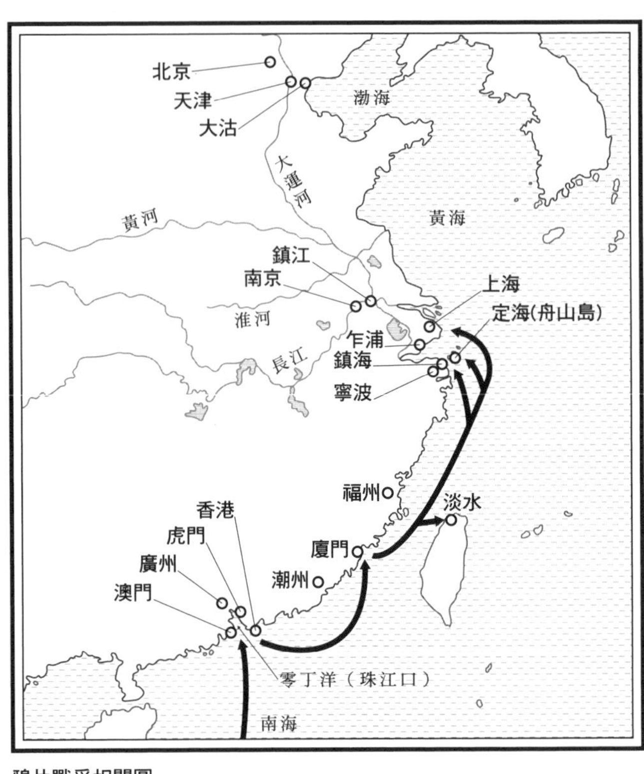

鴉片戰爭相關圖

紀末各地陸續發生叛亂，讓清朝苦於應對。身為少數異族要統治中國，面對這個結構性的弱點，清朝最優先該解決的政治課題，就是在叛亂規模擴大之前先行鎮壓。

鴉片戰爭可分成三個階段。

第一階段，林則徐在一八三九年抵達廣州，徹底嚴禁鴉片。從海上航行的商船上都能眺望的虎門海邊，將從外國商人沒收的兩萬箱以上鴉片全數混入石灰，再灌入海水，以石灰發出的熱來燒毀。然而，接下來鴉片交易仍未絕跡，清朝與英國人之間仍不斷出現小摩擦。一八四〇年四月，英國下議院討論遠征軍的軍費支出，反對決議結果二六二票對二七一票，以些微差距遭到否決，這表示政府提案的軍費支出獲得認可。

在印度編組的艦隊，由十六艘戰艦、運輸船及武裝汽船等三十二艘組成。英國遠征軍在同年六月抵達廣東海岸，宣稱要封鎖海上，卻因為在林則徐加強戒備下，英軍判斷在廣東交戰不利，於是北上占領舟山島，封鎖寧波及長江河口，接著持續往北，八月時抵達連結北京的白河口海岸後，遞交表達英方要求的外相書信，希望雙方談判解決紛爭。談判於大沽進行，之後又將會談地點改在紛爭現場廣東，遠征軍於是向南折返，林則徐遭到免職。

第二階段，新任命的欽差大臣是滿洲正黃旗人琦善。將負責的官員從漢人更換到滿洲旗人，代表著清朝已將王朝自保放在最優先順位。英國遠征軍在十一月底抵達澳門，展開談判。琦善撤除林則徐設下的海防設施，尋求妥協之道，但最後仍在割讓香港這一點上陷入僵局。英國艦隊在一八四一年一月攻打守護虎門的砲台，迫使清朝承認割讓香港。琦善也遭到究責而被罷免。

第三階段，皇帝向英國宣戰，任用皇族奕山為靖逆將軍，二月下旬於廣東重燃戰火。英國採取徹底展現兵力威嚇清朝的方針，直接朝北方展開大規模作戰，相繼占領廈門、定海、鎮海、寧波等地，同時也進軍沿海的內陸地區。隔年一八四二年，英軍破解駐防八旗的反擊，占領乍浦，更進一步進攻上海，七月攻陷長江與大運河交會的鎮江，重挫清朝繼續作戰的意志。

八月時面對兵臨南京的英國軍隊，清朝在城牆上掛起白旗投降。投降後的談判，原則上清朝同意了英國提出的所有條件。花了僅僅三天就結束談判，在八月二十九日於南京簽約，鴉片戰爭就此結束。

情報與戰爭

觀察戰爭的發展，很清楚的看出英國在作戰上掌握了中國的弱點。一七九三年派遣來的使者馬戛爾尼，測量了廣東到渤海的海域，同時也掌握其重要性。尤其身為港腳商的查頓提出一份「查頓計畫」（Jardine Paper），其中蒐羅了包括中國海域詳細地圖、進攻據點等相關情報，更涵蓋了從戰後賠償金額到政治上的要求項目等內容。自戰爭初期占領舟山，到後半進攻大運河要塞，戰爭基本上都根據這些情報發展。

另一方面，中國這邊林則徐也察覺到情報的重要性，開始調查西歐的情勢。他找人翻譯了由英國人慕瑞所著，一八三四年在倫敦出版的《地理學百科事典》，編彙成《四洲志》。此外，林則徐還要求幕僚魏源調查全球情勢，魏源以《四洲志》為基礎，加入更多地理書籍中的資訊，在戰後一八四四年將調查結果集結成《海國圖志》出版。起初以五十卷發行的《海國圖志》後來補增，一八四七年變成六十卷，一八五二年成了一百卷。其中包含魏源介紹了歐美的狀況，以及現代軍備及生產方法，為之後的洋務運動做了準備。此外，《海國圖志》六十卷本在一八五一年傳到日本，也帶給幕末日本很大的影響。

林則徐在管轄的廣東沿岸，組織義勇軍、設置砲台等，推動他的政策，加強海防。另一方面，他也很清楚地了解到，光是守住廣東也無法防範歐美的進攻。林則徐明確洞悉現實狀況，想到了若是清朝將廣州海關所得的關稅，拿一成來用於加強海防，就能抵擋英國的進攻。但這項計畫在清朝的政治環境中卻很難實現。看到英國艦隊出現在廣東時，林則徐在寫給夫人的信中這樣敘述。

> 今英夷兵船來華，既不能在粵思逞，必然改竄他省；他省海口皆無設備，苟有疏失，則該督撫等必然請罪於余之輕啟夷釁焉。則是非抑只可聽之公論而已。[5]

之後的情勢發展，可說正如林則徐所預測。

十八世紀海上世界消失後，清朝幾乎沒花心力在海防上。相對於英國船隻正處於技術迅速革新的階段，中國的帆船從十七世紀之後就幾乎沒變過。隨著港腳船進入南海，一八一〇年海盜銷聲匿跡，中國的帆船在英國船之前只顯示出無力。連海盜都取締不了的清朝海防體制，面對擁有汽船的英國艦隊時的手足無措，顯而易見。

白銀到哪裡去了？

即使在戰爭期間，鴉片交易仍舊持續，共有約一萬八千箱鴉片流入中國。交戰中的英國商人無法出口鴉片到中國，於是港腳商委託美國商人代理，將鴉片出口到中國。鴉片戰爭結束後，雙方簽訂的南京條約中並未包含承認鴉片交易，但面對英國艦隊的兵力，清朝仍默認了鴉片交易。戰後鴉片進口量突飛猛進，一八五〇年超越戰前的水準，高達四萬八千箱，之後持續增加直到一八八八年攀升巔峰。

隨著鴉片大量流入，一八二〇年代後期開始中國轉為赤字貿易，白銀陸續流出，戰後也持續這個趨勢。看看一八五〇年前後的貿易額，中國進口了將近一千萬兩的鴉片，但茶葉的出口額不過兩百萬兩左右。大量白銀從中國流出，這些白銀到哪兒去了呢？大多數講解中國史的書籍都沒提到這一點。原因是沒有追蹤這些白銀流向所需要的統計資料，但如果對照其他間接證據，還是能掌握個概況。

十八世紀許多來自中國的勞工移居東南亞，跟當地的統治者合作，主要生產銷往中國的物產。

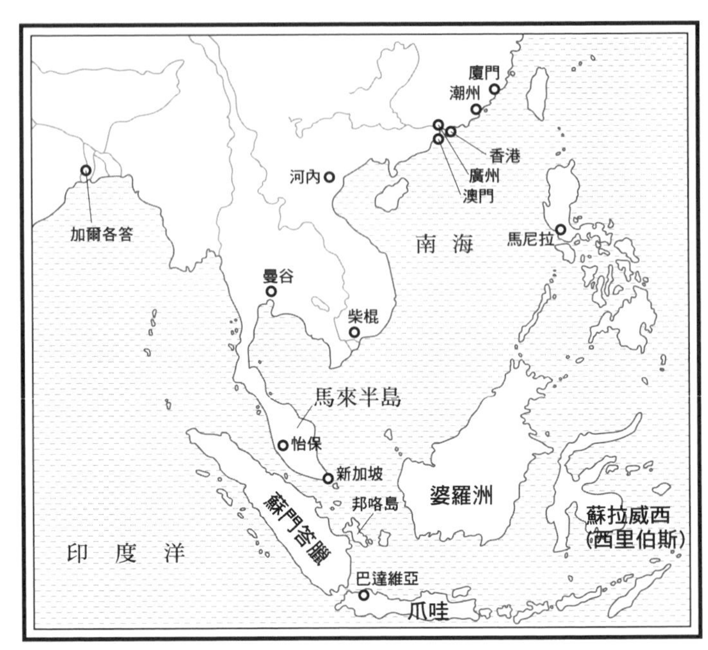

新加坡與華人移居地

港腳商也會在從印度前往中國的途中，繞到東南亞的生產據點採購出口中國的物產。鴉片交易興盛之後，生產銷往中國商品的東南亞各地，也流入了鴉片，東南亞的交易網透過鴉片與英國商人的通商路徑連結。一八三〇年代中國出現貿易赤字，購買力下滑，取而代之的是東南亞移居者生產的香料、錫、木薯粉、菸草、阿仙藥等，銷往的地點不是中國，而開始轉向歐洲。

東南亞的交易結構發生變化，跟英國出現新的交易據點——新加坡，有很密切的關係。一八一九年，東印度公司的員工史丹佛・萊佛士（Stamford Raffles）打下新加坡成為自由商港的基礎。新加坡東西兩端位於連結印度洋與南海的航線上，南北則是在串連荷蘭領土巴達維亞與泰國曼谷的通路上，中國的帆船也會停靠此處。此外，還吸引了自古以蘇拉威西為據點、活躍於東南亞海域的布吉人等海上子民，使得新加坡迅速成長成為交易中心。由於東南亞交易路線改變，過去在十八世紀繁榮的麻六甲等港口都市變得落沒，另一方面，曼谷、西貢等新的交易中心也開始興起。

據推測，從中國流出的白銀，多半是進入了新加坡。白銀在此發揮了新的經濟效果。英國商人用這些白銀蒐購東南亞各地的物產，或是用來招攬來自中國的勞工。當時清朝並不允許中國人民出國，直到一八六〇年中國與英國簽訂北京條約，百姓才准出海到其他國家。然而，收受賄賂的官員，對於中國人從福建或潮州出海一事都睜一隻眼閉一隻眼。

海外移民的世界

到海外當勞工的中國人，多半都有著艱辛的人生。很多人是簽了約先借錢出國，到了當地工作有收入之後再陸續還債，也有不少人是跟親戚朋友商借旅費。抵達東南亞的勞工，就進入「公司」工作。前面在第八章提過，十八世紀成立的公司，是個連勞工也能夠累積財富的組織。但自從有了鴉片，狀況就出現一百八十度大轉變。

在邦加島還有發展較晚的馬來半島怡保的錫礦礦坑工作的人，在熱帶環境下被迫從事嚴苛的工作。下班之後全身僵硬，疼痛到無法入睡。而且在移民社會中清一色是男性的世界，沒有家庭這類能夠放鬆身心的場所，加上熱帶地區特有的風土病也不少，而鴉片可以舒緩這類身心的疼痛，再加上又聽說能有效防治瘧疾，當時幾乎所有勞工都染上鴉片癮，管理公司的「頭家」賣鴉片給勞工，要是付不出錢就賒帳。這麼一來，勞工背負債務，沒辦法逃離工作地點，只得持續工作下去。

在東南亞的中國人分處兩個極端，以鴉片致富者，以及在工廠裡不停賣命到死去的工人。後來成為富人代表的，就是在東南亞出生的土生華人，稱為「Peranakan」，也就是父親是中國人，母親為當地人。這些土生華人說著英語，保持中國的習慣，又藉由母親或妻子與當地社會保有交集，他們介於英國商人與中國人公司裡的「頭家」之間，調度公司生產的物資，並安排從中國引進勞工，還到各處供應鴉片。在這些活動之中，逐漸累積財富並獲得社會上的發言權。

中國移民在東南亞工作，獲得白銀作為報酬，而白銀必須送回家鄉。尤其當初向親戚商借旅費的人，更得盡快清償。因為如果不還錢，恐怕會連累留在故鄉的家人。在東南亞的中國人都會利用稱作「民信局」的機構匯款回鄉。

民信局的歷史悠久，是在明朝永樂年間鄭和遠征後，中國商人進軍東南亞時成立的。但這個民間的通訊、匯款網，是在十九世紀的嘉慶、道光年間才真正具體化，鴉片戰爭後更是迅速成長。在中國國內也以寧波為中心，拓展至全國各地。在東南亞民信局匯出的白銀，依循著網路送回到中國之間，會化為各式各樣的商品，最終送到身在中國的收件人手上。

很多史書將包含鴉片在內的十九世紀視為中國近代的開端，而且提到中國，會稱之為「搖搖欲墜的中華帝國」，或是「夕陽西下的大清帝國」等，然而，如果將這個世紀放在蒙古帝國之後的歷史之中來看，也可以有不同的評價。

中國之所以能稱得上「地大物博」，就是有豐富的物產，尤其十四世紀到十七世紀的生絲、陶瓷器，十八世紀之後的茶葉，這些都持續吸引大量的白銀。過去曾有「白銀墳墓」之稱的中國，隨著鴉片流入後，不斷吐出長久以來累積的白銀。這些白銀主要轉入東南亞，原先銷往中國的物產轉向歐洲，也出現了殖民東南亞地區的契機。而這些白銀從中國吸引到的不是商人，而是勞工，這也成為之後出口人力，也就是「苦力貿易」的導火線。到了十九世紀後半，愈來愈多中國人移居北美。

若不從國家歷史，而從人類歷史來看，十九世紀是中國人在國際舞台上拓展生活領域，且在社會和經濟上都建立起網路的世紀。中國人自行克服鴉片之災時，生活在世界各地的中國人開始影響世界的動向，而這股動向一直維持到二十一世紀的今天。

蛻變的社會

本節的標題用了「蛻變」這個詞，「蛻」指的是昆蟲或蛇脫下來的殼。就像蟬的幼蟲棲息在地底，到了夏天某個晚上褪皮後飛走。代表原先在舊框架下靜靜地變化，到了某個時刻突然展現改變，這樣的過程就叫做蛻變。十九世紀的中國社會，雖然在清朝統治的這個政治框架沒有改變，但帝國之下的社會，很明顯已經準備好轉向蛻變。

移民社會

我們來看看典型的例子[6]：在長江快要流入四川盆地前，有一座平頂岩山，山上有一處山寨，名叫磐石城。這是在此區擴張勢力的涂氏一族於道光年間（一八三〇年代）打造，山上儲備了飲水、糧食、武器彈藥，一旦發生戰亂，整族的人就待在山寨裡。這處山寨也象徵了十九世紀地方社會的改變。

山寨所在的四川省雲陽縣是交通要衝，來往的人很多。十八世紀中葉，湖北平原隨著人口增加

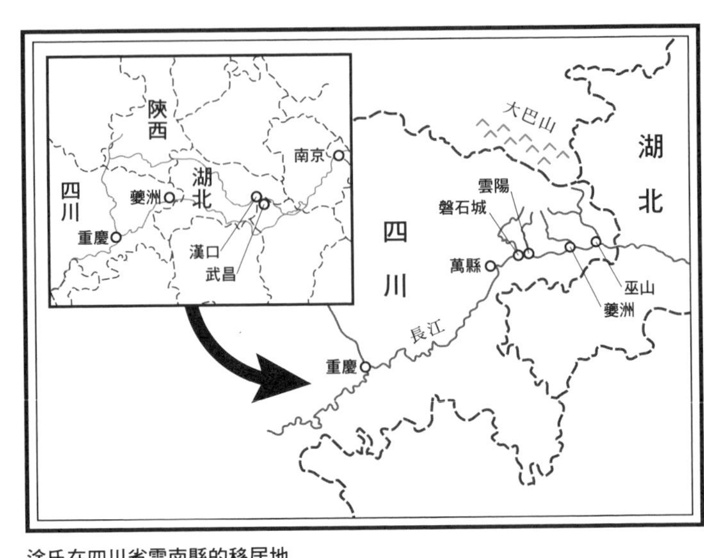

涂氏在四川省雲南縣的移居地

而飽和，許多人移居到沿著長江的省界山區。涂氏的祖先在乾隆二年（一七三七）遷入雲陽縣，辛苦了將近十年，也從事一些商業活動，終於累積一筆資產，不過，他想買土地卻資金不足；他跟賣家約好，回鄉籌措剩下那筆錢，卻在回到湖北時過世。十年後，其子再度前往雲陽縣，想要買下當初那塊土地，賣家卻以這段期間地價飛漲為由，不願履行原先與父親簽下的契約。一狀告上官府後，最後總算獲得一半的土地。

涂氏辛勤開墾，乾隆五十四年（一七八九）用積蓄買下了磐石城。這座山寨周圍是懸崖峭壁，南側則是一片平原。對面與交易要衝磐石鎮的街道相望。有了利於農耕與交易的土地，涂氏掌握了後續發展的契機。

涂氏以開墾與交易來增加資產的同時，宗族之間也非常團結。乾隆五十年（一七八五）出生的涂德明，在四川重慶與湖北漢口之間做生意，獲得成千上萬的財富。他同時也是大地主，出租佃地的收入也不少。此外，他還獲得監生（見第九章）的科舉身分，成功與官場產生交集。

某次，涂德明要回到出身地湖北掃墓，抵達漢口時遇到另一位同鄉，正好結束返鄉，一聊之下才知道那人回鄉時財產全被親戚捲走。涂德明聽完後，決定不回出身地，折返雲南縣，於道光十五年（一八三五）在磐石城內建造一座祭祀涂氏祖先的宗祠。

就這樣，涂氏將重心從與同鄉的社會關係轉為到與移居地同宗的團結上。藉著宗族的團結，日後成為雲陽縣的望族。有勢力的大宗族團體，可以醞釀全縣的輿論，一起參與地方行政。涂氏在十九世紀以望族的身分，在慈善事業與地方財政上都有很強的發言權。

地方社會的裂痕

雲陽縣北部是大巴山脈綿延的海拔兩千公尺級山區，河流就從這片山地流入長江。移居河川流域的人們，想找尋更好的土地，準備朝長江流域平原開拓時，平原地區已經由像涂氏這樣有勢力的宗族掌握。在商業活動上，也有其他有勢力的宗族團體掌握了交易中心地區，其他人經常被迫接受吃虧的交易。

這些移民沒有足夠的資產來團結整個大宗族，也無法建立起能影響縣府行政的人脈。始終無法邁向成功之路的這些移民，當中有些人便加入了宗教團體白蓮教。

獲准入教的信徒，就成為「無生老母」所主宰的家族一分子。「無生老母」，就是不是由任何人生出來，屬於一切原始的母親。入教後可習靈文，獲准參加宗教儀式，信徒之間彼此互助。在移民社會這股不安的氛圍中，人們將白蓮教視為在精神上、社會上的依靠。

促成明朝成立的紅巾之亂中，白蓮教成了一個有組織的支柱。受到朱元璋的壓制，在清代盛世社會繁榮之中，這個宗教的活動並不起眼。然而，乾隆三十九年（一七七四）承接白蓮教風格創立的清水教，在領導人王倫帶頭叛亂下，地位又逐漸變得重要。清朝對於移民社會中迅速拓展勢力的白蓮教很有戒心，加強取締，乾隆四十七年（一七八二）後更加強鎮壓及刑罰，使得白蓮教的活動愈走愈偏激。

嘉慶元年（一七九六），湖北、四川、陝西交界地區，發生了大規模的白蓮教教徒叛亂。嘉慶二年，在四川起義的白蓮教教徒勢力直逼雲陽縣，縣內也隨之響應。涂氏傾全宗族之力守住磐石城，與白蓮教軍對峙，度過危機。

在雲陽縣出現的社會變遷，就等於全中國的縮景，大致上的狀況就像這樣。

盛世時期人口遽增的結果，使得十八世紀末之前的地方社會面臨飽和。耕地、水利等區域內資源，隨著人口增加變得稀少，為了有限的地區資源，爭奪愈來愈激烈。資源指的不僅是物資，從十六世紀開始的稅制改革，讓掌管州縣行政的知縣、知府關心起水利，致力於開墾。如果能與掌管資源分配的行政官員保持社交往來，在爭奪戰將比較有利。要跟文人官員交際，必須要有教養，因此，爭奪的對象也延伸到了這類社會性、文化性的資源。

地方社會成了為資源你爭我奪的競技場，尤其十八世紀接納多數移居民眾的地區，更是將競技場的性格展露無遺。另一方面，也出現了一群人倚賴同鄉之間的人脈、掌握成功契機，抓住與地方官的交集後進一步參與行政，同時累積資產。再者，也有不少人加入了宗教社團。當白蓮教軍逼近時，裂痕益發顯著，地方社會中有一派迎接教軍，響應起義，另一派則主張鎮壓，兩股勢力你爭我奪。清朝無法輕易鎮壓白蓮教的叛亂，龐大的軍事費用造成財政的負擔；嘉慶時期的白蓮教，為帝國盛世劃下休止符。

提到資源爭奪戰白熱化的理由，就不能不想到生態環境的極限。在前面第八章介紹過，十八世紀時，秦嶺山脈在山間的煉鐵產業有突飛猛進的成長。在海拔三千公尺級的山脈上，打造多個稱為「廠」的作業地點，伐木的木材廠，使用山中採到的鐵礦精煉的煉鐵廠，都需要大量的勞力。這些勞工的糧食，就來自海拔一千兩百公尺之下的山腰處生產的廉價玉米。

生態環境的極限

玉米栽培與工廠組合的山地經濟，並不是個永續的體系。在山上出現了伐木→栽培木耳→開墾→種植玉米→荒廢，單向性的環境變化。為了市場導向種植玉米的移居者，在面對土壤流失而導致土地貧瘠時，就會放棄這塊土地，往更深的山地拚命開墾。在海拔較高的高山上，木材廠破壞了原生林，煉鐵廠也因為需要消費大量木炭，導致林地快速縮減。破壞山林，使得山地水土保持功能明顯降低，持續放晴會導致乾旱，連日大雨又容易發生洪水。頻繁出現的水、旱災，直接影響到山麓栽種的玉米。山地經濟發展得愈興盛就愈是掏空根基，最終不得不自取滅亡。

早在十八世紀末就已出現滅亡的徵兆，但狀況真正變得嚴重是從嘉慶十八年（一八一三）開始。在隔年的報告書中有這樣的內容。

前年秋，玉米歉收，黍子、蕎麥等只收穫了五成。自作之家，勉能自足，但糧價高漲，各廠無以養活眾多勞力，受雇之人無以維生。……〔工廠裡的工人〕知悉向來對外來游民（指固定職業之人）救濟，須登記戶籍始得發放。遂堅定起義掠奪之意，無業游民起而附和，地方官與軍隊旋即兵戎相見。7

嘉慶十八年起義的主謀之一，就是因為木材廠關閉後只得靠乞食卻難以維生的失業者。

從大運河到海洋

十八世紀海運業繁榮，也促進了中國社會的改變。明代永樂年間修築大運河，完成了物資從江南到北京運輸的基幹。其後，明清兩代運送江南糧食時，會刻意避開帝國不容易掌控的海運，而走大運河的漕運。

漕運不單純只是運輸通路的問題。由於大運河定位為國家物流的基幹，維持大運河必經的華中、華北幾乎所有水系，都得由帝國負起責任來管理。使用國家經費進行土木工程，讓水利體系得以維持。此外，漕運需要大運河流經地區的大量勞力。江蘇、山東、河南等流域的經濟與社會，都仰賴著大運河。

然而，十八世紀末，神祕宗教羅教滲透進入漕運勞工之間，逐漸出現反清的氣氛。加上黃河屢屢氾濫，運河道荒廢，要維持大運河變得愈來愈困難。另一方面，海運的營運已經發展到值得信賴的程度，在海上世界消滅後也能由國家來統一管理。於是，嘉慶年間皇帝身邊的官員已經開始認真討論將大運河的漕運轉換到海運。

道光四年（一八二四）黃河氾濫，大運河陷入停擺。清朝在隔年（道光五年，一八二五）正式決定江南的米穀要以海運運輸。並在上海設置海運總局，於天津設置海運局，大沽則有海運外局，委託過去從事海運的商人展開海運。從事海運的船隻，除了航行黃海載運黃豆的沙船，其他還動用了往返於臺灣及福建之間的福建船。此外，綜合各種優點，能適應南海、東海、黃海的「三不像船」也出現了。

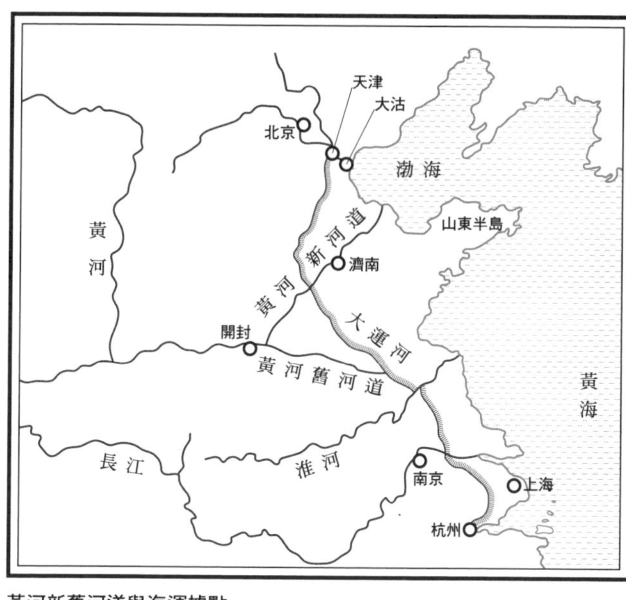

黃河新舊河道與海運據點

海運受到與大運河相關的官員以及大運河流域的地方官反對，在道光四年及隔年的道光五年共中斷過兩次。但之後鴉片戰爭下情勢混亂，使用大運河的運輸在十八世紀已不復往日，海運的比例逐漸提高。多數大運河的勞工都失業，而撐起大運河的水系也疏於修繕，導致經常發生水患。

咸豐五年（一八五五），黃河終於決堤。河水流入大清河往東流，在山東半島北側注入渤海，黃河南流的時代宣告終結。支撐大運河的水系徹底改變，已經不可能繼續維持大運河，此後完全從漕運移往海路。

太平天國與社會

中國社會的蛻變，就是在以上三個要素交錯下進行。這個變化在歷史檯面上出現的震盪，就是太平天國。太平天國是以洪秀全在廣東創辦的宗教團體「拜上帝會」為核心所發展而成，[8]起初加入拜上帝會的成員，多半是燒炭工人、貧農、礦工等。一八五〇年七月，拜上帝會會員聚集於廣西省金田村，組成稱為「團營」的武裝組織，一八五一年洪秀全就任「天王」。太平天國從華南到華中，在北上同時急速擴張勢力。

人口增加導致地方社會像是競技場，地方上有一群人想拉攏清朝官員，同時也有另一股與之對抗的勢力，兩相抗衡。中國經常會出現「敵人的敵人就是朋友」這類政治角力。在太平天國北上的情勢下，社會中無數的對立漸漸把地方社會分為兩派，一邊與清朝連結，另一側則呼應太平天國的行動。

加速這股動向的原因，就是生態環境瀕臨極限以致滯留在山間的失業者，還有大運河功能停擺後出現的失業者。原本就以地方社會中的弱者為核心所出現的太平天國，緊緊抓住在清朝社會中無法平步青雲的那群人的心。

邁入十九世紀後變得衰弱的八旗與綠營，已經壓制不了太平天國。這時，取代清朝正規軍而有出色表現的，就是「鄉勇」。在成為競技場的地方社會中，以有勢力的宗族團體為核心，從十九世紀起就有很多這種稱為「團練」的鄉村自衛武力組織。將團練組織成省級的規模，就成了鄉勇，像是曾國藩在湖南組織的「湘勇」，就非常有名。

太平天國受到鎮壓，清朝並未因此滅亡。但在這場亂事前後，清朝內部出現實質性的轉變。與曾國藩有關的漢族官員，成為各省總督、巡撫，並從中央自行獨立出一套財政基礎，還擁有來自鄉勇的軍事組織。終結清朝的辛亥革命，就是在華中、華南各省對清朝發出獨立宣言之下推進。在鎮壓太平天國的過程中，陸續產生了之後成為各省軍閥的人。

不過，太平天國之後的歷史已經超出本書探討的範圍，本書只將焦點放在太平天國動搖清朝基礎的另一項重要因素上，就是清朝在鴉片戰爭中落敗，無法繼續維持朝貢機制，使得清朝的權威下滑。洪秀全打著耶穌基督胞弟之名，建立起新的權威時，清朝的權威就很輕易被拿來比較。

南京條約與開港

道光二十二年七月二十四日，也就是西曆一八四二年八月二十九日，南京條約於停泊在長江南京下關江面的軍艦「皋華麗號」上簽訂。從「茲因大清大皇帝，大英君主，欲以近來不和之端解釋，息止肇衅，為此議定設立永久和約」這段文字為開端的條約，雖稱和約，實際內容卻是一面倒向英國的主張。

第二條的內容為開放廣州、福建、廈門、寧波、上海五個港口，同意英國人及其家屬居住、進行交易，英國可以派遣領事管理通商等事宜。

第三條，為了讓遠渡重洋的英國商船有地方維修，需將香港一島予英國國王及其繼承者統治。香港就這樣割讓給英國。

第四條是支付遭到沒收的鴉片賠償金，第五條是廢止公行，開港的幾個港口能夠自由交易。

在附帶款項第四條中，提到駐中國的英國官員在與清朝大臣之間的文件來往時需採取「照會」

南京條約簽訂圖

的形式。這項內容代表英國與清朝在文件往來上站在對等的立場。國外使節已放棄對中國皇帝朝貢的表面形式，而以不涉及政治交涉為前提的互市交易體系，也在合約中遭到明確否定。

互市體系一旦瓦解，清朝已經沒有能力阻擋這股潮流。一八四三年，英國與清朝簽訂五口通商章程，確定了英國對中國出口包括鴉片等貨物的條件，之後又簽訂了虎門條約，內容包括英國人可租借土地及建築物，能夠永遠居留，還被迫承認治外法權，放棄關稅自主權，以及英國享有片面最惠國待遇。最後一條代表著清朝與其他國家簽訂條約時，只要對對方國更有利的款項，一律自動也適用於英國。

其他歐美各國也參考南京條約與其追加條款，隔年一八四四年與美國簽訂望廈條約，與法國在廣州黃埔的法國軍艦上簽訂了黃埔條約。這些條約愈晚簽訂的內容愈詳細。例如，黃埔條約中明訂，若法國領事不在開港地區，則可由其他歐美領事來保障本國國民財產，這是首次見到的內容。而這些新的規定，也會因為最惠國待遇的條款，自動適用於英國及美國，可以說歐美各國就這樣聯手蠶食清朝的主權。

幾個開港的地區之中，最繁榮的就是上海。有些書上說上海在開港之前只是個鄉下小漁村，但這是錯的。十八世紀作為江南外港而變得繁榮的瀏河港，在十八世紀末因為泥沙在港灣淤積，後來連沙船都很難入港，最後是由上海接替衰退的瀏河港。清朝在十九世紀初期放棄了航行黃海的沙船只限停靠瀏河港的政策，使得買賣黃豆及黃豆粕的商人也幾乎都轉移到上海，就連港口中心的天后宮也遷到上海。

一八四四年首先進軍上海的歐美商人，是以鴉片商人聞名的寶順洋行（Dent and Co.），之後怡和洋行也蓋了商館。經常出現外國人向一般民眾租借土地這類前所未聞的狀況，非常混亂。

一八四五年簽訂了「上海土地章程」劃定租界，商人在租借土地時由中國地方官與外國領事官共同見證，劃定界線。此外，租界內禁止中國人租用建築物或居住。租界在日後持續擴大，十九世紀後半之後，上海已經成長為東亞的交易中心。

馬克思的誤判

清朝的互市體系被歐美各國破壞時，歐洲正掀起一股革命熱潮。在一八四八年出版的《共產黨宣言》裡，卡爾・馬克思（Karl Marx）與弗里德里希・恩格斯（Friedrich Engels）曾這麼說。

> 中產階級因為所有生產用具迅速改善，加上交通變得極其方便，能夠將所有民族，甚至連尚未開發的民族，都帶入文明中。他們的廉價商品，將中國的長城徹底摧毀，也是征服野蠻頑固仇外分子的重炮。

馬克思預測中國對英國開港之下，在資本主義之下製作的商品會大量傾銷進入中國，招致中國整體社會的動盪，將因此發生革命。他還預測，始於亞洲的革命浪潮，將使得中國市場突然萎縮，引起英國的恐慌，在歐洲也會達成政治革命。不過，他誤判了情勢。雖然鴉片進口量增加，但英國生產的棉織品卻幾乎不為中國人接受。

為了探究這個原因，英國人做了很多研究調查，製作成報告。其中最能直搗核心的，就是密切爾在一八五二年發表的「密切爾報告書」（Mitchell Report），他在報告中提出以下的觀點。[9]

> 中國各個地方因為土壤、氣候不同，有各自的物產。而且國內交易主要都是交換物產。例如北方盛產棉花，南方則出產稻米、砂糖、果實、藥材、染料及茶等。
>
> 福建農民生產的大量砂糖。……農民在春天將砂糖送到最近的港口，等候季節吹南風時以船運到其他北方港口，賣給商人。商人的中式帆船經過四或六個月的沿岸航行回來後，到了秋天農民就能收到砂糖的代償，一部分是現金，其他則以北方產的棉花來抵帳。
>
> 秋天收成之後，農家所有人無論老幼都投入彈棉花、紡紗、織布等作業，手工織出能夠耐兩、三年使用的質地厚重棉布，用來做自己的衣服，有剩下的就拿到鎮上賣。在鎮上開店的商人，為了滿足城鎮居民以及住在船上的眾人需求，便收購這些棉布。這個國家十個人之中有九個都穿著這種用手工紡織的布料製成的衣服。

密切爾很可能是以自己親眼所見的景象來做出這個結論，認為就是手工紡織的棉布阻礙了英國產薄棉布進口。

馬克思發現中國沒有出現革命跡象後，參考了這份「密切爾報告書」等資料，推導出的結論是「中國農業與家庭手工業緊密結合」。之後在太平天國的運動也幻滅時，馬克思做出了一個結論，認為這樣的緊密結合正是導致中國經濟與社會停滯的原因。然而，就歷史上來看，馬克思的見解是否正確呢？

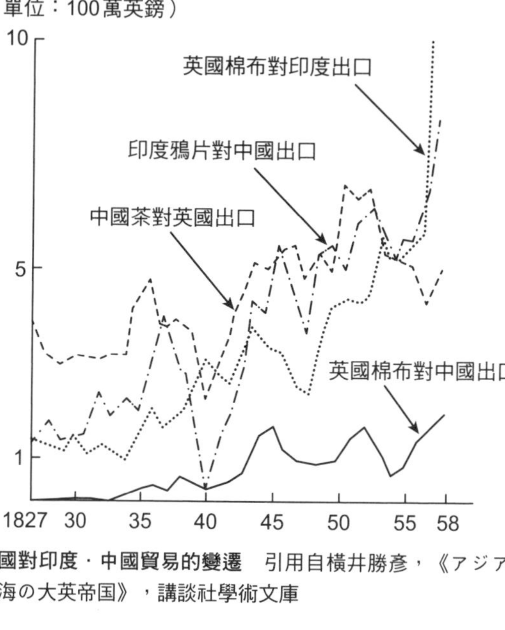

英國對印度．中國貿易的變遷　引用自橫井勝彥，《アジアの海の大英帝国》，講談社學術文庫

我們在海洋與帝國這個框架下看了中國這五百年來的歷史，觀察到「密切爾報告書」中所提到的、中國各地產業藉由海洋呈現多角化且緊密的結合，但這並沒有導致停滯。清朝這個架構直到二十世紀之前都沒有崩解，但在這個外殼下的中國社會，確實逐漸在蛻變。

此外，更有跳脫帝國框架的中國人跨海分散各地，從中國東北拓展到江南、福建，甚至連東南亞熱帶地區都成了華人的移居地。透過這些人脈網絡，多樣化的商品、白銀與勞力都在流動，而這一波波漣漪也將影響全球。

註釋

1 以下內容主要參考Murray, Dian : Pirates of the South Chian Coast 1790-1810, Stanford University Press, 1987。

2 見《刑法》第二篇第十四章「鴉片煙相關罪行」。

3 以下內容參考松本睦樹，《イギリスのインド統治：イギリス東インド会社と「国富流出」》阿吽社，一九九六年。

4 內容主要參考Wikipedia上「William Jardine」的介紹：https://zh.wikipedia.org/wiki/%E5%A8%81%E5%BB%89%C2%B7%E6%B8%A3%E7%94%B8（二〇一七年四月搜尋結果）。

5 周維立校訂，《清代四名人家書》，近代中國史料叢刊三六——六二四，文海出版社。

6 以下內容參考山田賢，《移住民の秩序》，名古屋大學出版會，一九九五年。

7 《欽定平定教匪紀略》，卷三十八。

8 詳情見本系列第十冊，菊池秀明，《末代王朝與近代中國》，二〇一七年，臺灣商務印書館。

9 田中正俊，《中国近代経済史研究序說》，東京大學出版會，一九七三年。

結語　媽祖與明清歷史

出現在雲南的海上女神

回顧本書一開頭的這段話：「二〇〇三年三月，我完成在雲南的調查，回程在昆明（雲南省）的機場遇到一整團旅客。其中，端坐在候機室椅子上的，正是媽祖。她是眾多中國人信奉的海上女神。」

同行護送神像的信徒告訴我，這尊媽祖是從臺灣東岸的港都花蓮到福建，走訪過女神的故鄉之後，到雲南著名的觀光景點麗江一遊。為什麼我能遇到這個情境呢？為什麼在臺灣信仰的海上女神會出現在中國內陸雲南呢？綜觀這五百年來的東歐亞歷史時，總算能理解這段歷史背景。

海上時代的劃分與臺灣的媽祖

首先，我們為臺灣港都信仰媽祖的經過在海洋歷史中找到定位。站在海洋的觀點上，明代到清代這五百年的時間，可以劃分成幾個時代。

第一階段，因為張士誠脫離元朝，使得東歐亞的海域自此獨立於陸地，建立起海上世界。

第二階段，就在十四世紀中葉到隆慶元年海禁解除這段時期。明朝為了維持政權上的獨立，刻

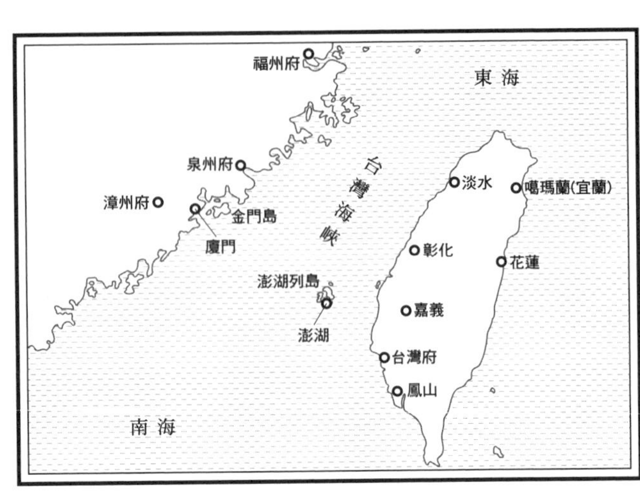

十九世紀的臺灣

意創造出朝貢體制，打壓民間商人的自由交易。相對地，有倭寇之稱的武裝海商開始活動。

第三階段，一五七〇年代海禁解除後，互市體系誕生。以中國為核心，在日本與東南亞的交易變得活絡，而且基於這樣的交易，讓海上世界得以產生獨自的政權，也就是鄭芝龍、鄭成功的政權。

第四階段，從鄭氏政權消滅，遷界令解除的一六八〇年代開始。海上世界獨立的活動銷聲匿跡，海域歸由陸地政權（中國清朝與日本江戶幕府）管理。

接下來第五階段就是鴉片戰爭之後。東歐亞海面上有歐美的船舶來來往往，東歐亞海域在全球占有一席之地。

根據這樣的時代劃分，來看看臺灣花蓮的變遷。在地圖上看到媽祖出身的福建與臺灣之間，僅隔著臺灣海峽，近在咫尺。但流過這處海峽的黑潮速度強勁，加上季節風多變，靠前近代的帆船非常難橫渡。宋代時曾有大陸的漢族居住在澎湖島，卻無法渡海來到位於東側的臺灣。

到了海洋第二階段，連澎湖島上的居民都被強制遷居到內陸，成了無人島。臺灣是在海洋第三階段才有人從福建渡海而來，正式遷入定居。首先是跟著鄭氏政權移居的漢族增加，他們渡海時會祈求媽祖保佑，推測到臺灣也保持對媽祖的信仰。漢族是在第三階段的末年才踏入位於臺灣東岸的花蓮，一六八二年鄭氏政權為了保住沙金，派遣手下前往。

接下來，在第四階段，海峽上出現了一波真正的移民潮。清朝鎮壓占領臺灣的鄭氏政權時，派出福建人施琅指揮此場戰役。施琅以受媽祖加持為由，希望清朝能表彰女神。此外，乾隆末年臺灣發生叛亂時，清朝軍隊也號稱受到媽祖保佑，媽祖信仰有了官員的支持，拓展到臺灣全島，花蓮也在這個時期開始被開墾。自一八二五年左右，臺灣淡水、宜蘭等地的有力人士招募幾千人的小佃農，移居花蓮一帶，正式著手開發。

再來是人們在太平洋上活動頻繁，使得花蓮成為港都的第五階段。臺灣在日本殖民地的時期，港灣建設完備。花蓮港口有做稱為順天宮的廟宇，出現在雲南的媽祖就供奉在此，保佑出入港口的漁民。

東歐亞帝國內的麗江

出現在雲南的媽祖，在信眾的隨行下繞境麗江。麗江老街在一九九七年受聯合國教科文組織認定為世界遺產，是雲南觀光區之中極受歡迎的景點。

在麗江，沿著水路邊蜿蜒的小徑散步，會在敞開大門的住宅中庭裡看到造紙、銅製工藝等手工業。向晚時分，從漢族地區傳承的古老樂曲在街頭巷尾響起。雖然現在是為了觀光區而努力保留，這無疑也是在明清兩個對比的帝國歷史中打造出的景觀與文化。這群花蓮的媽祖信徒，肯定受到這幅街景的深深吸引。

經常並稱「明清」的這個帝國，兩者都是在蒙古帝國開拓的歐亞歷史空間中產生的政權。相對於宋朝之前的帝國，是在古代周朝形成的東亞空間中，屬於「中華帝國」，但元、明、清三朝，借用華勒斯坦說過的話，可說是「世界帝國」。就這一點來看，明朝與中歐亞的帖木兒帝國，還有清朝與北歐亞的俄國，都是同時並存的政權。

明朝是個在否定蒙古帝國之下繼承它的王朝，明太祖朱元璋不使用支撐蒙古帝國經濟的白銀，提出以戶制為基礎的實物經濟；對外則打壓自由交易，致力推動朝貢體制。

但如果細究這個體制的由來，其實是以元朝實施的制度為基礎，稍加改變而成。無論以「戶」為基礎來掌握人口的戶制，或是將鹽的專賣制當作財政基礎的開中法，還有治理帝國周圍其他民族的土司制度，這些原型都在元代時就已建立。

麗江是由在元朝到明朝、受任土司的木氏打造出的城市。導遊解釋，當地沒有城牆的自然街景，是因為在樹木周圍築上城牆，就成了「困」字，感覺不吉利。且不論這番玄妙的解釋是否正確，但麗江景觀是在明代土司治理下打造，這是歷史上不爭的事實。

清朝則是採肯定的態度繼承蒙古帝國的遺產，清太祖努爾哈赤建立的地方政權，到了兒子皇太極的手上發展為「大清」帝國。其中轉變的關鍵，據說就是獲得自元朝傳下來的玉璽。清朝的皇帝，不僅是中國的皇帝，還是滿洲族的領袖，游牧民族的大汗，以及藏傳佛教大施主，兼具四個不同面向。

以歐亞政權之姿誕生的清朝，在活用市場體系的同時，也推動白銀與銅錢並存的財政政策，成功活絡了國內地方之間的交易。對外則以互市體系為基礎，准許中國商人在日本、東南亞及中國之間展開交易，締造了十八世紀的「盛世」。

由於清朝將西藏高原也納入勢力範圍，使得進出西藏高原的交易也較過去更活絡。土司的治理因為雍正時期推動的改土歸流政策而告一段落，但麗江作為交易頻繁的要衝，在經濟上變得繁榮。交易路徑沿線上，雲南西北部西藏族居住的地區，也孕育了豐富的文化。

媽祖的旅程

二十世紀，歐美的探險家與傳教士沿著交易路徑深入雲南內陸，將許多訊息介紹給全世界。其中引發最多討論的，是由約瑟夫・洛克（Joseph Rock）所著，針對一九二三年之後以麗江為中心調查納西族文化的報告，發表在國家地理雜誌（*National Geographic*）上。英國小說家詹姆士・希爾頓（James Hilton）還根據這些資料，描寫出《消失的地平線》（*Lost Horizon*）裡的理想國香格里拉。

小說中的香格里拉位於白雪覆頂的高山山麓，盆地上開滿鮮花，還有成群的牛。居民就靠著交易獲得的財富過著安穩的日子，沉浸在豐富的文化中。

如果花蓮的神像中確實附著媽祖的靈魂，在跟著鄭和橫跨歐亞海域，於南海及印度洋看過無數港灣的她，對於眼前麗江的風景又有什麼感想呢？聽完隨行信眾的說明後，當我再次凝視著端坐在機場長椅上的媽祖容顏時，明清五百年的歷史瞬間化為一道閃光竄過腦海——那正是媽祖遍歷歐亞大陸及海洋的旅程。

主要人物略傳

海上列傳

方國珍（一三一九～七四）

出生於浙江省沿海的黃巖。名珍，字國珍。也有寫作谷珍。原先在元朝從事海上運輸的工作，卻在一三四八年被懷疑與海盜有往來而走避海上，攻擊從江南到大都的政府運輸船，占領台州。他與當地從事製鹽的人聯合，擴張勢力，在一三五五年春天從台州北上，直到占領海上交易的據點慶元（現在的寧波）。

元朝為了拉攏方國珍，給予他海道漕運萬戶、浙江行省左丞相等官位，勢力範圍擴及寧波、溫州、台州等地。為了保存自己的勢力，方國珍於一三五九年投靠朱元璋，接受福建行省平章的官位，卻一方面仍以海上運輸糧食到元朝首都大都。一三六七年朱元璋派軍到浙江省東部後，方國珍投降。形式上雖然給予廣西行省左丞的地位，實際上卻是就近監視。方國珍最後在應天（現在的南京）過世。相對於元末群雄幾乎都在戰亂中死於非命，方國珍未懷奪取天下的野心，並能見機行事，或許這是他得以平靜善終之因。

張士誠（一三二一～六七）

出身江蘇省泰州白駒場（現在是大豐縣），年輕時人稱「九四」，從事水上運鹽的工作。一三五三年，因受不了元朝官僚以及與官員勾結的富人壓榨，召集一群鹽工起義造反，占領秦州、高郵，隔年正月在高郵自封誠王，以大周為國號。雖然曾遭到元朝丞相脫脫包圍，處境危急，後來卻因為朝廷政爭，脫脫遭到撤換，張士誠得以保命。

一三五五年，他進攻通州（現在的南通），渡江到長江之南，隔年將江南納入勢力範圍，定都於平江（現在的蘇州）。一三五七年敗於朱元璋大軍，歸順元朝，受封太尉，運送江南物資到元朝首都大都。一三六三年出兵安徽，打敗以打著紅巾軍理念的韓林兒及劉福通後，自稱吳王建立政權。但一三六七年朱元璋攻破平江，張士誠被捕，於應天（現在的南京）自縊而亡。張士誠得到當時中國最富庶的江南地區，受到富人階級的支持，創造經濟的繁榮。或許是明初時期這幅榮景遭到破壞，張士誠在江南備受尊崇，他的墳墓也被保留下來。每年舊曆七月三十日是祭祀地藏菩薩的日子，習慣焚香，但在蘇州一帶會將這項儀式稱為「燒九四香」。據說起源就是藉地藏菩薩誕辰這一天來紀念張士誠。此外，《水滸傳》的作者施耐庵與張士誠是同鄉，因此有人說《水滸傳》是以張士誠的事蹟為藍本。

鄭和（一三七一～一四三四）

出生於雲南昆陽州（晉寧縣）的穆斯林家庭，本姓馬。在明朝進攻雲南時遭俘並去勢。被獻給當時的燕王朱棣，成為內廷的宦官，於靖難之役立下功勞，一四〇四年獲賜姓鄭，成為宦官之首的太監。一四〇五年到一四三三年之間，曾經遠征南海、印度洋多達七次。

成化年間（一四六五～八七），當時皇帝與親信宦官曾想要仿效鄭和遠征，重新開啟由內廷主導與東南亞的交易，卻遭到官員反彈，更為了不讓類似的行動再次出現，將兵部保存的鄭和遠征相關公文全數銷毀。也因為這樣，使得鄭和遠征的詳情成了歷史之謎。

王直（出生年不詳～一五五九）

出身安徽省歙縣。從事鹽業失敗後，轉向明朝禁止的海上交易。一五四五年到日本，與博多、平戶的商人做買賣。一五四八年因為官兵毀了海上走私交易的據點雙嶼港，使得王直一躍而上位居海商領導人的地位，接著在舟山群島的烈港設置據點，頻繁進行走私貿易。

一五五三年，烈港遭到官兵攻擊，將據點遷移到日本的五島列島及平戶，殘留在中國的海上勢力，開始搶劫沿海地區，這就是「嘉靖大倭寇」。但明朝認為王直就是首腦，最後王直遭到處刑。

日本人在安徽省打造了王直墓（「王氏祖墓」），但在二〇〇五年一月底，有一名中國教師認為王直是賣國賊，將他的名字從墓碑上削去。這起事件帶來的教訓，就是中國與日本之間必須共同進行對「倭寇」的研究，並透過討論來評價當時的相關人物。在中國歷史學界，也有人對王直的海商身分給予肯定的評價。

利瑪竇（一五五二～一六一〇）

原名Matteo Ricci，出生於義大利的馬切拉塔（Macerata）。利瑪竇出生的那一年，恰巧就是聖方濟・沙勿略立志到中國傳教，從日本飄洋過海，在廣東過世的那一年。利瑪竇在一五六八年搬到羅馬，一五七一年進入耶穌會，一五七八年以傳教士的身分赴印度果亞。

一五八二年抵達澳門。之後他輾轉到過肇慶、韶州、南京、南昌等地，四處尋找傳教的可能。一六〇一年獲准在北京居住。

利瑪竇飽覽群書，記性又好，懂得當時歐洲最先進的科學，對中國文化也有很深的涉獵。一六〇二年出版世界地圖《坤輿萬國全圖》。這是當時繪製得最精美的地圖（寬約一七〇公分，長約三六〇公分），是我們現在很熟悉，將亞洲放在正中央的地圖。原本是黑白版本，現存能夠確認的只有存放在梵諦岡圖書館、京都大學，以及宮城縣立圖書館館藏的三份。不過，日本有非常多複製版，這份地圖也是新井白石等江戶時代的日本人用來認識世界的基礎。一六〇七年著作歐幾里德幾何學的漢譯本《幾何原本》。

利瑪竇在一六一〇年逝世於北京。皇帝賜給他北京阜成門外柵欄，作為墓地。現在這裡是北京行政院的院區，利瑪竇與其他多位耶穌會傳教士一起長眠於此。傳教士在亞洲傳教活動的資金來源之一，就是葡萄牙等海上冒險商人開拓的交易。

鄭成功（一六二四～六二）

名森，字明儼，號大木，乳名福松。父親是福建出身的武裝海商鄭芝龍，母親是日本人田川七左衛門之女。在中國的籍貫是父親的故鄉，福建省南安市石井鎮。鄭成功在一六三〇年跟隨叔父鄭芝燕回到福建，接受家教指導勤奮向學，目標是考上科舉。

一六三八年通過科舉第一道關卡，成為南安縣學的生員，接著為了成為官員移居南京，進入國子監太學。但他並沒有成為官員。同年三月李自成大軍攻陷明朝首都北京，隔年六月清軍摧毀以南京為據點的明朝亡命政權，鄭成功返回福建。這時，他的父親在福建擁立唐王朱聿鍵為隆武帝。隆武帝賜給鄭成功與明朝皇室相同的「朱」姓，並為他改名叫「成功」。因此，在南明政權中稱他「朱成功」。一六四六年清軍進攻福建，朱聿鍵遭俘，鄭成功的父親投降清軍。據說他的母親因不堪忍受屈辱而自殺身亡。

鄭成功擁廣東肇慶府的永曆帝，以福建的廈門、金門為根據地，展開抗清運動。他的資金來源是中國與日本、越南、泰國之間的交易。一六五八～五九年，雖然一度進逼南京卻敗退，一六六一年搶下原先被荷蘭人占領的臺灣，然就在準備好要反攻之際，於一六六二年病死。

由於鄭成功在年輕時為成為官僚而勤學，使得他擁有過去一般海商所沒有的眼界，以建立政權為目標。位於臺灣台南的延平郡王祠，至今仍供奉鄭成功。鄭成功也有日本血統，在日本也相當知名。走訪他在平戶的舊居遺址，高大的竹柏翠綠成蔭。

施琅（一六二一～九六）

字尊侯，號琢公。出生於福建省沿海地區的晉江，據說從小就習得一身好武藝。一六四六年曾成為鄭成功麾下部屬，卻因為經常在戰略上意見相左而與鄭成功對立。一六五二年，終於與鄭成功分道揚鑣，投降清軍。清朝相當重用善於海戰的施琅，一六六二年任命他為福建水師提督。但施琅因為攻打臺灣失敗，水師提督一職遭到解職，改調回北京任職。他在北京的期間建議皇帝玄燁（康熙帝）進攻臺灣，獲得皇帝信任。一六八一年，鄭成功之子鄭經過世後，鄭氏政權內部的鬥爭白熱化；另一方面，平定三藩之亂的清朝，有餘力正面處理臺灣的狀況，一六八三年，施琅受命進攻臺灣。施琅率兩萬兵員及大型船艦三百餘艘，經澎湖島朝臺灣本島進軍，成功降伏鄭氏政權。這項功績受到清朝認同，封施琅為靖海侯。

當時清朝內部主張放棄臺灣的一派較強勢，但施琅力陳臺灣的重要性，成功說服皇帝。施琅在臺灣扶植勢力，並受清朝認可擁有大片土地，且地主身分得以世襲，這塊土地就稱為「施侯大租」。施琅一族及其家眷在臺灣開發，打下了福建人移居臺灣的基礎。

鄭成功與施琅不但故鄉鄰近，成長的背景與社會階層也相仿。就將福建人的生活圈擴展到臺灣的這一點來說，兩人在歷史上扮演了同樣的角色；但現在若以臺灣為中國一部分的這個立場來看，施琅所受的表彰比較多。

威廉・查頓（William Jardine，一七八四～一八四三）

出身於蘇格蘭鄧弗里斯的名門。自愛丁堡醫學院畢業後，一八〇二年進入英國東印度公司擔任船醫，任職到一八一六年。自立門戶後有一陣子在孟買及廣東做買賣，參與好幾間商社的經營，打下成為港腳商的基礎，並成立馬格尼亞克商行（Charles Magniac Co.）。一八二〇年結識同樣出身蘇格蘭的詹姆士・馬地臣，一八二七年兩人合夥，在一八三二年共同創立怡和洋行，發展事業。主要的商品是印度產的鴉片及中國產的茶葉。

一八三四年，東印度公司的中國貿易專營權遭到撤除，怡和洋行順勢迅速成長，中國人都稱查頓為「大班」。鴉片問題在英國引發爭議時，查頓將馬地臣送回英國本地，遊說政府要員卻沒什麼顯著成果。然而，林則徐嚴禁鴉片，導致演變成鴉片戰爭時，查頓發揮了很大的作用。南京條約簽訂後的隔年，查頓在英格蘭過世。

他留下的公司在亞洲的交易不斷成長。長崎的著名景點哥拉巴園，就是湯馬士・哥拉巴（Thomas Glover）的故居，他也是怡和洋行的長崎代理，出口武器與船舶到日本。

帝國列傳之一・皇帝本紀

朱元璋（一三二八～九八）

明太祖，也有人因為年號的關係稱為洪武帝。明朝開國皇帝（在位期間一三六八～九八）。中國歷代皇帝之中，他的出身和遭遇最貧困。朱元璋出身濠州（明朝成立後改名鳳陽）鍾離村東鄉（現在地屬安徽省嘉山縣），一個沒有土地的貧農之家，乳名重八，一三五二年之後才自稱元璋。幼時曾上了幾個月的私塾，之後因為付不起學費而退學，到其他人家當牧童。一三四四年在飢荒中失去父母，進入村子附近的寺院。後來連寺院裡也沒有糧食，成了托缽僧，流浪乞討。

一三五二年加入紅巾軍的郭子興陣營，受到郭的賞識將養女馬氏許配於朱元璋。馬氏在精神上支持朱元璋，對建國相當有貢獻。一三五三年，朱元璋率同鄉徐達等人自立門戶，在名儒李善長等人加入後更進一步擴張勢力。一三五五年，擁立以紅巾軍理念為核心的小明王韓林兒，並以「龍鳳」為年號。一五三六年攻陷集慶（現在的南京），更名為應天府並當做自己的大本營。同年受小明王封為吳國公。一三六三年打敗陳友諒，隔年正月自稱吳國王，任命李善長與徐達為左右相國，建立起完整官僚機構。一三六六年謀殺韓林兒，隔年消滅張士誠政權，收服江南之後，打著天下統一的旗號揮軍北伐。

一三六八年一月，於應天府登上皇位，定國號為「大明」，以「洪武」為年號。自此之後，明、清兩代每一任皇帝都會有一個年號。不過，這跟日本現在的元號制不同，以新皇帝上位之後的隔年為元年。一三七一年，打敗四川的紅巾軍勢力夏王，完成統一。一三八〇年因為胡惟庸冤獄案，建立起君主獨裁體制。

朱元璋成功的理由，就是廣徵人才，採納劉基、宋濂等知識分子的意見，從反叛軍蛻變，建立一個能負擔起政權的體制。此外，他也努力自學，勤讀史書，從過去的歷史學到很多。最重要的是，他洞悉元朝潰敗的原因，構思出一套極力排除貨幣經濟的體制。但這個理念卻屢屢遭到臣子違背，使得他的疑心愈來愈重。尤其一三八二年左右，在妻子馬氏（孝慈皇后）過世後更是失控，他利用特務機構「錦衣衛」逮捕可疑分子，在拷問之下牽扯連坐人數愈來愈多，很多遭到懷疑的人都被殺害。這套由特務機關把持的政治，到了永樂時期設置由宦官主導的東廠更加苛刻，這樣的制度背景下，也導致明朝經常發生非常慘烈的冤獄案。

朱元璋立志遷都西安，這也是打造帝國的最後一步，卻因為一三九二年皇太子（也是嫡長子）朱標病死，對他在精神上造成重大打擊，這項計畫並沒有實現。朱元璋雖然想過立有才能的四子朱棣為新任皇太子，卻礙於自己訂立的嫡長子繼承制度，只好指定朱標的嫡長子朱允炆（朱標的次子。長男已經過世）為第二任皇帝。這件事成為日後靖難之役的導因，也大大改變了明朝的性格。這是歷史的諷刺，也是朱元璋的不幸。朱元璋死後葬於南京孝陵。

朱棣（一三六〇～一四二四）

明朝第三任皇帝（在位期間一四〇二～二四），一般多以年號稱為「永樂帝」。死後追加廟號「太宗」，後來又改稱「成祖」。為朱元璋的四子，至於生母是誰並沒有定論。這是因為朱棣在打敗姪子，也就是第二任皇帝朱允炆（建文帝）之後，為了加強自己登上帝位的正當性，尊父親正室也就是馬氏為母，並將與其矛盾的資料全數銷毀。不過，卻無法連其他國家的記錄也動手。洪武年間，朝鮮使節到北平（現在的北京）面見當時還是燕王的朱棣，根據記錄（《奉使錄》），使節到訪司掌禮儀的衙門那天，恰好是朱棣生母的忌日，因此當天不接受朝拜，但日期與馬氏的忌日並不符合。關於朱棣的生母，比較有力的說法是高麗出身的碽妃。如果這個推測屬實，朱棣可說從出生就已經超越了中國的範圍。

朱棣在十一歲時受封燕王，就藩過去的元朝首都北平。一三九八年，隨著朱元璋死去而遭到新任皇帝的排擠，朱棣於是發動叛變（靖難之役），在一四〇二年獲勝成為皇帝。

朱棣在皇位上的政績，首先是在一四〇三年下令將古今書籍編彙起來，花了將近三千人，終於在一四〇八年完成了這部《永樂大典》。這部篇幅達兩萬兩千八百七十七卷的鉅作，正本卻在明末的動亂中燒毀，副本雖傳到清朝，也在清末戰亂中遺失。朱棣其他的政績還有一四二一年在紫禁城完成後遷都北京，以及親征蒙古、將越南收入勢力範圍，並且命鄭和進行海洋遠征，積極推動對外政策等。朱棣死後葬在北京郊外明十三陵之一的長陵。

後世對於朱棣的評價，多認為他是以蒙古帝國忽必烈為範本，打算建設一個世界帝國，但他的對外政策實質上仍基於抑制商人自律交易的朝貢體制，跟忽必烈帝國在本質上並不相同。

努爾哈赤（一五五九～一六二六）

為清朝奠下基礎，後金的開創者（皇帝在位期間一六一六～二六）。被視為清朝首任皇帝，廟號訂為太祖。以開國皇帝而言，在日本的知名度不如秦始皇或劉邦，但在歐美卻廣為人知，像是好萊塢電影《魔宮傳奇》（*Indiana Jones and the Temple of Doom*）裡，就出現各路人馬爭奪努爾哈赤遺骸的情節。這是因為近代的歐美很努力地想理解曾與他們直接接觸過的清朝，而對這段歷史特別有興趣。

努爾哈赤出生於遼東建州左衛（現為遼寧省新賓滿族自治州）一名女真族的小頭目家庭，生活並不富裕，年輕時曾在山上採集朝鮮人參到撫順的市場交易，貼補家計。據說他在這些交易活動中跟漢族、蒙古族接觸，拓展視野。一五八三年，他的祖父和父親參與明朝的軍事行動時，卻因為一點誤會而遭到明軍殺害。這件事也是導致努爾哈赤高舉反明大旗的重要因素之一。

明朝在傳統上採取讓周邊其他民族分裂，彼此爭鬥以削弱其力量的政策，因此就連女真族也分裂成建州女真、海西女真及野人女真，互相對抗。但遼東總兵李成梁獲得在朝中掌握實權的張居正為後盾，改變了過去的方針。他培植有力的部族為窗口，進行更有效的交易。而他選定的對象就是努爾哈赤。努爾哈赤在與李成梁的交易過程中累積實力，統一建州。一五九三年，努爾哈赤率領不到一萬人的兵力，擊敗由海西女真及蒙古部族聯合組成的三萬人軍隊。史上稱為「古勒山之戰」，這也是努爾哈赤統一女真族的轉捩點。為了鞏固統一的根基，他將女真這個民族名稱改為滿洲，一五九九年使用蒙古文字來制訂滿洲文字。只是要寫出不同於蒙古語的女真語時，經常有很多問題，到了下一任皇帝皇太極時才加以改良。滿洲文字與漢字不同，屬於拼音文字。清代前來中國的歐美人士，都是透過滿洲語文獻的介紹來了解中國文化，可說為東西文化交流帶來很大貢獻。此外，根據女真族狩獵時的組織還創立了八旗制度。

一六一六年努爾哈赤稱汗，以「金」為國號，訂年號為天命（史書中為了與十二～十三世紀的金朝區別，多記為「後金」）。明朝畏懼於努爾哈赤的強大勢力，加強對交易的管制，因此一六一八年努爾哈赤發出檄文「七大恨」，表明與明朝對決。隔年，明朝派出大軍，但分成四路的軍隊步調不一致，遭到努爾哈赤各個擊破。這就是「薩爾滸之戰」。一六二一年，努爾哈赤攻陷瀋陽、遼陽，先是遷都遼陽，但作為帝國首都不敷使用，於是再遷都瀋陽。之後渡遼河進攻遼西地區，一六二六年欲進攻明朝領土，包圍寧遠城，卻遭到葡萄牙製大砲砲火攻擊而敗退。努爾哈赤在不久後過世，葬於福陵（瀋陽市）。

皇位繼承遵照滿洲族的傳統，在生前並未指定皇太子，而是死後由幾位有權力的人經過討論來決定。努爾哈赤死後在兄弟之間經過激烈競爭勝出的，是他的八子皇太極。

莊妃（孝莊文皇后・孝莊文皇太后・孝莊文太皇太后，一六一三～八七）

清朝第二任皇帝皇太極的妃子，第三任皇帝福臨（順治帝）的母親，也是奠定清朝繁榮基礎的玄燁（康熙帝）之祖母，蒙古族科爾沁部貝勒博爾濟吉特氏之女，一六二五年嫁給皇太極。皇太極即位時（一六二六年）立了一名皇后及四名妃子（皆為蒙古族博爾濟吉特氏），即成為永福宮莊妃。

一六三八年生下皇太極第九子福臨，在她死後被稱為孝莊文皇后，記載於史書。曾有一說認為莊妃很受皇太極寵愛，但深究皇太極與後宮之間的關係，發現實際上並非如此。皇太極的皇后、妃子皆為蒙古族，這一點在思考清朝初期內廷特色時非常重要。皇太極讓有力的競爭對手失勢，同時接納從明朝投降的漢族官員，建立中國式的官僚制度。投降官員的代表人物就是薊遼總督洪承疇，對日後清朝進攻華南很有貢獻。野史中流傳洪承疇遭到俘虜後，為了讓他投靠清朝，莊妃主動向皇太極建議用美人計色誘，但正史上並沒有證據支持這個說法。

一六四三年，皇太極在沒有指定繼承人之下猝死，莊妃為了讓親生的福臨登上皇位而奔走。當時朝廷內最有勢力的就是努爾哈赤之子，同時也是皇太極之弟的多爾袞。雖然多爾袞想自己登上皇位，卻沒有其他有力人士支持，於是想到另立幼皇，自己就能以攝政的身分掌握實權。便與莊妃聯手，支持當年僅六歲的福臨即位。有一說法表示，根據滿洲族的習俗，兄長死後將由弟弟娶其妻，因此莊妃下嫁多爾袞，但這件事也沒有史料可以佐證。明朝遭到李自成大軍消滅後，多爾袞越過山海關揮軍前進中國本土，將首都遷到北京。皇帝福臨生性認真，不但吸收漢文化，對藏傳佛教也有很深的涉獵。孝莊文皇太后立自己的姪女為福臨之后，但這個皇后卻因為跟福臨不合，皇帝以「皇后無能」為由而廢后。第二任皇后與皇太后同為博爾濟吉特氏，但與皇帝的感情也不好。福臨為填補心中的空缺，十分寵愛董鄂妃。當愛妃猝死，福臨也緊跟在後，於一六六一年染上天花，死於病榻。

知悉兒子將死，皇太后決定讓當時年僅八歲的玄燁繼任皇位，便要福臨指定下一任皇帝。這等於改變了過去滿洲族傳統上在皇帝死後由幾名權威人士討論決定的方式。皇太后選定玄燁的原因之一，是他在出生後不久就已經患過天花，這一點皇太后也徵詢過湯若望，湯若望也表示同意，讓皇太后更下定決心。玄燁即位，她成為太皇太后，將幼帝置於內廷扶持。幼帝的生母則為漢人。

清朝在統治中國的初期，由皇太后持續支持順治、康熙兩任幼帝。在中國統治邁向衰亡的同治（載淳，六歲即位）、光緒（載湉，四歲即位）、宣統（溥儀，三歲即位）三代，也是連續由幼帝即位。當時也是由同治帝母親，也就是眾所周知的西太后掌握實權。這算是歷史重演嗎？但莊孝文皇太后與西太后最大的不同，就是前者從不出內廷，相對地，後者則左右了外朝的政治。

愛新覺羅胤禛（一六七八～一七三五）

清朝第五代皇帝（在位期間一七二二～三五），廟號「世宗」，因為年號的關係又稱雍正帝。為玄燁（康熙帝）之四子，母親為滿洲正黃旗的烏雅氏。

他出生時正是父親平定三藩之亂中最激烈的一段時期，前後長達九年的這場戰役，去除掉自重為軍閥的漢族武將。其後父親再收服臺灣鄭氏政權，奠定清朝繁榮的基礎。在這個過程中，父親給這個兒子最嚴厲的教育。胤禛也不負父親的期待，除了培養儒學教養，也從實踐中學習祭祀、軍事行動及行政。玄燁是清朝第一個在皇帝生前立下的皇太子。在胤禛出生之前，一六七五年，當時的皇太子是胤礽（胤禛即位之後為避免使用皇帝本名的文字，史上記為「允礽」）。皇太子在父親遠征討伐準噶爾時負責留守，也將政務處理得很好。只是，父親與皇太子都沒預料到，因為皇帝長壽，使得胤礽保持皇太子的身分太久。在皇太子身邊自然而然形成一群黨派，皇帝對此感到威脅，只能揮淚廢太子。這時一七〇八年，胤禛已經三十歲。皇太子被廢之後，皇子之間為了爭奪成為下一個皇太子，各自形成黨派，甚至出現遭到皇帝斥責。在這段期間，胤禛不屬於任一個黨派，跟隨父皇，裝得與兄弟和諧相處，隱忍了十五年。

胤禛在一七〇九年成為雍親王。一七二二年父親猝死，在場的隆科多（滿洲鑲黃旗人，時為理藩院尚書）宣稱皇帝留下遺言，之後將一切交給胤禛。隆科多告知胤禛遺言，並宣布北京進入戒嚴態勢，不讓其他皇子進入紫禁城。在這段期間胤禛著手準備即位，順利登上皇位。然而，隆科多在不久之後就遭到囚禁而死。由於胤禛即位這段時期的動向極不尋常，在學界有很多人認為實際上根本沒有將皇位交給胤禛的那份遺囑。

胤禛等到政權穩定之後，開始肅清與他競爭的兄弟，之後他還下令，八旗之長、也就是受封為貝勒的皇族，不得與屬下的旗人有私交。這使得自努爾哈赤以來八旗制代表的部落性格將一掃而空，明確建立起皇帝在滿洲族之中的權威。皇帝改變了帝國內資訊的交流，建立起奏摺制度（見歷史關鍵字「資訊流通」），另外創設輔助皇帝裁決的軍機處。據說皇帝為了處理集中而來的大量資訊，一天的睡眠時間不到四個小時，而他勤勉的態度能從親筆批滿奏摺的字跡看出來。地方官與皇帝之間往返的奏摺，集結成《雍正硃批諭旨》出版，為研究清朝史的一級史料，由宮崎市定帶領一群學者共同研討。

胤禛憑藉著加強皇帝獨裁以及掌握資訊，獨斷進行多項改革。推動地丁合一（見歷史關鍵字解說「稅制改革」），為了穩定地方財政設置養廉銀，要解決過去因為薪餉過少導致地方官在赴任地壓榨百姓的問題，則實施高額的職務補貼。此外，還有祕密建儲（見歷史關鍵字解說「皇位繼承」）、改土歸流，以及廢除賤籍（沒資格參加科舉考試的戶籍）等。

一七三五年，胤禛猝死於圓明園。死因包括暗殺等有各式各樣的臆測，但近年來隨著故宮檔案（留在紫禁城內的明清兩朝公文）研究進展，了解到胤禛沉迷於煉丹術，經常服用含有水銀等毒素的丹藥，因此也有人認為他是因為中毒才早逝。

胤禛雖然有他身為殘忍獨裁者的一面，但也因為他徹底排除了阻礙皇帝建立權威的人事物，才能推動關係清朝國本的改革。後來繼承皇位的弘曆（乾隆帝）能締造繁榮，可說是因為這番改革奠定了基礎。

帝國列傳之二・高官列傳

張居正（一五二五～八二）

明代政治家，湖北省江陵縣人，字叔大，號太岳。

一五四七年成為進士，從庶吉士歷任各項官職，在一五七六年成為東閣大學士，負責教授皇太子。他的學生朱翊鈞（神宗．萬曆帝）在一五七二年以十歲幼齡即位，張居正也登上內閣首輔的地位，接下來的十年，他以宰相身分來代替幼帝施政。

推動考成法，由內閣監查六部及地方官，修改制度來評定官員的勤務表現，加強內閣的權限。為了增加財政收入，要求內閣中握有考察權的地方官，在全國進行土地丈量。藉由土地丈量，產生了在全國執行一條鞭法（見歷史關鍵字解說「稅制改革」）的條件。對於周邊各個民族，會培植對明朝表示友善的部落，採取的方針就是借助這股力量來調整與周邊各民族的關係，這也是滿洲族努爾哈赤的勢力能迅速成長的原因。

如果有人對這些政策表示異議，張居正會毫不留情打壓。一五七七年，他的父親過世，原本規定必須暫離官位服喪，他卻以國事繁忙為理由不肯離職。反對派以此為把柄，對張居正展開批判。他努力的結果，使得萬曆年間初期負責財政的戶部，收入從過去的每年兩百萬兩增加到三百萬～四百萬兩，北京的糧食貯藏量也變成三倍。

張居正於一五八二年病死。至於死因，有人說是過勞死，或也有傳聞說他是服用過量壯陽藥物。明朝高官在冬天習慣戴貂皮帽，但據說張居正服藥導致藥力從頭部竄出，因此堅決不戴。張居正死後，反對派不斷翻舊帳，致使張居正所有位階都遭到撤除，家人也被流放。對皇帝嚴厲的張居正一死，朱翊鈞也無心再出外朝，浪費無度。在此之後明朝迅速走向衰敗。

林則徐（一七八五～一八五〇）

清代官員，福建省侯官人，字元撫（後來改為少穆），也有不少人知道的是他死後清朝追贈的謚號「文忠」。從小生長在貧窮的家庭，但在科舉考試中屢屢獲得好成績，於一八一一年以第七名成為進士。從此展開他以翰林院庶吉士步入官場的人生，曾擔任江南道監察御史及江蘇巡撫等地方官。林則徐身為官員的政績，跟本書詳細介紹的陳弘謀有很多相似之處，無論水利、漕運、災害救濟等社會、經濟方面的問題，他都積極解決。

一八三七年林則徐升任湖廣總督，針對鴉片問題的解決對策在朝廷中引發爭議。一八三八年，鴻臚寺卿黃爵滋主張吸食者判處死刑，對於在一年矯正期之內無法戒除鴉片者該處死刑提出了上奏，皇帝旻寧（道光帝）下令巡撫、總督等級的地方官就此討論。林支持嚴禁鴉片，並詳述具體實施步驟，提出上奏。接著，他更在派任地湖北、湖南嚴格取締，獲得顯著的成果。皇帝因此決心加強取締鴉片，任命提出具體方案的林則徐為欽差大臣（特命全權大臣），下令他到廣東針對鴉片進行相關調查並處理，也給予他水師（海軍）指揮權。推測當時皇帝在國內不單禁止鴉片，也下令要根絕鴉片貿易。

一八三九年，林則徐在廣東就任，沒收超過兩萬箱外國商人的鴉片，在石灰中加水、以產生的熱來燒毀鴉片。然而，林則徐在要求英國提出但書，保證將來不會再將鴉片帶入中國時遭到拒絕，並且引發糾紛。英國駐華商務總監查理·義律（Charles Elliot）建議英國外相以武力解決。一八四〇年英國本國政府自印度派遣遠征軍，進入渤海灣威脅到北京，皇帝突然變得膽怯，將林則徐免職。

一八四一年，林則徐遭到究責，被流放到新疆伊犁（現在的伊寧）。在新疆的三年，受到伊犁將軍的信任，提出水利、開墾等計畫。一八四五年重新受任命代理陝甘總督，之後陸續又任陝西巡撫、雲貴總督。一八五〇年為了鎮壓太平天國受起用為欽差大臣，在前往廣西赴任途中，於廣東省潮州過世。

歷史關鍵字解說

海洋關鍵字

交易

意指隨著持有主體變更的物質或能量轉移。這是筆者在構思鉅型理論的史學系統論時，為了解決人類為何能改變生態環境這個問題時，反覆推敲最後得到這個用詞。因此，與在一般經濟學上使用的概念不同，不包含享受服務權力的轉移，但包含使用武力的**掠奪**。制度化的交易，有在對等立場上彼此同意轉移的**互酬**體系，也有有權者使用政治力量集中物資，透過政治機構分配的「**集中—再分配**」體系。此外，更有多數主體視價格進行轉移的市場體系。這些用詞都出自經濟人類學家卡爾・波拉尼（Karl Polanyi，《大転換》，*The Great Transformation*，東洋經濟新報社）。在「集中—再分配」體系中，直接從政治上沒有統治關係的人手中收集物資，在本書中稱為「**納貢**」。雖然很多人提出互酬↓集中—再分配↓市場，這樣的交易體系是歷史發展的理論，但本書並不採取這樣的立場。本書認為，因應支持轉移的條件下，人們會在當時採取最適當的交易體系。

海洋歷史

將海洋視為人類交流的場所，由近代之後成立的海洋來切割出與國家單位歷史相對化的史觀。這個理論的起源可回溯到法國歷史學家費爾南・布勞岱爾（Fernand Braudel）的鉅著《地中海》（*Méditerranée et le monde méditerranéen à l'époque de Philippe I*，臺灣商務印書館）。這部著作中以包括歐洲、亞洲、非洲等文明整體的「地中海世界」作為研究對象。這個研究的觀點也涉及了其他「海洋」的研究，直接或間接的影響許多學者和研究，如成為東南亞歷史轉捩點、安東尼・瑞德（Anthony Reid）的《東南亞的貿易時代：1450-1680年》（*Southeast Asia in the Age of Commerce, 1450-1680*，二〇一〇年，商務印書館）、比較經濟史學家川勝平太所著《文明の海洋史観》（中央公論社），以及日本史學家村井章介、荒野泰典等人的研究；此外，也孕育出許多「環ＸＸ海」的研究動向。然而，有不少是重政治、經濟上的觀點，卻少了實證上的研究，今後有必要針對海底地形、洋流、季風與造船、航海技術之間的關係，在探討人類橫渡海洋的具體狀況下繼續研究。

世界體系

伊曼紐·華勒斯坦（Immanuel Wallerstein）在參考布勞岱爾的史觀及馬克斯主義衍生的從屬理論後發展建立起的史觀（《近代世界體系》，*the Modern World-System*，一九九八年，桂冠出版）。非洲與拉丁美洲的馬克斯主義經濟學者，努力想找出為什麼自己國家不會發展的答案時，過程中產生了新的觀點，他們發現並不是自己國家落後，而是雖然在世界經濟體系中仍持續開發，但愈是開發就愈成為經濟中樞（歐美）的從屬（這叫做「低開發」）。這就是從屬理論。將世界整體視為單一的社會體系，將這個構造以國際分工、中心、周邊的分析概念來掌握。

華勒斯坦在歷史上回溯從屬理論，在十六世紀歐洲出現的世界體系，出現了以西歐為核心，而周邊是以半邊境、邊境來組成的史觀。他的重大貢獻，就是指出長期的世界經濟變動，包括從十五世紀到十七世紀的世界體系活絡時代，十七世紀的經濟活動停滯、下滑時代，以及十八世紀之後歐美霸權明確建立的時代。

從屬理論剛受到矚目的時期，中國學者曾告訴我，「從屬理論固然有其說服力，但不清楚位在從屬地位的地區，該如何能夠克服低開發。想讓自己國家的經濟脫離世界體系，結果不就像毛澤東時期的文化大革命，讓中國飽受折磨嗎？」

對於這個疑問，同樣適用於華勒斯坦的世界體系論，本書在執筆時意識到最重要的問題就是這一點。我將歐亞大陸的世界體系形成回溯到蒙古時代，並將明代視為欲脫離世界體系的一段時期，我嘗試在第十章以反證的歷史來探討，受到「低開發」的過程本身，可能是形成下一個主體性大幅成長條件的步驟。

朝貢體制

基於儒教的禮儀觀念，建立起國際關係秩序的**冊封**為基礎，與異國進行交易或遇難者移送等制度。冊封源自中國古代，卻是在王莽的新朝才真正建立起制度。研究中國近代經濟史的濱下武志，為了從這套禮教基礎的秩序分析前近代東亞國際經濟，遂提出「朝貢體制」這個概念（濱下武志，《近代中国の国際的契機》，東京大學出版會）。這個體系以中國皇帝直接統治官員的地區為中心，可以劃出同心圓狀的圓環，各個圓環的名稱依序是「中央－地方－**土司**－**藩屬**－朝貢－**互市**」。

這個概念若以說明近代以後的經濟現象為前提，或許滿足了充分要件，但若要回溯至明、清時期來討論，會有很多說不通的地方。其中一項是，互市也是土司或藩屬進行的經濟活動，相對於朝貢是正式使節與中國皇帝交換物資，但除此之外，跟隨使節同行的商人也進行交易，這也稱為「互市」。本書中針對各種制度，在強調人為建立時就稱「**體制**」，要強調是自然生成時就稱「**體系**」。從明朝以人為帶入國際秩序，並基於禮教觀念來運作的這一點，自然會稱為「體制」，而朝貢作為**交易**的類型，屬於**納貢**。

互市體系

民間商人於中國的交易活動。初期明朝並不認可未基於朝貢體制的互市。結果卻導致**倭寇**主導的走私貿易，以及與西北邊境游牧民族之間的走私猖獗，甚至到了可能動搖明朝統治體制的狀況，權宜之下遂採取從朝貢切割出互市的作法。換句話說，中國與他國若要行政治上的交涉，帝國形式上的朝貢體制就會啟動。這也等於承認了不帶有政治上交涉的純交易行為。

透過海洋的交易，在一五七〇年引進了互市體系。與游牧民族之間，在靠近邊界的地方成立了稱為「**馬市**」的互市地點。海上互市則排除了無視東亞秩序，明顯我行我素的日本。與明朝為敵的**豐臣秀吉之所以侵略朝鮮**，背後可能就是要求必須要克服這個狀況。

藉由互市體系打造帝國基礎的清朝，推動互市體系發展後，在十八世紀為中國帶來有盛世之稱的繁榮時代。由於外國商人只要與朝廷官員直接交涉，就陷入政治上的關係，因此會多花道工夫，在中間設有作為仲介的特許商人。廣州的仲介人就稱為**公行**。

商業時代

安東尼・瑞德在統整十五世紀到十六世紀東南亞交易時所使用的詞彙，同時也是他著作的標題（*Southeast*

Asia in the Age of Commerce）。就瑞德的著作來看，我認為日本學者使用的「交易時代」是誤譯。十六世紀，透過海上的交易在東歐亞地區十分活絡。特色就在於由商人主導的遠距交易，買賣的對象包括蘇木、胡椒、生絲、陶瓷器等奢侈品。瑞德指出，商人與奉承東南亞王權的一群人聯手，這一點與中國皇帝身邊的宦官，幾乎獨攬海外交易的狀況甚為一致。只是在中國，宦官與皇帝屬於內廷，和官員所屬的**外朝**是兩相對立的結構，史料上對於**內廷**主導的交易很少給予肯定正面的評價。十六世界中葉之後，日本產的白銀，以及順便經由馬尼拉帶入東亞的美洲大陸產銀，更加促進商業活動。

產業時代

為了替十八~十九世紀的交易加入特色，在本書首次使用這個詞彙。和**商業時代**不同的是，並不是持有白銀等貴金屬來加入交易，而是生產交易買賣的商品，藉由銷售來取得經濟上必須的錢財。多個商品生產地在配合之下，就能展開**多角化交易**。商品的重點也從奢侈品轉向日用品。此外，為了補足貴金屬的需求量，不再進口需要的物資，而改成在國內生產，或是生產替代品。為了生產用於交易的物產，投資資金的體系發展起來。西歐以阿姆斯特丹、倫敦發展出金融業，有效運作資金，產生建立信用的架構。中國則出現了分使銅錢與白銀的經濟體系，稱為**客商**的商人生產適合各地交易的物產。以加入交易為目的，投入資金進行生產，這就叫產業。**馬克思**生於這個產業時代，藉由透過回溯過去來探究這個時代的特色，建立了他的史觀。

倭寇

出現在史料中的詞彙，以「倭人成寇」來表示當時的狀況。以歷史用語而言，指的是十三世紀末到十六世紀，在朝鮮半島跟中國沿海地區出沒的海盜集團。十三世紀末的**初期倭寇**，主要在朝鮮半島南部活動，多半是零星行搶的少數分子，以日本的海上居民為主，尚無組織性的行動。日後隨著元朝垮台，黃海的取締變得寬鬆，從一三五〇年左右出現有組織性且大規模犯案，受害地區從朝鮮半島的西海岸到中國黃海沿岸。這些稱為**前期倭寇**。這群倭寇的主力，推測就是在西日本有**惡黨**之稱的武士集團。

到了十五世紀，主角變成民間海商，他們抗議明朝禁止私人交易的海禁政策，而且成員相當多樣化，有中國人、日本人、葡萄牙人—為了做出區別，這時稱為**後期倭寇**。尤其十六世紀中葉之後，明朝攻擊倭寇的大本營，一部分倭寇集團自中國沿海深入內陸地區行搶，造成嚴重的損害。以中國當時的年號，史上稱為**嘉靖大倭寇**。為了對抗倭寇，當時有不少城鎮還打造了城牆。目前很難針對後期倭寇給予歷史上的評價，在日本，有些人對於海商熱絡的交易活動持肯定的論調，並稱為「倭寇式的狀況」。但以受害的朝鮮、中國觀點來看，應該很難接受這種說法。

帝國的關鍵字

世界帝國

源自華勒斯坦用詞的概念，藉由政治上的機制運作，超越國家的體制。華勒斯坦將此用於基於經濟上分工的資本主義式近代世界體系的概念上。在本書的使用上，則指**蒙古帝國**建立了涵蓋歐亞全區的體系之後，在歐亞各地所誕生的帝國。具體來說，有中國的**明朝**、**清朝**，中歐亞的**帖木兒帝國**，印度的**蒙兀兒帝國**，以及東歐亞的**俄羅斯帝國**，這些帝國每一個在統治體系上都繼承了蒙古帝國的遺產。中國在宋代之前的王朝都涵蓋在周朝「天下」的範圍內，在意義上來說代表的是**中華帝國**，相對於此，元、明、清三代則視為世界帝國。

南北分立體系

長江下游以南、稱為**江南**的地區在經濟上發達之後，在中國經常出現的交易體系。華北與江南各自成立不同政權，統治江南的政權對華北政權以**進貢**的方式，使得在中國全區的交易成立。從遼與北宋的關係、金與南宋的關係，可看得出特徵性。對明朝而言，如何不陷入這個南北分立的狀況，是最大的政治課題。若是放任自律性的經濟體系，江南與南京之間將會基於**集中～再分配**，成為局部的政權。為了避免出現這樣的動向，朱元璋嚴格管理江南的富裕階級，同時嘗試遷都華北。最後能克服這項課題的，是在朱棣遷都北京之後。有富裕財力當靠山的官員，也多半出身江南，在政策運作上常會出現有利於江南的傾向。要控制這種不均衡的傾向，也是明朝的課題。

皇位繼承

該怎麼決定下一任皇帝，是關乎帝國根本最重要的問題。明朝基於儒教禮儀的觀念，定**嫡長子**為**皇太子**，在皇帝死後繼任皇位。這套嫡長子皇太子的制度，很清楚知道誰是皇帝，在皇太子時期能夠努力鑽研，累積經驗，但一方面也容易形成以皇太子為中心的營私黨派，即使人格上並不適合擔任領導者，仍然自動成為皇帝，這些都是缺點。這個缺點很快的在決定第二任皇帝時就出現，帶來**靖難之役**這場混亂。

第二次危機，是一四四九年**土木堡之變**，第六代皇帝朱祁鎮（英宗・正統帝・天順帝）在蒙古高原上遭擄走的時候。北京的明朝迅速立了朱祁鎮的弟弟朱祁鈺（代宗・景泰帝）為皇帝。與也先達成和議後，朱祁鎮獲釋送回，皇帝表面上將兄長奉為上皇，實際上卻將他軟禁，一度立兄長的兒子朱見深（成化帝）為皇太子，但疼愛親生兒子乃人之常情，後來在一四五二年改立自己的兒子朱見濟為皇太子。然而，隔年皇太子病死，沒有其他兒子的皇帝，卻遲遲無法決定新的太子。這導致政治混亂，一四五七年皇帝患病，接近上皇朱祁鎮的一群人發動政變，擁立遭到軟禁的朱祁鎮為皇。之後，朱祁鈺病死（也有說是遭到暗殺）。這場政變稱為**奪門之變**。

第三波的混亂，是因為朱翊鈞（萬曆帝）想讓愛妃的兒子、而非長男繼承皇位而起。後來繼承皇位的皇太子朱常洛（泰昌帝，萬曆帝長男），身邊接二連三發生了梃擊案、紅丸案、移宮案等弊案，這幾場混亂激化了明朝內的黨派鬥爭，加速明朝滅亡。

清朝的皇位繼承分成四個階段。初期由努爾哈赤指定的滿洲八旗首領，也就是由貝勒合議，來決定皇位繼承人，像是皇太極與福臨（順治帝）。第二階段是玄燁（康熙帝）與胤禛（雍正帝），這是由前一任皇帝留下遺囑來決定。

由合議制或遺囑來指定皇位繼承人，都會引起皇室候選人之間的鬥爭，招致混亂。於是，胤禛訂出一個稱為**祕密建儲**的方法，也就是皇帝在生前寫下皇子的名字，將詔書藏在高掛紫禁城乾清宮的匾額「光明正大」後方，這麼一來就算皇帝突然過世，也不會引起繼承人之爭，弘曆（乾隆帝）即位就是以這個方式決定，這就是第三階段。然而，實際上使用這個方式來繼承的皇帝並不多。接下來的顒琰（嘉慶帝）是在他父親生前就繼承了皇位，顒琰本身則因為在承德的避暑山莊猝死，在匾額後方也找不到收放詔書的重要盒子。後來是由先帝的皇后及大學士出面因應，立了過世皇帝也很信任的皇子旻寧（道光帝）來繼承皇位，才免於一場混亂。第四階段已經超出本書探討的範圍，就是由西太后指定繼承人的清末兩任皇帝。

清朝史學家閻崇年表示，歸納清朝皇位繼承方式的變化，可說從候選人之間競爭激烈的初期，逐漸變成沒有競爭的方式，而皇帝身為領導人的資質也隨之每下愈況。然而，因為清朝沒有出現人格有缺陷的皇帝，整體來說相較於明朝嫡長子皇太子制，清朝的幾種方式都來得理想一些。

戶制

在明朝草創時期訂立出掌握人民的制度。明朝將人民分成**民戶**、**軍戶**、**匠戶**、**灶戶**等，服務帝國的職業以世襲制來繼承。民戶是一般的農民，以一百一十戶的**里甲制**為單位編制組織。村民中有財力的十戶當作里長戶，其他的一百戶是甲首戶，分成十個甲，每十年一輪的輪流制度，負責包括水利的維持管理，還有行政工作。另外，軍戶會獲得土地，以從土地產生的收入自給自足，免除稅役的代價就是要服軍役。出自軍戶服兵役的男子，被分配到稱為衛所的組織。軍戶也是世襲制。其他還有將手工藝製品繳納給國庫的匠戶，產鹽的灶戶。這些制度在本書中統稱為戶制。

這裡的「戶」不適合解釋成自然產生的家庭。在廣東的珠江三角洲，在清代仍留有源自里甲制的圖甲制。片山剛詳細分析過圖甲制，根據他的研究，一個宗族團體登記為一戶，在戶之下有多個家庭負責納稅。戶制雖然也可在中華帝國的傳統之內來討論，像是衛所制是仿效唐代府兵制的兵制，但實際上是以元朝的戶籍制度為藍本而建立。元朝統治下的中國，分成軍戶、站戶、匠戶、儒戶、民戶等幾十種職業的戶籍，職業也是世襲制。至於灶戶的編制，明朝制度等於直接承襲自元朝。

稅制改革

明朝前期的稅制，基本上分成以穀物等形式徵收的稅糧，還有以勞力提供的徭役。稅糧是基於唐代設立的兩稅法，一年分夏稅、秋糧兩次徵收，繳納到里甲制所指定的倉庫中。稅額依照耕地面積及其等級來訂定。稅糧分成留在當地衙門的存留，以及運到中央的起運兩種。徭役則負責土木工程、衙門裡的雜物，水利維持管理等，對每戶課徵。

直接徵收實體穀物與勞動力的方法，不但麻煩，還容易出現弊端。明朝中期稅糧及徭役的徵收方式，逐漸改成換算為白銀繳納，為了提升徵收的效率，在縣府的監督下也有以白銀一次繳納完畢的方式。但這並非由中央對全國實施，從十六世紀中期到十七世紀初期，各地在摸索之中推動的稅制改革，之後統稱為一條鞭法。因此，這個方式在每個地方略有差異。在這項改革之後，也出現以戶為單位徵收相當徭役的稅金，稱為丁銀，帶有人頭稅的性質。到了清代，面對持續增加的人口，帝國不得不掌握清楚，於是皇帝為了施恩，將一七一二年之後增加的成年男子稱為「盛世滋生人丁」，不課徵丁銀。由於丁銀變得固定，就能進一步讓稅制更有效率，到了雍正時期實施將丁稅包含在地稅中的納銀稅制。這就是「地丁合一」，隨之誕生的稅制稱為「地丁銀」。因為這樣，從古代中國延續下來的人頭稅就此消失。

資訊流通

資訊傳達方式的變化，對於政治或經濟有什麼樣的影響，這個主題非常重要，但目前卻還沒發展出有效的研究方法，沒有歸納出系統的研究。本書就列舉出四個話題的方向來討論。

第一，明朝中葉製紙業發達，以竹子為原料的高品質紙張大量生產，結果開始出現出版業的經營。明朝中葉之後**白話小說**興盛，有意願成為讀者的知識分子出現，與出版業的動向密切相關。

第二個主題是「**邸報**」這類報紙，扮演了將中央資訊傳達到地方的媒體功能。起源可以回溯到唐朝，但要等到明末使用**木製活字**，能將具時效性的資訊大量印刷並散布後，才成為重要的媒體。清代初年，一名華南出身，在北京開店賣紙的榮祿堂老闆，因為跟政府要員關係密切，涉足了將官方資訊迅速印刷出來的事業，這就是清代邸報（也稱**京報**）的起源。京報使用竹紙印刷，多的時候有十幾頁，內容包括皇帝的上諭，官員的上奏等，每天發行，價格為十文，住在北京的話，可以每個月兩百文固定訂閱。由於是在有限的篇幅中刊載資訊，不同出版來源，京報所刊載的內容也不同。邸報發布到全國，成為各地了解中央動向的一項重要消息來源。

第三個主題是雍正時期建立的**奏摺制度**。清朝皇帝接受官員的報告，分為題本、奏本、奏摺三種類型。題本與奏本是沿用明朝的文書制度，官員公開提出的報告稱為題本，私下的報告則是奏本，這兩種都是經過內閣提交給皇帝。相對地，奏摺是到了清朝才有的類型，是高官將資訊祕密迅速上奏的管道。皇帝會在空白處用硃砂筆批示，送回給上奏人。據說順治時期就有，卻沒留下實證。到了康熙時期，留存至今的奏摺滿洲文的有五千多件，漢文的則有四千多件。胤禛（雍正帝）將奏摺制度擴充得更加完備。

奏摺並不是所有官員都能提出，只有符合資格的人才能上奏。康熙時期有資格的人有一百多名，但雍正時期多達一千兩百人。此外，以硃砂筆批示過的奏摺，在歸還給本人之前，要先由軍機處複寫保存，而上奏的當事人收到送回的奏摺讀過之後，必須要再送還給皇帝，過程中嚴禁抄寫、隱匿或損毀丟棄。在這種加強管制文書的制度下，使得紫禁城內保存了大量的奏摺。

第四個主題，英國打敗清朝最大的武器，就是收集分析情報，並且與實際行動結合的系統。**鴉片戰爭**其實對英國來說是非常不利的戰爭。來自印度的補給線過長，如果拉長戰線，英國的勝算極低。於是，英國採取了早一步將艦隊開進渤海灣，讓北京皇帝緊張的戰略。這是將**港腳商**等人收集到的情報，進一步分析推演出來的戰略。對此，中國這邊也有林則徐，發現到情報的重要性，致力於分析西方情勢，卻沒能影響皇帝的決策。如果清朝皇帝能基於正確的情報來判斷，主打持久戰的話，之後的歷史將會大翻盤也說不定。

八旗制

奠定清朝基礎的軍事、社會體制。傳統上女真族在狩獵或戰爭時，每個團體會以不同的箭為標記，集體行動。這個組織型態用滿洲話來說就是「Niru」，譯為「**牛彔**」，意思就是「箭」。努爾哈赤將原本以血緣或地緣結合的人重新編制，在作戰時以推出三百名成年男子為單位，是一牛彔。牛彔在平常也是從事農耕或畜牧的生產單位。將牛彔集合起來，五牛彔為一**甲喇**（Jalan），五甲喇為一**固山**（gūsa），各自都設有長官。由於固山是以黃、白、紅、藍色旗幟為標示，因此就以漢字的「旗」來代表固山（滿洲語中的gūsa並不是旗子的意思）。固山起初有四個，後來因為各旗幟加了鑲邊，增設了使用鑲黃、鑲白、鑲紅、鑲藍旗幟的固山，從此成為八旗，一般就稱呼八旗制。

各個固山都配有愛新覺羅一族的**貝勒**（beile），也就是領袖，所有貝勒聯合起來統轄整體。努爾哈赤即使成了汗，依舊只是正黃與鑲黃兩旗的貝勒，其他貝勒的權威還高過他。在皇位繼承時，需要由貝勒等權威人士合議的背景，就來自於清朝初年的政權是由以固山為基礎的部族共同建立。皇太極將臣服清朝的蒙古族以及漢族組織起來，分別編制了**八旗蒙古**以及**八旗漢軍**。隸屬於八旗的人就稱為**旗人**，分配到的領地就稱旗地。

清朝中期之後，旗人的待遇讓朝廷感到苦惱。旗地與職位幾乎沒有增加，旗人的人口卻持續變多。加上多數旗人都不具經營能力，很多旗地都被漢人搶走。乾隆時期為了救助作為政權基礎的滿洲旗人，除了將漢族旗人降為平民，讓滿洲旗人補上空缺，還有給予旗人資金讓他們移居吉林。然而，被送到北方的旗人因為受不了嚴峻的生活環境，有不少人逃回來。因為找不出根本的解決之道，使得清朝的根基逐漸空洞化。

參考文獻

這裡介紹一些在研究明、清時代時的基礎參考書籍，都是日文書籍。在各個分類中，原則上以出版時間新舊來排序（只有「同一時代的記錄」一項是以時代為順序）。其中也包括已經絕版的書籍。此外，在筆者執筆時參考的書籍，則標註在本文裡的（　）內。

想要全面了解明清時代的書籍

（1）神田信夫等編，《世界歷史大系　中国史4明～清》，山川出版社，一九九九年。

由幾位專家分擔執筆，內容涵蓋從明朝成立到清朝呈現衰退的十九世紀前半這段歷史。跟講座不同的是，以通史的方式綜觀這五百年左右的中國變動。此外，針對經濟史、文化史，以及與蒙古、西藏之間的關係，特別成立幾個章節來論述，有助於增廣知識。此外，參考文獻的介紹也十分豐富，想要正式踏入研究領域的話，這本書可說是必備。唯獨因為由多人執筆的關係，各人的史觀並非一致，面對豐富且龐大的資訊該如何取捨、歸納整理，是讀者在閱讀時必須意識到的問題。

（2）岸本美緒等編，《岩波講座世界歴史13東アジア・東南アジア伝統社会の形成：一六～一八世紀》，岩波書店，一九九八年。

由講座編輯委員明清史學者岸本為主，歸納編纂出的一冊。將此一時期的東亞、東南亞動態，以及世界史的共時性納入視野來編匯。一開始岸本美緒的一篇「東アジア・東南アジア伝統社会の形成」（東亞・東南亞傳統社會的形成），就是以大格局掌握整體方向的文章，內容很有啟發性。此外，包括琉球王國的進展、從蒙兀爾斯坦到新疆、北方世界與俄國進軍、上座佛教與國家形成、清朝國家論、東南亞的港市國家、朝鮮的身分與社會團體、從「氣質變化」論到「禮教」、地方社會與宗教叛亂等，列舉出許多在探討東歐亞歷史時必須考量加入的各種視野。

（3）岸本美緒・宮嶋博史，《世界の歴史12明清と李朝の時代》，中央公論社，一九九八年。

從物價史等另一面來研究明清時代的岸本美緒，與研究朝鮮李朝宗族及兩班問題的宮嶋博史，綜觀這段時期的東亞。各個角度均衡的論述，加上書中多幅彩色圖片，也令人感受到時代的氣氛。

（4）明清時代史基本問題編集委員會編，《明清時代史の基本問題》，汲古書院，一九九七年。

在日本的明清時代研究中，針對幾個研究成果累積到一定程度的領域，整理出問題點並探討目前的研究進展。全書結構如下：總論、商品生產研究的軌跡、明清農業論、明清時代的生產技術、農村社會（綱要）・稅賦集團里甲與村、明初海禁與朝貢（對明朝專制統治的理解）、王府論、明代軍事史相關研究狀況、滿洲王朝論（清朝國家論序言）、清代的政治與政治思想、中國農民戰爭史論再檢討、回顧祕密結社研究（現狀與課題）、明清時代的身分認知、合意與齊心之間、長江上游的移居與開發（形成的「地區」）、華南地方社會與宗族（清代珠江三角洲的地方社會、血緣社會、圖甲制）、徽州文書與徽州研究、出版文化與學術、庶民文化、西南少數民族（土司制度與其瓦解的過程）、周邊地區的明清時代史（越南經濟史）。

（5）森正夫、加藤祐三，《地域からの世界史3中国・下》，朝日新聞社，一九九二年。

將中國當作世界史之中的單一地區來理解，下卷涵蓋從十六世紀到二十世紀。執筆的森正夫在研究明清時代時，加入了秩序這個問題設定，而加藤祐三則使用英國史料來探討鴉片戰爭之後的近代史。

（6）易勞逸（Lloyd E. Eastman）／上田信・深尾葉子譯，《中国の社会》（*Fields and Ancestors*），平凡社，一九九四。

美國大學教科書，主要以明清時代到近代中國為對象，完整歸納整理出在了解這個社會時所需要知道的問題。就人口、民俗宗教、交易等內容上，主要記述的都是以歐美的研究結果為基礎，資料雖然有點舊，但對於想了解歐美在研究中國史時關心哪些問題上，非常有幫助。

（7）小山正明，《ビジュアル版・世界の歴史11東アジアの変貌》，講談社，一九八五年。

論述方式雖然傳統，但書中有大量的圖片，很具吸引力。

（8）橋本萬太郎編，《民族の世界史5漢民族と中国社会》，山川出版社，一九八三年。

雖然不是探討明清時代的著作，但在理解明清時代形成的傳統中國上很有參考價值。尤其斯波義信執筆的「社会と経済の環境（社會與經濟的環境）」、「文化の生態環境（文化的生態環境）」這些章節內容，可在長期的變動中掌握到明清時代。

（9）愛宕松男・寺田隆信，《中国の歴史6元・明》，講談社，一九七四年（講談社學術文庫，《モンゴルと大明帝国》，講談社，一九九八）。

一九七五年出版的講談社《中国の歴史》舊版的其中一冊。明朝的內容由寺田隆信執筆。這部分的論述主要基於正史的《明史》，以及王朝公開記錄的《名實錄》，並以歷任皇帝為主軸的歷史來鋪陳。書中介紹很多跟皇帝有關的軼事，很吸引人。跟新版一起比對閱讀，或許可以找出三十年來對一些問題在看法上的變化。

（10）增井經夫，《中国の歴史7清帝国》，講談社，一九七四年（講談社學術文庫，《大清帝国》，講談社，二〇〇二）。

許多中國史系列書籍，記錄的清朝史都只到清朝開始衰敗的十九世紀前半，但本書的特色是記述從清帝國興起到滅亡之前，包括鴉片戰爭及太平天國。增井經夫另著有《中国の銀と商人》（研文出版，一九八六年）等書，常以一般讀者的日常觀點來分析，也有不少令人深受啟發的論調。只不過，全書並未以政治史或經濟史這類貫穿時代的主軸來論述，閱讀之後會留下雜亂無章的印象。

理解海洋世界的書籍

（11）山形欣哉，《歴史の海を走る：中国造船技術の航跡》，（社）農山漁村文化協會，二〇〇四年。

作者從造船技術史的觀點，致力於復原歷史上曾經活躍的船隻。在中國造船史的研究領域上，多半強調前近代中國船的優越性，但本書則從技術發展及傳承的角度，挖掘出各個時代的船舶真面目。作者親手製作的復原圖也很美。

（12）石井米雄等編，《岩波講座東南アジア史3東南アジア近世の成立》，岩波書店，二〇〇一年。

東南亞史的研究源自安東尼・瑞德在一九九〇年發表的《東南亞的貿易時代：1450-1680年》（*Southeast Asia in the Age of Commerce*, 1450-1680），不但將十五～十七世紀稱為「商業時代」，研究這個時期開啟的交易狀況。本書根據這些研究成果，進行多樣化的研討。內容中直接與海洋世界相關的，包括伊斯蘭世界網的開啟、鄭和的遠征、東南亞的大航海時代、荷蘭東印度公司的霸權，以及西班牙領地菲律賓成立等討論及考證。

（13）法蘭克／山下範久譯，《リオリエント：アジア時代のグローバル・エコノミー》，藤原書店，二〇〇〇年。

華勒斯坦的世界體系論（見歷史關鍵字解說「世界體系」）的基礎之一，從屬理論，建立這套理論的法蘭克針對華勒斯坦論點中的歐洲中心主義大大批判，並寫下了鉅作*Reorient : Global Economy in the Asian Age*。這裡介紹的就是這本書的日文翻譯本。嘗試提出以全球經濟的角度來分析一四〇〇年到一八〇〇年的這段近代歷史。關於中國的論述，很多地方其實不如濱下武志等人的研究，沒有太多新的論點。不過，想到以全球規模來掌握中國明清時期的經濟動向，給人很大的啟示。至於討論的方向，由於一開始就下了結論要批判世界體系論，難免給人不夠深入的印象，加上只依據英語文獻來論述，也受到個別地區研究者的批評，認為過於片面。就像譯者提到的，就由批判這部著作，可以開拓出一條超越世界體系論而形成典範的道路。

（14）大隅和雄・村井章介編，《中世後期における東アジアの国際関係》，山川出版社，一九九七年。

本書是以北海道高等學校日本史教育研究會主辦的座談會報告為基礎，編纂成冊。在日本教育史國際化的這個課題上，由日本中世紀研究學者村井章介，以及其他韓國、中國學者報告，最後談到跨海的東亞交流歷史。能夠獲得很多啟發，了解在歷史教育中該如何探討海上世界。

（15）李露曄（Louise E. Levathes）／君野隆久譯，《中国が海を支配したとき》（*When China Ruled the Seas, The Treasure Fleet of the Dragon Throne 1405-1433*），新書館，一九九六年。

中文翻譯版為《當中國稱霸海上》，遠流出版社，二〇〇〇年。參考史書，追隨鄭和艦隊的腳步，走訪與鄭和相關的地點撰寫而成。其中也指出永樂這個時代的特殊性。圖片也很多，對於史料稀少的鄭和遠征帶來許多想像的線索。

（16）荒野泰典・石井正敏・井村章介編，《アジアのなかの日本史3海上の道》，東京大學出版會，一九九二年。

明清時代，在日本史上也就是室町到江戶時期，就思考東歐亞中日本的定位而言，本書有許多值得參考的論述及考據。像是討論港市論（寧波港與日中海事史）、海盜論、貨幣的多義性（日本古代貨幣）、東亞的貨幣流通、唐代陶瓷貿易的發展與商人、貿易商品與國際分工、船載遺物的考古學等，還提出了其他話題，像是討論沉船、其他少數民族的人口販賣（人的流通）、對外關係上的華僑與國家（閩人三十六姓）、香料之路與日本朝鮮等。

（17）濱下武志・川勝平太編，《アジア交易　と日本工業化1500-1900》，Libroport，一九九一年。

全書討論的是如何理解在近世亞洲中，近代亞洲孕育的那股活力，帶給讀者在知性上相當豐富的刺激。編輯濱下武志以定義出朝貢體系的概念而聞名。此外，川勝平太較為人知的是他後來的著作，《文明の海洋史観》（中央公論社，一九九七年）。

（18）琉球新報社編，《新琉球史：近世編（上）》，琉球新報社，一九八九年。

本書收錄了針對琉球與中國交流的歷史，具體考證的論述。內容包括冊封的各種狀況、貿易的發展、近世久米村的成立與發展等。

（19）鄭樑生，《明・日関係史の研究》，雄山閣出版，一九八五年。

以實際考證來釐清明代時日本與中國之間交涉的歷史。書中描述了堪合貿易使用的堪合符大小等，記載了許多貼近明、日間實際關係狀況的資料。

（20）山脇悌二郎，《長崎の唐人貿易》，吉川弘文館，一九六四年。

雖然已經是很古老的書籍，但對於江戶時期的日本與中國間的交易，可以提供恰到好處，面面俱到的資訊。

了解帝國的書籍

（21）平野聰，《清帝国とチベット問題：多民族統合の成立と瓦解》，名古屋大學出版會，二〇〇四年。

本書試圖將清朝一些無法在東亞框架下解釋的問題，透過與西藏之間的關係來加以考證、釐清。探討的範圍甚至包含現代西藏的問題。雖然屬於專業書籍，卻用了很多概念圖來輔助論述他的觀點。

（22）川越泰博，《モンゴルに拉致された中国皇帝：明英宗の　奇なる運命》，研文出版，二〇〇三年。

（23）川越泰博，《明代中国の疑獄事件：藍玉の獄と連座の人々》，風響社，二〇〇二年。

（24）川越泰博，《明代中国の軍制と政治》，國書刊行會，二〇〇一年。

（25）川越泰博，《明代建文朝史の研究》，汲古書院，一九九七年。

以上幾本川越泰博的著作，試圖從軍政的角度來釐清明代政治變動，以涉獵龐大的史料佐證來發展他的論述。

（26）石橋崇雄，《大清帝国》，講談社，二〇〇二年。

參考滿洲語史料來探討清朝初期歷史的一冊力作。從背景及社會特性來闡明，原先只是小部落的女真族，為何能成為東亞帝國。

(27)檀上寬，《永楽帝：中華「世界システム」への夢》，講談社，一九九七年。

以朱棣試圖打造蒙古帝國忽必烈建立的世界帝國的觀點，撰寫這位明朝第三代皇帝——永樂帝的傳記。檀上寛另外著有《明朝専制支配の史的構造》（汲古書院，一九九五年）等書，也以這樣的角度和觀點來理解明朝初期的歷史，研究的範圍很廣。

(28)檀上寬，《明の太祖朱元璋》，白帝社，一九九四年。

從朱元璋如何擺脫南方政權的觀點來記述他的傳記。詳細描述朱元璋自群雄割據脫身之後，創立明朝的過程。然而，對於攻打雲南卻隻字未提，令人感到不可思議。

(29)何炳棣／寺田隆信・千種真一譯，《科挙と近世中国社会：立身出世の階梯》，平凡社，一九九三年。

美國華裔學者的經典著作Ping-ti Ho, *The Ladder of Success in Imperial China*的日文翻譯版。參考大量的史料來分析，包括科舉制度與社會遷移、身分制度之間的關係，還有科舉合格者的地區差異等。何炳棣其他還有建立中國人口史研究基礎的著作，很可惜目前尚無日文翻譯版。

(30)黃仁宇／稻畑耕一郎・古屋昭弘・岡崎由美・堀誠譯，《万暦十五年：1587「文明」の悲劇》，東方書店，一九八九年。

黃仁宇在結束前半生的軍旅生涯後，赴美研究中國史。本書先以英語出版（*1587: A Year of No Significance*），翻譯成中文（《萬曆十五年》，食貨出版，一九八五年）之後獲得廣大迴響。從英文書名可看得出來，在萬曆十五年這個歷史上沒什麼特殊事件，極其平凡的一年，作者描寫了皇帝及內閣首輔申時行、以模範官員聞名的海瑞、與倭寇大戰的將軍戚繼光，以及哲學家李贄等人，在這一年做了哪些事，拓展了歷史敘述的範圍。作者另著有以個人獨特觀點來描寫的中國通史：《中國大歷史》（聯經出版社，一九九三年）。

同一個時代的記錄

與其遍讀概略書籍，不如閱讀同一個時代生動描寫事件各個面向的記錄，更能培養出歷史觀。下面介紹的就是現代日語翻譯版本的史料。

（31）張廷玉等編／川越泰博編譯，《明史》，明德出版社，二〇〇四年。（【編按】可參考臺灣商務印書館出版之百衲本廿四史系列《明史》）

記錄明代的正史《明史》，在清代時一七三五年（雍正十三）完成。出動了多位學者編寫而成，在歷代的正史之中獲得極高評價。本書明代史研究學者川越泰博加上編纂過程以及史料書典相關解說，並翻譯了皇帝傳記，也就是本紀裡朱元璋（明太祖・洪武帝）與朱棣（明成祖・永樂帝）的傳記。此外，還為《明史》裡跟經濟相關的「食貨志」作註，就是由和田清編輯的《明氏食貨志訳註》（東洋文庫，一九五七年）。

（32）星斌夫譯註，《大運河発展史：長江から黄河へ》，平凡社（東洋文庫410），一九八二年。

將《元史》、《明史》、《清史稿》中關於河運、海運的記錄節錄翻譯、附註。可以深入探討大運河及與其抗衡的海運歷史。

（33）谷川道雄・森正夫編，《中国民衆反乱史》二（宋～明中期）、三（明末～清Ⅰ）、四（明末～清Ⅱ），平凡社（東洋文庫351・408・419），一九七九・八二・八三年。

篩選出中國歷代民眾叛亂相關史料並翻譯，加上叛亂的時代背景及字句註釋。在本書可以看到各式各樣的叛亂類型，農民叛亂、大都市市民的起義、奴隸的起義、明末的李自成・張獻忠之亂，以及動搖清朝國本的白蓮教徒之亂等。

（34）馬歡／小川博編，《中国人の南方見聞録：瀛涯勝覧》，吉川弘文館，一九九八年。

馬歡為鄭和艦隊的成員之一，將隨行過程寫成《瀛涯勝覽》。（《瀛涯勝覽校注——鄭和出海紀實》，臺灣商務印書館，二〇〇五年）

（35）平托（Fernando Mendes Pinto）／岡村多希子譯，《東洋遍歷記》，一～三，平凡社（東洋文庫366・371・373），一九七九・八〇。

十六世紀的葡萄牙冒險商人平托，將他在東歐亞海域的親身經歷寫成的自傳。就像他的綽號「吹牛平托」一樣，書中的內容未必是真正的史實，但依舊能生動感受到海洋世界的氣氛。

（36）克魯斯（Gaspar Da Cruz）／日埜博司編譯，《クルス「中国誌」》，新人物往來社，一九九六（講談社學術文庫《中国誌：ポルトガル宣教師が見た大明帝国》講談社，二〇〇二年）。
葡萄牙道明會傳教士，記述包括明代的中國地誌、物產、風俗、宗教、制度等內容。

（37）利瑪竇（Matteo Ricci）／川名公平譯・矢澤利彥註・平川祐介解說，《大航海時代叢書第2期・8・9中国キリスト教布教史》，1・2岩波書店，一九八二・八三年。
本書為利瑪竇自一五八三年進入中國南部，到一六一〇年之間在北京進行傳教活動的紀錄。除了傳教的狀況之外，也描繪出當時的中國社會。

（38）王守仁，《王陽明全集1～10》，明德出版社，一九八二～八七年。
在明代為儒學創造轉機的王守仁之著作。包括原文、日語標註、註釋、解說也很豐富。全書各卷內容如下：第一卷「語錄」、第二卷「文錄」、第三・四卷「奏疏」（上）（下）、第五卷「公移」、第六卷「詩」、第七卷「外集」、第八卷「續篇」、第九卷「年譜」、第十卷「世德紀」。

（39）宋應星／藪內清譯註，《天工開物》，平凡社（東洋文庫130），一九六九年。
集結包括服裝、染色、製鹽、兵器、釀造等，明朝末年的各種科學技術，書中還附有很多照片。

（40）園田一龜，《韃靼漂流記》，平凡社（東洋文庫539），一九九一年。
在清朝入北京城時，前往松前的越前商人漂流到中國東北地區，被送到北京後經朝鮮返國。本書復刻了當時的見聞錄及園田的研究。

（41）彭遵泗・朱子素・王秀楚／松枝茂夫譯，《蜀碧・嘉定屠城紀略・揚州十日記》，平凡社（東洋文庫36），一九六五年。
從受害者的觀點來描述明末到清初的戰亂。收錄了記述四川省張獻忠之亂的《蜀碧》，以及記錄清軍進攻揚州及嘉定的《揚州十日記》、《嘉定屠城紀略》。

（42）入江義高編，《中国古典文学体系55：近世隨筆集》，平凡社，一九七一年。

收錄宋代和明、清的隨筆集。集結了明清時代宛如百科全書的謝肇淛《五雜組》（摘譯）、出生於明清交替之際動亂時代的周亮工所著《書影》、清末考證學家俞樾寫的《春在堂隨筆》、還有出自陽明學流派的思想家李贄之代表作《焚書》（摘譯）。由於《五雜組》的作者出身福建，關於福建的敘述很多。此外，平凡社的東洋文庫收錄了《五雜組》的全文翻譯版（岩城秀夫譯，全八卷，索引的參考價值很高）。至於李贄，譯者溝口雄三附上非常詳細的譯註，還有從思想史學家觀點的解說。本書的年譜亦十分完整，想要掌握明末時期的思想狀況，這是一本非常理想的入門書。

（43）後藤基巳．山井湧等編譯，《中国古典文学大系57明末清初政治評論集》，平凡社，一九七一年。

明末清初的政治變化，加深了知識分子的思慮。本書收錄了李贄的《藏書》（摘譯）、黃宗羲《明夷待訪錄》（全譯）、顧炎武《亭林文集》（摘譯）、《日知錄》（摘譯）、王夫之的《讀通鑑論》（摘譯）、唐甄《潛書》（摘譯）。

（44）格雷隆（Adrien Greslon）／矢澤利彥譯，《東西曆法の対立：清朝初期中国史》，平河出版社，一九八六年。

一六五六年抵達澳門的耶穌會法國傳教士，在他筆下記錄的順治、康熙年間。作者從身邊所見所聞的觀點，來描寫康熙年間西洋曆法因為贏得競爭實驗而受清朝採納的過程。

（45）矢澤利彥編譯，《イエズス会士中国書簡集》（一「康熙篇」、二「雍正」、三「乾隆」、四「社會」、五「紀行篇」、六「信仰」），平凡社（東洋文庫175．190．210．230．251．263），一九七〇～七四年。

法國耶穌會傳教士的中國傳教報告集。可以感受到清朝最興盛的時期。另有續篇《イエズス会士書簡集：中国の布教と迫害》，平凡社（東洋文庫370，一九八〇年），則與十八世紀打壓基督教徒有關。

（46）藍鼎元／宮崎市定譯，《鹿洲公案　清朝地方裁判官の記録》，平凡社（東洋文庫92），一九六七年。

雍正時期地方官在任時經手的判決記錄。忠實傳達當時的社會樣貌。

（47）朴趾源／今村与志雄譯，《熱河日記：朝鮮知識人の中国紀行》一．二，平凡社（東洋文庫325．328），一九七八年。

一七八〇年，為慶祝弘曆（乾隆帝）七十大壽前來的朝鮮使節。朴趾源隨行其中，從朝鮮經遼陽、北京到皇帝所在的熱河，本書就是他在旅途中寫下的日記。內容不僅有他自身的見聞，也有不少與各地文人交流時得到的資訊。

（48）中川忠英／孫伯醇．村松一弥譯，《清俗紀聞》一．二，平凡社（東洋文庫62．70），一九六六年。

日本的長崎奉行中川忠英，訪問一七九〇年代從福建、浙江、江蘇地區來到日本的中國商人之問答記錄，內容包括制度、風俗習慣等。圖片相當珍貴。

（49）馬戛爾尼（George Macartney）／坂野正高譯註，《中国訪問使節日記》，平凡社（東洋文庫277），一九七五年。

十八世紀末英國派遣到清朝的使節訪中日記。外交談判雖然最後以失敗作收，但回程經過大運河，一路觀察內陸狀況回到香港。書中關於當時中國社會的資訊相當豐富，譯者是中國近代政治外交史學家，解說很有參考價值。

（50）陳盛韶／小島晉治．上田信．栗原純譯註，《問俗録：福建・台湾の民俗と社会》，平凡社（東洋文庫495），一九八八年。

清道光年間（一八二一～五〇年），曾任福建省及臺灣地方官的作者，在任時調查當地社會的記錄。

年表（與海洋相關的項目以粗體字標示）

西元	年號	明·清帝國	東歐亞大陸	全球
一三五〇年代			**這段期間倭寇頻繁攻擊高麗沿海**。阿瑜陀耶對暹羅朝貢。	
一三五一	〈元〉至正十一	元代河南爆發紅巾之亂。		
一三五六	一六	朱元璋自稱吳國公，以南京（金陵）為根據地。		
一三五八	一八		**倭寇勢力到達中國沿海（山東）**。	
一三六四	二四	朱元璋自稱吳王。		
一三六六	二六		**要求高麗、日本嚴禁倭寇**。	
一三六七	二七	朱元璋在蘇州大敗張士誠，展開北伐。		
一三六八	〈明〉洪武元	朱元璋於南京（應天府）即位（洪武帝），國號大明。元朝撤退回蒙古高原，成立北元。	**舟山群島爆發蘭秀山之亂**。	

一三六九	二	**朱元璋要求日本懷良親王取締倭寇。**		
一三七〇	三			帖木兒帝國成立。
一三七一	四	**發布海禁令。**		
一三七二	五	敦促其他各國前來朝貢。	**琉球中山王向明朝朝貢。**	
一三七三	六	制訂大明律。		
一三七八	一一		阿瑜陀耶王朝滅素可泰。	在英國出現對教會批判。聖經被翻譯成英文。
一三八〇	一三	宰相胡惟庸因謀反罪名遭判死刑。	**高麗將軍李成桂擊敗倭寇。琉球南山王向明朝朝貢。**	
一三八一	一四	實施里甲制，制訂賦役黃冊。		英國爆發農民叛亂（瓦特・泰勒農民起義 Wat Tyler's Rebellion）。
一三八二	一五	恢復科舉。		
一三八三	一六		**琉球北山王向明朝朝貢。**	
一三八四	一七	明軍平定雲南。		
一三八五	一八			葡萄牙獨立。
一三八九	二二		**高麗人侵略對馬。**	

一三九一	二四		北元滅亡。	
一三九二	二五	派遣福建人到琉球。	李成桂即位。隔年定朝鮮為國號。	
一三九三	二六	全國土地實施丈量。爆發藍玉案。		
一三九五	二八			帖木兒征服欽察、東察合台各個汗國。
一三九八	三一	朱元璋去世。由其孫朱允炆（建文帝）即位。		
一三九九	建文元	朱棣（燕王）舉兵發動靖難之役。		
一四〇〇	二		越南陳朝滅亡。	
一四〇二	四	朱棣攻陷南京，即位（永樂帝）。	**日本室町幕府（足利義滿）接受明朝國書。**	帖木兒大敗土耳其軍（安哥拉之戰）。
一四〇三	永樂元	**明朝恢復市舶司。**		
一四〇四	二	**冊封琉球中山王（琉球冊封之始）。**	**室町幕府獲得明朝堪合，展開朝貢。**	

一四〇五	三	**鄭和第一次遠征（～〇七）**。	帖木兒在遠征中國的途中過世。鄂圖曼王朝復興。
一四〇六	四	出兵安南，隔年設置交趾布政司。	尚思紹・巴志父子奪取琉球中山霸權。
一四〇八	六	**鄭和第二次遠征（～〇九）**。	
一四〇九	七	明軍北征。於黑龍江下游設置奴兒干都司。**鄭和第三次遠征（～一一）**。	
一四一〇	八	朱棣親征蒙古。	
一四一一	九		**室町幕府（足利義持）不准明史進京（與明朝斷交）**。
一四一三	一一	**鄭和第四次航海（～一五）**。	越南後陳朝臣服於明朝。滿剌加王國成立。
一四一四	一二	朱棣第二次親征蒙古。	
一四一五	一三		**葡萄牙「航海王」亨利王子（Infante Dom Henrique）成立航海學校**。
一四一七	一五	**鄭和第五次航海（～一九）**。	

一四一八	一六		黎利在越南起兵。	
一四一九	一七		**開放三浦（乃而浦、富山浦、鹽浦）作為朝鮮、日本人居留地。**	
一四二〇	一八		**從琉球派遣貿易船至暹羅。**	早期文藝復興（佛羅倫斯）。
一四二一	一九	遷都北京。**鄭和第六次航海（～二二）。**		
一四二二	二〇	朱棣第三次親征蒙古。		
一四二三	二一	朱棣第四次親征蒙古。		
一四二四	二二	朱棣於第五次親征蒙古途中去世。朱高熾（洪熙帝）即位。		
一四二五	洪熙元	朱高熾去世。朱瞻基（宣德帝）即位。		
一四二八	宣德三		越南黎利即位，定大越為國號。	
一四二九	四		琉球中山王尚巴志統一琉球三山。	
一四三〇	五		**琉球派遣貿易船至爪哇。**	

一四三一	六		**琉球王尚巴志派遣使者至朝鮮。**	聖女貞德遭判火刑而死。
一四三二	七	**鄭和第七次航海（～三三）。**	**室町幕府（足利義教）派遣使者至明朝（隔年恢復邦交）。**	
一四三三	八	江南展開稅金的納銀化（金花銀）。		
一四三四	九		瓦剌的脫懽打敗韃靼。	梅迪奇家族於佛羅倫斯執政期（～九四）。
一四三五	一〇	朱瞻基去世，朱祁鎮（正統帝）即位。		
一四三八	正統三	於大同開設馬市，與瓦剌通商。		
一四三九	四		脫懽去世，也先繼位。	
一四四二	七	設立建州三衛。		
一四四三	八		朝鮮創制文字 Hangul（一四四六頒布）。	
一四四八	一三		福建爆發鄧茂七之亂。	
一四四九	一四	瓦剌軍進攻明朝擄走朱祁鎮（土木堡之變）。朱祁鈺（景泰帝）即位。		

一四五〇	景泰元	明軍於宣府打敗也先。朱祁鎮歸來。		
一四五三	四		也先稱大汗（隔年遇刺）	鄂圖曼帝國占領君士坦丁堡。拜占庭帝國滅亡。
一四五五	六		**暹羅軍進攻滿剌加。**	英國爆發玫瑰戰爭（～八五）。
一四五六	七		**琉球派遣貿易船到滿剌加。**	
一四五七	天順元	朱祁鎮重新即位（天順帝）。		
一四五八	二		**鑄造琉球首里城的「萬國津梁」大鐘。**	
一四六四	八	朱祁鎮去世，朱見深（成化帝）即位。		
一四六六	成化二		**以西日本為中心，陸續派遣使節至朝鮮（～七一）。**	
一四六七	三		日本爆發應仁之亂（～七七）。	
一四七〇	六		琉球第二尚氏王朝開啟。	
一四七二	八	河套地區修建長城。		
一四七八	一四	在遼東開設馬市		

一四七九	一五	明・朝鮮聯軍對戰女真。		
一四八〇	一六			莫斯科大公國自欽察汗國獨立。
一四八七	二三	朱見深去世，朱祐樘（弘治帝）即位。		
一四八八	弘治元		達延汗進攻明朝。	**迪亞士（Bartolomeu Dias）抵達好望角。**
一四九〇	三		**琉球派遣貿易船至北大年。**	
一四九二	五	開始鹽販賣權的納銀化。		**哥倫布（Christopher Columbus）抵達巴哈馬群島。**
一四九四	七			**葡萄牙・西班牙協定分界（托爾德西里亞斯條約）。**
一四九八	一一			**達伽馬（Vasco da Gama）開拓印度航線。**
一五〇〇	一三			撒馬爾罕的帖木兒帝國滅亡。
一五〇一	一四		達延汗攻陷明朝寧夏，進攻河套地區。	薩非王朝建國。

一五〇五	一八	朱祐樘去世，朱厚照（正德帝）即位。		
一五〇八	正德三	王守仁於龍場悟道。成就陽明學。	**日本島津氏要求朝鮮取締未攜帶島津印記的日本商船。**	
一五一〇	五		**朝鮮三浦的日本人抗議加強貿易管制發起暴動（三浦之亂）。**	**葡萄牙占領印度的果亞、可倫坡。**
一五一一	六		**葡萄牙占領滿剌加。**	
一五一二	七		**廢止朝鮮三浦的日本人居留地。**	
一五一七	一二		**葡萄牙使節團來到廣東沿海。**	馬丁路德九十五條論綱（宗教改革開始）。
一五一八	一三		淡目國蘇丹打倒滿者伯夷帝國，開啟伊斯蘭時代。	
一五一九	一四	寧王發兵。王守仁捕獲寧王平定。		**麥哲倫**（Fernando de Magallanes）**航行世界一周**（～一五二二）。
一五二一	一六	朱厚照去世。朱厚熜（嘉靖帝）即位。引發「大禮議」。	**麥哲倫在航行世界途中於菲律賓遇害。**	

一五二三	嘉靖二		**日本大內・細川兩人在明朝寧波發生爭貢事件（寧波之亂）。**	
一五二六	五		**日本的石見銀山開始開採。**	第一次帕尼帕特之戰（蒙兀兒帝國的興起）。
一五三一	一〇		東吁王朝德彬瑞蒂（Tabinsh-wehti）即位，統一緬甸。	
一五三三	一二			印加帝國滅亡。
一五三八	一七			**普雷韋扎海戰（鄂圖曼帝國掌握地中海制海權）。**
一五四〇	一九	一條鞭法從這段時期開始實施。		
一五四一	二〇			喀爾文於日內瓦展開宗教改革。
一五四二	二一		蒙古俺答汗進攻明朝。	
一五四三	二二		**葡萄牙人漂流到種子島（火槍傳入日本）。**	哥白尼發表天體運行論。
一五四五	二四			**南美波托西銀礦開始開採。**
一五四七	二六	**朱紈於漳州月港攻擊倭寇。**	**日本派遣最後的遣明船。**	俄羅斯帝國成立。

一五四八	二七		俺答汗進攻明朝大同。	
一五四九	二八		**沙勿略**（San Francisco Javier）**抵達日本鹿兒島**。	
一五五〇	二九		俺答汗包圍北京。**蝦夷的蠣崎（松前）氏與愛奴締結交易協定**。	
一五五二	三一			俄羅斯與喀山汗國合併。
一五五三	三二		**從這個時期開始倭寇的攻擊變得劇烈（嘉靖大倭寇）**。	
一五五六	三五			俄羅斯與阿斯特拉罕汗國合併。
一五五七	三六	**允許葡萄牙人居住澳門**。	**倭寇首領王直遭到逮捕**。	
一五五八	三七			英國伊麗莎白一世即位。
一五五九	三八	王直遭到斬首。		
一五六二	四一			法國宗教戰爭（～九八）。
一五六三	四二	**戚繼光於福建沿岸擊退倭寇**。		
一五六五	四四	在浙江實施一條鞭法。		鄂圖曼帝國占領突尼斯。
一五六七	隆慶元	**海禁解除**。	**葡萄牙船抵達日本長崎**。	

一五六八	二			荷蘭獨立戰爭開始（～一六四八）。
一五七〇	四	明朝與俺答汗之間締結和議。隔年在大同開設馬市。		
一五七一	五		**長崎－澳門之間的貿易開啟。西班牙建設菲律賓馬尼拉市。**	**勒班陀戰役。**
一五七二	六	朱載垕去世。朱翊鈞（萬曆帝）即位。	**開啟馬尼拉－阿卡波可間的貿易。**	
一五七五	萬曆三		爪哇中部興起了馬塔蘭伊斯蘭王國。	
一五七六	四			蒙兀兒帝國與孟加拉合併。
一五七八	六	張居正展開全國土地丈量。	蒙古俺答汗向藏傳佛教高僧索南嘉措獻上達賴喇嘛的稱號。	
一五八一	九			荷蘭獨立宣言。
一五八二	一〇		**利瑪竇抵達澳門。**	俄國的葉爾馬克征服西伯利亞汗國，進駐西伯利亞。
一五八三	一一	女真族努爾哈赤發兵。		

一五八八	一六	努爾哈赤統一建州三衛。		英國擊敗西班牙無敵艦隊。
一五八九	一七			法國波旁王朝成立。
一五九二	二〇	明朝派遣援軍至朝鮮。	**豐臣秀吉侵略朝鮮（壬辰倭亂・文祿之役）。秀吉開始發行朱印狀。**	
一五九六	二四	命令宦官開發礦山。試圖增加收入（礦稅之禍）。	**荷蘭人首次抵達爪哇島。西班牙船隻漂流到高知。**	
一五九七	二五		**豐臣秀吉再次進攻朝鮮（丁酉倭亂・慶長之役）。**	
一五九八	二六			南特敕令。
一六〇〇	二八		越南由占領河內的鄭氏，以及占據順化的阮氏一分為二。	**英國東印度公司成立。**
一六〇一	二九	明朝蘇州爆發民變。	利瑪竇抵達北京。	
一六〇二	三〇			**荷蘭東印度公司成立。**
一六〇三	三一		日本江戶幕府開府。**馬尼拉發生華僑屠殺案。**	

一六〇四	三二		**江戶幕府認可蝦夷蠣崎氏擁有愛奴交易專利權。**	
一六〇六	三四		**琉球尚寧王接受明朝冊封。**	
一六〇九	三七		**荷蘭於日本平戶設置商館。日本島津氏進攻琉球擄走尚寧王等人。**	
一六一〇	三八	利瑪竇逝於北京。從這個時期開始，東林及非東林黨的黨爭逐漸加劇。		
一六一一	三九		琉球尚寧王認可薩摩治理琉球（掟十五條）。	
一六一三	四一			俄羅斯建立了羅曼諾夫王朝。
一六一六	四四	努爾哈赤就任滿洲族大汗，定國號為大金（後金）。		
一六一九	四七	努爾哈赤在薩爾滸之戰擊敗明軍與朝鮮軍。	**荷蘭在爪哇建設巴達維亞市。**	

一六二〇	四八	朱翊鈞去世。朱常洛（泰昌帝）即位，卻也在同年去世。朱由校（天啟帝）即位。為調度軍費引進新稅。	**清教徒登陸北美鱈魚角。**
一六二一	天啟元	努爾哈赤攻陷遼東，遷都遼陽。	
一六二三	三		薩法維帝國占領巴格達。
一六二四	四		**荷蘭在臺灣安平建造熱遮蘭城（安平古堡）。**
一六二五	五	魏忠賢打壓東林派。努爾哈赤遷都瀋陽，改名為盛京。	
一六二六	六	努爾哈赤去世。由皇太極繼承汗位。	
一六二七	七	朱由校去世。朱由檢（崇禎帝）即位。魏忠賢自殺。陝西發生大飢荒。	後金軍攻陷朝鮮（丁卯胡亂）。
一六二八	崇禎元		**巴達維亞擊退馬塔蘭王國的進攻。** 蒙兀兒王朝由沙賈汗掌握政權且即位。
一六三〇	三	新稅引進。	山田長政於阿瑜陀耶遭到暗殺。張獻忠於明朝陝西發兵。

一六三一	四	這段時期李自成在明朝陝西加入叛亂。	**在日本對馬宗氏的國書竄改事跡敗落。**	
一六三二	五			波俄（波蘭與俄國）戰爭（～三四）。
一六三三	六		**琉球王尚豐接受明朝冊封。**	
一六三四	七		蒙古察哈爾的林丹汗在青海去世。**江戶幕府認可島津氏治理琉球。**	
一六三五	八	後金降伏察哈爾之後，皇太極成了蒙古的大汗。	**江戶幕府禁止日本人出海、回國。**	
一六三六	九	皇太極定國號為大清，並且稱帝。清軍進攻朝鮮（丙子胡亂）。		
一六三七	一〇		日本爆發島原之亂。	
一六三九	一二	實施大增賦稅。	**江戶幕府禁止葡萄牙船隻入港（完成鎖國）。馬尼拉發生華僑屠殺案。**	
一六四一	一四		**荷蘭從葡萄牙手中搶奪滿剌加。江戶幕府將荷蘭人遷移至長崎出島。**	

一六四二	一五	湯若望獻上《崇禎曆書》。		英國清教徒革命（～四九）。
一六四三	一六	皇太極去世。福臨（順治帝）即位，由多爾袞攝政。		
一六四四	〈清〉順治元	李自成在西安稱帝，國號大順。張獻忠進入四川。李自成包圍北京，朱由檢自殺。清軍擊敗李自成進入北京城。福臨於北京即位。		
一六四五	二	清軍攻陷南京，擄獲明朝（南明）朱由崧（福王）。清朝發布漢人薙髮令。		
一六四六	三	清朝開始實施科舉。南明政權擁立朱由榔（永曆帝）。	**江戶幕府不理會鄭芝龍請求救援。鄭芝龍投降清朝。**	
一六四八	五			威斯特伐利亞和約（終結歐洲三十年戰爭）。
一六四九	六	制訂內三院的官制。		
一六五〇	七	多爾袞去世，福臨開始親政。	鄭成功以福建廈門為根據地。	

一六五二	九	清軍在松花江與俄羅斯人發生衝突。		
一六五三	一〇		**鄭成功擊敗清軍（海登島之戰）。**	
一六五四	一一		**琉球王尚質接受清朝冊封。**	
一六五六	一三	**發布海禁令**。南明朱由榔進入雲南。		**荷蘭占領錫蘭島。**
一六五八	一五	將內三院改為內閣。	俄國於尼布楚築城。	
一六五九	一六	清軍進入雲南。朱由榔逃至緬甸。	**鄭成功北上包圍南京，後來卻敗退。**	
一六六一	一八	福臨去世。玄燁（康熙帝）即位。發布遷界令。殺害鄭芝龍。	**鄭成功降伏荷蘭人，占領臺灣。**	
一六六二	康熙元	緬甸將南明朱由榔交給吳三桂，朱由榔遭吳三桂殺害。	**鄭成功去世。**	
一六六九	八	南懷仁就任欽天監監副。決定採用西洋曆法。	愛奴首領在蝦夷發動相庫相郘之戰。	
一六七〇	九		準噶爾的噶爾丹成為準噶爾汗。俄國派遣使節團來清朝。	拉辛（Stenka Razin）在俄國帶領大叛亂。

一六七一	一〇		**開通日本沿岸的東迴・西迴航線（～七二）**。
一六七二	一一	玄燁公布聖諭十六條。	
一六七三	一二	清朝吳三桂於雲南起兵（爆發三藩之亂）。	
一六七八	一七	吳三桂稱王後卻病死。	第五世達賴喇嘛賜給噶爾丹大汗封號。
一六七九	一八		噶爾丹大汗征服哈密、吐魯番。 收服暹羅、北大年。
一六八〇	一九		暹羅首次派遣使節到歐洲。
一六八一	二〇	清軍降伏雲南，平定三藩之亂。	
一六八三	二二	**清軍降伏鄭克塽，平定臺灣**。	
一六八四	二三	發布展界令。於廈門、廣州設置海關。玄燁首次出發南巡。	
一六八五	二四	於華亭設置海關（一六八七年移往上海）。清軍於雅克薩與俄軍交戰。	
一六八六	二五	於寧波設置海關。為平息喀爾喀內部紛爭召開和談會議。	**馬尼拉發生華僑屠殺案**。

一六八八	二七		喀爾喀部遭受噶爾丹的攻擊，向清朝求援。	英國光榮革命。
一六八九	二八	與俄國簽訂尼布楚條約劃定國界。	**江戶幕府將停留在長崎的中國人全數遷移到唐人館**。	俄國彼得一世（大帝）的獨裁統治開始。
一六九〇	二九			英國建設加爾各答市。
一六九一	三〇	玄燁於多倫諾爾主持多倫會盟。		蒙兀兒帝國全盛期。
一六九二	三一		越南禁止基督教以及清朝的語言、風俗習慣。	
一六九六	三五	玄燁親征噶爾丹。從此確定清朝對喀爾喀的保護權。		
一六九七	三六	玄燁親征噶爾丹。噶爾丹去世。	江戶幕府於長崎開設會所。	
一六九八	三七		**江戶幕府增加長崎的唐船入港數量**。	
一六九九	三八	**准許英國在廣東進行貿易**。	荷蘭開始在爪哇種植咖啡。	卡爾洛夫奇條約（鄂圖曼帝國首次版圖縮小）。
一七〇一	四〇			西班牙王位繼承戰爭。
一七〇二	四一	在廣州、廈門制訂行商制度。		
一七〇四	四三	允許廣湖地區的苗族參加科舉。		羅馬教皇禁止耶穌會的傳教方式。

一七〇五	四四	青海王拉藏汗背叛達賴喇嘛六世，攻陷拉薩。	
一七〇六	四五	將否定中國典禮的傳教士趕到澳門。	
一七〇七	四六		英格蘭與蘇格蘭合併。大不列顛王國成立。
一七〇八	四七	玄燁廢皇太子胤礽。	
一七〇九	四八		**江戶幕府減少長崎的唐船入港數量。**
一七一一	五〇	**除了福建人之外，也允許廣東人移居臺灣。**	
一七一三	五二	以一七一一年調查的人丁數來固定人頭稅額（盛世滋生人丁）。	
一七一五	五四		**英國在廣東設置商館。江戶幕府發布海舶互市新例（正德新例）。**
一七一六	五五	《康熙字典》完成。	

一七一七	五六	**禁止官方認可以外的商人入境、貿易。允許臺灣運出米穀到福建**。準噶爾的策妄阿拉布坦攻陷拉薩，殲滅拉藏汗。		
一七一八	五七	清軍進入西藏，驅除準噶爾。		
一七二〇	五九	為擁護達賴喇嘛遠征西藏。驅逐準噶爾勢力，將西藏納入勢力範圍。**在廣東廣州設立公行**。	**江戶幕府放寬進口和譯洋書**。	
一七二一	六〇	臺灣爆發朱一貴之亂。		
一七二二	六一	**由阿瑜陀耶進口的米得以免稅**。**玄燁去世**。胤禛（雍正帝）即位。		
一七二三	雍正元	禁止基督教，將傳教士趕到澳門。開始解放賤民。		
一七二四	二	清軍平定青海。在西藏設駐藏大臣。	**阿瑜陀耶的米首次抵達清朝廣州**。	
一七二五	三	《古今圖書集成》完成。		丹麥人白令（Vitus Jonassen Bering）展開北太平洋探險（～三〇）。

一七二六	四	在山東實施土地稅・人頭稅並徵（地丁銀），之後普及到各地。	
一七二七	五	與俄國簽訂恰克圖條約。西藏發生叛亂。	**清朝放寬海禁，認可中國人在南洋停留兩年。**
一七二八	六	與越南定出國界。於恰克圖開市。	
一七二九	七	清軍平定貴州。發行《大義覺迷錄》。	
一七三〇	八	苗族在清朝的雲南、貴州發動叛亂。	
一七三一	九	清軍進攻準噶爾卻退敗。	
一七三二	一〇	設置軍機處。	準噶爾的噶爾丹策令攻打清朝北方。
一七三三	一一	清軍攻打準噶爾（隔年講和）。	
一七三五	一三	推動原住民地區直接統治的政策（改土歸流）。胤禛去世。弘曆（乾隆帝）即位。	

一七三六	乾隆元			薩非王朝滅亡。
一七三八	三		**允許準噶爾的噶爾丹策零與西藏交易**。	
一七四〇	五	清朝的湖南、廣西發生苗族之亂。禁止漢人移居滿洲（回籍令）。		奧地利王位繼承戰爭（～四八）。
一七四一	六		**巴達維亞發生華僑屠殺案**。	
一七四二	七	**中國人在南洋的停留期間延長到三年**。		英法殖民地開始抗爭。
一七四三	八	《大清一統志》完成。		
一七四七	一二	清朝四川發生金川土司之亂。嚴禁基督教傳教。		
一七四九	一四	清軍平定金川。		
一七五二	一七		緬甸東吁王朝滅亡，貢榜王朝成立。	
一七五三	一八		**葡萄牙要求清朝割讓澳門**。	
一七五四	一九		準噶爾的阿睦爾撤納投奔清朝。	

一七五五	二〇	清軍遠征準噶爾，制服伊犁。	阿睦爾撒納背叛清朝。**在清朝寧波的英國船嘗試進行貿易**。爪哇的馬打藍王國分裂。	
一七五七	二二	**歐洲貿易僅限於在廣州進行**。		普拉西戰役。
一七五八	二三	清軍遠征東突厥斯坦（回部）。	發生東突厥斯坦之亂。荷蘭占領爪哇。	
一七五九	二四	清軍功占塔里木盆地（清朝版圖最大時期）。		
一七六〇	二五	在烏魯木齊設屯田兵。		
一七六二	二七	設伊犁將軍。建設喀什噶爾城。	**英國占領馬尼拉（～六四）**。	
一七六五	三〇		緬甸軍進攻雲南、暹羅。	瓦特發明蒸氣機。
一七六六	三一	清軍遠征緬甸。		
一七六七	三二		緬甸軍攻陷阿瑜陀耶，消滅阿瑜陀耶王朝。	
一七六八	三三			庫克（James Cook）的第一次南太平洋探險（～七一）。
一七六九	三四	再次遠征緬甸。與緬甸議和。		

一七七一	三六	在清朝四川發生小金川、大金川之亂。	越南發生西山黨之亂。	
一七七三	三八			波士頓茶黨事件。英國東印度公司實施孟加拉鴉片專賣制。
一七七四	三九		山田玄白等人在日本發行《解体新書》。	
一七七五	四〇			美國獨立戰爭爆發。
一七七六	四一	清軍平定金川。		美國十三州獨立宣言。
一七八一	四六	清朝甘肅發生回教徒之亂。		
一七八二	四七	《四庫全書》完成。	暹羅的拉達那哥欣王朝成立（拉瑪一世即位）。	
一七八三	四八			巴黎條約（英國承認美國獨立）。
一七八四	四九	清朝甘肅再次發生回教徒之亂。美國船隻抵達廣東。		
一七八五	五〇		**西班牙成立菲律賓王家公司**。	
一七八六	五一	臺灣發生林爽文之亂。	基督教在朝鮮傳教。	

一七八七	五二	清軍討伐臺灣、安南。	越南西山黨阮文岳稱帝。
一七八八	五三	清軍遠征西藏，廓爾喀軍撤退。派兵至越南。	尼泊爾的廓爾喀王朝進攻西藏。
一七八九	五四	清軍在越南遭西山黨軍擊敗。	越南西山黨軍擊退清軍，黎朝滅亡。阮文岳之弟阮文惠稱帝，兄弟對峙。
一七九〇	五五	緬甸歸屬清朝。	
一七九一	五六	再次派兵至西藏擊退廓爾喀軍（～九二）。	**英國東印度公司獲得檳城**。廓爾喀軍再次進攻，使得西藏發生動亂。
一七九三	五八	弘曆於熱河的離宮接見英國使節馬戛爾尼。	**英國使節馬戛爾尼抵達清朝**。
一七九五	六〇		波蘭王國滅亡（第三次瓜分波蘭）。
一七九六	嘉慶元	弘曆退位，成為太上皇。顒琰（嘉慶帝）即位。	
一七九九	四	弘曆去世，顒琰展開親政。湖北、四川、陝西省境地區發生白蓮教之亂。	荷蘭東印度公司解散。

年	月			
一八〇一	六		朝鮮發生大規模迫害天主教徒的事件（辛酉邪獄）。	英國、愛爾蘭合併。
一八〇二	七		阮福映（嘉隆帝）消滅西山黨，統一越南。阮朝成立（隔年定國號為越南）。	
一八〇三	八			阿薩耶之戰（英軍擊敗馬拉塔聯軍）。
一八〇四	九	清軍平定白蓮教之亂。	**俄國使節列札諾夫（Nikolai Petrovich Rezanov）抵達長崎。**	法國拿破崙皇帝即位。蒙兀兒帝國納入英國勢力範圍。
一八〇五	一〇		**這段時期清朝廣東、福建沿海海盜猖獗。**	
一八〇八	一三		**英國船隻停靠廣東香山，攻擊澳門。日本的間宮林藏至庫頁島探險。**	
一八〇九	一四	**制訂廣東互市章程。清軍協助英國船隻，於香港周邊實施掃蕩海盜作戰。**	**海盜蔡牽於清朝浙江海上落敗身亡。**俄國要求於恰克圖通商。	

一八一〇	一五		**海盜張保投降清朝，成為海軍武官。**	
一八一一	一六	**禁止西方人於內陸居住、傳教。**		
一八一二	一七		**日本商人高田屋嘉兵衛遭到俄國船俘虜。**	拿破崙遠征俄國。
一八一三	一八	禁止販賣鴉片。		
一八一五	二〇	嚴禁進口鴉片。		維也納會議。滑鐵盧之戰。
一八一六	二一		**英國使節阿美士德抵達清朝。英國軍艦抵達琉球、朝鮮。爪哇歸還荷蘭。**	**英國占領錫蘭島。**
一八一七	二二			亞洲、中東、歐洲各地霍亂大流行（～三三）。
一八一八	二三	清朝禁止內陸居民移居蒙古地區。	暹羅與葡萄牙締結通商條約。	
一八一九	二四		**英國占領新加坡。**	
一八二〇	二五	顒琰去世。旻寧（道光帝）即位。清朝新疆發生回民張格爾之亂。		

一八二一	道光元			希臘獨立戰爭（～二九）。
一八二二	二	取締非法持有鴉片。		
一八二三	三	制訂商民與青海蒙古人之間的貿易章程。禁止栽種罌粟與製造鴉片。		
一八二四	四	清朝黃河大氾濫。大運河壅塞。	**英國獲得麻六甲**。越南嚴禁鴉片。	美國與俄國劃定國界。
一八二五	五	**決定以海運輸送江南米穀**。	**日本德川幕府對外國船隻下達攻擊令**。爪哇島民反抗荷蘭起義（～三〇）。	
一八二六	六	清軍敗給張格爾。	暹羅與英國締結通商條約。	
一八二七	七	清軍收復喀什噶爾，捕獲張格爾（隔年殺害）。		
一八二八	八		**荷蘭於新幾內亞殖民**。日本發生西博爾德事件。	
一八三〇	一〇		荷蘭在爪哇實施強制栽種制度。	法國七月革命。
一八三一	一一	**平定黎族海盜**。嚴禁進口鴉片。在新疆實施屯田。	**黎族海盜橫行於清朝海南島海域**。	

一八三三	一三		日本天保大飢荒（～三六）	英國東印度公司專利權更新，開放對中貿易。
一八三四	一四	禁止英國船隻私售鴉片。	英國使節律勞卑（William John Napier）抵達廣東。英國船隻於廣東沿岸私售鴉片。	
一八三七	一七		日本發生大鹽平八郎之亂。	
一八三八	一八	任命林則徐為欽差大臣，派遣至廣東。		
一八三九	一九	林則徐於廣州沒收兩萬多箱鴉片並全數焚燬。		
一八四〇	二〇	罷免林則徐。任命琦善為欽差大臣，在澳門負責對英談判，與英國議和。	英軍封鎖廣州（開啟鴉片戰爭），占領舟山群島，逼近北京外港白河口。	英國下議院通過決議支出中國遠征軍的戰事費用。
一八四一	二一	罷免琦善。旻寧召告對英宣戰，任命奕山為靖逆將軍。	和議破局，英軍攻打廣東。發生平英團事件。英軍占領廈門、定海、鎮海、寧波。	
一八四二	二二	投降英國，簽訂南京條約，割讓香港。	英軍進一步占領乍浦，攻擊上海、鎮江，逼近南京。迫使簽訂南京條約。	

一八四三	二三	洪秀全於廣東創立拜上帝會。	**英國逼迫清朝簽訂五口通商章程、虎門寨追加條約。上海開港。**
一八四四	二四	**魏源發行《海國圖志》。**	**與美國簽訂望夏條約，與法國簽訂黃埔條約。**
一八四五	二五	喀什噶爾發生回教徒之亂。**上海道台與首任駐上海英國領事簽訂上海土地章程，劃定租界。**	**於上海劃定英國人居留區域（租界之始）。**
一八四七	二七	與瑞典、挪威簽訂通商條約。	**越南土倫（峴港）遭受法國艦隊砲擊。**
一八四八	二八		法國二月革命。美國領地加州發現金礦。
一八四九	二九	荷蘭、葡萄牙瓜分帝汶島。上海設置法國租界。	英國與旁遮普合併。
一八五〇	三〇	旻寧去世。奕（咸豐帝）即位。拜上帝會信徒集結於廣西省金田村。	**澳洲發現金礦，開啟自由移民。**
一八五一	咸豐元	太平天國於金田村起兵，洪秀全自稱天王。清朝與俄國簽訂通商條約。	

ISBN 978-957-05-3077-3

中國・歷史的長河

9

海與帝國

明清時代

初版一刷—2017年5月
初版五刷—2022年9月
定價—新台幣600元

作者　上田信
譯者　葉韋利
發行人　王春申
總編輯　張曉蕊
責任編輯　賴秉薇、王育涵
封面設計　吳郁婷
內頁編排　菩薩蠻
地圖繪製　吳郁嫻
印務　李哲文
出版發行　臺灣商務印書館股份有限公司
地址　23141 新北市新店區民權路108-3號5樓
電話　(02) 8667-3712
傳真　(02) 8667-3709
讀者服務專線　0800056196
郵撥　0000165-1
郵件信箱　ecptw@cptw.com.tw
網路書店網址　www.cptw.com.tw
臉書　facebook.com.tw/ecptw
局版北市業字第993號

海與帝國：明清時代／上田信著；葉韋利譯 .--
初版—新北市：臺灣商務，2017.6
面；14.8x21公分
ISBN 978-957-05-3077-3（平裝）

1. 明清史

626　106004937